Kierkegaard Studies
Monograph Series
20

Kierkegaard Studies

Edited on behalf of the
Søren Kierkegaard Research Centre
by Niels Jørgen Cappelørn and Hermann Deuser

Monograph Series
20

Edited by
Hermann Deuser

Walter de Gruyter · Berlin · New York

Michael O. Bjergsø

Kierkegaards deiktische Theologie

Gottesverhältnis und Religiosität
in den erbaulichen Reden

Aus dem Dänischen übersetzt von
Krista-Maria und Hermann Deuser

Walter de Gruyter · Berlin · New York

Kierkegaard Studies
Edited on behalf of the Søren Kierkegaard Research Centre
by Niels Jørgen Cappelørn and Hermann Deuser

Monograph Series
Volume 20

Edited by Hermann Deuser

Translation and publication of this volume was supported by:
Forskningsrådet for Kultur og Kommunikation
Augustinus Fonden
Lillian og Dan Finks Fond
G.E.C. Gads Fond

∞ Printed on acid-free paper which falls within the guidelines of the ANSI
to ensure permanence and durability.

Library of Congress Cataloging-in-Publication Data

A CIP catalogue record for this book is available from the Library of Congress.

Bibliographic information published by the Deutsche Nationalbibliothek

The Deutsche Nationalbibliothek lists this publication in the Deutsche Nationalbibliografie;
detailed bibliographic data are available in the Internet at http://dnb.d-nb.de.

ISBN 978-3-11-020729-3
ISSN 1434-2952

© Copyright 2009 by Walter de Gruyter GmbH & Co. KG, D-10785 Berlin
All rights reserved, including those of translation into foreign languages. No part of this book may be reproduced or transmitted in any form or by any means, electronic or mechanical, including photocopy, recording or any information storage and retrieval system, without permission in writing from the publisher.
Printed in Germany
Typesetting: OLD-Satz digital, Neckarsteinach
Cover design: Christopher Schneider, Laufen

Für

Stine und Clara

Vorwort

Wie im Folgenden ausführlich dargestellt, liegt ein Grundgedanke Kierkegaards darin, dass der Mensch als ein Verhältnis zu verstehen ist: immer schon in Relation gesetzt zu sich selbst, seiner Umwelt und zu Gott. In der genaueren Abstimmung dieses unauflöslichen Dreiklangs besteht das existentielle Grundproblem, das nach meiner Auffassung Kierkegaards Denken im Ganzen bestimmt.

Dies schon hier zum Ausdruck zu bringen soll anzeigen, dass dieses Buch nicht durch mich allein zustande gekommen ist. Ohne die Unterstützung, den Rat und die Hilfe vieler wäre es nicht zu schaffen gewesen, und ich will bei dieser Gelegenheit ganz besonders Dank sagen: Niels Jørgen Cappelørn für seine engagierte und vorbehaltlose Begleitung meines Projektes, Krista und Hermann Deuser für die ebenso gründliche wie einfühlsame Übersetzung. Ohne Gottes gnädigen Willen wäre das Buch kaum gelungen, wie er es aber beurteilt, dass ich über Kierkegaard schreibe, weiß ich nicht. Doch mit der Zeit bin ich für die mir geschenkte Möglichkeit wirklich dankbar. Und was mich selbst betrifft – es liegt in der Natur der Sache, dass ohne meinen Anteil das Buch auch nicht zustande gekommen wäre. In dieser Hinsicht will ich mich damit begnügen festzustellen, dass ich selbst für alle Fehler und Schwächen verantwortlich bin.

Inhaltsverzeichnis

Einleitung 1
  Auftakt 1
  Problemfelder und Thesen 2
  Die erbaulichen Reden 4
  Methode und Textauswahl 11
  Quellen 13
  Forschungsüberblick 14
  Standort 18
  Gliederung 19

I. Teil
Die Existenz in der Welt

Kapitel 1: Erbaulichkeit und Zeitlichkeit

1.1. Gegenwärtigkeit als Aufgabe 26
1.2. Erwartung 30
    1.2.1. Der Begriff der Erwartung 30
    1.2.2. Die entscheidende Erwartung. Dass die Existenz sich entscheidet 32
    1.2.3. Die Bildung der Erwartung 41
1.3. Geduld 46
    1.3.1. Geduld und Erwartung 46
    1.3.2. ... in Geduld 48

Kapitel 2: Erbaulichkeit und Verschiedenheit

2.1. Verschiedenheit 54
    2.1.1. Das Problem der Verschiedenheit 57
    2.1.2. Der Charakter des Verhältnisses 63
    2.1.3. Die Gleichheit Gottes 68

Kapitel 3: Die Bewegungen des Gottesverhältnisses

3.1. „Anlässlich einer Beichte"	77
3.1.1. Das ursprüngliche Gottesverhältnis	80
3.1.2. Das gebrochene Gottesverhältnis	85
3.2. „Anlässlich einer Trauung"	90
3.2.1. Beichte und Trauung.	91
3.2.2. Der Entschluss: „so wird das Ende wohl wie der Anfang"	92
3.2.3. Der Bund: „welch ein Verhältnis in diesem Missverhältnis"	98
3.3. „An einem Grabe".	102
3.3.1. Die Entscheidung des Todes	102
3.3.2. Die Stellung der Existenz und die Kraft des Glaubens	106

Kapitel 4: Erste Zusammenfassung

4.1. Zweideutigkeit	108
4.1.1. Die Zweideutigkeit der Existenz.	108
4.1.2. Die Zweideutigkeit des Gottesverhältnisses	112
4.1.3. Existenz und Gottesverhältnis	114
4.2. Der Bruch: Richtung und Fahrt.	118
4.2.1. Die Richtung	118
4.2.2. Die Fahrt	119
4.2.3. Die zweideutige Erkenntnis des Bruchs.	120
4.3. Die Welt und Gott	121
4.3.1. Die Welt	121
4.3.2. Gott.	123
4.4. Christentum?	126

II. Teil
Gott in der Welt

Kapitel 1: Die Bewegung der Reue

1.1. Die Reue und das Selbst	133
1.1.1. Die Auffassung der Zeit.	136
1.2. Die Bewegungen der Reue	140
1.2.1. Die Gerichtetheit der Reue	140
1.2.2. Die Zeit der Reue	143
1.2.3. Der Blick der Reue	147

1.3. Die Reue: Aktivität und Passivität 149
    1.3.1. Die Macht des Menschen...................... 150
    1.3.2. Gottes Handeln............................... 152
    1.3.3. Die Zweideutigkeit der Reue.................. 154

Kapitel 2: Die Bewegung der Nächstenliebe

2.1. Der Gedanke der Einmütigkeit in *Erbauliche Reden in verschiedenem Geist* 158
2.2. Das Gebot der Nächstenliebe: Schöpfung und Offenbarung 160
2.3. Die Bestimmung des Nächsten........................ 163
2.4. Ein Nächster werden. Selbstverleugnung 166
2.5. Ein Nächster zu sein. Die Zwischenbestimmung......... 172
2.6. Der Grundgedanke und das Allgemein-Menschliche..... 177

Kapitel 3: Zweite Zusammenfassung

3.1. Zusammenhänge 184
    3.1.1. Ein Mensch werden: Reue 184
    3.1.2. Ein Mensch werden: Liebe...................... 186
3.2. Deiktische Theologie................................. 189

III. Teil
Die Welt des Kreuzes

Kapitel 1: Christologie des Leidens

1.1. Leiden 197
    1.1.1. Das Feld des Leidens: Bedrängnis und Besorgnis .. 197
    1.1.2. Das allgemeine Leiden: Bedingung und Aufgabe der Existenz................................... 199
    1.1.3. Christliches Leiden: Gehorsam und Martyrium.... 201
    1.1.4. Allgemeines und christliches Leiden 208
1.2. Christus als Vorbild 209
    1.2.1. Gehorsam.................................... 209
    1.2.2. Wehmut und Missverständnis 212
1.3. Nachfolge... 214
    1.3.1. Gott walten lassen: zwischen Leiden und Ruhe 214
    1.3.2. Zwischen Erniedrigung und Erhöhung 220
1.4. Leiden und Nachfolge 224

Kapitel 2: Christologie der Versöhnung

2.1. Von der Beichte zum Abendmahlstisch	227
2.2. Christologie. Christus als Seelsorger und Stellvertreter . . .	232
2.2.1. Christus als Seelsorger	232
2.2.2. Christus als Heiland	234
2.3. Die Versöhnungslehre	238
2.4. Nachfolge.	245

Kapitel 3: Dritte Zusammenfassung

3.1. Traktische Theologie	251
3.2. Deiktische Theologie	257

Schluss

Die Religiosität des Erbaulichen	263
Erbauliche Religiosität im Gegenüber zu Climacus' Religionstheorie	265
Das ABC oder A – Ω der Religiosität.	270
Literaturverzeichnis	275
Personenregister	281

Einleitung

Auftakt

Im Johannesevangelium wird die Begegnung von Maria Magdalena mit dem auferstandenen Christus erzählt: Wie sie vor dem leeren Grab steht und weint, weil Jesu Leichnam verschwunden ist und sie nicht weiß, wo er ist (Joh 20,11-18). Eine seltsame Szene. Zwei Engel sitzen dort, wo Jesus zuletzt gelegen hat, und fragen Maria, warum sie weine. Sie antwortet ihnen, woraufhin sie sich umdreht und den auferstandenen Jesus hinter sich stehen sieht. Zuerst glaubt sie, es sei der Gärtner, und als er sie fragt, warum sie weine und wen sie suche, fragt sie zurück, ob er den Leichnam Jesu entfernt und wo er ihn hingelegt habe. Wirklich eine seltsame und verwirrende Szene: Engel, Personenverwechslung, Fragen, Antworten und Gegenfragen; vieles geschieht hier, nicht zuletzt aus Marias Sicht. Ihr Herr und Meister ist tot und jetzt ist auch sein Leichnam verschwunden. Zwei Engel sitzen in der Grabhöhle, Jesus zeigt sich, aber sie hält ihn für den Gärtner. Für Maria ist die Verwirrung komplett – und so auch ihre Sorge. Zugleich wissen wir aber, dass das Grab leer und Jesus auferstanden ist. Wir wissen, dass es um den auferstandenen Jesus geht und Maria deshalb nichts befürchten muss. „Maria", spricht Jesus sie an, durchbricht damit ihre Sorge, und sie antwortet „Rabbuni!" – Meister – und weiß sofort, wer zu ihr spricht. Seine Worte nehmen die Verwirrung von ihr, aber das Seltsame der Szene bleibt bestehen. Jesus verbietet ihr, ihn zu berühren, weil er noch nicht in den Himmel aufgefahren sei, Maria aber geht hinaus und verkündet den Jüngern: „Ich habe den Herrn gesehen" – den Auferstandenen.

Die Begegnung Marias mit dem auferstandenen Christus steht in der christlichen Tradition an zentraler Stelle und hat auch die Kunstgeschichte über Jahrhunderte hinweg inspiriert, z. B. in der Interpretation von Rembrandts *Noli me tangere* (1638), worin Jesus einen Spaten in der Hand hält und faktisch einem Gärtner ähnlich sieht, während Maria mit ängstlich verwirrtem Blick auf einer Stufe vor der Grabhöhle sitzt. Im Hintergrund zur einen Seite sind zwei jungenhafte Engel zu sehen, die in der dunklen Grabhöhle sitzen, zur anderen Seite öffnet sich die Landschaft mit der in Licht getauchten Stadt. Es wäre interessant, wie Kierkegaard diese Szene ausgelegt hätte, aber leider findet sich dazu nichts in seinen Schriften. Das ist erstaunlich, denn Kierkegaard wählt häufig biblische Textstellen, um damit seinen Reden einen bildhaften Rahmen zu geben, und gerade Maria ist dafür eine bedeutende Gestalt. Wenn er die Szene am leeren Grab trotzdem nicht aufgenommen hat, so liegt es vielleicht daran, dass diese Begegnung einen Abschluss darstellt: In ihrer Verzweiflung nach Kreuzigung und Tod trifft Maria den auferstandenen Herrn, und ihre Verzweiflung wird schließlich in der Erneuerung von Glaube, Hoffnung und Liebe erlöst. Vereinfacht gesagt hat sich Kierkegaard eher auf das gute Beginnen des einzelnen Menschen und seinen Weg zur Erlösung konzentriert, und dafür ist ihm die Grabszene sozusagen zu weit entfernt.

Dass diese Szene sich trotzdem als Auftakt eignet, liegt daran, dass sie eine entscheidende Veränderung festhält, die Kierkegaards Christentumsverständnis berührt: Jesus ist von den Toten auferstanden, und damit ist die Welt nicht mehr dieselbe, die Fesseln des Todes sind gesprengt. Maria verkörpert diese Veränderung existenziell: Sie steht am leeren Grab und weint, ihr Herr ist tot und nicht einmal sein Leichnam ist zu finden. Der Tod hat ihre Welt in Trümmer gelegt, nichts ist ihr geblieben – selbst seine sterblichen Überreste sind fort, nur Sorge und Verwirrung umgeben sie. Als aber der auferstandene Jesus sich ihr zeigt und zu ihr spricht, verändert sich alles. Der Zuspruch geht mitten durch Sorge und Verwirrung hindurch, Maria bekommt wieder einen Herrn, aber einen Herrn des Lebens, der ihre Welt wieder aufrichtet. Sie findet wieder einen Weg, den Jesus ihr weist: Meister, antwortet sie und geht zu den Jüngern. Die Welt ist wieder offen und sie geht diesen Weg.

Problemfelder und Thesen

Das Bild von der Welt, wie im Auftakt dargestellt, ist Ausgangs- und Schlusspunkt, Beginn und Ende dieser Abhandlung und ihres theologischen Grundgedankens. Es geht um einen schöpfungstheologischen Ansatz, der nicht nur in der Offenbarung festgehalten, sondern in ihr durchgeführt und entfaltet wird und sich in Auferstehung und Himmelfahrt fortsetzt. Am Anfang steht der Mensch, der in der Welt lebt und schon durch sein Menschsein auf Gott verwiesen ist. Das Festhalten des Schöpfungstheologischen in der Offenbarung bedeutet, dass der Mensch darin behaftet wird, ein Mensch zu sein: Gott weist von sich weg und auf den Nächsten hin, wodurch der Mensch wiederum auf das Leben in der Welt hingewiesen wird (deiktische Theologie). Schließlich haben Auferstehung und Himmelfahrt ihren Grund darin, dass das Hinweisen auf den Nächsten ein Sich-Zurückziehen Gottes voraussetzt, das den Menschen freistellt, jedoch nicht allein lässt. Der Mensch wird zurück in dieselbe Welt gewiesen, aus der er gekommen ist, aber die Welt ist eine neue. Schon in diesem Bild deuten sich Probleme an, die vorrangig in drei Bereichen zu betrachten sind. Das erste – und zentrale Problemfeld – ist so weit gespannt wie die Religiosität in Kierkegaards erbaulichen Schriften, das zweite handelt von Zusammenhang und Entwicklung des erbaulichen Werkes, und das dritte schließlich befasst sich mit der Religiosität des Erbaulichen im Blick auf die Religionstheorie von Kierkegaards Pseudonym Johannes Climacus.

Das erste Problemfeld, die Religiosität im Erbaulichen, setzt voraus, dass der Mensch als von Gott geschaffen schon in einem Gottesverhältnis steht, das in allem anderen impliziert ist. Die menschliche Existenz hat ihren Grund in einer Relation zwischen Selbst, Welt und Gott. Ferner liegt im schöpfungstheologischen Ansatz auch der Gedanke einer Erfüllung, die durch die Schöpfung des Menschen bereits gegeben ist, die jedoch einerseits voraussetzt, dass Gott sich offenbart und den Menschen auf seinen Nächsten hinweist, und andererseits, dass Gott sich zurückzieht, um der Nächstenliebe Raum zu geben. Der Mensch wird zurück auf die Welt verwiesen, aber mit dem neuen Gebot, seinen Nächsten zu lieben, und mit dem Versprechen der Gegenwart Gottes in der Nächstenliebe.

Damit stoßen wir auf die Frage nach dem Verhältnis zwischen dem Humanen und dem Christlichen. Wird ein Mensch zum Christen einfach dadurch, dass er ein Mensch ist, und was bedeutet das Christliche für das Menschsein? Das betrifft auch die Frage nach dem Verhältnis von Schöpfungstheologie und Offenbarung, d.h. nach den jeweiligen Begriffen von Gott, Mensch und Welt.

Im zweiten Problemfeld geht es um Einheit und Zusammenhang der erbaulichen Schriften. Die Texte werden chronologisch gelesen, d.h. wir folgen der Entwicklung der Reden, und daraus ergibt sich auch der Maßstab zur Beurteilung der Frage, ob ein Bruch im Zusammenhang der Reden vorliegt.

Schließlich präsentiert das dritte Problemfeld die Frage nach Zusammenhang und Übereinstimmung der beiden Darstellungen von Religiosität in den erbaulichen Reden einerseits und Climacus' Darstellung von Religiosität A und B (in der *Abschließenden unwissenschaftlichen Nachschrift*) andererseits.

Diese drei Problemfelder lassen sich in drei Thesen konzentrieren:

1) Die erbaulichen Schriften bauen auf eine Religiosität, deren Ausgangspunkt und Ziel schöpfungstheologisch zu verstehen sind. Doch zwischen Anfang und Ende dieser Entwicklung liegen Offenbarung, Auferstehung und Himmelfahrt, und dies wiederum bedeutet ein positives Verhältnis zwischen dem Humanen und dem Christlichen und setzt einen trinitarischen Gottesbegriff voraus. Zum Abschluss der erbaulichen Werke (*Einübung im Christentum*) kommt allerdings eine andere Religiosität zum Ausdruck, die in einem Maße christozentrisch ist, dass sie einer Schöpfungstheologie keinen Platz mehr einräumt, weder als Ausgangs- noch als Zielpunkt, und die einen trinitarischen Gottesbegriff weder voraussetzt noch entfaltet. Im Folgenden werden diese beiden Arten von Religiosität als deiktische Theologie (des Verwiesenseins auf Gott, den Nächsten und die Welt) bzw. traktische Theologie (des Hingezogenseins zu Christus) unterschieden.

2) Der Zusammenhang der erbaulichen Reden ist unterbrochen in dem Sinn, dass die Religiosität, die darin zum Ausdruck kommt, nicht der Chronologie der Werke folgt. Das zeigen ganz entscheidend *Die Taten der Liebe,* in deren Grundgedanken etwas vorausgesetzt wird, das in den Reden erst später (in den Abendmahlsreden) zur Darstellung kommt.

3) Die deiktische Theologie unterscheidet sich wesentlich von der Religionstheorie des Climacus, wie er sie in der *Abschließenden unwissenschaftlichen Nachschrift* entwickelt, während die traktische Theologie einige Gemeinsamkeiten mit der Religiosität B des Climacus aufweist.

Die erste These vertritt die Hauptthese, wie sie in den drei Teilen der Abhandlung entfaltet wird, während die beiden anderen Thesen demgegenüber sekundär bleiben: Die zweite folgt aus der ersten und die dritte wird zusammen mit der Religionstheorie des Climacus zu untersuchen sein.

Die erbaulichen Reden

Die erbaulichen Reden bilden, kurz gesagt, eine Gruppe von Schriften, die nicht nur von Søren Kierkegaard geschrieben, sondern auch in seinem eigenen Namen herausgegeben wurden:[1] Schriften in der Form von Reden, oft mit einem Bibelvers verbunden und variantenreich ausgeführt. Einige sind z.B. streng auf Christus konzentriert, während andere eine eher anthropologische Perspektiven einnehmen und allgemeine Phänomene thematisieren, etwa die Erwartung. Auch in der Länge gibt es Unterschiede, einige Reden zählen nur wenige Seiten, die absolut längste liegt bei 150 Seiten; im Durchschnitt aber sind die meisten Reden etwa 10-20 Seiten lang. Die Reden, die alle zusammen das erbauliche Werk ausmachen, können also nach Form und Inhalt sehr verschieden sein, doch allen Variationen zum Trotz besitzen sie als Genre ihre Eigenständigkeit. Das hat unter anderem mit dem allen Reden gemeinsamen Rahmen zu tun, dem Gottesverhältnis; und darin spiegelt sich auch die Nähe der Reden zur Bibel und die Art, in der Kierkegaard sich auf eine innerliche Weise an den Einzelnen wendet. Die Eigenständigkeit der Reden zeigt sich auch darin, dass sie einem gemeinsamen erbaulichen Ziel dienen. Kierkegaard will mit allen seinen Reden den Leser (oder Zuhörer, wie er selbst sagt – oder richtiger: schreibt) erbauen. Deshalb beginnt er dort, wo die Probleme und Anfechtungen des einzelnen Menschen liegen, um im Verweisen auf den Grund im Gottesverhältnis den Menschen wieder aufzurichten. Eine weitere Perspektive der erbaulichen Werke ist die Seelsorge,[2] und auch damit ist nur ein Teil der Aspekte ange-

---

[1] Eine komplette Auflistung der erbaulichen Reden liefert A. Kingo in *Analogiens teologi*, S. 30. Kingo bezieht acht Reden mit ein, die pseudonym erschienen sind, nämlich die erste Rede, die sich im „Ultimatum" in *Entweder-Oder* findet (von ihr heißt es, sie sei von Assessor Wilhelms älterem Freund, einem Pfarrer in Jütland, geschrieben worden), samt sieben weiteren Reden, die die dritte Abteilung der *Einübung im Christentum* bilden. Im Vergleich zu Kingos Liste sei hier eine einzige Abweichung genannt, die darin besteht, dass wir in der Beschäftigung mit der *Einübung im Christentum* dieses Werk als eine Einheit betrachten werden, und nicht nur dessen dritte Abteilung (obwohl sie den Hauptteil unserer Untersuchung ausmachen wird). Kingo stellt die These auf, dass nur die dritte Abteilung das Format der erbaulichen Reden erreiche, u.a. schon deshalb, weil die beiden ersten nicht in Redenform geschrieben sind. Der Grund, weshalb die vorliegende Abhandlung die beiden ersten Abteilungen trotzdem mit einbezieht, liegt in der problematischen ‚Beschneidung' eines Werkes, das als Ganzes herausgegeben wurde. Hier ist im Übrigen anzumerken, dass Kingo eine Verbindung zwischen der Pseudonymität im „Ultimatum" und der *Einübung im Christentum* sieht, wenn er sagt, dass Kierkegaard sich in beiden „eines ordinierten Pfarrers bedienen musste, um die [christliche] Orientierung zu markieren" (*Ananlogiens teologi*, S. 264).

[2] Auf die vorrangige Perspektive der Seelsorge hat mich N.J. Cappelørn aufmerksam gemacht. Erwähnt sei auch das Buch *Til Trøst* von J. Møllehave, in dem ein Brief Kierkegaards unter dem Aspekt der Seelsorge ausgelegt wird.

deutet, die zusammen die besondere Stimmung ausmachen, die die erbaulichen Reden so nachhaltig prägt.[3]

Die erbaulichen Reden sind in mancherlei Hinsicht verwirrend, einerseits weil es so viele Reden und Formen ihrer Veröffentlichung gibt, andrerseits weil ihre Arten oder Genres so unterschiedlich sind. Zur Orientierung deshalb der folgende Überblick: Kierkegaard beginnt mit den erbaulichen Reden Anfang 1843, im selben Jahr wie die pseudonymen Schriften.[4] Im Laufe dieses Jahres erscheinen *Erbauliche Reden* als Hefte zu je zwei, drei oder vier Reden, und das gleiche wiederholt sich 1844, so dass insgesamt 18 Reden erscheinen. 1845 folgt die Veröffentlichung der *Drei Reden bei gedachten Gelegenheiten,* ein neues Genre, und von diesen insgesamt 21 Reden kann gesagt werden, dass sie den ersten Teil von Kierkegaards erbaulichem Werk ausmachen; zudem mit der Besonderheit, dass die Reden parallel und im Zusammenspiel mit den pseudonymen Schriften aus denselben Jahren erscheinen. Kierkegaard selbst macht darauf aufmerksam, indem er einige dieser Schriften jeweils am selben Tag oder mit nur geringem Zeitabstand herausgibt. Beispielsweise erscheinen *Drei erbauliche Reden 1843* am selben Tag wie *Furcht und Zittern* und *Die Wiederholung* (16. Oktober 1843).[5] Nach dem Entscheidungsjahr

---

[3] Eine ausführliche Charakterisierung der erbaulichen Reden als literarisches Genre liefert G. Pattison, der in *Kierkegaard: The Aesthetic and the Religious,* S. 156, auf die Homogenität und einige charakteristische Züge des Erbaulichen aufmerksam macht. Zwei sollen hier genannt werden: Erstens, dass die Reden ihre Phänomene oder Begriffe eher selbst ausdrücken wollen als sie bloß zu behandeln, das gilt nicht zuletzt im Blick auf die Geduld: „The discourses are not about patience [...] the discourse can only deal with patience in an appropriate manner if it does so patiently and if patience emerges as the fruit of the process of reading" (S. 163). Zweitens macht er aufmerksam auf die Plastizität der Reden, d.h. die Verlebendigung von Personen und Situationen – aber auch die häufige Personifizierung von Begriffen (S. 164). Im Folgenden werden diese beiden charakteristischen Züge noch deutlicher sichtbar werden.

[4] Man kann darüber diskutieren, wo der genaue Anfang liegt, *Entweder-Oder* jedenfalls endet, wie gesagt, mit dem „Ultimatum", das einer erbaulichen Rede zum Verwechseln ähnlich ist. Das Problem besteht darin, dass dieser Text unter einem Pseudonym steht und als Predigt gilt – die aber noch nicht gehalten wurde (*SKS* 3, 317f. / *EO2*, 359f.). Das „Ultimatum" kann demnach (wie A. Kingo es tut, vgl. *Analogiens teologi,* S. 30) zu den erbaulichen Werken gerechnet werden, aus den genannten Gründen jedoch in einer Sonderstellung.

[5] Sofern man von einem Gegenüber von erbaulichen und pseudonymen Werken spricht, gibt es gute Gründe, die Reden bis einschließlich 1845 als das eigentliche erbauliche Werk zu betrachten. Denn die pseudonymen Werke enden mit der *Abschließenden unwissenschaftlichen Nachschrift* (1846), und von da an besteht das Spätwerk Kierkegaards allein aus Reden. Das gilt allerdings nur mit einem gewissen

1846[6] gibt Kierkegaard in den Jahren 1847-48 drei große erbauliche Werke heraus, zunächst *Erbauliche Reden in verschiedenem Geist*, dann *Die Taten der Liebe* (beide 1847) und schließlich *Christliche Reden* (1848). Diese Werke korrespondieren, wie gesagt, nicht mehr mit pseudonymen Schriften, vielleicht erklärt sich dadurch auch die Vielfalt unterschiedlicher Genres. Bis 1845 werden nur erbauliche Reden und Gelegenheitsreden publiziert, aber schon mit den *Erbaulichen Reden in verschiedenem Geist* sprengt Kierkegaard den bisherigen Rahmen: Deren erste Abteilung ist eine Gelegenheitsrede in dem grotesken Umfang von über 150 Seiten (zweifellos die längste Rede des Gesamtwerks); darauf folgen „Reden" und „christliche Reden" (zweite bzw. dritte Abteilung in *Erbauliche Reden in verschiedenem Geist*), „christliche Überlegungen in Form von Reden" (*Die Taten der Liebe*), „christliche Vorträge" und „Reden beim Abendmahl am Freitag" (dritte bzw. vierte Abteilung der *Christlichen Reden*); später folgen noch „fromme Reden" (*Die Lilie auf dem Felde und der Vogel unter dem Himmel* von 1849), und – wenn man die *Einübung im Christentum* (von Anti-Climacus)[7] dazu zählt – „christliche Erörte-

---

Vorbehalt, denn Kierkegaard gibt auch nach 1846 noch pseudonyme Bücher heraus, wie *Die Krise und eine Krise im Leben einer Schauspielerin* von 1848 (anonym erschienen), *Die Krankheit zum Tode* (1849) und *Einübung im Christentum* (1851; beide von Anti-Climacus). Während der erstgenannte Titel aus dem eigentlichen Rahmen der übrigen Schriften herausfällt, ist die Pseudonymität des Anti-Climacus von einer anderen Art als die der Jahre 1843-46. Dazu Kierkegaard: „die Forderung an das Christ Sein [...] [ist] zu höchster Idealität empor gezwungen" (*SKS* 12, 15 / *EC*, 4), d. h. das von Anti-Climacus dargestellte Christentum ist so streng, dass Kierkegaard selbst dafür nicht verantwortlich zeichnen konnte. Nicht weil er dafür nicht einstehen wollte, sondern weil er selbst so nicht leben konnte.

[6] 1846 war für Kierkegaard in mancher Hinsicht ein Entscheidungsjahr. Zunächst hatte er seine schriftstellerische Tätigkeit mit der *Abschließenden unwissenschaftlichen Nachschrift* (erschienen am 27. Februar 1846) beendet und trug sich mit dem Gedanken, Pfarrer auf dem Land zu werden. Entscheidender jedoch war ein Streit, auf den er sich mit dem satirischen Blatt *Der Corsar* eingelassen hatte und der letztendlich Kierkegaards Ruf und Position in Kopenhagen für immer veränderte. Er war „aus dem sozialen Umfeld ausgeschlossen worden" und hatte „sein freimütiges Verhältnis zum kleinen Mann verloren" (J. Garff *Kierkegaard*, S. 474). Auf diesem Hintergrund ist Kierkegaard gezwungen, sein Selbstverständnis als Autor zu revidieren, und nach einer ernsthaften Auseinandersetzung mit dem Gedanken an ein Pfarramt nimmt er seine Arbeit als Schriftsteller wieder auf, jetzt aber in der prägnanteren Bedeutung des religiösen Schriftstellers. Er publiziert danach konsequent unter eigenem Namen (vgl. aber Anm. 5!), und statt der erbaulichen sind es jetzt christliche Reden – dennoch stets zur Erbauung. Erst nach 1846 also bezeichnet Kierkegaard seine Reden offen als christliche.

[7] In dieser Abhandlung wird die *Einübung im Christentum* als Teil der erbaulichen Schriften betrachtet und dies aus zwei Gründen: Erstens, weil die Form der *Ein-*

rungen" (dritter Teil der *Einübung im Christentum*). Kurz, die erbaulichen Werke explodieren nach 1846 in einer Vielfalt von Formen.

Das Jahr 1846 ist also aus gutem Grund als Wende zu bezeichnen, während biographisch gesehen der Kirchenkampf als – nicht unproblematischer[8] – Einschnitt betrachtet werden könnte. Man kann aber auch versuchen, vom Inhalt der Reden auszugehen und beispielsweise zwischen einer milderen und einer strengeren Auslegung des Christentums unterscheiden, so dass die im Spätwerk dominierenden Themen: Leiden und Nachfolge für sich stehen. Das Problem ist nur, dass Leiden und Nachfolge schon 1847 auftreten (mit der dritten Abteilung der *Erbaulichen Reden in verschiedenem Geist*: „Das Evangelium der Leiden"), während einige der späteren Reden Leiden und Nachfolge nicht mehr in der Weise betonen (z. B. die letzte Rede von 1855: „Gottes Unveränderlichkeit"). Das Ergebnis also lautet: Während der Wendepunkt von 1846 offensichtlich und sinnvoll ist, auch im Hinblick auf die erbaulichen Schriften, ist dies für die Sonderstellung der Werke nach 1846 nicht in gleicher Weise zutreffend.

Deshalb ist es naheliegend, sich mit den verschiedenen Genres des Erbaulichen zu beschäftigen, und wir wollen uns dazu auf drei charakteristische Züge konzentrieren: Der erste liegt im Verhältnis zwischen der erbaulichen Rede und der Gelegenheitsrede, und dabei geht es um die Entwicklung im ersten Teil der erbaulichen Schriften (bis 1845). Mit dem Wechsel zur Form der Gelegenheitsreden nimmt Kierkegaard eine Einschränkung des Blickfeldes vor, grob gesagt vom

---

übung im Christentum (besonders in der dritten Abteilung) – abgesehen von der Pseudonymität – mit den erbaulichen Werken überein zu stimmen scheint; es handelt sich um Reden, geschrieben aus der inneren Perspektive der Religiosität. Zweitens erscheint die *Einübung im Christentum* als Fortsetzung einer in den erbaulichen Reden zuvor schon bestehenden Linie, der Betonung des Leidens und der Nachfolge. Dem wollen wir im III. Teil, Kap. 1, genauer nachgehen.

[8] Kierkegaard beginnt den Kirchenkampf offiziell am 20. Dezember 1854 mit dem Artikel „War Bischof Mynster ein ‚Wahrheitszeuge' – einer von ‚den echten Wahrheitszeugen' – ist *das Wahrheit*?" (*SV* 19, 9-14; vgl. *A*, 3-9). Dieses Datum ist im Blick auf die erbaulichen Werke ziemlich irrelevant, weil danach nur noch eine Rede veröffentlicht wird; außerdem kommt im Dezember 1854 erst zum Ausbruch, was in Kierkegaards Plänen schon lange vor 1854 angelegt war. B. Kirmmse sagt über die *Erbaulichen Reden in verschiedenem Geist*: „the book is a coordinated attack on the leading political and clerical tendencies of Golden Age Denmark" (*Kierkegaard in Golden Age Denmark*, S. 279), und bezieht sich dabei insbesondere auf die siebte und letzte Rede der dritten Abteilung als Vorgriff auf den Kirchenkampf (S. 300ff.), d. h. vier Jahre vor der *Einübung im Christentum* (die als früher Beitrag zum Kirchenkampf betrachtet werden kann) und ganze sieben Jahre vor dessen „offiziellem" Beginn.

Verhältnis zur Welt auf das Verhältnis zu Gott. Während die erbaulichen Reden breit angelegt sind und praktisch alles zwischen Himmel und Erde thematisieren können, werden die Gelegenheitsreden auf eine bestimmte Begebenheit festgelegt, den Anlass einer kirchlichen Handlung (Beichte, Trauung, Begräbnis). Damit sind festere Rahmenbedingungen für die Rede über Gott gewählt, und das macht den Wechsel im Genre aus: Hatte Kierkegaard mit den erbaulichen Reden das implizite Gottesverhältnis in allem, auch im Alltäglichsten aufdecken können, so dringt er jetzt tiefer in das Gottesverhältnis selbst. Dafür stehen die Gelegenheitsreden. Die Bindung an die kirchliche Handlung wird zur festen Orientierung und verstärkt damit die schon in den erbaulichen Reden früher vorhandene Tendenz zur Zentralstellung des Gottesverhältnisses.

Der zweite charakteristische Zug zeigt sich im Verhältnis zwischen den erbaulichen Werken vor 1846 und danach, stellt also die erbaulichen den christlichen Reden gegenüber.[9] Während vor 1846 die erbauliche Rede dominiert, ist es in den Jahren danach die christliche. Zum ersten Mal tritt das Genre der „christlichen Rede" in der dritten Abteilung der *Erbaulichen Reden in verschiedenem Geist* im „Evangelium der Leiden" auf, danach gibt es eine Flut von christlichen Reden, wovon einige sich in Untergattungen präsentieren (z. B. „christliche Erwägungen" und „Reden beim Abendmahl am Freitag"). Diese Vielfalt erschwert eine klare Definition des Genres.[10] Einerseits erscheint es

---

[9] Hier muss erwähnt werden, dass Kierkegaard auch nach 1846 noch eine erbauliche Rede geschrieben hat, nämlich *Eine erbauliche Rede* von 1850.

[10] Die gleiche Schwierigkeit zeigt sich auch in der Rezeption dieser Reden. G. Malantschuk äußert seine Vorbehalte im Bezug auf den christlichen Charakter der christlichen Rede. Denn aus seiner Sicht verlangt das Christentum den „Sprung in die Transzendenz", d.h. in die Religiosität B, und er bezieht sich dazu auf die 7. und letzte Rede der 3. Abteilung der *Christlichen Reden* („Die Begriffe Immanenz und Transzendenz bei Sören Kierkegaard", S. 240f.). Umgekehrt hat auch A. Kingo Vorbehalte, sie betreffen aber die vorausgegangenen Reden, d.h. die erbaulichen und die Gelegenheitsreden, die nicht zu derselben paradox-religiösen Kategorie, d.h. der christlichen gezählt werden sollten wie die *Christlichen Reden*. Für Kingo gibt es allerdings keine eigentliche Distinktion innerhalb des erbaulichen Werks, weil alle Reden im selben Sinn christlich sind: „die erbauliche Rede ist *das Paradox in Funktion!*" (*Analogiens teologi*, S. 104). Deshalb bleibt er auch im Bezug auf das Genre der Reden konsequent: „all diese unterschiedlichen Bezeichnungen [Genres und Untergattungen] sind jetzt die Sprache des Erbaulichen – im Verhältnis zur handelnden Ewigkeit, die den Anlass bietet – *zufällige* Gelegenheiten" (ibid. S. 251). Der Unterschied, den Kingo zwischen der erbaulichen und der christlichen Rede macht, bleibt deshalb ohne größere Bedeutung, denn beide bleiben „innerhalb der Kategorie" (ibid. S. 268f.). A. Paulsen bezeichnet das Verhältnis zwischen erbaulichen und christlichen Reden als das Verhältnis zwischen Gesetz und Evan-

richtig, auf die Betonung Christi hinzuweisen, andrerseits gilt, dass sie alle christlich sind, wie das Genre bereits sagt. Die Schwierigkeit der ersten Definition besteht darin, dass dieses Merkmal nicht konstant ist. Einige Reden sind extrem christozentrisch (nicht zuletzt jene, die das Leiden thematisieren, z.B. die 3. Abteilung der *Erbaulichen Reden in verschiedenem Geist*), in anderen fehlt die Betonung Christi ganz (z.B. in der 1. Abteilung der *Christlichen Reden* sind Lilie und Vogel die Lehrmeister). Die Schwierigkeit der zweiten Definition besteht darin, dass diese Reden, obwohl sie „christliche" sind, kein einheitliches Bild des Christentums abgeben. Einige sind einladend, andere wiederum erscheinen fast abstoßend. Trotz aller Schwierigkeiten aber geben die beiden genannten Merkmale doch ausgezeichnete Orientierungspunkte für die christliche Rede: Während die erbauliche Rede schöpfungstheologisch angelegt ist und deshalb die anthropologische Perspektive wählt, die Existenz des Menschen in der Welt, ist der Ausgangspunkt der christlichen Reden die Offenbarung Christi. Sie bekennen sich offen zum Christentum in dem Sinn, dass sie Christus zum Thema machen und ebenso offen zwischen Christen und Heiden unterscheiden. Hätten die erbaulichen Reden dies getan, hätten sie ihr Ziel, Gott als Grund des Menschen aufzudecken, verfehlt.

Der dritte charakteristische Zug macht deutlich, wie Anti-Climacus' *Einübung im Christentum* zu den erbaulichen Werken passt. Während Kierkegaard in seinen erbaulichen Reden ausdrücklich von „Erbauung" spricht, steht am Anfang der *Einübung im Christentum*: „Zur Erweckung und Verinnerlichung" (*SKS* 12, 13 / *EC*, 3). Damit stellt sich die nicht einfache Frage, wie sich Erbauung und Erweckung zueinander verhalten. Hier nur kurz das Wesentliche: Die *Einübung im Christentum* ist auf markante Weise polemisch und nach außen gewandt.[11] Während das Erbauliche etwas ist, das der Mensch in seinem Innersten mit sich selbst ausmacht, verhält es sich mit der Erweckung anders. Sie ist nach außen gerichtet, eine sichtbare und erkennbare Handlung. Kierkegaard hatte zwar schon vor der *Einübung im Christentum* die Bedeutung der Handlung herausgestellt (das Nach-Innen der Erbauung impliziert z.B. auch ein Nach-Außen) und den Gegensatz zwischen der Welt und dem Christen angedeutet, doch erst in der *Einübung im Christentum* trifft beides so zusammen, dass die Handlung des Christen zum Widerspruch wird. Erweckung führt zur Nach-

---

gelium: Die erbaulichen Reden fungieren wie ein Zuchtmeister für Christus („Das Verhältnis des Erbaulichen zum Christlichen", S. 104ff.).

[11] Wir werden darauf im III. Teil, Kap. 1, zurückkommen.

folge, und Nachfolge – in dieser Perspektive – bedeutet Streit mit der Welt.[12]

Methode und Textauswahl

Kierkegaards Denken ist komplex und deshalb nicht leicht zugänglich. K. Nordentoft drückt dies treffend aus, wenn er sagt: „Kierkegaards Ideen [...] hängen wie Kletten zusammen: Greift man nur leicht hinein, kommt schon bei einem Mal das meiste mit".[13] Man kann ein Problem nicht isolieren, um sich beispielsweise nur Kierkegaards Gottesbegriff vorzunehmen, denn er lässt sich nicht vom Gottesverhältnis trennen, und dieses wiederum nicht vom Selbst- und Weltverhältnis. Und so hat man plötzlich alle Hände voll zu tun – und alles ist auf einmal an die Oberfläche gekommen. Eine weitere Schwierigkeit gehört speziell zu den erbaulichen Reden, von denen K. Olesen Larsen sagt, sie seien „eine Bewegung auf der Stelle"[14] – und doch wird von einer Entwicklung gesprochen (z. B. unterscheidet sich eine christliche Rede von 1848 von einer erbaulichen Rede von 1844); aber es ist schwierig, die Veränderungen in den Griff zu bekommen. Denn jede erbauliche Rede birgt alle diese Probleme in sich, und deshalb scheint die Gesamtentwicklung in der einzelnen Rede schon abgebildet.

Unsere Untersuchung baut auf genaue Textinterpretationen, teils einzelner Reden, teils im Rückgriff auf Zusammenhänge und übergeordnete Fragestellungen. Jeweils geht es um bestimmte Gedankengänge, die unter thematischen Gesichtspunkten auf ihre Problemstellung hin analysiert werden. Vorrangig ist das Gottesverhältnis – und die Religiosität des Menschen, die in jenem zum Ausdruck kommt und

---

[12] Aufgrund dieses Unterschieds zwischen Erbauung und Erweckung kommt es zu einer Unstimmigkeit, die die Platzierung des Buches innerhalb der erbaulichen Schriften in Zweifel zieht. Dies wird noch deutlicher im III. Teil, Kap. 3, wenn wir das Christentumsverständnis der *Einübung im Christentum* behandeln werden.

[13] K. Nordentoft *Kierkegaards psykologi*, S. 41. J. Møllehave spricht vom „System der chinesischen Schachtel", weil die Begriffe ineinandergreifend sich gegenseitig erklären (J. Møllehave *Kærlighed og dæmoni*, S. 31).

[14] K. Olesen Larsen *Søren Kierkegaard. Ausgewählte Aufsätze*, S. 107. Olesen Larsens Kierkegaard-Interpretation steht der von A. Kingos nahe, bzw. Kingos Position geht auf K. Olesen Larsen und diesen Artikel, aus dem das Zitat stammt, zurück. Mit dem Ausdruck „eine Bewegung auf der Stelle" ist hier keine Kategorie des Verstehens gemeint, sondern vielmehr das Empfinden des Lesers, dass es immer um dieselben Abläufe geht, ganz gleich an welcher Stelle man liest. Nicht dass man ein Geschehen oder eine Entwicklung vermisste, doch die Entwicklung ist nicht linear und resultiert aus einem Spannungsverhältnis zwischen Schöpfung und Offenbarung.

durch einschlägige Fragen und unterschiedliche Aspekte erschlossen werden kann. Dabei werden wir uns auf das für Kierkegaard so typische Gespür für Verhaltensweisen stützen, in denen er Existenzverläufe und menschliche Einstellungen zu beschreiben versteht. Die Interpretation trägt damit der phänomenologischen Vorgehensweise Rechnung.[15]

Es wäre nicht nur zu umfangreich, sondern auch sinnlos, sämtliche Texte der erbaulichen Schriften hier einzubeziehen. Die Auswahl geschieht nach drei Kriterien: Erstens thematisch, d.h. vorgezogen wird der Text, der ein bestimmtes Problemfeld oder Thema am besten ausleuchtet; zweitens nach der Chronologie des erbaulichen Werkes; und drittens in der Absicht möglichst exemplarische Texte der verschiedenen Genres einzubeziehen, um auch die Reden in ihrer Vielfalt präsentieren zu können.

Die ausgewählten Texte, die primär interpretiert werden sollen, sind die folgenden: Im I. Teil, „Die Existenz in der Welt", aus dem Zeitraum 1843-45, einige Reden aus den *Erbaulichen Reden 1843-44* (bes. „Geduld in Erwartung", die erste aus *Zwei erbauliche Reden 1844*); weiterhin alle Reden aus *Drei Reden bei gedachten Gelegenheiten* von 1845, teils in eigener Interpretation zum Problem der Verschiedenheit („An einem Grabe"), teils in einer Gesamtinterpretation dieser drei Reden. Der II. Teil, „Gott in der Welt", bezieht sich auf das Jahr 1847 und befasst sich mit der Gelegenheitsrede „Aus Anlass einer Beichte", (1. Abteilung aus *Erbauliche Reden in verschiedenem Geist*) und dem Buch *Die Taten der Liebe,* wobei hier bestimmte relevante Themen herausgegriffen werden. Der III. Teil, „Das Kreuz in der Welt", beschreibt eine ganze Reihe von Texten aus der Zeit zwischen 1847-51: Zunächst „Das Evangelium der Leiden" (3. Abteilung aus *Erbauliche Reden in verschiedenem Geist*), „Stimmungen im Streit mit Leiden" (2. Abteilung der *Christlichen Reden*) und die *Einübung im Christentum* (bes. ihre 3. Abteilung „Von der Hoheit her will er sie alle zu sich ziehen"); danach folgen die Abendmahlsreden, d.h. die 4. Abteilung der *Christlichen Reden*, die drei *Reden beim Abendmahl am Freitag* von 1849 sowie *Zwei Reden beim Abendmahl am Freitag* von 1851. Wie für *Die Taten der Liebe* gilt auch für diese Texte die thematische

---

[15] Dass es bei Kierkegaard diese Vorgehensweise gibt, betont nicht zuletzt A. Grøn (*Subjektivitet og negativitet. Kierkegaard,* S. 33ff.). Die phänomenologische Methode bezieht sich, kurz gesagt, auf die Wahrnehmung menschlicher Verhaltensweisen, und ihre grundlegende These besteht darin, dass der Mensch in ihnen zur Darstellung kommt.

Interpretation, in der nach Bedarf auch bestimmte Reden oder Textpassagen einbezogen werden können.[16]

Quellen

Primäre Textgrundlage sind Kierkegaards erbauliche Schriften und was zu diesen zu rechnen ist bzw. aus anderen Texten im besonderen Fall mit einbezogen wird. Im erbaulichen Werk hat Kierkegaard mehr als an anderen Stellen eine innere Perspektive auf das Gottesverhältnis entwickelt, und das nicht aus einem theoretischen oder experimentierenden Gesichtspunkt, sondern aus einem praktischen. Dadurch kommt eine Religiosität zum Ausdruck, die sich schon durch ihre Voraussetzungen von anderen Darstellungen der Religiosität bei Kierkegaard unterscheidet. Zu fragen ist also, welche Konsequenzen für die Entfaltung der Religiosität sich darin abzeichnen – und dieser Aufgabenstellung gilt unsere Untersuchung.

Zu den übrigen Teilen von Kierkegaards Gesamtwerk, den pseudonymen Schriften, Publikationen anderer Art (z.B. Zeitungsartikel) sowie seinen Journalen und Aufzeichnungen (d.h. den unveröffentlichten Texten) ist Folgendes zu sagen: Die pseudonymen Werke werden zwar nach Bedarf in die Interpretation einbezogen, aber es wird zweifellos Stellen geben, an denen eine Referenz oder Perspektive der Pseudonyme wünschenswert gewesen wäre, aber fehlt. Ohne an dieser Stelle Einwände vorschnell abzuweisen, muss doch gesagt werden, dass diese Beschränkung unvermeidlich war. Im Schlussteil wird allerdings ein pseudonymes Werk in besonderem Maß berücksichtigt, die *Abschließende unwissenschaftliche Nachschrift* (von Johannes Climacus). Die Konzentration auf die erbaulichen Reden hat zur Konsequenz, dass Kierkegaards Journale und Aufzeichnungen, deren wertvolles Material unsere These unterstützen könnte, nicht eigens einbezogen werden; und dasselbe gilt für die übrigen Publikationen im Rahmen von Kierkegaards Gesamtwerk.

Ein Wort zur Sekundärliteratur: Es gibt sehr viel Literatur zu den meisten pseudonymen Schriften, aber recht wenig zu fast allen der erbaulichen Reden. Was es gibt kommentiert einzelne Reden. Dabei

---

[16] Es fällt auf, dass die wichtige Textgruppe der Reden, die auf Mt 6,24-34 (Über die Lilien auf dem Felde und die Vögel unter dem Himmel) zurückgeht, ausgelassen wurde. Die einzige Begründung dafür besteht darin, dass sie thematisch und chronologisch ein anderes Genre vertreten, sie sollen deshalb, wo nötig, einbezogen werden, um auch diese Redenform im Auge zu behalten.

handelt es sich oft um ausgezeichnete Artikel, die aber doch auf das begrenzt sind, was ein Artikel leisten kann. D. h. für viele Werke, mit denen wir uns beschäftigen werden, gibt es keine Sekundärliteratur im eigentlichen Sinn und entsprechend fehlen dann auch die Hinweise. Generell wird die Sekundärliteratur nicht im Haupttext genannt, sondern in den Anmerkungen ausgewertet. Vor- und Nachteile halten sich dabei die Waage: Der Vorteil liegt darin, dass die Interpretation im Haupttext selten von sekundären Diskussionen unterbrochen wird; der Nachteil in einer eventuell zu geschlossen erscheinenden Darstellung – aber das ist eher eine Stilfrage.

Einige technische Informationen: Die hier zugrunde gelegte Werkausgabe ist die neue kommentierte Edition (sofern die Einzelbände schon erschienen sind) von *Søren Kierkegaards Skrifter* (*SKS*), ansonsten die dritte Ausgabe der *Samlede Værker* (*SV*).[17] Die deutsche Übersetzung wird generell belegt nach der Ausgabe der *Gesammelten Werke* (*GW1*) und den Abkürzungen, wie sie in *Kierkegaard Studies: Yearbook* (z. B. *Yearbook 2007*, S. 534-536) festgelegt sind. Die Angabe der deutschen Edition folgt jeweils direkt auf die der dänischen, ein „vgl." wird eingefügt, wenn die Übersetzung verändert oder korrigiert wurde. Auf *SKS* bzw. *SV* folgt die jeweilige Bandzahl, nach dem Komma die Seitenzahl; danach in Abkürzung der deutsche Titel, gefolgt von Komma und Seitenzahl: z. B. *SKS* 9, 29; vgl. *LT*, 25. – Interne Verweise (eingeleitet mit „s." für „siehe") werden mit römischer Zahl der drei Teile dieser Arbeit, dazu mit den arabischen Zahlen der Kapitel und Unterkapitel gegeben; im Kontext desselben Buchteils wird mit „Kap." auf die Kapitel des betreffenden Teils verwiesen.

Forschungsüberblick

Wenn auch die erbaulichen Schriften in der Kierkegaardrezeption keine großen Spuren hinterlassen haben und die Literatur dazu eine andere, eher überschaubare Größe darstellt als im Fall der pseudonymen Werke, so soll hier doch nicht die gesamte Forschungstradition ausgebreitet werden. Einige, für uns wichtige Interpretationsmöglichkeiten aber sind zu nennen.

Der einflussreichste Kommentar zu den erbaulichen Schriften ist wohl Kierkegaards eigener, oder besser: der seines Pseudonyms Johannes Climacus, der in der *Abschließenden unwissenschaftlichen Nach-*

---

[17] Zur genaueren Information s. Literaturverzeichnis.

schrift die *Erbaulichen Reden* von 1843-44 in seine Religionstheorie einfügt. Er kategorisiert sie alle unter Religiosität A und rückt sie in die Nähe des Humors, des Grenzgebietes zwischen A und B.[18] Climacus' Besprechung legt den Grundstein für die beiden wichtigsten (jedoch sehr unterschiedlichen) Interpretationen der erbaulichen Schriften: einerseits die stadientheoretische und andererseits die, die man als kategorische bezeichnen könnte (die Interpretation von A. Kingo).

Sehr verbreitet ist der Zugang nach Climacus' Vorbild: „Es gibt drei Existenzsphären: die ästhetische, die ethische, die religiöse. Diesen entsprechen zwei Confinien: Ironie ist das Confinium zwischen dem Ästhetischen und dem Ethischen; Humor ist das Confinium zwischen dem Ethischen und dem Religiösen" (*SKS* 7, 455; vgl. *AUN* II, 211). Mit der stadientheoretischen Interpretation ist gemeint, dass die einzelnen Reden nach dieser Vorgabe gelesen werden, und dafür gibt es verschiedene, mehr oder weniger stringente Beispiele. Am konsequentesten hat G. Malantschuk dieses Muster durchgeführt, indem er in den erbaulichen Schriften eine stufenweise Existenzentwicklung sieht und diese als Ausdruck einer Heilsordnung betrachtet.[19] Seine Stringenz liegt hier nicht zuletzt in der Genauigkeit, mit der die Übergänge zwischen den verschiedenen Existenzstufen angegeben werden, und das nicht nur im Bezug auf einzelne Werke, sondern bis hinunter auf die Ebene der einzelnen Rede.[20] Beispiel für eine weniger strenge Interpretation ist P. Müller. Er sieht in der Stadientheorie einen hermeneutischen Schlüssel, nicht aber eine stringente Entwicklungslehre mit dem Ziel: Christentum.[21] Im Gegensatz zu Malantschuk kann

---

[18] Vgl. den Anhang „Blick auf ein gleichzeitiges Bemühen in der dänischen Literatur" (*SKS* 7, 228-273, bes. 233 u. 245ff. / *AUN* I, 245-296, bes. 250f. u. 265ff.).

[19] G. Malantschuk *Fra Individ til den Enkelte* [Vom Individuum zum Einzelnen], S. 121: „Kierkegaards Einteilung der geistigen Entwicklung des Menschen in Stadien muss demnach als eine Art ‚ordo salutis' verstanden werden, eine Heilsordnung, in der die höchste Stufe die Begegnung des Menschen mit Christus ist."

[20] Wir haben schon darauf hingewiesen, wie er den Übergang zum Paradox-Religiösen (Religiosität B) in der letzten Rede der dritten Abteilung der *Christlichen Reden* bestimmt (s. Anm. 10). Das bedeutet auch, dass alles, was davor liegt, nicht paradox-religiös war, und alles, was danach kommt, paradox verstanden werden muss.

[21] P. Müller „Begrebet ‚Det Opbyggelige' hos Søren Kierkegaard" [Der Begriff ‚Das Erbauliche' bei S. Kierkegaard], S. 8f.: „Der Begriff ‚Das Erbauliche' muss natürlich in Verbindung mit der kierkegaardschen Stadientheorie verstanden werden [...], [aber] unter keinen Umständen [darf] sie einseitig ausgelegt werden in Analogie zu einer Entwicklungslehre, in der Weise, dass der Mensch jedes einzelne Stadium durchlaufen und dessen Zusammenbruch erfahren muss, *ehe* er das Christentum erreichen kann, oder richtiger: als eine Bedingung dafür, Christ zu werden [...]. Die

Müller deshalb das dauernde Verhältnis zwischen Schöpfungstheologie und Christologie als für den Begriff des Erbaulichen charakteristisch unterstreichen, ein Verhältnis, das deshalb auch in den erbaulichen Werken zum Ausdruck kommt.[22]

Die stadientheoretische Interpretation wird von mehreren Seiten kritisiert, nicht zuletzt von A. Kingo und seiner kategorischen Interpretation. Seine Kritik hat zwei Hauptpunkte: Erstens, dass die erbaulichen Werke so zu einem Schatten der pseudonymen herabgestuft werden, deren Entwicklung sie nur nachahmen, und zweitens, dass die Dialektik zwischen Religiosität A und B verloren geht.[23] Kingo selbst steht für eine radikal andere Sicht, die dennoch in hohem Maße eine Ganzheitsinterpretation darstellt und zugleich der Religionstheorie des Climacus verpflichtet ist. Insofern kann Kingo erstens die Leitfrage des Climacus: Wie werde ich selbst ein Christ? (*SKS* 7, 25 / *AUN* I, 14), als Kierkegaards eigenes Antriebsmoment[24] stehen lassen, und zweitens kann die Unterscheidung von Religiosität A und B als „Kierkegaards eigene, messerscharfe Distinktion"[25] bestimmt werden. Das eigenartige ist, dass Kingo die erbaulichen Schriften aus der Perspektive der Religiosität B liest, wodurch jeder Gedanke einer Entwicklung zunichte gemacht wird. Sämtliche erbaulichen Reden werden als paradox-religiöse, d.h. christliche, betrachtet, in denen es um die christliche Existenz geht. Die erbaulichen Reden durchlaufen keine Existenzentwicklung, sondern präsentieren eine abgeschlossene Existenz.[26]

Die neuere Kierkegaardrezeption hat sich mit Climacus' Existenz- und Religionstheorie als hermeneutischem Schlüssel für die erbaulichen Reden kritisch auseinandergesetzt. Das heißt nicht, dass Climacus' Schriften für unbedeutend gehalten würden, im Gegenteil, aber man steht seinen Texten und auch seiner Autorität als Kierkegaard-Interpret distanzierter gegenüber, d.h. man versucht, die einzelnen Texte nach ihren jeweils eigenen Prämissen zu erschließen. Statt Voraussetzungen anzuerkennen, die die Rede schon von vornherein an

---

Stadientheorie ist demnach kein ‚ordo salutis', weder in dem einen oder dem anderen Sinn, sondern ein hermeneutischer Schlüssel zum Verständnis der Existenz und ihrer Praxis."

[22] AaO., S. 12 u. 14.
[23] A. Kingo *Analogiens teologi,* z.B. S. 271f.
[24] AaO., S. 16.
[25] AaO., S. 249.
[26] AaO., S. 97: „In der erbaulichen Rede [...] wird die christliche Existenz in ihrer Ganzheit erfasst. In der erbaulichen Rede geht es immer um das abgeschlossene, das geklärte und versöhnte Dasein."

bestimmte Rahmenbedingungen binden oder eine ganz bestimmte Antwort erzwingen, begegnet man dem Text mit größerer Offenheit. S. Bruun[27] ist dafür ein gutes Beispiel, denn in seiner Untersuchung des Begriffs des Erbaulichen setzt er sich mit beiden genannten Gesamtinterpretationen auseinander.[28] Aus hermeneutischer Perspektive zeigt Bruun die Schwierigkeiten, die bei einer Trennung von pseudonymen und erbaulichen Werken auftreten, weil man dabei riskiert, Texte voneinander zu trennen, die ursprünglich im Zusammenhang miteinander standen, so dass die beiden Textgruppen je für sich in gewisser Weise ein Eigenleben führen. In theologischer Perspektive zeigt Bruun an den Reden von 1843-44 (wie schon P. Müller) deren entscheidende Spannung zwischen Schöpfungstheologie und Offenbarungstheologie.[29]

Ein weiteres Beispiel in dieser Richtung ist A. Grøn, der ebenfalls den schöpfungstheologischen Ansatz stützt und diesen nicht zuletzt durch die phänomenologische Methode nahegelegt hat.

Eine dritte mögliche Form der Kierkegaard-Interpretation wäre die aus der Sicht des Anti-Climacus (genauer: der *Einübung im Christentum*). Dafür steht zuallererst K. E. Løgstrup in seiner scharfen Kritik an Kierkegaard, insbesondere seiner Ethik und der dahinter vermuteten Auslegung des Christentums. Er schreibt: „Der entscheidende Gegensatz, der sich durch Kierkegaards Denken zieht, ist [der] [...] zwischen Glück und Leiden".[30] Anders gesagt, Løgstrup sieht einen grundlegenden Gegensatz zwischen dem Humanen und dem Christlichen bei Kierkegaard, sofern das Humane auf die Lebensanschauung des Glücks beschränkt wird, während das Christliche wesentlich als Leiden erscheint. Das Leiden wird für den Christen zur Aufgabe und Pflicht, und die Liebe beschränkt sich darauf, „dem Nächsten dazu zu

---

[27] Ein in diesem Zusammenhang weniger relevantes, im übrigen aber ein wichtiges Beispiel dekonstruktiver Interpretation Kierkegaards in Dänemark sind die Arbeiten von J. Garff.

[28] Hier ist primär an die Preisaufgabe von S. Bruun gedacht: *Det opbyggelige i Søren Kierkegaards forfatterskab*. Vgl. auch den Artikel „The Concept of ‚The Edifying' in Søren Kierkegaard's Authorship".

[29] Bei S. Bruun, in *Det opbyggelige i Søren Kierkegaards forfatterskab,* heißt es: „es besteht kein Zweifel daran, dass Kierkegaard mit diesen Reden [den achtzehn erbaulichen Reden] sich zwischen der Klarstellung des Gottesverhältnisses einerseits und seiner Erfüllung andererseits bewegt, wobei letztere im Glauben als Erlösung zugesprochen wird, Gottes Liebe, die sich in der Nächstenliebe wiederholt. Genau diese doppelte Verhältnisbestimmung macht die Einordnung dieser Texte in die Kategorien des Climacus so außerordentlich schwierig, ja faktisch unmöglich" (S. 91f.).

[30] K. E. Løgstrup *Auseinandersetzung mit Kierkegaard,* S. 83.

verhelfen, Gott zu lieben".[31] Damit nicht genug: Durch die falschen Vorstellungen des Nächsten trifft die Nächstenliebe auf Widerstand, weshalb Løgstrup sagen kann, dass die Nächstenliebe zur Feindesliebe wird.[32]

Standort

Auf der Basis des Forschungsüberblicks kann eine kurze Einordnung der eigenen Position erfolgen. Der chronologische Zugang zu den erbaulichen Reden könnte im Sinne einer stadientheoretischen Interpretation verstanden werden, was auch nicht gänzlich abzuweisen ist, sofern in den Reden eine Entwicklung des Gottesverhältnisses sichtbar wird. Während die Stadientheorie aber von Climacus' Existenzauslegung und Religionstheorie ausgeht, wählen wir eine jeweils eigenständige Sichtweise der Texte im Blick auf das zentrale Problemfeld des Gottesverhältnisses. Dies könnte auf der anderen Seite eine Verwandtschaft zur Interpretationsmethode Kingos vermuten lassen, und in der Tat besteht hier auch ein gemeinsames Interesse in Texten und Themen, mit Ausnahme der Bewertung des Climacus. Dessen Religionstheorie ist für Kingo der Grund dafür, jede erbauliche Rede auf die Kategorie des Paradox festzulegen, und diesen Interpretationsansatz teilen wir nicht. Deshalb ist die Verwandtschaft mit S. Bruun und A. Grøn größer, d. h. die Texte werden eher in einer thematischen Perspektive gelesen, nicht auf der Basis einer fertigen Religionstheorie, und methodisch kommt primär eine phänomenologische Interpretation zur Anwendung.

Schließlich kann in einem prinzipiellen Sinn gefragt werden, inwieweit es hier um eine religionsphilosophische oder dogmatische Untersuchung geht. Ihr Ausgangspunkt ist religionsphilosophisch, d.h. die Interpretation von Kierkegaards Reden richtet sich auf das Verhalten des Menschen und sein Selbstverständnis, um dadurch das Gottesverhältnis genauer zu beleuchten und der darin implizierten Religiosität ein Stück näher zu kommen. Die Untersuchung hat aber auch ein dogmatisches Interesse, in dem sie nach der Bestimmung des Gottesbegriffs fragt und nach Kierkegaards zugrundeliegendem Verständnis zentraler christlicher Begriffe, wie z. B. Gericht und Versöhnung.

---

[31] AaO., S. 69.
[32] Vgl. aaO., S. 69; bzw. *Opgør med Kierkegaard*, S. 55.

Gliederung

Der chronologische Ansatz prägt auch den Verlauf der Untersuchung. Die drei Hauptteile interpretieren die frühen, die dazwischenliegenden und die späteren erbaulichen Reden. Der I. Teil, „Die Existenz in der Welt", besteht aus vier Kapiteln, wobei das letzte eine Zusammenfassung bietet; er folgt Kierkegaard darin aufzudecken, was Menschsein in der Welt bedeutet, wie sich das Gottesverhältnis in der menschlichen Existenz darstellt und was es heißt, dass der Mensch in der Welt bereits in einem Gottesverhältnis steht. Der konkrete Beginn der erbaulichen Werke bezeichnet zugleich den Beginn beim Menschen, der bereits in der Welt unterwegs ist, und damit den Beginn seines Gottesverhältnisses. Kapitel 1 und 2, „Erbaulichkeit und Zeitlichkeit" und „Erbaulichkeit und Verschiedenheit", haben die Grundbedingungen des Menschen, Zeit und Verschiedenheit, zum Thema, wobei nicht nach deren begrifflichem Charakter gefragt wird, sondern nach dem Verhältnis, in dem Menschen dazu stehen. Es gilt zu zeigen, in welcher Weise hier über die Existenz entschieden wird, weil der Mensch bereits in ein Verhältnis zu etwas anderem gesetzt ist, nämlich zu Gott. Es geht darum, in jenen unumgänglichen Verhältnissen das Gottesverhältnis aufzudecken. Kapitel 3, „Die Bewegungen des Gottesverhältnisses", thematisiert dieses dann ausgehend von den drei Gelegenheitsreden von 1845. Die Bewegung des Gottesverhältnisses wird skizziert vom ersten Ursprung an, wie er sich unmittelbar im Menschen zeigt, bis zum eigentlichen Gottesverhältnis, das in dem Bewusstsein gründet, von Gott geschaffen und auf ihn verwiesen zu sein. Darüber hinaus zeigt das Kapitel auch Gründe für Brüche und Transformationen in den Existenzbedingungen von Zeit und Verschiedenheit. Das abschließende Kapitel 4, „Erste Zusammenfassung", soll die beiden bisherigen Zugänge im Begriff der Zweideutigkeit aufnehmen, was den Bruch im Selbstverhältnis allerdings vertieft. Schließlich soll nach dem Charakter von Gott und Welt im ersten Teil der erbaulichen Schriften gefragt und überlegt werden, ob dieser als christlich bezeichnet werden kann oder nicht.

Der II. Teil der Untersuchung baut den ersten weiter aus und thematisiert das Gottesverhältnis genauer. Er besteht aus drei Kapiteln, wobei das letzte wiederum eine Zusammenfassung bietet. Die Textlektüre bezieht sich auf *Erbauliche Reden in verschiedenem Geist* und *Die Taten der Liebe*, beide von 1847. Jetzt geht es um die Frage: Was ist das für ein Gottesverhältnis, auf das der Mensch kraft der Schöpfung verwiesen ist? Anderseits geht es darum zu zeigen, wie dieses Verhältnis durch Gottes Offenbarung zu einem neuen wird. Das Gottesverhältnis besteht im Verwiesensein auf den Gott, der in der Offenbarung den Menschen von sich weg auf den anderen Menschen hinweist. In Kapitel 1, „Die Bewegung der Reue", ist der Bruch mit dem ursprünglichen Gottesverhältnis bereits geschehen, und es beginnt die Analyse des eigentlichen Gottesverhältnisses. Das Kapitel zeigt, wie aus dem schöpfungstheologisch fundierten Gottesverhältnis ein Verhältnis der Reue wird, weil etwas zwischen Gott und den Menschen getreten ist. Deshalb ist die Reue ohne Grenzen. Wir werden aber auch sehen, dass die Reue dynamisch ist, in dem Sinn, dass der Bereuende sich auf eine freimütige Reue hin bewegt. Das folgende Kapitel, „Die Bewegung der Nächstenliebe", behandelt das Gebot der Nächstenliebe als offenbartes Wort Gottes, wodurch das Problem der Reue ein anderes wird. Indem der Mensch sich selbst vom Gebot aus betrachtet, sieht er sich zugleich als Sünder und gerecht. Das Kapitel folgt Kierkegaards Auslegung des Gebots der Nächstenliebe, das zugleich mit dem Menschlichen bricht und es erfüllt: Die Doppeltheit kommt im Verhalten des Menschen zum Gebot zum Ausdruck, in Selbstverleugnung. Der doppelte Charakter zeigt sich auch darin, dass ein Teil der zuvor angesprochenen Probleme in *Die Taten der Liebe* erst richtig entwickelt werden kann, z.B. das Problem der Verschiedenheit. Auf diese Weise lässt sich auch die ‚Lösung' im Begriff Gottes als Zwischenbestimmung entfalten. Schließlich wird Kapitel 3, „Zweite Zusammenfassung", teils den Zusammenhang aufnehmen, in dem Reue und Nächstenliebe stehen, teils versuchen, sich dem theologischen Grundgedanken anzunähern, der hinter der ganzen Bewegung steht.

Der III. Teil, „Die Welt des Kreuzes", beschäftigt sich nicht mehr mit dem Verhältnis des Menschen zu Gott, sondern zu Christus. Das Gottesverhältnis steht immer noch im Mittelpunkt, ist aber ganz auf Christus orientiert. Wie der II. Teil so gliedert sich auch der III. in drei Kapitel, das letzte wiederum als Zusammenfassung. Kapitel 1, „Christologie des Leidens", widmet sich dem alles dominierenden Thema des letzten Teils der erbaulichen Reden, dem Leiden. Hier stellt sich die Doppelfrage: Was ist Leiden? Und: Wozu wird es gebraucht? Zumal in Verbindung mit der letzten Frage wird das Thema der Nachfolge aufgenommen. Kapitel 2, „Christologie der Versöhnung", behandelt diese im Blick auf den Übergang vom Verwiesensein zum Hingewiesenwerden. Untersucht werden der Versöhnungsgedanke, die Rolle, die Christus dabei spielt, sowie das Abendmahlsverständnis. Das letzte Kapitel ist die „Dritte Zusammenfassung", in dem eine weitere Präzisierung des theologischen Grundgedankens vorgenommen wird.

Nach diesen drei Hauptteilen folgt ein Schlussteil, der alle Fäden der vorangegangenen Untersuchungen aufnimmt und im Vergleich mit Climacus' Religionstheorie bündelt.

I. Teil

Die Existenz in der Welt

Wie in der Einleitung bereits erwähnt, ist Kierkegaards Ausgangspunkt in den erbaulichen Schriften die Existenz des einzelnen Menschen in der Welt. Dass die Betonung auf Welt liegt, ist jedenfalls in den frühen erbaulichen Reden deutlich spürbar.[1] Besonders in *Erbauliche Reden 1843-44,* aber auch in *Drei Reden bei gedachten Gelegenheiten* von 1845 ist diese Perspektive breit angelegt. In Kierkegaards Blick steht der Mensch im Allgemeinen, der sein Dasein in der Welt hat und sich wohl auch selbst in einem Gottesverhältnis versteht, sich aber nicht notwendigerweise als besonders religiös betrachtet. Das Gottesverhältnis ist sozusagen der Rahmen, die Aufmerksamkeit richtet sich aber in höherem Maße auf die Existenz in dem Sinn, dass Kierkegaard aufdecken möchte, was es heißt, in der Welt zu existie-

---

[1] Der Terminus Welt erfordert eine Präzisierung, die hier nur kurz angedeutet werden kann. Z. B. könnte er die vorhandene Welt als physische oder biologische Größe bedeuten. Dies ist jedoch nicht der Fall, denn als solche ist die Welt für Kierkegaard nicht von Interesse. Seine Perspektive ist immer der Mensch. Der Ausgangspunkt aber ist der Mensch in der Welt, und darin liegt, dass der Mensch in ein unauflösliches Verhältnis zur Welt gestellt ist. In dieser Weise ist die Welt eingebunden in Kierkegaards Denken über die Subjektivität. Der Mensch ist nicht ein „weltloses Ich", wie W. Anz behauptet hat (vgl. „Philosophie und Glaube bei Kierkegaard", S. 224) , sondern er ist bereits ein Teil der Welt, in der und gegen die er sich zurecht finden muss. – Ebenso riskant ist A. Kingos Interpretation, der Welt einen generell negativen Charakter zuzuschreiben (vgl. *Analogiens teologi,* S. 237); er spricht von „der Schilderung der Welt als böser Macht". Das ist im Blick auf eine allgemeine Charakteristik der erbaulichen Schriften ausgesprochen irreführend (erst in der *Einübung im Christentum* wird sich zeigen, dass dies für den Martyriumsgedanken zutrifft, nicht jedoch früher). Eher wird die Welt als problematisch dargestellt: Zu existieren heißt für den Menschen, dass er selbst schon ein Teil der Welt – und doch zu etwas anderem bestimmt ist. Die Welt wird also zuerst aus der Perspektive des Menschen betrachtet, danach als Realität, mit der der Mensch unzertrennlich verbunden ist, und schließlich ist er auch etwas anderes als die Welt und muss sich deswegen selbst in der Welt zurechtfinden. Wir werden darauf vor allem in Kap. 1.1. und 1.2 eingehen.

ren. Damit ist nicht allein sein Interesse an der Existenz in der Welt angegeben, sondern auch, dass er noch etwas Anderes sieht, mehr als das, was die Existenz des Menschen in der Welt zu sein scheint. Wenn Kierkegaard aufdecken möchte, was in der Welt zu existieren heißt, so geschieht dies einerseits, um auf das Schwierige im menschlichen Dasein hinzuweisen: Unter den Bedingungen von Zeit und Verschiedenheit ist es schwer und problematisch, in der Welt zu leben. Doch diese Wahrnehmung des Menschen hat noch eine tiefere Dimension, nämlich die, dass der Mensch nicht bloß in ein Verhältnis zur Welt gesetzt ist, sondern auch in ein Verhältnis zu Gott. Es ist dieser Dreiklang, der Kierkegaards gesamtes Denken prägt: Selbst, Welt und Gott – und man könnte sagen, dass in den frühen erbaulichen Schriften die Betonung auf Selbst und Welt liegt. Die Absicht besteht aber darin aufzudecken, wie das Verhältnis zu Gott als implizites Verhältnis in jedem Augenblick menschlichen Daseins gegenwärtig ist. Der Mensch kann in seinem zeitlichen Leben Gott vergessen, er kann sich sogar einbilden, dass es keinen Gott gibt und dass das Dasein das ist, wofür es sich ausgibt. Aber zu jeder Zeit ist Gottes Wirklichkeit entscheidend für das Leben jedes Menschen. Schon daraus ist zu schließen, dass Kierkegaard etwas aufdecken möchte, d. h. es soll etwas entschleiert werden, nämlich der Selbstbetrug: Dass der Mensch sich einbildet, er sei allein auf der Welt und könne selbst seinem Dasein Form geben.[2] Die

---

[2] Kingo betont die gleiche Entschleierungsabsicht, wenn er sagt: „Der Gedankengang der erbaulichen Rede hat die Aufgabe, die in der glücklichen Tautologie verankert und zugleich als unglückliche Tautologie zu entschleiern ist, dass der Mensch in seiner Existenz-Bestimmung unglücklich versucht sich selbst zu verankern, indem er im Humanen darauf insistiert: ‚ich bin der, der ich bin'" (*Analogiens teologi*, S. 114f.). Nachdem bereits das Gemeinsame in der Auffassung des Erbaulichen festgestellt wurde, sollen zwei wesentliche Unterschiede zu Kingos Interpretation unterstrichen werden: Erstens heißt es, der Selbstbetrug werde erst durch die paradox-religiöse Voraussetzung aufgedeckt (die glücklich verankerte Tautologie). Unsere Analyse wird dies nicht bestätigen. Hier wird es ganz im Gegenteil darum gehen, dass bereits Kierkegaards phänomenologische Beobachtungen darauf hinweisen, wie der Selbstbetrug – das zeitliche Selbstverständnis – zusammenbricht aus Mangel an Kontinuität und Zusammenhang, und daraus folgt die Unmöglichkeit, mit sich selbst gegenwärtig zu werden. Der Verzweiflungscharakter im Selbstbetrug braucht keine Christus-Offenbarung, um offenbar zu werden. Im Gegenteil, Kierkegaards Pointe liegt darin, dass der Mensch sich selbst in dem aufdeckt was er tut, und darin liegt just die Tiefe des Menschlichen: Dass der Mensch im Selbstbetrug sich an etwas vergeht, zu dem er bestimmt ist. Deshalb kann Kierkegaard durch die Analyse der Existenz in der Welt ein schon gesetztes Verhältnis zu Gott aufdecken. Kingo hat jedoch insofern Recht, als die Tiefe des willentlichen Widerstandes des Menschen gegen Gott, kurz: dass der Mensch Sünder ist, erst in der Offenbarung völlig klar wird. Doch darin liegt bereits eine starke Einschränkung seines Arguments. Zwei-

Aufdeckung besteht einerseits in den scharf gezeichneten Existenzbedingungen, dass der Mensch Zeit und Verschiedenheit unterliegt und diese eben nicht beherrscht, und zudem darin, dass der Mensch nicht allein auf der Welt ist, sondern bereits verwiesen ist, auf den Gott, der ihn geschaffen hat.

---

tens entsteht der Eindruck, dass in der Interpretation Kingos der Selbstbetrug selbst zum Humanen wird. Es kommt nicht zu einer Verzerrung des Humanen, sondern das Humane wird auf jenes Selbstverständnis reduziert, das im Ausdruck des „ich bin der, der ich bin" enthalten ist. Das ist auch an anderen Stellen zu sehen, z.B. aaO., S. 15, wo das Humane als „der Mensch, der in der einen oder anderen Weise sein eigener Herr sein will" beschrieben wird; oder S. 284, wo es zur Alternative zwischen human und christlich heißt: „entweder die selbstbetriebene göttliche Instanz des Menschen oder der Mann aus Nazareth". Meines Erachtens übersieht Kingo das Wesentliche, dass der Selbstbetrug nicht in sich selbst das Humane ist, sondern die Verzerrung des Humanen. Diese wird aus genau dem generiert, was den Menschen zum Menschen macht – und was Voraussetzung dafür ist, Christ zu werden (vgl. *SKS* 10, 59) – nämlich der Besorgnis um sich selbst, dem Drang, sich um sich selbst zu kümmern. Nicht als Aufbegehren oder Selbstbehauptung, sondern weil der Mensch in der Liebe und für die Liebe geschaffen ist und deswegen sich selbst schon liebt und sich selbst achtet. Diese allgemein-menschliche Voraussetzung und im Ganzen genommen Kierkegaards Festhalten am Allgemein-Menschlichen als Perspektive werden im Folgenden einen wesentlichen Orientierungspunkt ausmachen. Obwohl Kingo einen grundlegenden Gegensatz zwischen dem Humanen und dem Christlichen annimmt, gibt es in seiner Kierkegaard-Lektüre mitunter dennoch Andeutungen eines Zusammenhangs. Beispielsweise sagt Kingo, „der Verlust Gottes ist der Verlust der Verständlichkeit des Lebens" (*Analogiens teologi*, S. 119), und weiter charakterisiert er die Neuschöpfung damit, dass es „genügt ein Mensch zu sein" (S. 374). Vgl. auch K. Nordentoft, der im Gegensatz zu Kingo die Verbindung zwischen dem Humanen und dem Christlichen unterstreicht – oder umfassender: zwischen Anthropologie und dem Religiösen: „Es gibt [...] eine anthropologische Bestimmung, die besagt, dass jeder Mensch sich in der Besorgnis um sich selbst seiner bewusst wird, weil sich die Existenz unter zweideutigen Bedingungen abspielt, in der Zeit, in Hoffnung oder Furcht. In diesem Bewusstsein liegt doch die Gleichheit, und in ihr liegt die Möglichkeit, sich selbst zu realisieren. Diese Möglichkeit nennt Kierkegaard hier das Religiöse" (*Kierkegaards psykologi*, S. 118).

Kapitel 1

Erbaulichkeit und Zeitlichkeit

Wenn von der Existenz des Menschen in der Welt die Rede ist, so geht es nicht zuletzt um die Existenz in der Zeit, denn die Welt ist grundlegend durch die Zeit bestimmt. Alles in der Welt unterliegt der Zeit; die Zeit ist – gemeinsam mit der Verschiedenheit, wie wir in Kapitel 2 genauer sehen werden – als Grundbedingung zu betrachten. Daraus folgt hier keine Untersuchung des Zeitbegriffs, sondern die Frage, wie sich das Verhältnis des Menschen zu Zeit darstellt. Durch das Nachfragen, wie der Mensch sich zur Zeit verhält und wie er sich selbst in der Zeit versteht, kann Kierkegaard dem Verhältnis des Menschen zur Welt näher kommen, und dazu gehört auch das Verhältnis zu Gott. Das bedeutet praktisch, dass Kierkegaard sehr an Erwartung und Geduld interessiert ist, da beides Weisen des Menschen sind, sich in der Zeit zu verhalten. Darüber hinaus sind sowohl Erwartung wie auch Geduld etwas, das jeder Mensch kennt. Jeder Mensch verhält sich erwartungsvoll und geduldig (oder ungeduldig) im täglichen Leben – meist ohne dem tiefere Bedeutung beizumessen. Aber genau dies tut Kierkegaard. Er interessiert sich für Erwartung und Geduld des Menschen, weil er in diesen Verhaltensweisen zur Zeit das Selbstverständnis eines Menschen aufdecken kann, und darin das Verhältnis zur Welt und zu Gott. Der Thematisierung von Erwartung und Geduld liegen die *Erbaulichen Reden* 1843-44 zugrunde, primär die Rede „Geduld und Erwartung" (die letzte der *Zwei erbaulichen Reden 1844*).

1.1. Gegenwärtigkeit als Aufgabe

Bereits in den Titeln der erbaulichen Reden bekommen wir einen Hinweis darauf, was mit der Erwartung und der Geduld auf dem Spiel steht. So heißen z. B. die beiden Reden, die „Geduld in Erwartung" vorausgehen: „Seine Seele erwerben in Geduld" und „Seine Seele bewahren in Geduld". Es geht also darum, die Seele zu erwerben und zu bewahren – oder mit einem anderen Terminus: das Selbst.[3] Selbstwerden und Selbstsein haben mit Erwartung und Geduld zu tun, d. h. damit, wie der Mensch sich zur Zeit verhält. Schon der Ausgangspunkt nämlich, dass das Selbst etwas ist, das erworben und bewahrt werden soll, beschreibt das Selbst als Problem. Der Mensch ist nicht ohne weiteres er selbst, soll aber er selbst werden. Der Hintergrund dafür ist kurz gesagt, dass der Mensch eine Zusammensetzung ist. Was dies des Näheren heißt, kann auf verschiedene Weise erklärt werden, doch im Anschluss an die Beschreibung des Menschen aus dem Dreiklang Selbst, Welt und Gott lässt es sich am besten so sagen: Der Mensch ist in der Welt und insofern bedeutet Menschsein, ein Teil der Welt zu sein – der Mensch ist selbst zeitlich. Dass der Mensch aber von Gott geschaffen ist, beinhaltet, dass er bereits in ein Verhältnis zu seinem Schöpfer gesetzt ist und in diesem Verhältnis unendlich verschieden ist von der Welt – und dies ist etwas anderes und mehr als Zeit, weil Geschaffensein seine Wurzel im Ewigen hat. Der Mensch ist eben aus Zeitlichem und Ewigem zusammengesetzt, und diese Zusammensetzung ist problematisch, da sie die Aufgabe stellt, sich selbst zusammenzuhalten – oder, wie die Reden es ausdrücken: sich selbst zu erwerben und zu bewahren.[4]

Um uns der Thematik der Zeitlichkeit zu nähern, können wir das Problem des Selbst im Blick auf die Gegenwärtigkeit zum Ausdruck bringen. Gegenwärtigkeit als Aufgabe und Problem ist begründet in der Zusammengesetztheit in der Zeit: Dass die Welt des Menschen nicht allein durch die Zeit zu beschreiben, sondern dass er selbst ein Verhältnis in der Zeit ist. Die Aufgabe besteht darin, sich selbst zusammenzuhalten in der Zeit und gegen die Zeit. In der Zeit, weil der

---

[3] Dass Kierkegaard von Seele spricht hat mit der erbaulichen Terminologie zu tun, die sich darin von der der pseudonymen Literatur unterscheidet. Seine Seele erwerben steht demnach synonym für Selbstwerden und drückt mit anderen Worten die Existenzaufgabe aus. Vgl. z. B. K. Nordentoft *Kierkegaards psykologi*, S. 144: „Es muss zunächst festgestellt werden, dass das Wort ‚Seele' in diesem Text [„Seine Seele erwerben in Geduld"] ‚Selbst' bedeutet. Die terminologische Änderung verdankt sich der Begründung der Rede in einem Bibelzitat".

[4] Der Mensch als Zusammensetzung ist der genaue Ausdruck von Kierkegaards Sicht des Menschen. Deshalb ist diese Beschreibung auch Ausdruck derselben Bestimmungen des Menschen, wie sie Kierkegaard in mehreren pseudonymen Schriften entwickelt, z. B. in *Der Begriff Angst* von 1844, wo das Pseudonym Vigilius Haufniensis den Menschen definiert als eine „Synthese von Seele und Leib [...], die vom Geist getragen wird" (*SKS* 4, 354; vgl. *BA*, 47) und als „eine Synthese des Zeitlichen und des Ewigen" (*SKS* 4, 388; vgl. *BA*, 86). Ebenso kann die *Krankheit zum Tode* von 1849 genannt werden, geschrieben unter dem Pseudonym Anti-Climacus.

Mensch sich nie über die Zeit zu erheben oder sie anzuhalten vermag, sondern selbst der Zeit unterworfen ist mit allem, was sie an Veränderung und Vernichtung bedeutet. Gegen die Zeit, weil die Zeit damit droht, den Menschen auseinanderzureißen, alle Kontinuität und allen Zusammenhang im Leben zu sprengen.[5] Wird dieses Problem im Blick auf die Gegenwärtigkeit betrachtet, so handelt es sich nicht bloß darum, gegenwärtig zu sein im Verhältnis zu einem anderen Menschen, sondern noch fundamentaler darum, gegenwärtig zu werden im Verhältnis zu sich selbst. Darin liegt dasselbe Paradox, das mit dem Selbst verbunden ist: Die Aufgabe besteht darin, Gegenwärtigkeit zu gewinnen. Doch wo sonst sollte der Mensch sein, wenn nicht bei sich selbst? Oder umgekehrt: Wie kann man sich selbst gegenüber abwesend werden?

Das alles rührt daher, dass der Mensch nicht einfach in der Zeit lebt, sondern selbst ein Verhältnis in der Zeit ist. Das bedeutet, dass der Mensch, indem er sich zu sich selbst verhält, sich bereits zu sich selbst im Vergangenen und im Zukünftigen verhält. Kein Mensch ist ohne weiteres im Jetzt und Hier, denn er ist selbst ausgespannt im Verhältnis zwischen Vergangenheit und Zukunft.[6] Der Mensch ist immer außerhalb des gegenwärtigen Augenblicks, indem er sich seiner eigenen Geschichte bewusst ist, und zu dieser Geschichte gehört auch das Zukünftige. Dass die Vergangenheit in das Verhältnis, wie ein Mensch sich selbst versteht, mit hineinspielt, ist an und für sich nicht überra-

---

[5] Dieses ‚in und gegen' zeigt schon einen wichtigen Punkt in Kierkegaards Interpretation des Menschen: Die Zeit bedeutet auf vielerlei Weise ein Problem für das Menschsein, ‚in' das der Mensch gestellt ist, d.h. es geht hier um etwas, das man lösen könnte, indem man der Zeit entschlüpft oder entkommt. Es gilt das Problem der Zeit zu überwinden, das heißt: Der Mensch muss sich selbst finden ‚gegen' diese Problemlage, die mit der Zeit gestellt ist, indem er sich selbst dem problematischen Verhältnis zu ihr aussetzt, um das Verhältnis neu zu gestalten.

[6] Dieser prägnante Ausdruck stammt von A. Grøn *Angst bei S. Kierkegaard*, S. 23. – Augustin gibt in den *Bekenntnissen* einen Hinweis auf die Vorstellung des Menschen als ausgespannt in der Zeit, wenn er sagt: „Darum wollte es mich dünken, Zeit sei Ausdehnung und nichts anderes: aber wessen Ausdehnung, weiß ich nicht. Es sollte mich wundernehmen, wäre es nicht der Geist selbst" (vgl. Augustinus *Bekenntnisse*, Elftes Buch, 26,33, übers. von J. Bernhart). Ein ähnlicher Gedanke also über den menschlichen Geist in zeitlicher Ausdehnung, nämlich „eine Gegenwart von Vergangenem, eine Gegenwart von Gegenwärtigem und eine Gegenwart von Künftigem" (ibid. 20,26). Es handelt sich demnach um zwei Analysen, die über das Verhältnis des Menschen zur Zeit ganz einig sind. Dennoch kann gesagt werden, dass da, wo Augustin mit seiner Analyse das Phänomen der Zeit einkreisen und untersuchen will, da will Kierkegaard an dem einen alles Entscheidenden festhalten: Dass der Mensch in der Zeit ausgespannt ist und deswegen nicht allein in der Zeit lebt, sondern selbst Zeit ist, eben ein zeitliches Wesen.

schend; es geht ja um die Geschichte, wie der Mensch das geworden ist, was er ist, und um Erinnerungen an einschneidende Handlungen und Entscheidungen, die zur Formung dieses Menschen beigetragen haben. Dass auch das Zukünftige schon mit in die Geschichte gehört, scheint dagegen weniger passend. Denn das Zukünftige ist zuallererst das, was noch nicht ist, und deswegen hat es in der Weise des Vergangenen auf die Formung des Menschen noch nicht eingewirkt. Nein, nicht in gleicher Weise, aber, so betont Kierkegaard, es spielt eine mindestens so große Rolle – wenn nicht noch größere – für das Selbstverständnis eines Menschen. Und das ist so, weil das Verhältnis eines Menschen zum Zukünftigen seine Erwartung ist. Der Mensch ist in seiner Erwartung bereits außer sich, er hat sich selbst vor sich im Kommenden. Wenn die Erwartung eines Menschen an das Leben z. B. eine große Familie wäre, ist dies schon ein wesentlicher Teil seines Selbstverständnisses, der sich dann bemerkbar macht, wenn die Erwartung scheitert; wenn der Geliebte, der ausersehen war der Zukünftige zu sein, umkommt – dann stirbt ja auch das Familienbild. Zurück bleibt die Frage, wer ist denn der Mensch und was ist denn das Leben, wenn die Familie nicht länger möglich ist. Das kann den Menschen zwingen, sein Leben, wie man sagt, einer Revision zu unterziehen, weil das Leben gerade in jener Erwartung bestand. Auf diese Weise ist der Mensch außerhalb des gegenwärtigen Augenblicks und kennt sich selbst durch eine Geschichte in der Vergangenheit wie durch die Geschichte von dem, was der Mensch zu werden bestrebt ist.

Fragen wir nach Aufgabe und Problem des Gegenwärtigen, so geht es im Kern darum, dass ein Mensch ein ganzes Leben in Abwesenheit leben kann. Das ist es, was man z. B. Leben in der Vergangenheit nennen kann. Wer in der Vergangenheit lebt, lebt nicht im Jetzt, d. h. der Betreffende ist nicht anwesend im Gegenwärtigen. Dies lässt sich auch so ausdrücken, dass die Person nichts mehr hat, wofür sie leben will. Mit anderen Worten: Ein Mensch lebt in der Vergangenheit, weil die Zukunft nicht länger als Möglichkeit erscheint. In gewissem Sinne ist Zeit genug, aber es gibt keine Erwartung mehr an die Zeit. Der Mensch erkennt sich selbst nicht mehr im Zukünftigen, sondern er kennt nur das, was einmal war. Es könnte gerade die enttäuschte Erwartung sein, die das Zukünftige verschlossen hat, und es ist ganz bezeichnend, wenn der Verlobte „der Zukünftige" genannt wird. Denn wenn er oder sie nicht mehr sind, stellt sich die Frage, ob es überhaupt etwas Zukünftiges gibt; die Frage, was zurück bleibt, für das sich ein Leben lohnt. Dasselbe Problem zeigt sich auch von der anderen Seite her, nämlich aus der Sicht des Menschen, der das Gegenwärtige in der Erwartung des Zukünftigen vergisst. Es ist eine allgemeine Erfahrung, dass die starke Erwartung, in der man sich wirklich freut, das Gegenwärtige gänzlich wegwischen und zur Wartezeit reduzieren kann. Ernsthafter noch kann ein Mensch im Zukünftigen leben, so wie wir es vorhin bei der Vergangenheit gesehen haben. Da ist z. B. der Phantast, dem ganz und gar Konsequenz und Zusammenhang im Leben fehlen, weil alles Vergangene und Gegenwärtige unwirklich erscheinen im Verhältnis zu den vielen Vorhaben, die immer schon voraus liegen.

Wie schon früher formuliert, besteht die Aufgabe darin, in der Zeit und gegen die Zeit einen Zusammenhang zu finden. Sofern der Mensch selbst zeitlich ist und mit sich selbst in der Zeit zusammenstimmen muss, d. h. den Zusammenhang zwischen dem Vergangenen und dem Zukünftigen finden muss, ist das Gegenwärtige nicht gegeben. Die Aufgabe ist die Bildung eines Zusammenhangs gegen die Zeit, weil das Gegenwärtige durch die Veränderungen der Zeit bedroht ist. Die Aufgabe ist aber ebenso die Bildung eines Zusammenhangs in der Zeit, weil der Mensch sich nicht über die Zeit erheben kann. Das Gegenwärtige muss in der Zeit gefunden werden, in einem Zusammenhang des Vergangenen und des Zukünftigen und nicht in dessen Auflösung. Für Kierkegaard liegt das Entscheidende im Verhältnis zum Zukünftigen, weil das Ganze darin gründet, ob ein Mensch, bildlich gesprochen, Raum vor sich hat. Wer in der Vergangenheit lebt, hat gerade keinen Raum vor sich. Mit dem Raum folgt das Risiko, im Raum, wie im Falle des Phantasten, zu entschweben; doch das ändert nichts daran, dass das Verhältnis zum Zukünftigen das entscheidende Verhältnis ist. Nur durch das Bewahren einer Erwartung im Leben kann der Mensch das Gegenwärtige in seinem Leben gewinnen. Deshalb ist die Erwartung für Kierkegaard so interessant, weil sie ein entscheidendes Verhältnis zur Zeit hat und damit zum Selbstverhältnis des Menschen gehört.

1.2. Erwartung

1.2.1. Der Begriff der Erwartung

Wir können uns dem Begriff der Erwartung über eine andere erbauliche Rede nähern, nämlich die erste von 1843: „Die Erwartung des Glaubens". Hier hebt Kierkegaard das ganz elementare und deswegen ausschlaggebende Verhältnis hervor: „Eines haben jedoch alle

Erwartenden gemeinsam, sie erwarten etwas Zukünftiges" (*SKS* 5, 26 / *2R43,* 394). Die Erwartung ist, mit anderen Worten, allgemein, und sie ist zukunftsorientiert, sofern der erwartende Mensch an etwas gebunden ist, was zu einem ferneren Zeitpunkt kommen oder eintreffen soll. Das Erwarten ist also eine Weise, sich zur Zeit zu verhalten, genauer gesagt zur zukünftigen Zeit. Darüber hinaus ist festzuhalten, dass Kierkegaard mit der Erwartung eine Zweideutigkeit verbindet. Auf der einen Seite ist die Erwartung „der Adel des Menschen" (*SKS* 5, 27 / *2R43,* 395), der ihn vom Tier unterscheidet, auf der anderen Seite birgt die Erwartung ein Risiko: In ihr können sich Kräfte und Mut des Menschen aufbrauchen. Wir sahen, wie der zeitliche Charakter des Menschen das Gegenwärtige als Problem und Aufgabe stellt, und es ist wiederum das Gegenwärtige, worum die Zweideutigkeit der Erwartung kreist. Einerseits ist die Erwartung unumgänglich, um Gegenwart zu gewinnen (darin zeigt sich der Adel: in der rechten Erwartung wird dem Menschen eine Gegenwart zuteil, die dem Tier nicht vergönnt ist); andererseits geschieht es gerade in der Erwartung, dass die Gegenwart verloren gehen kann. Zweideutigkeit heißt: In der Erwartung wird die Gegenwart verloren oder gewonnen – die Gegenwart steht auf dem Spiel.

Die Zweideutigkeit der Erwartung als das, worin das Gegenwärtige auf dem Spiel steht, zeigt sich in Kierkegaards Sprache, die die Gedanken zu Krieg und Kampf führt: „erst wenn wir das Zukünftige besiegt haben, erst dann können wir uns zurückwenden zum Gegenwärtigen, erst dann bekommt unser Leben darin seine Bedeutung" (*SKS* 5, 26; vgl. *2R43,* 394). Im Verhältnis zum Zukünftigen und damit in der Erwartung geschieht es also, dass der Mensch den entscheidenden Kampf kämpft, in dem das Gegenwärtige gewonnen oder verloren wird. Die Erwartung vertieft daher, was schon in der Zeitlichkeit des Menschen liegt. Das bedeutet zuallererst, dass der Mensch an das Zukünftige gebunden ist – darin liegt gerade das zu Erwartende. Der Mensch verhält sich zum Zukünftigen und sieht sich selbst im Zukünftigen: Er erwartet, er sorgt sich, er ängstigt sich.[7] Wie er sich

---

[7] Wenn hier Erwartung, Sorge und Angst miteinander verbunden werden, so geschieht dies nicht zufällig. Alle drei Verhaltensweisen haben mit dem Zukünftigen zu tun. In besonderem Maße liegt hier eine Verwandtschaft zwischen Erwartung und Sorge. Das Thema der Sorge findet sich an vielen Stellen bei Kierkegaard, am entschiedensten in der ersten Abteilung der *Christlichen Reden* von 1848, die den Titel trägt: „Die Sorgen der Heiden". Hier spielt Kierkegaard die Doppelheit der Sorge durch: Auf der einen Seite soll der Mensch sich sorgen, auf der anderen Seite darf er sich keine Sorgen machen. Das hat auch mit der Zeitlichkeit zu tun, denn schon die Sorge

auch verhalten mag, er verhält sich notwendigerweise im Jetzt. Das war auch Augustins Entdeckung, aber Kierkegaard vertieft nun die Konsequenzen, indem das Jetzt die Form einer Möglichkeit annimmt, die es als solche nur gibt im Verhalten des Menschen zu ihr. Die Gefahr liegt darin, dass das Gegenwärtige, als das, was Sinn und Bedeutung im gegenwärtigen Augenblick gewinnen könnte, im Zukünftigen verschwinden, sich im Zukünftigen auflösen kann. Umgekehrt aber kann das Zukünftige auch im gegenwärtigen Augenblick aufgenommen werden, wodurch es Bedeutung bekommt und das Gegenwärtige gewonnen wird. In der Erwartung entscheidet sich somit der gegenwärtige Augenblick, und das radikal, denn das Gegenwärtige steht selbst auf dem Spiel. Weil der Mensch zeitlich ist, ist er schon über den gegenwärtigen Augenblick hinaus, und deswegen besteht die Aufgabe darin, zum Augenblick zurückzukehren – aber wohlgemerkt in der Erwartung. Das Risiko besteht darin, mit sich selbst aus dem Tritt zu kommen, die Verbindung zum Gegenwärtigen zu verlieren, während die Möglichkeit des „Adels" des Menschen darin besteht, im Gegenwärtigen mit einer offenen Erwartung des Zukünftigen zu existieren.

1.2.2. Die entscheidende Erwartung. Dass die Existenz sich entscheidet

Die Erwartung als das Verhältnis des Menschen zum Zukünftigen ist nichts Unkonkretes oder Abstraktes, sondern ganz im Gegenteil etwas, das im höchsten Maße auf die Präsenz des Menschen in der Situation und auf das Selbstverständnis als solches einwirkt. Dieser entscheidende Charakter der Erwartung lässt sich noch weiter vertiefen, wenn Kierkegaard in derselben Rede („Die Erwartung des Glaubens") sagt, „das Zukünftige, es ist ja leicht und flüchtig, formbarer

---

bezieht sich auf das Zukünftige, „den nächsten Tag". Die prinzipielle Ungewissheit des Zukünftigen setzt die Sorge. Als solche steht die Sorge parallel zur Erwartung, weil die Ungewissheit den Menschen auf sich selbst zurückweist; der Charakter der Sorge und der Erwartung geben ein Bild des Menschen selbst. Die Parallelität zwischen Sorge und Erwartung zeigt sich z. B. in einer Beschreibung der Sorge, die fast gleichlautend ist mit der Beschreibung, die wir eben über die Erwartung gefunden haben: „[...es ist am nächsten Tage] dass die größte Schlacht geschlagen wird, die alles entscheidende – da entscheidet sich Zeitlichkeit und Ewigkeit" (SKS 10, 81 / CR, 75). Ausführlicher werden Thema und Text in meinem [Michael Olesen, jetzt: Bjergsø] Artikel „Christelige Taler – læst af Michael Olesen" behandelt; im Übrigen kann auch auf A. Grøn *Subjektivitet og negativitet. Kierkegaard* (S. 72f. u. 213f.) hingewiesen werden, ebenso auf W.M. Quist *Tidslighed og eksistens hos Kierkegaard og den tidlige Heidegger* (S. 22ff.). Zum Thema Angst in Verbindung mit dem Begriff der Zweideutigkeit s. Kap. 4.

als jede Tonerde, so dass ein jeder es formt und bildet, so wie er selbst gebildet ist" (*SKS 5*, 29; vgl. *2R43,* 397). Das Zitat macht die genannte Zweideutigkeit unmittelbar deutlich. Nicht so sehr im Blick auf das, was auf dem Spiel steht, sondern mehr im Blick auf den Charakter des Zukünftigen und im Hinblick darauf, was oder wer eigentlich bestimmend ist. Auf der einen Seite hören wir, dass der Mensch selbst das Zukünftige hervorbringt und somit dessen Ausformung bestimmt, aber auf der anderen Seite deutet der unfassbare und allzu entgegenkommende Charakter des Zukünftigen an, dass es etwas ist, worin der Mensch sich verirren kann. Das Zukünftige kann sich als Unendliches herauskristallisieren. Inwiefern deshalb der Mensch selbst Herr über seine Erwartung ist oder das Zukünftige den Menschen steuert, wird offen gelassen. Das Verhältnis zwischen dem Menschen und dem Zukünftigen erscheint gerade dadurch zweideutig.

Der Charakter des Zukünftigen wurde durch die Adjektive „leicht", „flüchtig" und „formbar" angegeben. Das veranschaulicht vor allem die Unfassbarkeit: Das Zukünftige ist ohne Substanz, konkret ist eigentlich nichts. Das bedeutet zunächst, dass seine Wirklichkeit nur im Menschen selbst liegt; dann, dass das Zukünftige sozusagen jede beliebige Form annehmen kann; und schließlich, dass es in seiner Natur veränderbar und damit auch vergänglich ist. Unmittelbar kann das Zukünftige alles Mögliche sein, und sofern es in der Luft liegt, erscheint es schwerelos. Aber näher betrachtet bekommt es einen immer verpflichtenderen Charakter. Indem wir nämlich erfahren, dass „ein jeder es bildet, so wie er selbst gebildet ist" (ibid.), rückt es in ein engeres Verhältnis zum erwartenden Menschen. Der Mensch ist selbst anwesend in seinem Zukünftigen, er sieht sich bereits selbst in dem Gegenstand oder in der Situation, zu der er sich in der Erwartung verhält. Kurz gesagt, die Erwartung gibt der Zeitlichkeit des Menschen Ausdruck. Der erwartende Mensch ist im Zukünftigen in ein Verhältnis zu sich selbst gesetzt, d.h. in der Erwartung ist das Selbst ausgedehnt in der Zeit. Das Zukünftige hat entscheidende Bedeutung für den Menschen, weil es schon ein Teil des Menschen ist. Doch bildet der Menschen nicht nur seine Erwartung und ist selbst gegenwärtig in der Erwartung, sondern auch umgekehrt: Die Erwartung bildet zugleich den Erwartenden.

Dies zeigt wiederum die entscheidende Bedeutung, die Kierkegaard der Erwartung zuschreibt. Deshalb ist es nicht gleichgültig, worin die Erwartung eines Menschen besteht. Die Bestimmung des Begriffs Erwartung geschah bisher in großer Breite. Die Erwartung war vorwärts gerichtet und implizierte im doppelten Sinn eine Zweideutigkeit: teils auf paradoxe Weise so, dass gerade die Gegenwärtigkeit in der Erwartung auf dem Spiel steht, teils im Charakter der Erwartung als einer bereits wirkenden Möglichkeit. So gesehen kann die Erwartung ebenso gut die eines gemütlichen Abends wie die der ewigen Seligkeit sein. In der Betonung der Erwartung als etwas existenziell Entscheidendes können wir nun aber präzisieren, was Kierkegaard genauer unter Erwartung versteht. Er ist an jener Erwartung interessiert, die man als Grunderwartung des Lebens bezeichnen könnte, nämlich der tieferliegenden Erwartung eines Menschen an das, was das Leben zu bieten hat. Und als solche ist es diejenige Erwartung, die das grundlegende Verhältnis eines Menschen zu seiner Zukunft umfasst. Dann macht es keinen Sinn, über einen gemütlichen Abend zu sprechen, denn die Erwartung ist zu verstehen als das tiefere Verhältnis, das der Mensch zu sich selbst im Verhältnis zum Zukünftigen hat. Kierkegaard unterscheidet zwei Grunderwartungen, die zeitliche und die ewige. Die zeitliche Erwartung kann ihrem Wesen nach definiert werden als die Erwartung von Reichtum, Macht und Ehre, sie ist die Erwartung, die sich an das Irdische bindet, während die ewige Erwartung (oder die Erwartung der ewigen Seligkeit) eine Erwartung ist, in der der Mensch sich selbst in einer Perspektive sieht, die über das Zeitliche und Irdische hinausreicht.[8]

---

[8] Es ist wie gesagt Kierkegaards Ziel, die Existenz in der Welt aufzudecken, und das in doppeltem Sinn: Den Selbstbetrug des Menschen aufzudecken, indem Kierkegaard hervorhebt, dass der Mensch den Bedingungen der Welt unterliegt; und das fundamentale Verhältnis zu Gott aufzudecken, der bereits in jedem Verhältnis gegenwärtig ist, auch in der Erwartung. Die Reichweite des letztgenannten tritt hervor, wenn das Ganze auf dem Hintergrund von Luthers Auslegung des ersten Gebots im *Großen Katechismus* gesehen wird: „Was heißt, einen Gott haben; oder, was ist Gott? Antwort: Ein Gott heißet das, dazu man sich versehen soll alles Guten, und Zuflucht haben in allen Nöten" (M. Luther, Ausgew. Werke Bd. 3, 193). Die Reichweite in Kierkegaards Auslegung der Erwartung besteht zum Ersten darin, dass die Erwartung das aufdeckt, woran der Mensch glaubt. Wenn Kierkegaard nach dem Grund der Erwartung fragt, hat dies ja damit zu tun, woran die Erwartung gebunden ist, d. h. wozu der Betreffende „sich versehen soll alles Guten"; und zum Zweiten ist Kierkegaards weitere Verfahrensweise in Luthers kurzer Auslegung schon vorweggenommen: „[dass man soll] Zuflucht haben in allen Nöten" (ibid.). Wenn Kierkegaard viele der Existenzverläufe, die er in den Reden beschreibt, Enttäuschung, Verlust und Allerweltsnot aussetzt, so geschieht das gerade um sichtbar zu machen, was aus der Erwartung und ihrem Grund wird; wohin der Mensch seine Zuflucht nimmt, wenn die Not sich meldet. Das ist die Frage, der immer schon die Dimension des jeweiligen Charakters des Gottesverhältnisses und des Glaubens des Menschen zugrunde liegt. Im Übrigen kann gesagt werden, dass Kierkegaards Bestimmung der zeitlichen Erwartung als Reichtum, Macht und Ehre durch Luther Unterstützung findet. Was Kierkegaard eine zeitliche und eine ewige Grunderwartung nennt,

Das ist der eine Aspekt: Was erwartet ein Mensch grundlegend im Leben und vom Leben, d. h. was ist der Gegenstand seiner Erwartung. In der späteren Rede „Geduld in Erwartung" von 1844 verbindet Kierkegaard den Gegenstand der Erwartung mit einem weiteren Aspekt, nämlich dem des Verhältnisses des Menschen zum Gegenstand. Wir treffen hier zugleich auf eine ganz entscheidende Beobachtung Kierkegaards, die im Folgenden aus anderen Perspektiven wiederholt auftreten wird, nämlich auf das Verhältnis zwischen Was und Wie: Das Was der Erwartung (der Gegenstand) kann von dem Wie der Erwartung (dem Verhältnis zum Gegenstand) nicht getrennt werden. Hier heißt es, der erwartende Mensch müsse „im tieferen Sinne ein in Wahrheit Erwartender" sein; „denn das hängt davon ab, welches der Gegenstand seiner Erwartung ist" (*SKS* 5, 218 / *2R44*, 132f.). Es geht also nicht nur um den rechten Gegenstand der Erwartung, sondern auch um die Tiefe oder Innerlichkeit der Erwartung, die Art und Weise, Erwartung zu haben. Der Zusammenhang zwischen dem Was und dem Wie bedeutet, dass das Verhältnis zum Zukünftigen stark oder schwach sein kann, innerlich in einem Menschen oder oberflächlich; ob es aber das eine oder andere ist, hat in hohem Maße mit dem Gegenstand der Erwartung zu tun. Kierkegaards Behauptung ist die, dass es entscheidend ist, ein starkes und innerliches Verhältnis zum Zukünftigen zu haben – und zu bewahren; aber dies kann ein Mensch nur, sofern der Gegenstand seiner Erwartung von einer besonderen Art ist und das Verhältnis zum Gegenstand einen besonderen Charakter hat. Diese beiden Aspekte sind entscheidend, und sie sind in einem untrennbaren Zusammenhang zu sehen. Dann ist auch klar, dass hier von einer rechten Erwatung im Unterschied zu den unrechten Erwartungen die Rede sein kann.

Es wurde schon im Vorhergehenden erwähnt, dass der Mensch seine Erwartung nicht nur selbst erschafft, sondern die Erwartung auch etwas am Menschen tut: Der Mensch bildet selbst seine Erwartung – aber die Erwartung bildet auch den erwartenden Menschen. Das wird verständlich durch die Vertiefung des Problems der Zeitlichkeit. Wenn die Erwartung in einem Verhältnis zum Zukünftigen steht, ist deutlich, dass die Erwartung entweder enttäuscht oder erfüllt werden kann. Ganz konkret kann das, was ein Mensch erwartet, entweder ausbleiben oder eintreffen. Wenn Kierkegaard danach fragt, worin die

---

hat eine Parallele in Luthers Termini Mammon und Gott, und Mammon ist gerade vom Glauben an Reichtum, Macht und Ehre durchdrungen. Dabei geht es hier weder für Kierkegaard noch für Luther einfach um die Begehrlichkeit, sondern um den Glauben, man könnte sein Dasein selbst sichern.

Erwartung eines Menschen besteht, so fragt er indirekt, worauf ein Mensch sein Leben baut, ob auf etwas Zeitliches oder etwas Ewiges. In der zeitlichen Erwartung wird das Leben auf die veränderlichen Werte der Zeitlichkeit aufgebaut. Sowohl Reichtum wie auch Macht und Ehre sind veränderliche Größen, deren Kommen und Gehen für den Erwartenden letztendlich unkontrollierbare Größen sind. Dieser Typus der Erwartung macht deshalb nur dann Sinn, wenn der Mensch sich den Bedingungen der Zeitlichkeit unterwirft. Will man das, was die Welt für ehrenvoll findet oder für Reichtum hält, nicht anerkennen, dann lässt sich dessen Gewinn auch nicht bewerkstelligen. Um diese Dinge oder Anerkennung zu gewinnen, muss der Mensch durch Erfahrung und im Vergleichen der Lebensumstände versuchen, sich in der Welt in immer günstigere Positionen zu manövrieren.

Eine Erwartung im positiven Sinne, sagt Kierkegaard, bildet von sich aus kein Mensch, im Gegenteil: „sein Wesen entartet. Er verzehrt die Kraft der Seele und den Inhalt des Lebens in der ungesunden Jagd nach Berechnungen und Wahrscheinlichkeiten; seine hochmütige Haltung löst sich und ihn selbst auf in bloßen Lärm" (*SKS* 5, 218; vgl. *2R44*, 133). Denn letzten Endes hat der Mensch keinen entscheidenden Einfluss auf das Zukünftige, und deswegen ist ein auf Erfahrung und bloße Wahrscheinlichkeit aufgebautes Leben eine Illusion – eine Einbildung. Es können viele Jahre in dieser „hochmütigen Haltung" vergehen, ohne dass die Illusion gestört würde. Der Mensch kann „Bierzapfer oder Staatsminister" sein (*SKS* 11, 156 / *KT,* 38), wie Kierkegaards Pseudonym Anti-Climacus es später in *Die Krankheit zum Tode* ausdrückt, und kann im äußeren Sinn ein ausgezeichnetes Leben führen. Aber in jedem beliebigen Augenblick kann das Kartenhaus zusammenfallen, d.h. die errechneten Werte werden fallen. Der Mensch steht diesen vielen Risiken letztendlich machtlos gegenüber. Kierkegaard insistiert auf dieser Zeitlichkeit der Erwartung, die schließlich immer von äußeren Umständen abhängig bleibt, auf die der Einzelne am Ende keinen Einfluss hat. Erst recht im Blick auf das Problem des Gegenwärtigen zeigt sich hier in aller Dringlichkeit, dass der Mensch in der zeitlichen Erwartung zu Voraussagen, Prognosen, Berechnungen und anderen „hochmütigen Haltungen" gezwungen ist, um offen legen zu können, was die Zukunft bringen wird. Weil er sein Leben auf die Bedingung der Veränderlichkeit gebaut hat, wird er unaufhörlich vorwärts gestoßen. Er kehrt nicht zurück zum gegenwärtigen Augenblick, sondern ist gezwungen, die Berechnungen und Voraussagen der unvorhersehbaren Veränderlichkeit fortzusetzen, bis er sich im „bloßen Lärm" auflöst.

Damit ist die fundamentale Gebrechlichkeit beschrieben, die zur Bedingung des Menschen gehört. Als solche ist sie etwas, das sich bei jedem Menschen geltend macht: Dass das Leben oft in einem sinnlosen Zusammenhang gelebt wird, auf den der Einzelne nur einen verschwindend geringen Einfluss hat. Kierkegaards Pointe in dem Gedanken, dass ein unrecht erwartender Mensch sich verirrt, liegt auch nicht darin, dass die Grundbedingung der Veränderlichkeit für den nicht gälte, der in Wahrheit ein Erwartender ist. Im Gegenteil, es geht in der unrechten Erwartung um das Ausgeliefertsein des Menschen an den sinnlosen Zusammenhang, auf den er keinen Einfluss hat und der ihm dann und wann zufällig und ungerecht erscheinen wird. Die Verirrung hat zwei Aspekte: Erstens ist fundamental, dass die Welt charakterisiert ist durch Zeit und Verschiedenheit und der Mensch selbst ein Teil der Welt ist. Das bedeutet teils, dass die Welt veränderlich ist und die Welt des Menschen deshalb zunichte gemacht werden kann, teils, dass der Mensch sich nicht über diese elementare Grundbedingung hinwegsetzen kann. Zweitens geht es um den Versuch des Menschen, sich innerhalb dieser Grenzen eine Existenz zu schaffen. Die zeitliche Erwartung ist Ausdruck des Glaubens daran, dass der Mensch sich sozusagen über Wasser halten kann mitten in dem unbändigen Strom der Veränderung, der Wechselhaftigkeit und der Zerstörung. Und dies sollte gelingen, indem er der Veränderung, der Wechselhaftigkeit und der Zerstörung immer einen Schritt voraus wäre. Er muss, was auch kommen mag, rechtzeitig erkennen, denn nur dann kann er einen Gegenzug machen. Doch darin liegt die eigentliche Verirrung: Alles sehen zu müssen, bevor es eintrifft – der Entwicklung voraus zu sein, wie man sagt. Warum ist dies eine Verirrung? Weil es diese „hochmütige Haltung" ist, die den Menschen zwingt, sich vom Gegenwärtigen abzuwenden – und ein Zurückkommen nicht zulässt. Das Problem entsteht deshalb nicht nur dann, wenn der Lauf der Welt plötzlich in eine Richtung geht, die alles zerstört, was ein Mensch in seinem Leben aufgebaut hat, sondern das Leben ist vorher schon untergraben, weil der Mensch bereits den Kampf, sich ein Dasein nach den Bedingungen der Zeitlichkeit zu schaffen, mit der Gegenwärtigkeit bezahlt hat. Das kann vielleicht für eine Weile verborgen bleiben, aber wenn die Erfüllung auf sich warten lässt und die Enttäuschung anklopft, dann kommt es an den Tag, dass die unrechte Erwartung nicht im Stande ist, das Leben aufrecht zu erhalten und sich selbst zu bewahren. Dann zeigt sich, dass das Leben seinen inneren Zusammenhalt verloren hat – und bereits verloren hatte.

Aber wenden wir uns nun der rechten Erwartung zu, um zu sehen, wie sie den Menschen bildet. Im Gegensatz zur unrechten Erwartung, die in der Zeitlichkeit begründet ist und deswegen der Veränderlichkeit unterliegt, hat die rechte Erwartung ihren Grund in etwas, das über die Zeitlichkeit hinausgeht, nämlich im Ewigen. Es geht, mit anderen Worten, um die Erwartung der ewigen Seligkeit.[9] In derselben Rede „Geduld in Erwartung" beschreibt Kierkegaard die wahre Erwartung, indem er sie durch eine Person repräsentiert sein lässt.[10] Den Ausgangspunkt nimmt er in Lk 2,33-40, wo Jesus als Kind in den Tempel nach Jerusalem gebracht und im Einklang mit dem jüdischen Gesetz Gott geweiht wird. Dies wird von zwei Personen bezeugt, einem Mann Namens Simon und einer Frau Namens Anna. In Anna ist die Erwartung personifiziert. Sie wird im Evangelium als 84-jährige Prophetin beschrieben, die nach nur sieben Jahren Ehe Witwe geworden war und die ihr Leben seither im Umkreis des Tempels Tag und Nacht mit Fasten und Beten zubringt.

Die Frage ist zunächst, warum gerade Anna die Erwartung darstellen soll. Vor allem ist deutlich, dass der Gegenstand ihrer Erwartung der rechte ist: Sie erwartet etwas außerhalb des Zeitlichen. Im Evangeliumstext begegnen wir Anna bei der wahren Erfüllung der Erwartung, als sie den Messias sieht. Aber in Übereinstimmung mit dem vorher Festgestellten ist es nicht die Erfüllung, die Kierkegaard beschäftigt, sondern die Erwartung. Deswegen dreht sich in den Beschreibungen von Anna alles um ihr Leben vor der Erfüllung und nicht um das, was sie sich nach der Erfüllung vornimmt (es kann ja auch nur vor der Erfüllung behauptet werden, dass Anna die Erwartung darstellt). Das, was in eminentem Sinn Anna dazu qualifiziert, die Erwartung darzustellen, ist der nicht vorhandene zeitliche Trost in ihrem Leben. Im zeitlichen Sinn ist ihr Leben enttäuscht worden,

---

[9] Andere Formulierungen dafür sind z.B.: die Erwartung der Fülle der Zeit oder die Erwartung des Messias.

[10] Dies ist ein typischer Zug nicht nur in den *Erbaulichen Reden 1843-44*. Die Reden sind geradezu bevölkert von sowohl namentlichen wie anonymen, bekannten und weniger bekannten Personen (die bekannten sind oft biblische Gestalten, z.B. die Prophetin Anna oder Paulus). Dies ist u.a. ein Ausdruck der phänomenologischen Methode, aufgrund derer Kierkegaard, wie gesagt, beobachtet, wie Menschen sich in verschiedenen Situationen und Abläufen verhalten; ebenso ist es ein Ausdruck für die breite Anlage der Reden, wodurch Kierkegaard dem Weg der biblischen Gestalten ebenso wie dem der nicht-religiösen Figuren in die Welt hinaus folgen kann. Vgl. A. Grøn „Temporality in Kierkegaard's Edifying Discourses", S. 200: „They [die erbaulichen Reden] depict characters [...] who find themselves in the midst of the course of time or a process."

vor allem weil der rasche Tod ihres Mannes sie viel zu früh in den Witwenstand verwies. Annas Erwartung bestand gerade in der Erwartung von Mann und Familie, und mit dem Tod des Mannes stirbt auch ihre zeitliche Erwartung. Sie hat keine Familie, der sie sich annehmen könnte, keinen „Gegenstand ihrer Fürsorge" (*SKS* 5, 209; vgl. *2R44*, 123), nichts Irdisches, für das sich zu leben lohnte, „ihr Leben war abgeschlossen, ihre Erwartung enttäuscht" (ibid.), und so war ihr Leben über viele Jahre hin abgelaufen. Kurz gesagt, Anna hatte „nichts, das sie für sich selber hätte umsorgen können zum Trost in der Zeit" (ibid.). Das bedeutet zweierlei: Erstens besteht in der Zeit zwischen Anna und dem Ewigen die geringst mögliche Verbindung. Sie ist in der Welt, aber ihr Leben baut auf etwas außerhalb der Welt. Deswegen ist es kaum vorstellbar, dass jemand noch mehr von der Erwartung gebildet wäre als Anna. Ihre Erwartung war ja nicht nur der Grundstein, sondern auch der einzige positive Inhalt die letzten Jahre ihres Lebens hindurch. Anna ist eins geworden mit ihrer Erwartung, weil diese nicht nur grundlegend in ihrem Leben ist, sondern das Einzige. Zweitens ist die Erwartung in Annas Personifizierung auf eine Weise ausgezeichnet, dass das Verhältnis zwischen der rechten und der unrechten Erwartung deutlich hervortritt. Annas Leben ist nämlich derart extrem, dass dieses Verhältnis zum Äußersten gebracht wird: rechte Erwartung oder Enttäuschung.[11]

---

[11] In *Kierkegaard's Category of Repetition* betont N.N. Eriksen das Verhältnis zwischen Annas verlorener Erwartung (des verstorbenen Mannes) und der neuen Erwartung (des Erscheinens des Messias). Der Zusammenhang zwischen den beiden Erwartungen besteht darin, dass der Verlust der zeitlichen Erwartung der Einstieg in die Erwartung der ewigen Fülle ist (vgl. S. 51). Das ist so, weil Anna in der Liebe zum verstorbenen Mann lernt, dass Liebe etwas Größeres ist als die zeitliche Erfüllung (oder der zeitliche Verlust). Selbst wenn der Tod den Gegenstand ihrer Liebe weggenommen hat – bleibt doch die Liebe. Die Liebe wird deshalb neu und die Zeit wird neu, denn sowohl Liebe wie auch Zeit sind nicht länger im Zeitlichen begründet, sondern im Ewigen. Die Erwartung der zeitlichen Fülle wird von der Erwartung der ewigen Fülle abgelöst (vgl. S. 55). Deshalb ist Anna ein Beispiel für die Transformation der zeitlichen Erwartung in die Erwartung der ewigen Seligkeit; und der Tod (der Tod des Mannes und damit der Tod der zeitlichen Erwartung) ist der Übergang, der die neue Gotteserwartung möglich macht.
In dem Artikel „Can Patience Be Taught?" geht D. Possen auch auf Annas Beispiel ein. Auch hier wird der Tod des Mannes hervorgehoben, das Verhältnis aber zwischen der verlorenen Erwartung und der Messiaserwartung scheint in Possens Darstellung unterbestimmt. Der frühe Tod des Mannes ist hier nicht nur der Übergang zu einer neuen Erwartung, sondern die weiterhin empfundene Liebe Annas zu ihm gibt ihr Anlass, sich selbst zu entdecken in „constant self-scrutiny" (vgl. S. 261). Mit anderen Worten, Anna lernt durch den Tod ihres Mannes etwas über sich selbst, offensichtlich aber nichts über das Verhältnis zu Gott. Das Problemati-

Das Beispiel Annas veranschaulicht somit, was die rechte Erwartung tut, weil es so offensichtlich ihre Erwartung ist, durch die sie am Leben gehalten wird. Zunächst einmal können wir sagen, dass die ewige Erwartung die Bedeutung des zeitlichen Wechsels in der Welt relativiert. Anna selbst ist vom Leben geprüft, sie weiß, was es heißt zu verlieren, sie kennt nur allzu gut die Bedingungen, unter denen das Leben gelebt wird. Aber sie hat sich freigemacht von der Enttäuschung und den wahren Wert der Zeitlichkeit eingesehen: ihre Leere. Die Zeitlichkeit zu durchschauen ist jedoch nicht alles, denn dahin kann auch die Enttäuschung mit ihren bitteren Erfahrungen in der Welt gelangen. Die Enttäuschung kann einem zu viel werden und der Kelch kann überlaufen, so dass die Enttäuschung die Erwartung überschwemmt. Ein Mensch kann in der Enttäuschung jegliche Erwartung aufgeben und sich „zu Boden fallen lassen" (*SKS* 5, 214; vgl. *2R44,* 128). Er kann resignieren und sich verhärten, wodurch er nicht nur den Verlust sinnlos macht, sondern das ganze Leben. Deswegen gibt es in der wahren Erwartung nur einen Aspekt, nämlich die Relativierung des Zeitlichen. Das Entscheidende ist, wie gesagt, das Was und Wie der Erwartung, d. h. zu *was* der Erwartende sich genau verhält, zur Zeitlichkeit oder zur Ewigkeit, und *wie* er sich dazu verhält. Was das Letztgenannte angeht, ist Annas Erwartung ein Beispiel dafür, wie das Verhältnis zum Gegenstand alles umfassend sein soll. Es ist ein absolutes Verhältnis – zu einem absoluten Gegenstand. Wir lehnen uns damit ganz eng an die prägnante Formulierung an, die Kierkegaards Pseudonym Johannes Climacus in der *Abschließen-*

---

sche daran ist, dass der Tod nicht mehr als Übergang, sondern eher um seiner selbst willen beurteilt wird. Das Entscheidende ist nicht, dass der Mensch seine Gotteserwartung berichtigt, sondern stattdessen einen Verstorbenen liebt, um dadurch etwas über sich selbst zu lernen.

Während Eriksen die neue Gotteserwartung als neue Gegenwärtigkeit betont, bekommt bei Possen die Geduld als Ausdauer mehr Gewicht. Der Unterschied dieser beiden Akzentuierungen ist hervorzuheben, weil er Ausdruck einer Spannung im Begriff der Geduld ist, wie ihn Kierkegaard geprägt hat. Die Spannung zeigt sich im Schluss der Rede, wo Kierkegaard davon spricht, dass der Mensch „durch das Tor des Todes" einginge „in das Ewige, um seine Erwartung einzuholen, bis er sie mit irdischen Augen sähe und nicht mehr in der Zeit zu sehen begehrte" (*SKS* 5, 224; vgl. *2R44,* 140). Unmittelbar danach wird jedoch im Epilog hervorgehoben, wie das Leben „noch heute eine freudige Überraschung und eine selige Bewunderung sein könne, und dies alle Tage", wenn bloß der Mensch geduldig seine Erwartung in Gott setzt. Die Frage lautet, ob das Gegenwärtige oder die Ausdauer betont werden, und die Konsequenz liegt vor allem im Verhältnis zur Welt: Verschwindet die Welt in der Erwartung der ewigen Seligkeit, oder sieht der Mensch in Verwunderung die Welt mit neuen Augen?

den unwissenschaftlichen Nachschrift gebraucht, wenn er sagt, der Mensch solle sich „absolut zu seinem absoluten τελός und relativ zum relativen" verhalten (*SKS* 7, 370; vgl. *AUN* II, 113). Dies ist ein präziser Ausdruck für das Was und Wie der Erwartung. Während der Enttäuschte enttäuscht wird, gerade weil das relative ein absolutes τελός geworden war, verhält sich Anna absolut zum absoluten τελός, d. h. sie verhält sich innerlich zur Erwartung der ewigen Seligkeit und lässt alles andere im Verhältnis dazu relativ werden. Anna setzt sich in das engst mögliche Verhältnis zum Ewigen, trotz ihrer Existenz im Zeitlichen, während der Enttäuschte, dadurch dass er im Zeitlichen gründet, sich vom Ewigen ausschließt.

1.2.3. Die Bildung der Erwartung

Wir haben gesehen, wie sich in der rechten Erwartung die Fundierung des Menschen in dem zeigt, was über das Zeitliche hinausgeht. Dies ist entscheidend, denn es verleiht der Erwartung gegenüber den zeitlichen Veränderungen jene Fortdauer und Beständigkeit, die die unrechte Erwartung gerade nicht garantieren kann. Veränderung und Vernichtung brechen in der Zeit hervor und enttäuschen die zeitliche Erwartung. Auch das Beispiel Annas enthält eine erste enttäuschte zeitliche Erwartung. Nach dem frühen Tod ihres Mannes gab es im zeitlichen Sinn nichts mehr, für das sich zu leben lohnte. Mit Anna als Vorbild geht es Kierkegaard deshalb nicht um die Gegenüberstellung der beiden Grunderwartungen, um die eine als rechte und die andere als unrechte zu beurteilen. Die beiden Grunderwartungen sind gerade nicht als Alternativen gegenübergestellt, die ein Mensch distanziert betrachten und zwischen denen er wählen könnte. Der Mensch ist zeitlich und deshalb immer schon erwartend, die Erwartung also menschlich allgemein. Annas Beispiel zeigt darüber hinaus das Herauswachsen der ewigen Erwartung aus dem Zusammenbruch der zeitlichen. Doch dies ist nur möglich, weil in der unrechten Erwartung schon etwas Echtes und Wahres steckt. Anna hat ihren Mann geliebt und ihre Liebe war echt und rein. Erst als ihr Mann nicht mehr da ist und die Liebe sich von dem konkreten zeitlichen Gegenstand, an den sie gebunden war, löst, sieht Anna, dass Liebe unendlich größer ist als der zeitliche Gegenstand.[12] Dass die ewige Erwartung aber potenziell

---

[12] Dieser Gedanke wird in *Die Taten der Liebe* vertieft, wo es darum geht, dass die Nächstenliebe mit der natürlichen Liebe bricht. Interessanterweise ist dabei einerseits die natürliche Liebe vorausgesetzt, andererseits ist die Nächstenliebe sozusagen die Erfüllung der natürlichen Liebe. Es wird vorausgesetzt, dass der Mensch

aus der Enttäuschung der zeitlichen erwächst, bedeutet, dass durch die Erwartung mit der Enttäuschung etwas geschieht. Die Frage ist, was die Erwartung tut und wie der Mensch durch die Erwartung auf die Probleme der Zeit zu antworten vermag.

Die Antwort der rechten Erwartung besteht darin, die Vergangenheit zur Zukunft zu machen. Es soll sozusagen eine Grenze zwischen dem Vergangenen und dem Kommenden gezogen werden,[13] und deswegen gilt es, mit dem Vergangenen abzurechnen. Die Anklage der Enttäuschung ist nicht im Stande, diese Grenze zu ziehen, weil der Mensch, gekränkt durch Enttäuschung, an der verlorenen Vergangenheit und erlittenen Ungerechtigkeit festhält. Die Enttäuschung tritt ein, weil die Berechnung nicht stichhaltig war, die Erfüllung nicht zum erwarteten Zeitpunkt kam oder weil der Mensch sich im Ver-

---

Liebe kennt, aber erst durch das Gebot der Nächstenliebe ihre Tiefe und ihren Umfang versteht. Man kann unmittelbar einwenden, dies stehe im Gegensatz zur Offenbarung. Hier sprechen wir vom Tod als Übergang zu einer ewigen und göttlich begründeten Liebe, während es in *Die Taten der Liebe* Gottes eigene Worte sind, die die Möglichkeit der Nächstenliebe schaffen. Wir werden in Kap. 4.4 auf das Verhältnis zwischen diesen frühen möglichen Andeutungen einer unterbestimmten Offenbarung und der expliziten Offenbarung zurückkommen. Jetzt aber geht es darum, ob die Offenbarung vorausgehen muss oder nicht. Hier wird vorausgesetzt, dass der Mensch die Liebe schon hat und dass dieselbe Liebe sich als unendlich größer erweist, als der Mensch ahnte.

[13] Der Gedanke der Schöpfung durch Grenzziehung hat seine Wurzel im alttestamentlichen Schöpfungsbericht: „Am Anfang schuf Gott Himmel und Erde. Und die Erde war wüst und leer, und es war finster auf der Tiefe; und der Geist Gottes schwebte auf dem Wasser. Und Gott sprach: Es werde Licht! Und es ward Licht" (Gen 1,1-3). Der Akt der Schöpfung besteht darin, zuerst eine Grenze zu ziehen zwischen Finsternis und Licht, dann zwischen Wasser und Himmel und wiederum zwischen Wasser und Erde, samt Himmel und Himmelskörper. Bevor Gott die Grenzen zog herrschte Chaos. Das hebräische *tohu wabohu*, das hier mit wüst und leer übersetzt wurde, könnte auch im Sinne des dänischen Ausdrucks „hulter til bulter" übersetzt werden, nämlich als „bunt durcheinander", d.h. ein Chaos ohne Zusammenhang und Ordnung, in dem keine Übersicht zustande kommt. Das genau ist es, was Gottes Schöpfung bringt: Ordnung ins Chaos. Zu sagen dies habe Bedeutung für Kierkegaard, zielt auf sein Gespür, dass auch in der menschlichen Perspektive der Ursprung der Schöpfung im Chaos liegt. Im Zusammenbruch der Erwartung wird dem Menschen alles zum Chaos, und deswegen ist der klare und feste Zielpunkt so entscheidend. Nur durch den auf Gott fokussierten Blick kann die neue Erwartung geschaffen werden, während umgekehrt der suchende Blick keinen Halt findet und sich in der chaotischen Zeitlichkeit, in Wüste und Leere verliert. Der Ausgangspunkt in P. Søltofts *Svimmelhedens etik* kann in diesem Zusammenhang gesehen werden. Das Gefühl des Schwindels zeigt das Verhältnis des Menschen zu Chaos oder Wüste und hat seine negative Seite durch die Verbindung mit dem Wüsten und Leeren; es hat aber auch seine positive Seite, nämlich die Voraussetzung zu sein für eine neue Möglichkeit: dass die Welt neu werde.

gleich mit der Situation anderer Menschen übergangen fühlte. Genau dieser Verlusterfahrung korrespondiert die rechte Erwartung: „vernichte die Berechnung, in der du dich selbst verfängst […], lösche den Geist nicht aus im unnötigen Streit darüber, wer am längsten gewartet und am meisten gelitten" (*SKS* 5, 214; vgl. *2R44*, 129). Der Mensch soll mit anderen Worten seine Voraussagungen vergessen, denn sie enden in einer Falle. Er soll die ganze Logik oder das Räsonnement der zeitlichen Erwartung vergessen, die auf der Grundeinbildung basiert, der Mensch könne die Zeit und deren Veränderungen überschauen und ihr damit gegenübertreten. Es scheint nur so, als wäre der Mensch fähig vorauszusagen, wie der nächste Augenblick ausgehen wird, und nur im Aufdecken dieses Betrugs wird es möglich, eine Grenze zu ziehen und die Vergangenheit hinter sich zu lassen. Nur so kann der Mensch, statt in gekränkter Enttäuschung festzusitzen, seine Sorge in offener Erwartung vorbringen.

Die Antwort der Erwartung lautet deshalb weiterhin: „wirf noch einmal alle deine Sorge auf Gott und stürz dich selbst in seine Liebe; aus diesem Meer steigt die Erwartung auf, noch einmal wiedergeboren, und sieht den Himmel offen; wiedergeboren, nein, neugeboren; denn diese himmlische Erwartung beginnt gerade dann, wenn die irdische ohnmächtig und verzweifelt zu Boden sinkt" (ibid.). Die Erwartung also schaut vorwärts statt zurück, und in dieser Bewegung wird die Vergangenheit zur Zukunft und sieht den Himmel offen.[14] Dieser prägnante Ausdruck illustriert aufs schönste, was die Erwartung tut. Der verzweifelte Mensch, auf dem die enttäuschten Erwartungen lasten, wird von der rechten Erwartung angesprochen: Wirf die Sorge auf

---

[14] A. Grøn macht auf ein wesentliches Merkmal dieses Ausdrucks aufmerksam, wenn er schreibt: „It is a notable way to speak of the ability to see. It does not say: anticipation sees that heaven is open. Anticipation does something, it sees heaven open" („Temporality in Kierkegaard's Edifying Discourses", S. 200). Dies unterstreicht Kierkegaards Beobachtung, dass die Erwartung die Zeit öffnet, d.h. in der neuen Erwartung gewinnt der Mensch von neuem Möglichkeit. Im Verhältnis zu den zwei unterschiedlichen Akzentuierungen im Begriff der Geduld, die zuvor besprochen wurden, wird hier deutlich, dass Grøn die Geduld in Relation zur Gegenwärtigkeit betont. Das geschieht in der Perspektive des Problems der Zeitlichkeit und der Möglichkeit des Gegenwärtigen; und das ist bezeichnend für seine Kierkegaard-Interpretation. Alternativ ließe sich die Formulierung „den Himmel offen sehen" auch an Hand der späteren Schwerpunkte in der Christologie des Leidens auslegen, die wir im III. Teil näher betrachten werden; wobei „den Himmel offen sehen" auch heißen könnte, dass schon in der Erwartung die Identität des Menschen eschatologisch bestimmt ist, und deshalb verliert die Welt mehr und mehr an Bedeutung (abgesehen von dem Anstoß, den die Zughörigkeit des Menschen zu Christus bewirkt).

Gott und sieh den Himmel offen. Das heißt: Schau auf Gott, sieh dass Gott der Grund des Daseins ist, und lerne durch Gott die Grenze zu ziehen zwischen dem Vergangenen und dem Zukünftigen, lerne den Himmel offen zu sehen. Mit Gott als Gegenstand der Erwartung ist der nächste Augenblick immer geöffnet und die Hoffnung bewahrt. Ungeachtet dessen, was die Zeit einem Menschen bringen mag, ist in der rechten Erwartung immer ein nächster Augenblick, und deswegen ist die Erwartung anhaltend und unveränderlich. Die Sorge auf Gott zu werfen bedeutet, das Räsonnement der Zeitlichkeit loszuwerden. Es ist fern jeder Vernunft und ganz unangemessen, sich selbst in das „Meer" der Gottesliebe zu „stürzen". Es ist mit anderen Worten eine Frage des Glaubens, nämlich die, woran ein Mensch glaubt: ob an sich selbst als Macht des Daseins oder an Gott als Grund des Seins. Kierkegaards Verständnis der zeitlichen Erwartung zielt auch darauf, dass sie sich als sichere und vernünftige Lebensanschauung ausgibt, in tieferem Sinn aber genauso wie die religiöse Lebensanschauung auf entzogener Gewissheit beruht.[15] Die Existenz eines jeden Menschen in der Welt ist Sache des Glaubens: Es ist dem Einzelnen anheim ge-

---

[15] Kierkegaards These besteht, wie schon gesagt, darin, dass das zeitliche Selbstverständnis auf dem Selbstbetrug beruht, es sei eine sichere Lebensanschauung, in der der Mensch Ruhe finden kann. Worin näher betrachtet der Selbstbetrug der Lebensanschauung begründet ist, wird ebenfalls deutlich. Erstens darin, dass der Mensch im Stande sei, die Zeit zu überblicken, und auf diese Weise gegen die Zeit stehe – unter den Bedingungen von Zeit und Veränderung. Zweitens darin, dass der Mensch selbst die Macht des Daseins sei. Letztere Formulierung geht eigentlich auf Løgstrup zurück, sie ist hier aber insofern passend, als Løgstrup genau diesen Selbstbetrug (in seiner Terminologie: „Totalillusion") aus denselben Gründen konstatiert. So heißt es in *Schöpfung und Vernichtung:* „Unser Dasein baut auf zwei Grundeinbildungen: Unser Aufstand gegen die Vernichtung siegt über die Vernichtung. – Wir verdanken uns selbst unser Dasein mitsamt dessen Macht zum Sein" (S. 83). Wie bei Kierkegaard so gilt auch für Løgstrup: Der Selbstbetrug ist genau dort begründet, wo der religiöse Anknüpfungspunkt des Menschen liegt, nämlich darin, dass der Mensch um sich selbst und um sein Leben besorgt ist, dass er sich selbst achtet – kurz gesagt: sich selbst liebt. Dies ist für Kierkegaard eine allgemein menschliche Betrachtungsweise und die Voraussetzung für das Gottesverhältnis – aber gleichzeitig ist sie die Antriebskraft im Selbstbetrug. Dieser Zusammenhang zwischen Selbstbetrug und Besorgnis des Menschen um sich selbst korrigiert Løgstrups Kritik an Kierkegaards Auffassung des Bösen als „extensiv" (vgl. *Auseinandersetzung mit Kierkegaard,* S. 77 f.). Wenn Løgstrup sagt: „Das Böse am Bösen ist nämlich gerade, dass es vom Guten lebt und es vernichtet" (ibid.), so ist dies auch für Kierkegaard zutreffend. Und mehr noch: Dieses Verhältnis ist entscheidend für Kierkegaards Gedanke der Selbstvernichtung, denn nur kraft der Voraussetzung, dass etwas genuin Gutes und Echtes im Bösen oder im Selbstbetrug ist, kann man von Selbstvernichtung sprechen – um zu sich selbst zu kommen.

stellt, worauf er sein Leben bauen will, ob er sich selbst grundlegend zeitlich oder ewig versteht. Kierkegaard geht es darum zu zeigen, dass in diesem Punkt kein Mensch einen Freifahrtschein hat. Die eine Anschauung ist nicht sicherer oder gewisser als die andere. Das bedeutet nicht, dass die eine genau so gut sein kann wie die andere. Im Gegenteil, es geht Kierkegaard um den Nachweis, dass die zeitliche Erwartung dem Problem der Zeit machtlos gegenüber steht und deshalb zusammenbricht. Doch aus der Asche steigt ein neuer Mensch mit einer neuen Erwartung.[16]

Die rechte Erwartung beantwortet somit das Problem der Zeit, und sie beantwortet die negative Möglichkeit, die die Zeitlichkeit mit sich bringt, nämlich sich selbst aufzugeben. Die Antwort der Erwartung besteht darin, eine Grenze zu ziehen, so dass das Vergangene zurückgelassen wird, das Zukünftige aber in der neuen Erwartung aufersteht – die Zeit wird ganz einfach neu. Es dreht sich, allgemein gesagt, darum, sich selbst in der Zeit nicht davon zu laufen, nicht zerteilt und gespalten zu werden; darum, die Zeit an ihrem Platz zu halten, oder richtiger: an sich selbst festzuhalten in der Zeit. Das Vergangene soll hinter dem Menschen bleiben, während das Zukünftige in vorwärts gerichteter Offenheit bewahrt werden soll. Nur in diesem Verhältnis ist das Gegenwärtige gesichert. Für den in der Welt Existierenden liegt aber genau darin die Schwierigkeit. Denn wenn die Enttäuschungen sich häufen, kann das Vergangene im negativen Sinn so viel Raum einnehmen, dass es bildlich gesprochen das Zukünftige verdrängt; die Enttäuschungen lagern sich auf Zukunft hin in solchem Maße ab,

---

[16] Hier ist anzumerken, dass einige Formulierungen dicht an die christliche Terminologie angelehnt sind, nicht zuletzt der Terminus Neuschöpfung. Er ist Ausdruck für das schöpfungstheologische Fundament dieser frühen erbaulichen Reden, die aber sozusagen offenbarungstheologische Züge nicht ausschließen. Man kann demnach nicht genau trennen zwischen Schöpfungstheologie und Offenbarungstheologie, im Gegenteil, es ist charakteristisch für diese Reden, dass sie bestimmt sind durch ein Verhältnis zwischen Schöpfung und Offenbarung. In Kap. 4.4 wird der Frage nach dem Charakter der Reden in dieser Hinsicht weiter nachgegangen. Was die Formulierung „ein neuer Mensch" betrifft, so ist sie auf dem Hintergrund von Kierkegaards eigener Formulierung in dem eben Zitierten zu betrachten, wo es heißt: die Erwartung „steigt auf [...]; wiedergeboren, nein neugeboren". Damit wird keine Neuschöpfung in der Bedeutung einer zweiten *creatio ex nihilo* zum Ausdruck gebracht. Man könnte sagen, dass Kierkegaard mit seinem Sprachgebrauch den Gedanken der Neuschöpfung andeutet, aber hier soll dies nicht im Sinne einer lutherisch-orthodoxen Bestimmung dieses Begriffs verstanden werden, sondern als ‚Wiedererschaffung'. Zur Diskussion um Neuschöpfung und ‚Wiedererschaffung' bei Kierkegaard sei hingewiesen auf N.J. Cappelørn „Gottebenbildlichkeit und Sündenfall".

dass sie den Lebensmut bedrohen – der ja gerade der Mut für das künftige Leben ist.

1.3. Geduld

1.3.1. Geduld und Erwartung

Geduld und Erwartung hängen eng miteinander zusammen. Jede Erwartung impliziert Geduld, dadurch dass die Erwartung ihrer Natur gemäß in der Zeit nach vorne gerichtet ist. In dieser Gerichtetheit muss es notwendigerweise einen Zeitraum zwischen Erwartung und Erfüllung geben, und in diesem Zeitraum muss sich jeder Mensch unmittelbar in Geduld fassen. Es liegt bereits in der Erwartung, dass man gezwungen ist zu warten – und dass Erwartung deshalb Geduld erfordert. Diese kann mit der Zeit auch umschlagen in Ungeduld, wenn der Zeitraum zwischen der Erwartung und der Erfüllung zu lang erscheint. Man könnte sagen, dass sich die Geduld an der Zeit abarbeitet, weil die Geduld der Modus ist, sich offen zu dem Zeitraum zu verhalten, der den Erwartenden von seinem Gegenstand der Erwartung trennt. Der geduldige Mensch bewahrt das Gegenwärtige in der Erwartung. Die Ungeduld ist umgekehrt der andere – sich abschließende – Modus, sich zu dem dazwischenliegenden Zeitraum zu verhalten. Wir waren im vorigen Abschnitt schon kurz auf das Was und Wie der Erwartung eingegangen, und die Geduld bringt jetzt zum Ausdruck, wie sich der Mensch in seiner Erwartung verhält.

Ausgehend vom Titel der Rede, mit der wir uns im vorigen Abschnitt beschäftigt haben, „Geduld in Erwartung", können wir das Verhältnis beider aus ihrer jeweiligen Perspektive betrachten: Einerseits ist die Erwartung geduldig, was die Ausdauer der Erwartung betrifft, sofern der, der sich in seiner Erwartung geduldig verhält, im Stande ist, seine Erwartung zu bewahren. Andererseits ist die Geduld erwartend, was die Gespanntheit der Geduld zeigt, in dem Sinne, dass die Geduld in ihrer Arbeit an der Zeit beständig nach vorne auf den Gegenstand ihrer Erwartung blickt. Die Geduld, die erwartend ist, arbeitet deshalb nicht gleichgültig oder ‚bewusstlos' an der Zeit, sondern sie arbeitet leidenschaftlich, erwartet in jedem Augenblick gespannt die Erfüllung.

Die beiden Begriffe zeigen ein notwendiges Verhältnis zwischen Erwartung und Geduld, und im gegebenen Zusammenhang ist dies sogar noch enger dadurch, dass die eine Seite die andere bedingt:

1. Erbaulichkeit und Zeitlichkeit

Die rechte Erwartung gibt es nur, sofern die Geduld vorhanden ist, und die Geduld kann nur in der rechten Erwartung bestehen. Im Zusammenhang dieser einleitenden Betrachtungen über das Verhältnis von Erwartung und Geduld zeigt sich noch ein weiteres gemeinsames Merkmal, oder besser gesagt: eine Folge der rechten Erwartung. Es gibt nämlich eine dauerhafte Erwartung, die nicht aufhört und ihren Fokus nicht ändert, und das bedeutet, dass es eine entsprechende Form der Geduld geben muss, die sich nicht in Ungeduld auflösen kann. Wir können also annehmen, dass es eine dauerhafte Geduld gibt, die den Bedrohungen der Zeitlichkeit standhalten kann und nicht in Ungeduld umschlägt. Das ist die logische Konsequenz einerseits des notwendigen Verhältnisses zwischen Erwartung und Geduld, und andererseits der Ausrichtung der Erwartung auf das Ewige, die deshalb konstant ist und nicht endet. In dieser Perspektive muss die Geduld der Erwartung entsprechen, d. h. sie muss entsprechend haltbar sein.[17]

Dadurch sprengt der Begriff der Geduld den Rahmen dessen, was man gemeinhin unter Geduld versteht. Wenn Geduld allgemein als „etwas Drittes, das hinzukommt" (*SKS* 5, 167 / *4R43,* 66), gesehen wird, als eine Art Werkzeug, das man braucht, um das Gewünschte zu erwerben, das man aber in dem Augenblick weglegt, in dem das Gewünschte erworben ist, dann wird die rechte Geduld dadurch qualifiziert, dass sie mehr als nur ein Werkzeug für die Erwartung ist. Sie ist nicht bloß Bedingung, sie ist auch etwas in sich selbst. Das meint Kierkegaard, wenn er in der letzten der *Vier erbaulichen Reden 1843*

---

[17] In Verbindung damit liegt in H. Fergusons Erklärung der Geduld eine wichtige Beobachtung: „it [Geduld] is timeless rather than enduring" („Patience: The Critique of Pure Naïvité", S. 283). Ferguson analysiert die Geduld, wie sie Kierkegaard in seinen erbaulichen Reden vorlegt, im Verhältnis zur Lebensanschauung der Moderne. Wenn Ferguson letztgenannte als die Kultur der Erfahrung definiert, die die Welt von der Behauptung aus betrachtet, dass Erfahrung und Realität übereinstimmen, reicht die Geduld über die Erfahrung hinaus. Die Geduld ist in diesem Sinn gerade zeitlos, und nur als solche kann sie jede Erfahrung bestimmen. Das ist eine andere Formulierung dafür, dass, nach Kierkegaard, die Geduld im Stande ist, jeder zeitlichen Bedrohung entgegenzustehen, weil die Geduld selbst über das Zeitliche hinausreicht und ihren Grund im Ewigen hat. Dies bietet auch einen zusätzlichen Aspekt für die zuvor besprochene Spannung im Begriff der Geduld. Wenn Ferguson sagt, die Geduld sei eher zeitlos als dass sie als Ausdauer aufzufassen sei, betont er damit, dass der Grund der Geduld im Ewigen ihrer Arbeit an der Zeit zugute kommt. Oder richtiger: Er betont, wie der Grund der Geduld im Ewigen die Voraussetzung dafür ist, der Länge und Veränderung der Zeit zu widerstehen – denn die Zeit wird neu. Nur durch das Hinausschauen über die Zeit kann der Mensch die Zeit neu sehen, wenn sie stehen zu bleiben scheint.

„Seine Seele erwerben in Geduld" sagt, im Verhältnis zur rechten Geduld sei „nämlich die Bedingung zugleich Gegenstand" (ibid.). Dies ist bemerkenswert, weil es auszudrücken scheint, dass die Geduld nicht nur das Wie, sondern auch das Was der Erwartung ist. Die Geduld ist nicht nur als Werkzeug notwendig, sondern sie hat eine tiefere Bedeutung, nämlich als das, wonach der Erwartende streben soll. Es stellt sich natürlich die Frage, was dann Geduld, oder von der anderen Seite her gesagt, was dann der Gegenstand der Erwartung ist. Was sich damit andeutet ist dieses: Rechte Geduld ist nichts anderes als die ewige Seligkeit. Das klingt merkwürdig, aber bevor wir im Folgenden versuchen werden, näher darauf einzugehen, können wir sagen: Als sichere Interpretation kann gelten, dass die rechte Geduld einen Menschen in der Zeit am dichtesten an die ewige Seligkeit heranführen kann – und deshalb liegt es nahe, die Geduld auch als Gegenstand zu betrachten. Geduld ist sozusagen analog zur ewigen Seligkeit.[18]

1.3.2. ... in Geduld

Es geht also darum, in der Erwartung geduldig zu sein, genauer gesagt: geduldig zu werden. Geduld ist nicht nur die Bedingung, sie ist selbst der Gegenstand, nämlich das Werden des Menschen in der Zeit. Der Kampf, wie ihn Kierkegaard im Zeitverhältnis des Menschen sich abspielen sieht, gilt dem Gegenwärtigen. Die Entscheidung der Existenz kreist um das Gegenwärtige als dasjenige, das entweder zu gewinnen oder zu verlieren ist, und Kierkegaards vertieftes Verständnis des Gegenwärtigen führt soweit, bis es von der Geduld handelt: Das Gegenwärtige gewinnt man in Geduld, weil Geduld das Gegenwär-

---

[18] Dies wird gestützt durch die Rolle, die die Geduld weiterhin spielt, auch in den erbaulichen Schriften. In der Relation von Geduld und Leiden kommt das Verhältnis zwischen Geduld und dem Ewigen vielleicht in besonderem Maß zum Ausdruck. Der Mensch, der mitten im Leiden geduldig ist, drückt damit sozusagen den Zustand der Ewigkeit aus: Unveränderlich jedem zeitlichen Druck gegenüber die Aufmerksamkeit allein auf den Gegenstand der Erwartung gerichtet (welcher im eigentlichen Sinn nicht die Geduld ist, weil der Gegenstand im Ewigen liegt; sondern wie man am aller dichtesten an den Gegenstand der Erwartung in der Zeit herankommt, das ist der Zustand der Geduld). In dem Artikel „Ὁ αἰτῶν λαμβάνει. Der Gebetsglaube Jesu und die Zeitlichkeit des Christseins", sieht M. Theunissen in der Geduld die Essenz des christlichen Selbstverständnisses (vgl. S. 326f.). Die Rolle, die Kierkegaard schon jetzt der Geduld zuschreibt (ein Selbst zu werden bedeutet, grob gesagt, geduldig zu werden), sowie die fortdauernde Bedeutung der Geduld, sowohl im christlichen Ertragen des Leidens als auch im Verhältnis der Nächstenliebe zum anderen Menschen, zeigen die generelle Übereinstimmung der Betrachtungsweise.

tige ist. Die geduldige Erwartung ist das, was hinzu kommen muss, damit der Mensch die Bedrohung durch die Zeit überwinden kann und im positiven Sinn gebildet wird. Wir haben schon darüber gesprochen, dass die Geduld das Was und Wie der Erwartung sammelt, indem sie behauptet, sowohl Werkzeug als auch Gegenstand zu sein. Wenn wir diesem Gedanken, in Geduld gebildet zu werden, jetzt weiter nachgehen, so geschieht das aufgrund des integrativen Charakters der Geduld.

Betrachten wir zunächst, was die Geduld tut. Sie arbeitet an der Zeit, die zwischen dem Erwartenden und dem Gegenstand der Erwartung liegt. Die Geduld muss sozusagen dafür sorgen, die Zeit hinter den Menschen zu schieben, nach und nach, so wie die Zeit kommt; das will heißen, dass die Geduld die fortwährende Gerichtetheit nach vorne ermöglicht. Die Geduld hat demnach zwei Aspekte: Teils ist es dem Menschen durch Geduld möglich, mit der Zeit Schritt zu halten, indem er das Vergangene hinter sich bringt und das Zukünftige nach vorne offen hält; teils hindert die Geduld den Menschen daran, die Ewigkeit aus den Augen zu verlieren: Die Geduld bewahrt die Erwartung. Wir können dies veranschaulichen durch die Antwort, die die Geduld der Enttäuschung gab: Nur indem die Sorgen auf Gott geworfen werden und damit eine Grenze gezogen wird zwischen dem, was war und dem was kommen wird, kann der Mensch den Himmel offen, d.h. die neue Erwartung der Ewigkeit sehen. In der Geduld wirft der Mensch die Berechnungen fort und setzt stattdessen sein Vertrauen auf Gott.

Die Reichweite dieser Problemstellung kommt schon in den Titeln der beiden Reden zum Ausdruck: „Seine Seele erwerben in Geduld" und „Seine Seele bewahren in Geduld". Erwerben und Bewahren der Seele (d.h. des Selbst) werden miteinander verknüpft, und die Geduld wird zum zentralen Thema bei der Aufgabe, ein Selbst zu werden. „Es ist nicht die Rede vom Erobern, vom Jagen und etwas Ergreifen, sondern davon, dass man immer stiller wird, weil das, was erworben werden soll, innen in einem ist und die Not darin besteht, dass man außerhalb seiner ist" (*SKS* 5, 169; vgl. *4R43*, 69), schreibt Kierkegaard in der ersten der genannten Reden. Damit ist gesagt, dass es darum geht, zurück zu finden – oder um dessentwillen voran zu kommen zu sich selbst. Zurück, sofern der Mensch etwas anderes wurde als das, was er eigentlich ist. Das hat mit dem zeitlichen Selbstverständnis als Selbstbetrug zu tun: Der Mensch ist als von Gott geschaffener durch das Ewige bestimmt, er begründet sich selbst aber im Zeitlichen, weswegen er zu dem zurück muss, was hinter der Einbildung, er sei ein zeitlich begründetes Wesen, liegt. Die Seele ist „innen in einem", und „die Not" besteht darin, „dass man außerhalb seiner ist"; und er muss zu sich selbst voran kommen, sofern das Selbstwerden entscheidend mit dem Verhältnis des Menschen zum Zukünftigen zu tun hat.

Die zeitliche Erwartung des Menschen hat sein Wesen verwirrt, so hörten wir im Vorhergehenden, und um wieder ein Selbst zu werden muss dieser Selbstbetrug der Zeitlichkeit, auf den der Mensch sein Leben baut, durchbrochen werden. Das geschieht – im negativen Sinn – in den Erwartungen des Menschen, nämlich dann, wenn diese enttäuscht werden. Nicht nur, weil die Enttäuschung auf die Erwartung des Menschen zurückweist und vielleicht deren eventuelle Unwahrscheinlichkeit herausstellt; nein, noch grundsätzlicher, weil eine zerbrochene Erwartung ein gebrochenes Selbstverständnis bedeutet. Der Mensch ist in seiner Erwartung selbst gegenwärtig, und wenn die Erwartung enttäuscht wird, weist dies nicht nur zurück auf den Charakter der Erwartung des Menschen, sondern schneidet auch tief ein in das Selbstverständnis und in die ganze Auffassung vom Dasein. Das, was im Zerbrechen der Erwartung aufgedeckt wird, ist die Einbildung, dass das Leben in der Überzeugung begründet war, selbst sein Dasein in der Zeitlichkeit formen und kontrollieren zu können. Im Zerbrechen sieht der Mensch ein, dass er nur einen verschwindend geringen Einfluss auf die Ereignisse des Lebens hat. Die Illusion wird nicht nur als Fehler erkannt, sondern sie geht zugrunde, oder besser sagt: Wenn die Lebenserwartung zugrunde geht, dann auch der Mensch selbst. Die Zukunft verschließt sich in der Enttäuschung, und Ungeduld und Mutlosigkeit lassen dem Menschen die Erwartung des Zukünftigen entgleiten; ohnmächtig und verzweifelt sinkt die irdische Erwartung zu Boden (vgl. *SKS* 5, 214 / *2R44,* 129). Aber vorausgesetzt der Mensch, anstatt sich selbst in Ungeduld aufzugeben, wendet sich an Gott und wirft alle Sorge auf Gott, dann erwacht eine neue Erwartung und damit auch ein neues Selbst. Die zeitliche Erwartung ist gebrochen, aber eine Erwartung, die in etwas anderem als der Zeit begründet ist, kommt auf. Die Zeit öffnet sich wieder und der Mensch bekommt sozusagen neue Luft.[19] Diese neue Erwartung ist die geduldige Erwartung. Was da geschieht, kann als Paradigmenwechsel

---

[19] Vgl. *Die Taten der Liebe,* wo Kierkegaard in der Rede über die Hoffnung das Bild gebraucht „Luft und Aussicht zu schaffen durch das Verhältnis zum Ewigen" (*SKS* 9, 246 / *LT,* 272).Dasselbe Bild ist erkennbar, wenn Kierkegaard im das Verhältnis zur geduldigen Erwartung davon spricht, „und sieht den Himmel offen" (*SKS* 5, 214 / *2R44,* 129). Die geduldige Erwartung schafft durchaus Luft und Aussicht.

beschrieben werden, der eben diesen grundlegenden Umbruch ausdrückt, von dem hier die Rede ist.[20]

Was die Geduld tut, kann so verstanden werden, dass sie das Selbst und die Erwartung zusammenhält. Wir haben gesehen, dass es ohne Erwartung kein Selbst gibt, aber die Geduld hält Erwartung und Selbst zusammen: Denn die Geduld bewahrt die Erwartung und damit indirekt das Selbst. In der Erwartung eines Menschen ist sein Selbst gegenwärtig, es ist schon über das Gegenwärtige hinaus und auf das Zukünftige ausgedehnt, das dadurch ein Teil des Selbstverständnisses wurde. In der Erwartung der ewigen Seligkeit ist der Mensch deshalb gänzlich ausgestreckt, vorbei an der Zeit und in die Ewigkeit hinein. Anders gesagt, der Mensch sieht sich selbst in seiner ewigen Bestimmung. Die Geduld des Menschen ist die Aneignung seiner selbst, nämlich des Selbst in seiner ewigen Bestimmung, und deswegen kann Kierkegaard fast ein Gleichheitszeichen zwischen Geduld und Selbst setzen. Denn in der Geduld kommt der Mensch seinem ewigen Selbst in der Zeit am nächsten. Der Mensch ist als Existierender den Bedingungen der Welt unterworfen und damit auch der Veränderung. Aber in der Geduld macht der Mensch sich von Veränderungen frei, indem er sich selbst nicht verändert. Der Geduldige lässt sich nichts anmerken von der Zeit und ihren Umwandlungen, im Gegenteil, er bewahrt sich den Blick außerhalb der Zeit auf das Ewige. Der Zustand des Geduldigen kann als Impassibilität beschrieben werden, teils weil die Bedrohung und das Problem, das die Zeit stellt, vom Geduldigen abprallt, teils weil der Geduldige den äußeren Druck nicht zulässt, der seinen Blickwinkel ändern könnte.

Der Zustand der Geduld im Sinne der Impassibiltät illustriert, was mit der Bildung des Menschen in Geduld gemeint ist, wenn er sich

---

[20] Wenn von einem „Leben, das zugrunde geht", und einem Paradigmenwechsel die Rede ist, handelt es sich um eine Radikalität, die in dem schwierigen Terminus Selbstvernichtung zu greifen ist. Das Passende an diesem Terminus ist, dass Kierkegaard die Bindung des Menschen an das Zeitliche für so tiefliegend hält, dass man von Selbstvernichtung sprechen kann – nämlich des zeitlichen Selbst. D.h. Vernichtung jenes Selbstverständnisses, welches das Leben und das Dasein zeitlich begründet sieht, und zwar Grund und Ziel betreffend. Erst wenn dieses alte vernichtet ist, kann das neue Selbstverständnis, in dem der Mensch das Leben und das Dasein ewig begründet sieht – wiederum Grund und Ziel betreffend – hervortreten. Das Risiko bei diesem Terminus ist, dass der letzte Aspekt verschwindet, und es so scheint als ginge es um eine Vernichtung des menschlichen Lebens schlechthin. Deshalb ist die Doppelheit entscheidend: Dass die Bindung des Menschen an das Zeitliche vernichtet werden soll – aber um eine tieferliegende Bindung zum Ewigen aufzudecken. Die Absicht der Selbstvernichtung ist deshalb nicht die, den Menschen zu vernichten, sondern ganz im Gegenteil, den Menschen aufzubauen.

selbst mehr und mehr annimmt, mehr und mehr zu dem wird, wozu er schon bestimmt war. Nicht durch Geduld, sondern in Geduld, so heißt es, erwirbt der Mensch seine Seele. Je tiefer der Mensch sich in die Geduld versenkt, desto näher kommt er seiner Seele. Die Vorgehensweise ist diese: „immer stiller zu werden [...], weil das, was erworben werden soll, in der Geduld ist, nicht so in ihr versteckt, dass derjenige, der gleichsam geduldig die Geduld entblätterte, es nun im Innersten fände, sondern so, dass es die Geduld selber ist, in der die Seele in Geduld sich einspinnt und dadurch diese und sich selber erwirbt" (*SKS* 5, 169; vgl. *4R43,* 69). Mit dieser buchstäblich verwickelten Formulierung beschreibt Kierkegaard das Verhältnis zwischen Seele und Geduld, und er zeigt dadurch, wie dieses „in Geduld" aufgefasst werden soll. Es geht nicht darum, „die Geduld zu entblättern", d.h. ihr Wesen zu ergründen, sondern sich selbst in die Geduld zu versenken. Denn in der Geduld findet sich der Mensch selbst, in der Geduld wird er er selbst. Die Existenzaufgabe, ein Selbst zu werden, wird also erfüllt, indem der Blick in Geduld auf das Ewige gerichtet ist, um darin in sich selbst zurück zu sinken. Anders gesagt, man muss sich sozusagen aus der Welt herausfiltern, um sich im Verhältnis zu Gott sehen zu können. In diesem Zusammenhang können wir auf die Antwort der Erwartung an die Enttäuschung zurückgreifen: „wirf noch einmal alle deine Sorge auf Gott" und „vernichte die Berechnung, in der du dich selbst verfängst" (*SKS* 5, 214; vgl. *2R44,* 129). In dieser Antwort ist das sich Herausziehen aus der Welt abgebildet. Indem die Geduld Sorge und Enttäuschung aushält, kann sie gerade dadurch über diese hinaussehen und auf Gott schauen.[21]

Dieses sich Herausfiltern aus der Welt ist eine Art „Umwälzung in Gedanke und Rede" (*SKS* 5, 162; vgl. *4R43,* 60f.), worin die Werte auf den Kopf gestellt werden, so dass „das Handgreifliche, das ihm das Gewisseste von allem war, das Zweifelhafte wird, und das Geistige, das ihn durch seine Ferne täuschte, das Gewisseste wird, unendlich gewisser als das Handgreifliche" (ibid.). Wir haben dies zuvor als Paradigmenwechsel bezeichnet, um die absolute Umwälzung zu betonen. Der Weg, den ein Mensch gehen soll, führt von der handgreiflichen Welt zur geistigen, von der Grunderwartung der Zeitlichkeit zu

---

[21] Dies kann wiederum auf zwei Arten interpretiert werden. Entweder so, dass Sorge und Enttäuschung im Verhältnis zu Gott relativiert werden und mehr und mehr verschwinden, oder so, dass der Mensch in seinem Verhältnis zu Gott sich sorgen – aber nicht den Mut und die Hoffnung verlieren darf. Vgl. Ferguson „Patience: The Critique of Pure Naïvité", S. 270, wo die Geduld in Richtung der letztgenannten Möglichkeit interpretiert wird.

1. Erbaulichkeit und Zeitlichkeit

der der Ewigkeit – und dieser Weg kann nur in Geduld zurückgelegt werden. Genauer gesagt ist der Weg selbst der Zustand der Geduld, der Weg, „auf dem man zwar sogleich und jeden Augenblick das Ziel sieht, nie aber es erreicht sieht [...], auf dem man sozusagen nie von der Stelle kommt [...], auf dem man keine Veränderung sieht [...], auf dem man sozusagen niemals etwas erwirbt [...], sondern nur sich selbst erwirbt [...], auf dem man nichts gewinnt [...], weil man nur sich selbst gewinnt" (*SKS* 5, 161 f.; vgl. *4R43*, 60). Dies ist die geduldige Erwartung, die für die zeitliche Betrachtung einem trügerischen Weg gleicht, ohne jede Art von Gewinn, aber nach Kierkegaard den einzig wertvollen Gewinn verspricht, nämlich den Menschen selbst.

Besonders das letzte Bild der Geduld als eines Weges, auf dem man nicht von der Stelle kommt, wo es keine Veränderung gibt, wo man im Bewusstsein bereits außerhalb der Welt ist, zeigt die Spannung im Begriff der Geduld. Zu Beginn sagten wir, die Geduld sei ein Verhältnis zur Zeit, weil die Geduld an der Zeit arbeitet. Aber hier scheint die Geduld eher über die Zeit erhaben zu sein. Denn gerade durch die Geduld oder richtiger: in der Geduld eignet sich der Mensch seine ewige Bestimmung mitten in der Zeit an. Und dies ist ein Selbstverständnis, in dem die Veränderung ohne Macht ist, denn der Mensch baut auf etwas Unveränderliches – ja, in der durch Geduld geschehenden Aneignung der ewigen Bestimmung des Menschen scheint der Mensch beinahe selbst unveränderlich. Dass er über die Zeit erhaben erscheint, zeigt sich im vorhin genannten Bild der Geduld, wo die Erwartung des Menschen auf das Ewige so stark ist, dass er nicht sieht, was dazwischen liegt, nämlich die Zeit. Von diesem Bild aus gesehen, könnte man in Frage stellen, ob die Geduld an der Zeit arbeitet, denn man könnte umgekehrt sagen, dass die Geduld die Zeit überspringt, indem sie den Menschen am Ewigen und Unveränderlichen festhält. Die Spannung im Begriff der Geduld hat also mit ihrem Charakter zu tun, zugleich in der Zeit und außerhalb der Zeit zu sein; eine Spannung, die zur Geduld gehört, denn nur in dieser Spannung kann sie die Erwartung bewahren. Nur indem sie in etwas außerhalb der Zeit gründet, kann sie die Zeit erneuern. Und nur durch das Erneuern der Zeit kann die Geduld im Gegenwärtigen bleiben. Die Geduld betont demnach zugleich das unendlich Ferne und das unendlich Nahe; das, was außerhalb der Zeit und die nahe Zeit ist.

Kapitel 2

Erbaulichkeit und Verschiedenheit

In Kapitel 1 haben wir das Zeitverhältnis untersucht, jetzt soll die Verschiedenheit als zweite Grundbedingung näher betrachtet werden. Die Methode wird dieselbe sein wie in Kapitel 1, denn Verschiedenheit ist – wie die Zeit – etwas, zu dem sich jeder Mensch unmittelbar in seinen alltäglichen Erfahrungen verhält. Verschiedenheit hat zuallererst mit dem anderen Menschen zu tun, so wie dieser andere im Selbstverhältnis des einen Menschen vorkommt. So wie jeder weiß, was Erwartung bedeutet, weiß auch jeder, was es bedeutet, sich selbst mit anderen zu vergleichen. Der Vergleich ist eine Form der Verschiedenheit, sofern der Mensch sich selbst in einem Verhältnis zum anderen sieht, der von ihm selbst verschieden ist. Damit deutet sich auch der Unterschied zwischen dem Problem der Zeit und der Verschiedenheit an. Während die Zeit das Verhältnis des Menschen zu sich selbst als Möglichkeit im Zukünftigen beleuchtet, wird in der Verschiedenheit der andere Mensch einbezogen: Was bedeutet das konkrete Erscheinen des anderen Menschen für das eigene Selbstverständnis? Man kann deshalb sagen, dass dort, wo die Zeitlichkeit den Menschen in der Zeit ausgestreckt sieht, die Perspektive der Verschiedenheit betont wird, in der der Mensch sich bereits draußen bei dem anderen Menschen befindet. Nicht nur die Zeit kommt dem Menschen dazwischen, sondern auch der andere Mensch, weshalb das Selbstverhältnis auf den anderen Menschen hin ausgestreckt ist. Als Textgrundlage für die Untersuchung zum Problem der Verschiedenheit dient die dritte Rede der *Drei Reden bei gedachten Gelegenheiten* von 1845: „An einem Grabe".

2.1. Verschiedenheit

Verschiedenheit und Zeit sind eng miteinander verknüpft.[1] Man kann sagen, das Problem der Verschiedenheit entspringt aus der Zeit, oder

---

[1] Wenn wir hier das Problem der Zeit ausgehend von den *Erbaulichen Reden 1843-44* darstellen, während das Problem der Verschiedenheit von den späteren Gelegen-

2. Erbaulichkeit und Verschiedenheit

besser: der Zeitlichkeit. Darin liegt nicht nur, dass der Mensch sich zu sich selbst verhält, sondern der Mensch kann – indem er sich selbst als Möglichkeit im Zukünftigen sieht – sich zu sich selbst verhalten wie zu einem anderen. Jeder kennt das Spiel, in Gedanken etwas ganz anderes zu sein als man ist; vielleicht sogar ein anderer zu sein – oder jedenfalls so zu sein wie der andere. Der entscheidende Punkt ist hier nicht der gelegentliche Gedanke, der mehr oder weniger ernsthaft oder durchgreifend sein kann, sondern der tiefere Sinn, in dem der andere Mensch sozusagen im Selbstverhältnis eines Menschen auftritt. Sich zu sich selbst zu verhalten bezieht den anderen Menschen bereits mit ein. Nicht wie im Fall des ethischen Verhältnisses, in dem man dem anderen Menschen verpflichtet ist, sondern als Anfechtung oder Versuchung aufgrund der Verschiedenheit des anderen von einem selbst. In der Perspektive der Verschiedenheit tritt insofern ein Aspekt hervor, den die Zeit nicht kennt, nämlich der andere Mensch. Das Intersubjektive wird wesentlich, und seine Radikalität besteht darin, dass es eine Verwicklung zwischen dem Einzelnen und dem Anderen gibt, weil der andere Mensch bereits in das Selbstverhältnis des Menschen eingetreten ist. Sich zu sich selbst verhalten bedeutet, sich im Gegenüber oder im Verhältnis zu einem anderen Menschen zu verhalten, der von einem selbst verschieden ist.

Wir wollen uns, wie schon gesagt, mit dem Problem der Verschiedenheit auf dem Hintergrund der Gelegenheitsrede „An einem Grabe" beschäftigen. Wie bereits im Titel angedeutet, ist die ‚Gelegenheit' für die Rede eine Beisetzung, d. h. es soll so erscheinen, als ginge es um eine Rede, die in Verbindung mit – oder faktisch direkt nach – der Beerdigung gehalten wird; soweit jedenfalls der Form nach. Inhaltlich gesehen verlässt Kierkegaard rasch die äußere ‚Gelegenheit'. Nach einer kurzen Einleitung, die „an einem Grabe" gesprochen wird, entwickelt sich die Rede stattdessen zu einer einzigen langen Reflexion über den Tod, genauer gesagt darüber, was der Tod für das Leben bedeutet.[2]

---

heitsreden aus entwickelt wird, könnte dies so verstanden werden, als gehörten die zwei Problemfelder jeweils zu den entsprechenden Reden. Das trifft auch zu, doch sind, wie gesagt, die beiden Grundbedingungen eng miteinander verbunden, und es ist wesentlich zu unterstreichen, dass das Zeitproblem auch in den Gelegenheitsreden eine Rolle spielt, ebenso wie das Problem der Verschiedenheit ein wesentliches Thema der *Erbaulichen Reden 1843-44* ist (vgl. z. B. *SKS* 5, 196 / *2R44*, 107 f.).

[2] Die Rede „An einem Grabe" ist unter den erbaulichen Schriften eine in der Kierkegaard-Rezeption häufig gelesene und sowohl für M. Theunissen als auch für A. Kingo eine Rede, die jeweils eine zentrale Platzierung in ihrer Kierkegaard-Interpretation einnimmt. Wir werden noch Gelegenheit finden, des Näheren auf die jeweiligen Interpretationen der Rede einzugehen, aber schon vorweg zeigt sich ein

Das Thema wird in kürzester Form angegeben als „Die Entscheidung des Todes" (*SKS* 5, 447 / *DRG*, 179) und in drei genaueren Bestimmungen entfaltet, nämlich „dass sie *entscheidend* ist" (*SKS* 5, 448 / *DRG*, 180), danach „dass sie *nicht bestimmbar* ist" (*SKS* 5, 454 / *DRG*, 188) und schließlich „dass sie *unerklärlich* ist" (*SKS* 5, 464 / *DRG*, 199).[3]

Dass der Tod und das Problem der Verschiedenheit miteinander zu tun haben zeigt sich, wenn Kierkegaard sagt: „Und so hat der ernste Gedanke des Todes den Lebenden gelehrt, die härteste Verschiedenheit zu durchdringen mit der Gleichheit vor Gott […], hat dem Ernsten geholfen die zu höchst begünstigte Verschiedenheit zu legen unter die demütige Gleichheit vor Gott, und geholfen, sich über die härteste Verschiedenheit zu erheben in der demütigen Gleichheit vor Gott" (*SKS* 5, 458; vgl. *DRG*, 192). Der ernste Gedanke über den Tod wird hier sowohl mit der Verschiedenheit als auch mit der Gleichheit vor Gott verknüpft. Genauer: Im ernsten Gedanken des Todes wird die Verschiedenheit der Gleichheit vor Gott gegenübergestellt, und zwar so, dass das Problem der Verschiedenheit in der Gleichheit vor Gott aufgehoben wird. Worin der Zusammenhang konkret besteht, darauf gibt diese Textpassage keine Antwort, doch auf einige wesentliche Dinge kann jetzt schon hingewiesen werden: Besonders auffallend ist die Akzentuierung des Ernstes. Es geht nicht nur um den Tod, sondern um den „ernsten Gedanken des Todes"; ebenso wie „der Ernste" das Problem der Verschiedenheit überwinden kann. Wie es im Vorhergehenden nicht nur um die

---

Unterschied bereits in der verschiedenen Auffassung über die ‚Gelegenheit' dieser Rede. In dem Artikel „Das Erbauliche im Gedanken an den Tod" macht Theunissen sofort darauf aufmerksam, dass dies faktisch keine Gelegenheitsrede ist, sondern eine Gelegenheit zum Denken (aaO. S. 40). Kingo dagegen ist nicht an der Gelegenheit oder Ungelegenheit interessiert. Das für ihn ganz und gar Entscheidende liegt darin, die Voraussetzung der Rede zu unterstreichen (die im übrigen die gleiche ist wie die Voraussetzung jeder Rede), nämlich dass sie eine auf Gott bezogene Rede ist. Damit ist gemeint, dass die Rede schon in ihrem Ausgangspunkt ‚vor Gott' ist und deswegen nicht Gelegenheit zum Denken, sondern Gelegenheit zum Ernst (vgl. aaO. S. 118).

[3] Eine spätere Rede, nämlich die dritte der drei Reden der zweiten Abteilung der *Erbaulichen Reden in verschiedenem Geist* („Was wir lernen von den Lilien auf dem Felde und den Vögeln des Himmels") kann mit der Grabrede parallel gelesen werden. Sie ist der Grabrede ähnlich, weil sie in derselben Art den Hintergrund nachzeichnet, auf dem der Mensch eine Wahl treffen soll. In dieser Weise betont sie die Wahl zwischen Tod und Leben in einer Art, die der Alternative der Grabrede gleicht. Im Ganzen betrachtet hätten die drei Reden einen alternativen Ausgangspunkt für eine Untersuchung des Problems der Verschiedenheit bilden können, nicht zuletzt die erste der drei Reden, was sich schon in ihrem Leitmotiv andeutet: „sich genügen zu lassen, Mensch zu sein" (*SKS* 8, 261; vgl. *ERG*, 169).

Frage nach dem Gegenstand der Erwartung ging, sondern auch um das Verhältnis zu diesem Gegenstand, so gilt hier parallel, dass es nicht genug ist, den Tod zu bedenken, sondern dies muss auf eine besondere Weise, in einem besonderen Verhältnis geschehen.

2.1.1. Das Problem der Verschiedenheit

Ehe wir ausführlicher auf den Charakter dieses Verhältnisses eingehen, ist zu klären, worin das Problem selbst besteht. In der zitierten Textpassage gibt Kierkegaard einen Hinweis zum Charakter des Problems, zumindest zu dessen Umfang. Zuallererst ist die Verschiedenheit etwas, das durchdrungen werden muss, sie ist demnach – wie die Zeitlichkeit auch – unumgänglich und erfordert ihre Überwindung dadurch, dass man sich ihr aussetzt. Sodann spricht Kierkegaard von der „zu höchst begünstigten Verschiedenheit" und der „härtesten Verschiedenheit". Das Problem der Verschiedenheit kann mit anderen Worten in aufrichtender oder niederdrückender Form auftreten. Der Mensch kann an der Verschiedenheit hängen wie an etwas, das ihm Freude macht oder Anerkennung einbringt, oder er kann in der Verschiedenheit den Mut verlieren, wenn er die Anerkennung vorüberziehen sieht – vielleicht hin zu einem anderen. Deshalb geschieht es wohl auch nur in der letzteren Form, dass die Verschiedenheit zu einem Problem für den Betroffenen wird. Die aufrichtende Verschiedenheit wirkt ja als Selbstbestätigung, weswegen sie nicht unmittelbar problematisch erscheint. Das Problem der Verschiedenheit kann, wie gesagt, nur im Durchdringen der Verschiedenheit überwunden werden, und dabei ist die Vorstellung der Gleichheit vor Gott entscheidend. Denn nur durch diese Vorstellung kann ein Mensch die Verschiedenheit durchdringen, indem er, durch die Verschiedenheit aufgerichtet, sich Gottes Gleichheit unterwirft; während jener Mensch, der durch die Verschiedenheit niedergedrückt wird, sich in Gottes Gleichheit aufrichtet. Die Verschiedenheit kann einen Menschen demnach entweder aufrichten oder niederdrücken – beides ist problematisch, und die Überwindung der Verschiedenheit liegt deshalb darin, dass sie mit dem Gedanken der Gleichheit Gottes durchdrungen wird: entweder in einer Unterwerfung (für den Aufgerichteten) oder in einem Sich-Aufrichten (für den Niedergedrückten).

Das Problem ist unausweichlich, weil der Mensch selbst verschieden ist, so wie er in einer Welt lebt, die von Verschiedenheit geprägt ist. Die Verschiedenheit als Bedingung lässt sich nicht vermeiden. Warum aber soll die Verschiedenheit überhaupt durchdrungen werden, warum sie nicht einfach hinnehmen, wie sie nun einmal ist? Der Mensch ist verschieden, sich selbst und anderen Menschen gegenüber, und die Welt ist in jeder Hinsicht charakterisiert durch eine unendliche Verschiedenheit. Das Problem besteht, kurz gesagt, darin, dass Verschiedenheit nicht einfach Verschiedenheit ist, sondern die Bürde des Vergleichs mit sich bringt. Der Mensch verhält sich zur Verschiedenheit im Vergleichen, und der Aspekt des Vergleichens ist gerade das, was für Kierkegaard das Problem der Verschiedenheit zu einem entscheidenden Existenzproblem macht. Ein Problem, das nicht nur unumgänglich ist, sondern derart unumgänglich, dass ein Mensch, der er selbst werden soll, gezwungen ist, das Problem der Verschiedenheit zu durchdringen.

Vergleichen ist zunächst etwas, was jeder Mensch kennt, was er höchst wahrscheinlich unzählige Male im Laufe des Tages tut, manchmal in vollem Bewusstsein und ein andermal ohne sich dessen bewusst zu sein. Vergleichen ist eine Weise sich zu verhalten, eine Weise, sich selbst mit den Augen eines anderen zu sehen. Im Vergleich bekommt der Mensch einen äußeren Maßstab für das innere Leben, und das Leben der anderen zeigt Wirkung für die Einschätzung des eigenen Lebens. Das kennt jeder Mensch. Der Vergleich beeinflusst jeden mehr oder minder stark, ob das Stolz oder Freude, Neid oder Minderwertigkeit einbringt. Als solcher ist der Vergleich Ausdruck der Verschiedenheit als Grundbedingung.

Dass die Verschiedenheit ein Existenzproblem ist, hat insofern mit dem Vergleich zu tun. Doch worin genau besteht der Zusammenhang? Kurz nach der oben zitierten Textpassage gibt Kierkegaard die folgende Darstellung: „Und wenn deine Seele in deinen Vorzügen sich verirrte, und wenn du dich kaum wieder zu erkennen vermochtest vor lauter Herrlichkeit, so machte dich der ernste Gedanke an die Gleichheit des Todes auf andere Art unkenntlich, und du lerntest es, dich selber zu kennen, und gekannt sein wollen vor Gott. Oder wo deine Seele seufzte unter der drückenden Einschränkung der Leiden, der Widerwärtigkeit, der Kränkungen, der Schwermut, ach, und es schien dir, die Einschränkung werde lebenslang währen, wenn dann auch zu deinem Haus der Versucher kam, du weißt, er, der Versucher, den man in seinem eigenen Inneren hat, und der betrügerisch von anderen grüßt, und wenn er dir erst das Glück der anderen vorgaukelte, bis du missmutig wurdest, und er danach dich wieder aufrichten wollte: da gabst du dich der Stimmung nicht hin. Du sagtest, sie ist eine Empörung gegen Gott, eine Feindschaft gegen mich selbst; und dann sagtest du, ich will den ernsten Gedanken des Todes wachrufen. Und er half dir die Verschiedenheit zu überwinden, die Gleichheit vor Gott zu finden, die Gleichheit ausdrücken zu wollen" (*SKS* 5, 458f.; vgl. *DRG*, 192f.).

Schauen wir zunächst auf das, was aus Kierkegaards Sicht das Problematische an der Verschiedenheit ist, oder richtiger: an dem durch die Verschiedenheit aufgetretenen Vergleich. Wir treffen sowohl auf den von der Verschiedenheit begünstigten Menschen als auch auf den durch die Verschiedenheit missmutigen Menschen. Während beim ersten die Seele „sich verirrt" und er sich „kaum wieder zu erkennen" vermag, „seufzt" die Seele des anderen in Missmut. Der Begünstigte ist, mit anderen Worten, im Irrtum, während der Bedrückte sich in einem Zustand des Missmuts befindet, der sich genauer als ein Selbstbetrug und eine Versuchung bestimmen lässt, kurz: Es ist etwas vollkommen Verkehrtes am jeweiligen Bild und Verständnis des Menschen von sich selbst. In der Herrlichkeit der Begünstigung kann der Mensch sich selbst nicht mehr wiedererkennen. Er ist sich selbst fremd, während sein Bild der Begünstigung zum Selbstverständnis geworden ist. In der Bedrücktheit kennt der Mensch möglicherweise sich selbst, will sich aber nicht dazu bekennen. Das Bild davon, wer der Mensch selbst ist, verblasst im scharfen Licht des Glücks der anderen. Das Problem ist also dieses, dass der Mensch entweder kaum sich selbst kennt, oder sich zu sich selbst nicht bekennen will.[4] Er bildet sich ein, etwas zu sein, das er nicht ist, oder dass das, was er ist, nicht gut genug ist.

Ebenso wie das Problem der Zeit mit dem Menschen zu tun hat, der sich selbst betrügt, so auch das Problem der Verschiedenheit. Die Einbildung im Verhältnis zur Verschiedenheit hat denselben Grund, den wir schon im Verhältnis zur Zeit gesehen haben, nämlich das Dasein auf die Zeitlichkeit zu bauen. Aber Zeitlichkeit ist das Endliche, das Überschaubare, das, was man sehen, fassen und fühlen kann – im Gegensatz zum Ewigen, dem Unsichtbaren und unmittelbar Ungewissen. Die beiden Selbstverständnisse und die Umwälzung, für die Kierkegaard sich

---

[4] Diese beiden verfehlten Bilder davon, wer der Mensch ist, können mit dem verglichen werden, was Kierkegaards Pseudonym Anti-Climacus in der *Krankheit zum Tode* die Verzweiflung der Schwachheit und die Verzweiflung des Trotzes nennt. Die Verzweiflung der Schwachheit besteht darin, sich nicht zu sich selbst bekennen zu wollen: „Diese Form von Verzweiflung ist: verzweifelt nicht man selbst sein wollen, oder noch niedriger: verzweifelt kein Selbst sein wollen, oder am allerniedrigsten: verzweifelt ein anderer sein wollen als man selbst, sich ein neues Selbst wünschen" (*SKS* 11, 168; vgl. *KT*, 51). Dazu parallel steht die Verzweiflung des Trotzes im Falle des Menschen, der sich selbst kaum mehr kennt, weil er sich selbst bestimmen will: „das Selbst [will] über sich selbst verfügen, oder sich selbst erschaffen, sein Selbst zu dem Selbst machen, das er sein will, bestimmen was er in seinem konkreten Selbst mit dabei haben will und was nicht" (*SKS* 11, 182 / *KT*, 68).

ausspricht, fanden wir vorher veranschaulicht im Blick auf die Geduld: „dass das Handgreifliche, welches ihm gewisser als alles gewesen, das Zweifelhafte wird, und das Geistige, das mit seiner Ferne ihn getäuscht, das Gewisseste wird, unendlich gewisser als das Handgreifliche" (*SKS* 5, 162; vgl. *4R43*, 61). Sich selbst als zeitlich begründetes Wesen zu verstehen bedeutet deshalb auch, sich selbst im Verhältnis zum Handgreiflichen, im Verhältnis zu Reichtum, Macht und Ehre zu verstehen, d. h. in dem, worin Kierkegaard das Wesen der Zeitlichkeit sieht.

Während es im Verhältnis zur Zeit entscheidend war, wonach der Mensch strebt, ist es im Zusammenhang der Verschiedenheit entscheidend, worin der Mensch sich selbst widerspiegelt, was sein Maßstab ist. Hier entsteht dann ein Zerrbild des Menschen, wenn er eher auf den Schein als auf das Sein setzt und dem Äußeren im Verhältnis zum Inneren den Vortritt lässt. Im verherrlichenden Bild der Begünstigung fühlt sich der Mensch durch die Anerkennung vielleicht derart geschmeichelt, dass er sie nicht nur annimmt, sondern übernimmt. Das Bild der Herrlichkeit wird das Bild, in dem der Mensch sich selbst versteht. In der Bedrücktheit dagegen fühlt sich der Mensch verstimmt in „Leiden der Widerwärtigkeit, der Kränkungen, der Schwermut", durch die das Leben eingeschränkt ist. Der Mensch verliert den Mut. Der „Versucher" grüßt betrügerisch „von anderen" und gaukelt „das Glück der anderen" vor, d. h. von der Voraussetzung ausgehend, wie die anderen sich im Vergleich ausnehmen. Im Missmut hingegen wird der Vergleich in das Selbstverständnis hinein genommen – und der Mensch will sich nicht länger zu sich selbst bekennen. Ebenso wie das Sich-selbst-nicht-kennen-können ist auch das Sich-zu-sich-selbst-nicht-bekennen-wollen ein Irrtum. In beiden Fällen liegt der Grund in der Versuchung des Vergleichs, der darauf zielt, mehr zu scheinen als zu sein, das Äußere dem Inneren vorzuziehen, das Zeitliche dem Ewigen. Weder das Bild der Begünstigung noch das der Bedrücktheit des Selbst bringen zum Ausdruck, was der Mensch ist. Sie drücken nur aus, was er zu sein scheint, oder was er im Verhältnis zu anderen ist.[5]

Der Grund dafür, dass das Vergleichen zum Irrtum führt, liegt darin, dass ein Mensch immer mehr ist als das, was sich an ihm zeigt. Ein Mensch ist, mit anderen Worten, etwas, ganz abgesehen davon, ob er

---

[5] Diese Sicht, dass das Selbst, das sich auf die Zeitlichkeit gründet, sich selbst falsch einschätzt, ist radikal, weshalb Kierkegaard diesen Menschen in einem tiefen Selbstbetrug befangen sieht. Und genau dies ist der Hintergrund für den Gedanken der Selbstvernichtung, dass durch die Vernichtung der Bindung an das Zeitliche der Selbstbetrug vernichtet wird, wodurch das, was hinter dem Selbstbetrug steht, freigelegt wird.

dies zu sein scheint oder nicht zu sein scheint; etwas, das seinen Wert hat unabhängig davon, was der Mensch nach außen hin darstellt. Der Mensch hat ein Fundament in etwas anderem als in dem, was sich sehen lässt. Es ist das Ewige, das im Äußeren nicht zu erkennen ist, und deshalb ist der Mensch immer etwas und mehr, als man im Zeitlichen sehen kann; der Mensch ist mehr als er zu sein scheint. Darauf sind wir bereits in Verbindung mit der Geduld gestoßen, wo die Umwälzung oder der Paradigmenwechsel, wie wir es nannten, als eine Wende beschrieben wurde, in der „das Handgreifliche", das ganz gewiss schien, „das Zweifelhafte" wurde, während „das Geistige", das unmittelbar enttäuschend und fern erschien, „das Gewisseste" wurde, „unendlich gewisser als das Handgreifliche" (*SKS* 5, 162 / *4R43*, 61). Damit ist die Schwierigkeit angezeigt, um die es hier geht: Der Mensch lebt und hat einen großen Teil seines Lebens im Äußeren, er kann auf das Leben anderer Menschen schauen, und er kann sehen, wie die Anderen sich darstellen. Deshalb bietet sich die Zeitlichkeit wie ein angelegter Maßstab an, weil gerade das Zeitliche so ganz gewiss scheint. Das aber ist Versuchung, sagt Kierkegaard. Man bildet sich entweder ein, genauso phantastisch zu sein wie das herrliche Bild, das vor einem entsteht, oder man bildet sich ein, das Leben der anderen sei komplett und glücklich, das eigene aber bloß ein schwacher und blasser Abglanz. Genau darin liegt die Versuchung, denn trotz des Handgreiflichen in den äußeren Verhältnissen ist etwas darunter, das sich nicht sehen lässt; und deshalb liegt die Einbildung des Menschen auf dieser tieferen Ebene: Es handelt sich um Selbstbetrug oder Selbstquälerei.[6]

---

[6] Wenn von Selbstquälerei gesprochen wird, so unterstreicht dies vielleicht in stärkerem Maße als im Falle des Selbstbetrugs, dass dies erstens etwas ist, was der Mensch selbst tut, und zweitens etwas, worunter er leidet. Kierkegaard vertieft dies genauer an anderen Stellen der erbaulichen Schriften, z.B. in der ersten Abteilung der *Christlichen Reden*, besonders in der Rede „Die Sorge der Selbstplagerei". Die ganze Abteilung handelt von der Besorgnis, genauer gesagt den „Sorgen der Heiden" (so auch der Titel dieser Abteilung), das heißt: „von jener Sorge, welche der Mensch von sich fernhalten kann, ja fernhalten soll, nicht von jener anderen, ohne welche der Mensch unmöglich ein Christ sein kann" (*SKS* 10, 59; vgl. *CR*, 49f.). Ein wesentlicher Aspekt, den wir schon behandelt haben, wird hier noch einmal unterstrichen, nämlich dass Besorgnis ein Doppeltes in sich trägt. Die Besorgnis ist etwas, was ein Mensch tun soll – ohne sie kann ein „Mensch unmöglich ein Christ sein", d.h. die Besorgnis um sich selbst kann als eine Art religiöser Anknüpfungspunkt verstanden werden. Sie ist aber zugleich etwas, womit der Mensch sich selbst plagen kann, indem er sich Sorgen macht. Von dieser selbst-gemachten Besorgnis soll der Mensch sich fernhalten. Die Schwierigkeit ist die, dass diese unrechte Besorgnis, die sich der Mensch selbst auferlegt, ein Ableger der rechten Besorgnis ist, die jeder hat oder haben soll; es handelt sich sozusagen um die Missgeburt der Besorgnis, was auch im

Soweit entwickelt Kierkegaard das Problem, und wir haben bereits die Parallele zur Zeitlichkeit feststellen können. Auch in der Verschiedenheit gibt es das Risiko, dass der Mensch sich selbst fern bleibt, weil er sein Augenmerk auf einen zeitlichen Gegenstand richtet, statt sich, seiner ewigen Bestimmung gemäß, zum eigenen Selbst zu verhalten – jetzt ausgedrückt im Unterschied zwischen dem Sich-verhalten zum Zeitlichen als dem, was zu sein scheint, oder zum Ewigen als dem, was im Äußeren nicht gesehen werden kann, sondern dahinter liegt. Auch die Methode ist dieselbe, nämlich die Illusion bloßzulegen, um das Wahre, welches dahinter liegt, hervorzuziehen. Dies geschieht nicht nur, um auf das Problem hinzuweisen, sondern auch um damit auf seine Überwindung aufmerksam zu machen.

Die Lösung für das Problem der Verschiedenheit ist faktisch schon gegeben, nämlich das Sich-beziehen auf die Ewigkeit der Zeitlichkeit vorzuziehen. Das heißt zu begreifen, dass hinter dem, was sich vor Augen zeigt, noch etwas steckt; dass es etwas anderes und mehr darunter gibt. Nur muss das auch wirklich erfasst werden, und es ist nicht damit getan, es zu wissen oder zu sagen: Es hat sowohl mit der Erkenntnis zu tun, dass da etwas anderes als die Zeitlichkeit ist, etwas unendlich wichtigeres als das Zeitliche, als auch mit dem Willen, nach diesem Ewigen zu streben. Noch einmal: Es geht um das Verstehen des Was, aber in ebenso hohem Maße um das praktische Verstehen des Wie, d. h. dass der Mensch sich in einer besonderen Weise zu dieser Einsicht, dem Vollzug des Verstehens, verhalten soll. Letzteres ist das Problem der vorliegenden Rede. In ihr wird behauptet, der Wille sei das eigentliche Problem und der Grund dafür, dass Kierkegaard die Überwindung der Verschiedenheit – sowohl der erhebenden wie auch der niederdrückenden – mit dem „ernsten Gedanken des Todes" verknüpft.[7] Durch den im Ernst bedachten Tod, so Kierkegaard, ist es

---

Problem der Zeit und der Verschiedenheit erkennbar wird. Das Problem entspringt dem Sich-kümmern um sich selbst und das eigene Dasein. Wenn dies aber zu dem Versuch führt, über das Dasein zu verfügen und die Ereignisse des Lebens zu kontrollieren, folgt daraus die Besorgnis über das, was der nächste Tag bringen mag, und darüber, was die anderen Menschen meinen. Daraus wird eine konstante Plage, aber auch eine solche, die einerseits der wahren Besorgnis entspringt, andererseits hat sie sich der Mensch selbst auferlegt.

[7] Hier soll der Wille nur am Rande behandelt werden, nämlich in dem Ausmaß, in dem er im „ernsten Gedanken des Todes" thematisiert wird. Zum Begriff des Willens kann auf S. Bruun, „Mennseket mellem oprindelighed og bestemmelse", verwiesen werden, worin ausgehend von den *Erbaulichen Reden 1843-44* der Wille zum Thema gemacht wird; vgl. auch seine Dissertation *Viljens dialektik*, die das Verhältnis zwischen Willen und Sünde bei Kierkegaard gründlicher untersucht.

dem Menschen möglich, den Irrtum des Vergleichs zu durchdringen, durch den er in ein Missverhältnis zu sich selbst geraten war. Durch den Gedanken des Todes kann er wieder den Zusammenhang mit sich selbst finden. Der ernste Gedanke des Todes macht „auf andere Art unkenntlich, und du lerntest dich selbst kennen, und gekannt sein wollen vor Gott" (*SKS* 5, 459; vgl. *DRG*, 192 f.). Wo der Mensch vor dem ernsten Gedanken des Todes „[sich] kaum wiederzukennen [vermochte] vor lauter Herrlichkeit" (ibid.), ist er in Gedanken für sich selbst unkenntlich geworden. Man könnte meinen, dass dies gerade der falsche Weg sei, aber es ist gleichwohl ein Fortschritt. Nun ist nämlich klar, dass das Selbst in seiner Herrlichkeit unkenntlich für den Menschen ist. Der Mensch hat eingesehen, dass es einen Unterschied gibt zwischen dem, was etwas ist, und dem, wonach es aussieht. Oder präziser gesagt: Die Art und Weise, wie ein Mensch aussieht, ist nicht automatisch das, was er tiefer gesehen ist.

Das erste Moment im ernsten Gedanken des Todes besteht im Zusammenbruch der fundamentalen Einbildung des Menschen. Das zeitliche Selbst muss vernichtet werden, und sofern dies geschieht, steht der Mensch unkenntlich vor sich selbst. Aber im nächsten Augenblick, sagt Kierkegaard, lernte der Mensch sich „selbst kennen" und wollte „gekannt sein" vor Gott. Die genauere Verbindung zwischen dem Zusammenbruch und der Erbauung ist noch nicht klar, aber es kann vorläufig festgehalten werden, dass sie mit dem vor Gott gekannt sein wollen zusammen hängt. Das stimmt mit der vorhergehenden Formulierung überein, die Bezugnahme auf die Ewigkeit der Zeitlichkeit vorzuziehen, und im Ganzen genommen mit dem Gedanken über den Bruch, der einen Paradigmenwechsel ermöglicht.

2.1.2. Der Charakter des Verhältnisses

Wir haben nun den Charakter des Problems ermittelt und gesehen, wie Kierkegaard in seiner Rede auf die Situation der Verschiedenheit antwortet. Das Entscheidende ist der ernste Gedanke des Todes, worin der Mensch „gekannt sein" will „vor Gott". Dass die Antwort bisher nur oberflächlich erscheint, hat seinen Grund darin, dass noch unklar ist, was der ernste Gedanke des Todes genauer bedeutet und was es heißt, vor Gott gekannt sein zu wollen.

Kierkegaard selbst gibt eine genauere Formulierung, wenn er über den ernsten Gedanken des Todes sagt: „Der Ernst ist, dass du wirklich den Tod denkst, und dass du somit ihn denkst als dein Los, und dass du somit vollziehst, was der Tod ja nicht vermag, dass du bist und der Tod ebenfalls ist" (*SKS* 5, 446 / *DRG,* 178). Hier zeigen sich drei entscheidende Aspekte, die mit dem ernsten Gedanken des Todes mitgedacht werden müssen: Zuerst muss es der Tod sein, den der Mensch denkt; dann muss der Mensch sich ständig bewusst sein, dass er den eigenen Tod denkt; und schließlich wird der Gedanke zugespitzt, wenn Kierkegaard fordert, im ernsten Gedanken des Todes den – eigenen – Tod zu denken als etwas, das gleichzeitig mit einem selbst ist. Das heißt: Sich selbst unter der Bedingung des Todes zu denken. Der ernste Gedanke des Todes bedeutet deshalb zuerst, den Tod so zu denken, dass er in seiner Radikalität gedacht wird: Der Tod ist die entscheidende Grenze, und im Tode ist nichts. Das Leben und die Welt sind durch die Bedingungen der Zeit und der Verschiedenheit charakterisiert, während der Tod nur der Tod ist, also gerade das Ende jener Bedingungen. Tod ist Leere und Nichts – weil es keine Zeit oder Verschiedenheit mehr gibt. Ferner soll der Tod so gedacht werden, dass die Bedingung des Todes – sein radikales Nichtsein – so aufgefasst wird, als wäre es das, was einen selbst im Zukünftigen erwartet. Schließlich beinhaltet der ernste Gedanke des Todes, dass die Bedingung des Todes nicht mehr allein das Zukünftige des Menschen bedeutet. Im ernsten Gedanken des Todes, während der Mensch denkt, dass er selbst ist „und der Tod ebenfalls" – in einer und derselben Zeit, werden der Tod und seine Leere mitten ins Leben gerückt. Der letzte Aspekt setzt die zwei vorhergehenden voraus, fügt aber auch etwas Entscheidendes zum ernsten Gedanken des Todes hinzu. Der Gedanke wird weiter verschärft dadurch, dass der Mensch, sein Leben und die ganze Welt unter der Bedingung des Todes gesehen und verstanden werden. Der Tod ist keine allzeit gegenwärtige Möglichkeit, sondern er ist schon da. Im ernsten Gedanken des Todes werden das ganze Leben und die Welt bereits im Nichts des Todes gesehen. Alles was es gibt ist in Gedanken zunichte gemacht, es ist das Ende von Zeit und Verschiedenheit.[8]

Dennoch aber bleibt der Gedanke der Gleichheit.

Was ist das für ein Verhältnis, in das Kierkegaard den Menschen versetzt? Überflüssig zu sagen, dass es ein forderndes Verhältnis ist, ein umfassendes in dem Sinn, dass es auf das ganze Leben abfärbt. Was dagegen unterstrichen werden muss ist die Tatsache, dass es ein vergleichendes Verhältnis ist. Kierkegaard will den Vergleich nicht vertiefen und bildet sich auch nicht ein, dass der Vergleich aufgehoben

---

[8] Vgl. M. Mjaaland, der in seinem Artikel „Death and Aporia" auf diese Forderung eingeht, insbesondere auf den Charakter der Aporie und die Unmöglichkeit der Forderung.

werden kann, aber er ändert dessen Richtung und Ziel und versetzt den Menschen in einen radikalen Vergleich mit dem Tod. Genau dies tut besonders der dritte Aspekt: Er vergleicht in dem Sinn, dass der Mensch in Gedanken sich selbst an die Stelle des Todes setzt und sich selbst und sein Leben mit dem Tod vergleicht. „Und kein Vergleich", sagt Kierkegaard, „hat solche anspornende Macht, und gibt dem Eilenden so sicher die wahre Richtung, wie wenn der Lebendige sich selbst vergleicht mit der Gleichheit des Todes […], so ist kein Vergleich so ernst, wie der dessen, der sich einsam mit der Gleichheit des Todes verglichen hat" (*SKS* 5, 458; vgl. *DRG*, 192). Unmittelbar ist zu sehen, dass der Mensch, der sich vergleichend zum Tode verhält, der Eilende, der Lebendige und der Einsame ist und damit den Ernst des Verhältnisses zum Ausdruck bringt. Als nächstes sehen wir, was mit dem Verhältnis geschieht: Es gibt zunächst Geschwindigkeit und Richtung an. Der ernste Gedanke des Todes ist eine „anspornende Macht", die unweigerlich die „wahre Richtung" angibt. Im Gedanken des Todes wird behauptet, dies sei das rechte Ziel und Streben. Um an den vorherigen Zusammenhang anzuknüpfen könnte auch gesagt werden: Der Gedanke des Todes stellt den Menschen ein auf das rechte Was und Wie.

Doch bevor wir näher auf Ziel und Richtung eingehen ist zu beachten, dass der Vergleich jetzt etwas Positives hat. In der Analyse der Rede haben wir gesehen, wie Kierkegaard das Vergleichen mit dem Problem der Verschiedenheit verbindet. Wie auch immer das Problem der Verschiedenheit sich in Erhebung oder Geringheit verwerten ließ, die Wurzel des Übels lag im vergleichenden Verhältnis des einen Menschen mit dem anderen. Die Erklärung des jetzt positiven Charakters des Vergleichs kann in Parallele zum Zeitproblem und zur ‚Lösung', die Kierkegaard anbietet, gesehen werden. Ebenso wie das Verhältnis zur Zeit selbst ein Problem war, aber auch ein Teil der Antwort darauf, so gilt auch hier: Der Vergleich ist das Problem, aber durch die Bedingung der Verschiedenheit und die Unumgänglichkeit des Vergleichens ist der Vergleich selbst ein Teil der Antwort auf das Problem; jetzt aber als ein neuer Vergleich in einem neuen Verhältnis zur Verschiedenheit – ebenso wie die rechte Erwartung eine neue Erwartung war und ein neues Verhältnis zur Zeit. Das Problem der Grundbedingungen der Existenz wird allein überwunden, sofern der Mensch sich auf sie einlässt und das Verhältnis zu ihnen erneuert.

Die Überwindung liegt demnach nicht in einer Auflösung des Verhältnisses, sondern in seiner Veränderung, nämlich in einer Veränderung des Gegenstandes, zu dem der Mensch sich verhält, wie auch in der Verhaltensweise selbst. Kierkegaard nennt „Richtung" und „Geschwindigkeit", wir haben zuvor schon vom Was und Wie des Verhältnisses gesprochen. Was die Richtung betrifft, so soll der Mensch statt auf die anderen zu schauen (genauer gesagt: auf das Zeitliche) den Tod betrachten. Indem er sich selbst auf radikale Weise mit dem Tod vergleicht und sich selbst unter der Bedingung des Todes sieht, verändert sich die Richtung, so dass der Mensch sich selbst nicht mehr in der Verschiedenheit der Welt widerspiegelt, sondern unter der Bedingung des Todes sieht. Die entscheidende Konsequenz dieser Wendung liegt darin, dass die Verschiedenheit an ihre Grenze stößt, denn im Tod sind alle gleich – und im ernsten Gedanken des Todes befindet sich der Mensch in genau diesem Verhältnis zum Tod. Seinen eigenen Tod im Ernst zu denken bedeutet, der Verschiedenheit eine Grenze zu setzen. Wie in der Erwartung, worin der Mensch in Erwartung der ewigen Seligkeit über die Zeit hinausblickt, um den eigenen Zusammenhalt in der Zeit zu finden, so sehen wir auch im Vergleichen durch den Gedanken des Todes über die Verschiedenheit hinaus, um in der Verschiedenheit den eigenen Zusammenhalt zu finden. So wird die Verschiedenheit relativiert, von der sonst unmöglich abzusehen war – und in der der Mensch sich zu verlaufen riskiert.

Der Mensch lernt aus der Reflexion über die Verschiedenheit und durch den ernsten Gedanken des Todes, dass er ins Verhältnis zu einer fundamentalen Gleichheit gesetzt ist, nämlich der Gleichheit des Todes. Im Tod sind alle gleich, denn wir alle müssen sterben. Im Tod ist alles gleich, denn im Tod gibt es überhaupt keinen Unterschied, keine Zeit und auch keine Veränderung. Das ändert direkt nichts an der Grundbedingung der Verschiedenheit, weil die Verschiedenheit dadurch nicht aufgehoben wird. An einem früheren Beispiel, wo von der begünstigenden und der niederdrückenden Verschiedenheit die Rede war, kann diese Wendung veranschaulicht werden. Statt sich selbst nach außen mit der Welt zu vergleichen – um davon aufgerichtet oder niedergedrückt zu werden –, soll der Mensch, so Kierkegaard, sich einlassen auf den ernsten Gedanken des Todes und sich nach innen wenden im Vergleichen mit der Gleichheit des Todes. Statt sich selbst wertvoll oder wertlos im Verhältnis zu den anderen Menschen zu sehen, sieht der Mensch ein radikales Nichts im Tod, der schon sein eigner ist. Die Verschiedenheit als Bedingung entfällt also nicht, sondern sie ändert den Charakter, weil etwas zwischen den Einzelnen und den Anderen getreten ist. Der Tod ist dazwischengekommen, und nun lockt die Verschiedenheit nicht mehr, denn sie wird durch den Tod hindurch gesehen, in dem jede Zeitlichkeit und jeder äußerliche Wert verschwunden sind. Die Gleichheit des Todes hat bereits

2. Erbaulichkeit und Verschiedenheit

auf die Verschiedenheit abgefärbt. Im Gedanken des Todes löst sich deshalb der Irrtum der Verschiedenheit in die Gleichheit auf – durch das Überwinden des Verschiedenheitsproblems in der leeren Gleichheit des Todes.

Die Verschiedenheit wird auf diese Weise eine verschwindende Größe. Der eine Mensch hat davon mehr, der andere weniger – den Tod aber müssen alle erleiden, und deswegen ist es gleichgültig, wie viel oder wenig einer hat. Es ist wie mit dem Spielgeld eines Kindes, das seinen Geldwert nur im Spiel hat, aber in der Wirklichkeit ohne jeden Wert ist. Jetzt ist der Tod das Wirkliche, und deshalb bedeutet die Verschiedenheit der Zeitlichkeit nichts. Es ist die Einbildung der Welt, in der dem, der groß und mächtig erscheint, es auch erlaubt ist, das zu sein – wie in einem Spiel. Aber im Ernst hört das Spiel auf, und hier, im ernsten Gedanken an die Gleichheit des Todes, sieht das Leben anders aus. Hier wird das Scheinbare weggefegt und als Requisiten und Verkleidungsgegenstände des Spiels betrachtet.[9] Im ernsten Gedanken des Todes wird also der wirkliche Wert der Zeitlichkeit sichtbar, oder richtiger: Man sieht ein, dass all das Verschiedene ohne eigentlichen Wert ist. Damit ist das Problem der Verschiedenheit in der Gleichheit des Todes überwunden. Dadurch aber entsteht ein anderes Problem, nämlich das der Leerheit. Für sich genommen ist das Räsonnement der Gleichheit des Todes ein nihilistischer Gedanke. Alles ist schon vom Tode gezeichnet, d.h. alles ist zunichte gemacht und hat keinen Wert mehr.[10] Aber das Leben ist nicht der Tod, und

---

[9] Im zweiten Teil dieser Arbeit wird gezeigt, dass das Problem der Verschiedenheit auch ein wesentliches Thema in *Die Taten der Liebe* ist. Hier benutzt Kierkegaard genau dieses Bild der Verkleidung: „Dass die Verschiedenheit des irdischen Lebens nur wie das Kostüm des Schauspielers ist, oder wie ein Reisekostüm [...], das scheint vergessen zu sein [...]. Ach, aber im wirklichen Leben schnürt man den Überwurf der Verschiedenheit so fest, dass es völlig versteckt bleibt, wie jene Verschiedenheit nur ein Überwurf ist, weil die innere Herrlichkeit der Gleichheit niemals oder überaus selten hindurchscheint, was sie doch ständig sollte und müsste" (*SKS* 9, 92; vgl. *LT*, 98f.).

[10] Hier wird die Rede so interpretiert, dass der Tod gänzlich in das Leben hineingezogen wird, wodurch es faktisch für das Leben keinen Platz mehr gibt. Alles ist, wie gesagt, vom Tode gezeichnet. Das ist eine Konsequenz aus der Radikalität des Gedankens, sich selbst gleichzeitig mit dem Tod zu denken. Das ist mehr als „leve op imod en graense [leben im Bewusstsein einer Grenze]" (vgl. W.M. Quist *Tidslighed og eksistens,* S. 207). Aus diesem Grund erscheinen die Interpretationen von M. Theunissen und Quist problematisch, wenn es heißt, der Gedanke des Todes gebe dem Leben Sinn und Ernst. Denn der Gedanke des Todes kann nur Leere in das Leben bringen. Die Interpretation, die hier vorgeschlagen wird, steht in Übereinstimmung mit A. Kingos Betonung der Voraussetzung, dass der Mensch sein

Mensch zu sein ist etwas anderes als tot zu sein. Das führt uns zum zweiten Aspekt, dem des Ansporns.

2.1.3. *Die Gleichheit Gottes*

Im vorhergehenden Abschnitt des Kapitels wurde das Problem der Verschiedenheit erklärt und inhaltlich vertieft durch den ernsten Gedanken des Todes. Der Grundgedanke war der, dass der Mensch, der sich selbst in der Verschiedenheit reflektiert, von sich selbst nur ein Zerrbild sieht, das sich sozusagen auf der falschen Grundlage aufbaut. In einer späteren Rede über die Lilien auf dem Felde und die Vögel des Himmels bringt Kierkegaard diesen Gedanken in der Frage zum Ausdruck, ob es dem Menschen nicht genüge, ein Mensch zu sein: „Dieses heißt, sich genügen lassen, dass man Mensch ist, [...] dass man der Geringe ist, das Geschöpf, das ebenso wenig sich selbst erhalten wie sich selbst erschaffen kann" (*SKS* 8, 276 / *ERG*, 185 f.). Sich genügen lassen, ein Mensch zu sein, ist das Gegenteil davon, sein zu wollen wie die anderen oder sich minderwertig zu fühlen, weil andere besser gestellt erscheinen. Wenn Kierkegaard das Sich-genügen-lassen Mensch zu sein mit dem Sich-genügen-lassen Gottes Geschöpf zu sein verknüpft, nähern wir uns wieder dem tieferliegenden Gedanken der Grabrede. Im Verhältnis dazu, sich selbst mit anderen Menschen zu vergleichen, bedeutet der ernste Gedanke des Todes eine Richtungsänderung dahingehend, dass der Mensch sich stattdessen selbst in der Gleichheit des Todes reflektiert. Die Gleichheit des Todes relativiert die Bedeutung der Verschiedenheit, weil das Nichts in jeder Verschiedenheit zu sehen ist und auf diese Weise sich das Problem auflöst. Doch damit entsteht das neue Problem: Nicht nur die Verschiedenheit, sondern das Leben selbst scheint sich im Nichts und in der Leere des Todes aufzulösen. In der Aufhebung des Problems der Verschiedenheit würde auch das Leben zerstört – und dies ist nicht gerade ein aufbauender Gedanke, und mit ihm ist auch keineswegs alles gesagt.

Bisher sind zwei Elemente ins Spiel gebracht worden, erstens das Problem selbst, dann dessen Aufhebung im ernsten Gedanken des Todes; und dadurch ergibt sich eine andere Richtung hin zur Gleichheit und zwar mit anspornender Wirkung. Doch wie kann der Ge-

---

Leben nur dann zurückgewinnt, wenn der Ernst die Gleichheit Gottes schon kennt. Es handelt sich jedoch nicht um eine Voraussetzung, die von Anfang an die Rede prägt. Ganz im Gegenteil, sie zeigt sich erst in dem Augenblick, in dem das Nichts des Todes total scheint: Jetzt macht die Voraussetzung sich als eine neue Möglichkeit geltend.

danke des Todes anspornend sein? Man muss das unmittelbar so verstehen, dass der Mensch in der Richtung vorangetrieben wird und in die Richtung strebt, auf die er sich konzentriert. So war auch das Verhaltensmuster im Blick auf die Zeit zu verstehen: Der Mensch, der seine Erwartung auf zeitliche Gegenstände setzt, wird in Richtung auf das Zeitliche (fehl)geleitet, und der Mensch, der seine Erwartung auf Gott baut, wird in Richtung seiner ewigen Bestimmung geführt. Auf diesem Hintergrund könnte man erwarten, dass der Mensch, der in Richtung Tod schaut, auch nach dem Tod strebt und dass der Gedanke des Todes zu einem Streben nach dem Nichts anspornt. Dass das aber nicht der Fall ist, wird klar, wenn Kierkegaard sagt: „Gleichwie kein böser Geist den heiligen Namen nennen darf, so schaudert es jeden guten Geist vor dem leeren Raum, vor der Gleichheit des Vernichtetseins, und dieses Schaudern das hervorbringend ist im Leben der Natur, ist anspornend im Geist" (*SKS* 5, 458; vgl. *DRG,* 192). Sofern die Gleichheit des Todes anspornend ist, bleibt sie also negativ anspornend. Der „gute Geist" schaudert vor der „Gleichheit des Vernichtetseins", heißt es. Die Gleichheit des Todes ist schlechthin abstoßend; sie ist nur anspornend, sofern da ein Drittes ist, wonach der Mensch streben kann. Dieses Dritte, das entscheidende und erbauliche Element, ist noch nicht zur Sprache gekommen. Aber schon in dieser Passage ist angedeutet, welches dieses dritte Element ist, wenn von einem guten bzw. schlechten Geist und einem heiligen Namen die Rede ist. Der dritte Aspekt ist Gott und die Gleichheit Gottes.

In der Grabrede begegnen wir diesem dritten Element auf sonderbare Weise. Einerseits kann man die Rede lesen, fast ohne es zu bemerken; denn die Rede ist, grob gesagt, an einer einzigen Reflexion entlang entwickelt, der Reflexion über den Tod. Andererseits tritt die Bedeutung Gottes für das Problem der Verschiedenheit plötzlich ganz in den Vordergrund, wenn Kierkegaard – buchstäblich aus dem Nichts – sich mit einer Bemerkung einschaltet: „Er [der Ernst] versteht, dass der Tod alle gleich macht; und das hat er bereits verstanden, weil der Ernst ihn [sc. den Ernsthaften] gelehrt hat, die Gleichheit vor Gott zu suchen, in der alle gleich sein können" (*SKS* 5, 458; vgl. *DRG,* 191).[11]

---
[11] Die zwei Möglichkeiten, Gott zu übersehen oder Gott als eine bereits gegebene Voraussetzung zu betrachten, entsprechen der Interpretation der Rede von M. Theunissen und A. Kingo. Theunissen ist nicht der Meinung, dass dieser plötzliche religiöse Aspekt etwas daran ändert, dass die Rede auf einer humanen Grundlage aufbaut (vgl. „Das Erbauliche im Gedanken an den Tod", S. 62f.). A. Kingo dagegen sieht den Ausgangspunkt der Rede bei Gott. Deshalb liegt für ihn nichts Sonderbares in der Art, wie Kierkegaard Gott einführt, weil die Gleichheit des Todes

Was der Ernsthafte anscheinend vorher schon wusste ist dies, dass die Gleichheit des Todes der Grund für die Verschiedenheit ist. Der Ernst kannte nicht nur bereits die Gleichheit des Todes, der Ernsthafte ist auch bereits mit einer anderen Gleichheit, zu der der Mensch in ein Verhältnis gesetzt wurde, bekannt, nämlich mit der „Gleichheit vor Gott, in der alle gleich sein können". Über diese eigentümliche Einführung Gottes hinaus ist bemerkenswert, dass einerseits gesagt wird, der Ernst kenne das Ganze im voraus, und andererseits, dass wir nun zwei Arten von Gleichheit vor uns haben, nämlich die des Todes und die Gottes.

Bevor es zu präzisieren gilt, was in Gottes Gleichheit liegt, soll das Verhältnis zwischen den beiden Arten von Gleichheit und damit auch das Verhältnis des Menschen zu ihnen bestimmt werden. Wie steht der Mensch zwischen diesen beiden Arten von Gleichheit? Kierkegaard erklärt ihr Verhältnis durch eine Platzierung; er sagt, der Mensch (der ernste Mensch) entdeckt „eine Verschiedenheit, seine eigene nämlich von dem Ziel, das ihm gesetzt ist, und entdeckt, dass am fernsten von diesem Ziel ein Zustand wie jene Gleichheit sein würde, die der Tod hat. Jedes mal, wenn die irdische Verschiedenheit [dich] versucht, [dich] aufhalten will, dann tritt der ernste Gedanke an die Gleichheit des Todes dazwischen und treibt wiederum an" (*SKS* 5, 458; vgl. *DRG,* 191 f.). Es gibt also ein Ziel für den Menschen, von dem er sich unterscheidet, von dem aber die Gleichheit des Todes am allermeisten verschieden ist. Aus dem Zusammenhang wird klar, dass dieses Ziel

---

und die des Ernstes für Kingo von Anfang an klar waren (vgl. *Analogiens teologi,* S. 118f.). Diese Differenz zeigt sich auch in den unterschiedlichen Interpretationen zum Ziel der Rede. Für Theunissen ist das Zentrale der Ernst, weil das Leben erst durch den ernsten Gedanken des Todes Bedeutung gewinnt: „Erst der Ernst des Todes macht das Leben bedeutsam und rückt es in das Licht seines eigenen Ernstes [...]. Der im Ernst gedachte Gedanke an den Tod ermöglicht erst wahres, wirklich gelebtes und gerichtetes Leben" (*Der Begriff Ernst bei Søren Kierkegaard,* S. 147). Eine neuere Interpretation, die sich Theunissen anschließt, ist die von W. M. Quist. In ihrer Dissertation *Tidslighed og eksistens* sieht sie den Tod als das, was den Menschen lehrt, dass das Leben hier und jetzt stattfindet. Sowohl Theunissen als auch Quist interpretieren die Rede also dahingehend, dass der Mensch selbst die Anfechtung des Todes überwinden kann und sozusagen zurück ins Leben findet, nun aber mit dem Verständnis für den Ernst des Lebens. Kingo dagegen nimmt schon durch die Voraussetzung seiner Interpretation eine ganz andere Stellung ein. Der Begriff Ernst ist überhaupt „gebunden an die Kategorie *vor Gott*" (*Analogiens teologi,* S. 118), und die Rede ist Ausdruck für „erbauliches Denken" in Funktion, jenes „erbaulichen Denkens", das die „Vernichtung aller analytisch verankerten Endlichkeit und die Bewegung zur Nichtigkeit aller Bestimmtheiten vor Gott bedeutet" (S. 123).

die Gleichheit Gottes ist, und wir können daraus die Schlussfolgerung ziehen, dass die Gleichheit des Todes und die Gleichheit Gottes einander gegenüber stehen wie diametrale Gegensätze. Darüber hinaus können wir die Platzierung des Menschen zwischen diesen beiden Gleichheiten bestimmen. Der Mensch findet sich selbst in der Verschiedenheit vor, ist aber zwischen die beiden alternativen Gleichheiten gesetzt, nämlich die des Todes und die Gottes. Das Ziel ist Gottes Gleichheit, die Gleichheit des Todes aber wäre Verlorenheit. Der Mensch ist das Zwischenwesen: Er ist platziert zwischen Leere und Fülle, Tod und Gott – zwischen Nichts und Ewigkeit; er steht selbst mittendrin, aber durch den Gedanken des Todes kann er zum Leben hinstreben, zum ewigen Leben.

Kehren wir zurück zu dem, was im Gedanken an die Gleichheit Gottes liegt. Unmittelbar könnte es nach einem negativen Begriff aussehen, der allein als Gegenstück zur Gleichheit des Todes fungiert. Ein Begriff also, der als Negation des Begriffs der Gleichheit des Todes entstanden ist, und in die Rede eingeführt wird. Die Gleichheit des Todes wird in all ihrem Grauen ausgemalt, aber dann, wenn sie ganz unerträglich wird, zieht Kierkegaard das Kaninchen aus dem Hut: Die Gleichheit Gottes ist die Alternative zur Gleichheit des Todes. Damit gewinnt er wieder Land, und das Nichts wird auf Abstand und die Verschiedenheit im Zaum gehalten. Kierkegaards Vorgehen gleicht dem, was Feuerbach als Glückseligkeitstrieb einstufen würde: Religiosität als der Selbstbetrug, den der Mensch sich vorzuspiegeln genötigt ist, um dem Nihilismus zu entgehen. Der Grund für diese Ähnlichkeit liegt zuerst in der Schärfe, mit der die Gleichheit des Todes gezeichnet wird, nämlich als das absolute Nichts; zweitens in der unvermittelten Einschaltung der Gleichheit Gottes als Alternative zur Gleichheit des Todes.[12]

Dazu sind jedoch zwei Dinge anzumerken. Erstens macht Kierkegaard in der Rede darauf aufmerksam, dass die Gleichheit Gottes kein sekundärer Gedanke ist, der von der Gleichheit des Todes abzuleiten wäre: Der Ernst „versteht, dass der Tod alle gleich macht; und das hat er bereits verstanden, weil der Ernst ihn [sc. den Ernsthaften] gelehrt hat, die Gleichheit vor Gott zu suchen" (*SKS* 5, 458; vgl. *DRG*, 191). Das wird bestätigt, wenn über das Nichts des Todes gesprochen wird als das, „das hervorbringend ist im Leben

---

[12] Zum Einfluss von Feuerbach auf Kierkegaards Kritik des Christentums und die Antwort seiner Theologie vgl. C. W. Tornøe „Kampen om den vandsky slægt [Der Kampf um das wasserscheue Geschlecht]".

der Natur, [und] anspornend im Geist" (*SKS* 5, 458; vgl. *DRG*, 192). Das Nichts spornt an – aber darin liegt, dass die Richtung bereits vor dem Gedanken über die Gleichheit des Todes festgelegt war. Zweitens ist es nicht Kierkegaards Absicht, den Menschen mit dem Gedanken über die Gleichheit Gottes vor dem Nichts zu schützen, also eine geborgene Welt ohne Tod und Zerstörung aufzubauen. Im Gegenteil, Kierkegaard will den Menschen dazu bringen, die Bedingungen der Welt und der Existenz als ultimativ dem Tod unterlegen zu erkennen und einzusehen – und mit dieser Erkenntnis an Gott als das Leben zu glauben. Das ist der Hintergrund, auf dem die Wahl als ein Teil der Aneignung des Glaubens unterstrichen werden kann. Wie wir es im Beispiel von Anna gesehen haben: Sie kommt an einen Punkt, an dem es im zeitlichen Sinn nichts mehr gibt, wofür zu leben sich lohnt, und im selben Augenblick erkennt sie die Leere der Zeitlichkeit – und zu derselben Einsicht gelangt auch der Gedanke des Todes. Doch jetzt wählt Anna, gerade weil ihre große Liebe tot ist und trotz der offensichtlichen Unmöglichkeit, die darin liegt, den Glauben an das ewige Leben der Liebe. Der Glaube ist Wahl im Sinne der Vernichtung der naheliegenden Möglichkeit des Nichts.[13] So wie es später in den erbaulichen Schriften hervorgehoben wird (im expliziten Christus-Glauben), dass die Möglichkeit des Ärgernisses der Wächter des Glaubens ist, der dafür steht, was der Glaubende im Glauben beständig aufhebt, so wird der Glaube hier hervorgehoben als eine beständige Aufhebung der naheliegenden Möglichkeit des Nichts. In diesem Sinne ist die Struktur des Glaubens paradox, nicht nur im expliziten Christus-Glauben, sondern schon im Glauben an Gott, wie er hier

---

[13] Es ist riskant, vom Glauben als Wahl zu sprechen, denn es könnte sich damit eine Art freie Wahl andeuten, worin der Mensch Herr über den Glauben ist; vielleicht sogar ein pelagianischer Hintergrund, wonach der Mensch durch ein freies Wählen oder Abwählen des Glaubens auch die Gnade im Bezug auf sich selbst wählen oder abwählen könnte. Das ist nicht Kierkegaards Glaubensbegriff. A. Grøn formuliert die Doppeltheit des Glaubens als etwas, das gleichzeitig dem Menschen gegeben wird und das der Mensch selbst wählt oder tut. Der Glaube hat mit Entscheidung zu tun, mit einer Entscheidung, die grundlegend rezeptiv ist, denn „die Entscheidung verhält sich [...] zu einer Entscheidung, die man bereits vollzogen hat durch die Art und Weise, in der man sich zu ihr verhält" (*Subjektivitet og negativitet*, S. 356). Darin besteht die Aneignung des Glaubens, das entgegen zu nehmen als was man enthüllt wird. Dieses aktive Moment, das bewirkt, dass man im eigentlichen Sinne vom Glauben als Entscheidung sprechen kann, meint „Glauben trotz aller Klugheitserwägungen und Glauben gegen Hoffnungslosigkeit. Glaube ist glauben gegen den Verstand, das wird bei Kierkegaard immer wieder betont" (S. 357).

beschrieben wird. Der Glaubende glaubt – mitten in der unmöglichsten Situation, dass für Gott alles möglich ist.[14]

Die Frage bleibt, warum Kierkegaard die Rede in dieser Weise konzipiert. Einerseits wird Gott überraschend eingeführt, und andererseits, warum der lange Umweg über den Gedanken des Todes? Es scheint als würde Kierkegaard zwei Betrachtungsrichtungen miteinander vermischen. Entweder der Mensch kennt von vornherein die Gleichheit, und in diesem Fall gibt es keinen Grund, sich selbst mit dem Gedanken des Todes zu martern; oder der Mensch kennt die Gleichheit nicht im voraus und findet sie erst, nachdem er sich in den Gedanken des Todes versetzt hat – und verzweifelt in der Hellsichtigkeit des Nihilismus. Kierkegaard geht meditativ den Gedanken des Todes durch, doch genau mit dem Auftauchen der Konklusion des Nihilismus holt er die verborgene Voraussetzung hervor. Diese Eigentümlichkeit hat ihren Grund. Wir haben im Vorhergehenden schon darüber gesprochen, dass Richtung und Geschwindigkeit nicht ganz übereinstimmen. Denn wo Richtung und Geschwindigkeit z. B. im Verhältnis zur Erwartung so zusammen passen, dass der Mensch dem Gegenstand der Erwartung zustrebt und mehr und mehr nach diesem Gegenstand gebildet wird, ist der Tod negativ anspornend. Doch unsere Analyse hat gezeigt: Die Richtung des Todes gibt nicht an, wonach der Mensch streben soll; im Gegenteil, er soll nach der Gleichheit Gottes streben, und das ist das diametral Entgegengesetzte. Kierkegaard betont damit, dass der Mensch nicht nur das ewige Leben vor sich sehen soll, um in dessen Richtung zu streben, sondern er soll zugleich auch die Verlorenheit sehen, denn erst wenn diese negative Möglichkeit klar wird, kommt es sozusagen zu einem Anstoß im Menschen. Auf diese Weise ist die Gleichheit des Todes negativ anspornend, sie setzt sich ab in die entgegengesetzte Richtung.[15]

---

[14] Das Paradox wird im Zusammenhang mit Kierkegaard meist verbunden mit Christus als dem absoluten Paradox (denn nach dem Pseudonym Johannes Climacus besteht die Essenz des Christentums in Christus als dem absoluten Paradox). Wir werden auf die Frage zurückkommen, ob diese frühen Reden zu den christlichen zu zählen sind (vgl. Kap. 4.4). Wie das Paradox in diesem Zusammenhang zu verstehen ist, wird von A. Grøn so formuliert: paradox heißt, „eine menschliche Vorstellungswelt bricht zusammen und wird umgekehrt […], das Paradox [ist] eine Kategorie des Zusammenbruchs" (in: „Kærlighedens sakramente [Die Sakramente der Liebe]", S. 73). Zum paradoxen Charakter des Glaubens auch in den frühen erbaulichen Schriften vgl. meinen [Michael Olesen, jetzt: Bjergsø] Artikel „Troens tilblivelse. [Das Werden des Glaubens]".

[15] Damit wird ein früheres Argument bestätigt, dass nämlich sowohl die Erkenntnis wie der Wille Voraussetzungen für diese Transformation sind. Die Erkenntnis aber

Das Positive in Gottes Gleichheit lässt sich kurz in dem Terminus Gott als Schöpfer angeben: Der Mensch weiß sich von Gott geschaffen, und Gott wird als der tiefste Grund des Daseins angesehen. Dass der Mensch von Gott geschaffen ist, bedeutet für Kierkegaard, dass der Mensch im Grunde als ein geistiges Wesen angelegt oder bestimmt ist. Der Mensch ist in der Welt und ist selbst ein Teil der Welt, aber er hat Wurzeln im Ewigen. Ein Selbst zu werden bedeutet deshalb, mehr und mehr das zu werden, was man zu sein ewig bestimmt ist, d.h. in der Selbstvernichtung sich von der Welt loszuwinden. In der Relation der Erwartung in Geduld haben wir gesehen, was das konkret bedeutet. Und in der Relation der Verschiedenheit bedeutet es faktisch das gleiche. Nämlich, dass *unter* der Zeitlichkeit, in der der Mensch sich selbst versteht, der Grund des Geschaffenseins liegt, worin der Mensch seine Wurzeln hat. Deshalb ist das Bild, das die Zeitlichkeit vom Selbst hat, eine Illusion, eine Einbildung, weil es sich nicht begnügen will ein Mensch zu sein, der zum Dasein geschaffen ist. Im Hinblick auf die Verschiedenheit bedeutet die Einbildung, dass der Mensch sich im Vergleichen verirrt. Er kann im Vergleichen mit dem anderen Menschen sich selbst nicht mehr erkennen, weil er die Verbindung dazu, was es heißt ein Mensch zu sein, verliert. Wie gesagt, die Gleichheit Gottes löst das Problem, jedoch ohne die Verschiedenheit aufzuheben. Ihr Potential liegt gerade darin, dass das Problem der Verschiedenheit nicht einfach überwunden werden kann: In der Gleichheit Gottes wird die Verschiedenheit bewahrt, sie wird jedoch zum Segen der Mannigfaltigkeit. Wo die Verschiedenheit nämlich in dieser Weise zum Vergleichen führt und sozusagen das Verschiedene bewertend einstuft, da wirkt die Mannigfaltigkeit nicht trennend, sondern vereinigend durch ihre Bindung an die Gleichheit Gottes. Da legt die Verschiedenheit Zeugnis ab von der Größe Gottes und nicht länger von der Größe des Menschen – und seinem Verhältnis zur Geringheit anderer Menschen.[16]

---

ist nicht das Problem, denn die Gleichheit Gottes ist bereits erkannt. Das Problem liegt im Willen, in der Anfälligkeit des Willens, andere Orte zu suchen als die Richtung der Gleichheit Gottes bzw. mit der Gleichheit des Todes umgehen zu müssen. Zum Thema des Willens vgl. S. Bruun *Viljens dialektik*.

[16] Hier zeigen sich die schöpfungstheologischen Potentiale von Kierkegaards Theologie. Gott tritt zwischen den Menschen und die Welt, wodurch das negative Verhältnis aufgehoben wird und ein positives Verhältnis zwischen Mensch und Welt wieder entsteht. Zeit und Verschiedenheit sind ständige Bedingungen des Menschen, dann jedoch nicht mehr bedrückend, sondern Ausdruck der Güte Gottes des Schöpfers. Dieses Potential ist überall in den erbaulichen Schriften wirksam, entfaltet sich aber erst ernsthaft aufgrund von Offenbarung und Himmelfahrt, eigentlich erst in *Die Taten der Liebe* sowie in den Abendmahlsreden.

Kapitel 3

Die Bewegungen des Gottesverhältnisses

Die beiden vorhergehenden Kapitel handelten vom Verhältnis des Menschen zu den Grundbedingungen, in denen sich das Dasein abspielt, und den Problemen, die sich dadurch für die Existenz stellen. Das hier folgende Kapitel wird demgegenüber das Gottesverhältnis stärker ins Zentrum der Betrachtung rücken. Dieser Wechsel hat auch damit zu tun, dass jetzt die *Drei Reden bei gedachten Gelegenheiten* der Untersuchung zugrunde gelegt werden. Im Gegensatz zu den erbaulichen Reden sind sie an einige besondere Anlässe gebunden, die alle ihren Platz in der Kirche haben (Beichte, Trauung und Begräbnis), weshalb das Gottesverhältnis der Gelegenheit sozusagen eingeschrieben ist. Wir haben uns bereits mit der Grabrede beschäftigt und festgestellt, dass die Rolle des Gottesverhältnisses nicht ganz geklärt werden konnte. In den beiden Reden vor der Grabrede, „Anlässlich einer Beichte" und „Anlässlich einer Trauung", wird das Gottesverhältnis des Menschen allerdings ausdrücklich in den Mittelpunkt gestellt.

Bei der Analyse des Problems der Zeit und der Verschiedenheit lag Kierkegaards Absicht darin aufzudecken, was eine Existenz in der Welt bedeutet, die durch diese Grundbedingungen charakterisiert ist. Wie schon in der Analyse der Grabrede gezeigt, will Kierkegaard jeden Selbstbetrug und jede Illusion auflösen, er will sozusagen den vollständigen Zusammenbruch des Menschen. Letztlich steht der Mensch am Rande des Abgrundes, vor die Wahl gestellt zwischen dem Nichtigen und Gott. In etwas milderer Form hat Kierkegaard dieses Thema in verschiedener Weise durchgespielt, z. B. wenn er die Erwartung eines Menschen auf ihren Charakter und ihren Grund hin untersucht, nicht zuletzt im Augenblick der Enttäuschung. Denn genau in diesem Augenblick tritt unmittelbar die Alternative auf, die die ganze Zeit schon unter der Oberfläche gegenwärtig war: das Nichtige oder Gott.

Wenn wir uns in diesem Kapitel auf das Gottesverhältnis konzentrieren, so geschieht das im Einklang mit Kierkegaards immer deutlicherer Thematisierung des Menschen vor Gott; gleichzeitig ist klar, dass auch das Verhältnis zur Welt einbezogen ist. Auch im Hinblick auf das Gottesverhältnis geht Kierkegaard von der Existenz des Menschen in der Welt aus, indem er untersucht, wie das Gottesverhältnis sich zuerst im Bewusstsein des Menschen manifestiert, wie es sich entwickelt und (potentiell) dann zu einem eigentlichen Gottesverhältnis wird. Ebenso wie wir auch im Verhältnis zur Welt den Gedanken der Selbstvernichtung beobachten konnten, so auch im Blick auf das Gottesverhältnis: Es soll zugrunde gehen und vernichtet werden, um zum eigentlichen Gottesverhältnis zu werden. So kann unterschieden werden zwischen der Selbstvernichtung im Verhältnis zur Welt und der Selbstvernichtung im Verhältnis zu Gott – eine Unterscheidung, auf die wir später noch zurückkommen werden.

Vom Text her ist der Ausgangspunkt, wie schon gesagt, die *Drei Reden bei gedachten Gelegenheiten*, die einzeln, jedoch in einheitlicher Perspektive interpretiert werden. Die drei Reden haben jede für sich nicht nur einen bestimmten Anlass (der im Titel angegeben wird), sondern auch ihr eigenes Thema, ihren bestimmten Aufbau und ihre Struktur als Rede.[1] Die Reden bestehen unabhängig voneinander und können sehr wohl auch für sich gelesen werden, und sie sind auch meist so rezipiert worden.[2]

Dennoch lassen sich die Reden auch im Zusammenhang verstehen. Trotz der verschiedenen Anlässe und Themen beschäftigen sie sich alle mit dem Gottesverhältnis des Menschen, und zwar so, dass man von einer typischen Entwicklung des Gottesverhältnisses sprechen kann. Die erste Rede, „Anlässlich einer Beichte", thematisiert das Gottesverhältnis, in das der Mensch sich gesetzt findet, und wie es gebrochen wird. Die zweite Rede, „Anlässlich einer Trauung", hat ihren Ausgangpunkt da, wo die erste endet, nämlich in einem gebrochenen

---

[1] Aufbau und Struktur der drei Reden sind parallel angeordnet: Jede Rede beginnt mit einer Dramatisierung des jeweiligen Anlasses, danach folgt die Themenangabe, die die eigentliche Argumentation oder Bearbeitung des Themas einleitet. Für alle drei Reden gilt, dass es der Anlass ist, der den Rahmen des Themas absteckt, d.h. sie sind nicht auf einem Bibeltext aufgebaut, wie sonst im größten Teil der erbaulichen Schriften üblich.

[2] Es wurden bereits verschiedene Interpretationen zur Rede „An einem Grabe" genannt. Die beiden anderen Reden sind in der Kierkegaard-Forschung nicht annähernd so oft kommentiert worden. Die Rede „Anlässlich einer Beichte" legt H. Deuser seinem Artikel „Religious Dialectics and Christology" zugrunde und interpretiert sie als ein „hervorragendes Beispiel für Religiosität A" (aaO. 379). Generell gesehen muss man aber sagen, dass die drei Gelegenheitsreden in der Kierkegaard-Rezeption oft neben den anderen achtzehn erbaulichen Reden von 1843-44 und den großen Werken von 1847 und 1848 (*Erbauliche Reden in verschiedenem Geist, Die Taten der Liebe* und *Christliche Reden*) übersehen werden.

Verhältnis; und von hieraus lässt sich der Gedanke vertiefen, „dass die Liebe alles überwindet" (*SKS* 5, 422 / *DRG*, 150). Schließlich bietet die dritte und letzte Rede, „An einem Grabe", eine etwas andere Perspektive, indem sie die Bewegung nicht weiterführt, sondern eher Licht darauf wirft, wie sich die schon angesprochene Transformation oder Umwälzung herbeiführen lässt. Zusammen geben die drei Reden einen Einblick in das, was man die Bewegung des Gottesverhältnisses nennen könnte, indem die beiden ersten Reden die typische Entwicklung des Gottesverhältnisses nachzeichnen, während die letzte den Hintergrund dafür skizziert.

3.1. „Anlässlich einer Beichte"

Wie schon der Titel sagt, ist der Anlass der ersten Rede die Beichte. Schon die einleitende Dramatisierung dieses Anlasses lässt erahnen, was die Beichtsituation bedeutet. Kierkegaard folgt einem Menschen, der in der Kirche beichten möchte, und beschreibt, wie dieser Mensch von der Stille der Kirche ergriffen wird: „Wer dahin geht, der sucht Stille, wer da sitzt, der ist in der Stille; obgleich dort gesprochen wird, die Stille wächst nur. Wie stille!" (*SKS* 5, 392; vgl. *DRG*, 115). Aus der Stille erwächst ein sehr direktes Gottesverhältnis, in dem sich der Mensch allein Gott gegenübergestellt sieht: Der Mensch wird zur Rechenschaft gezogen.[3] An eben derselben Stelle heißt es weiter: „Da ist keine Gemeinschaft, jeder ist für sich" (ibid.). Eine „Stille, in der jeder Mensch schuldig wird" (*SKS* 5, 395 / *DRG*, 119). Aber es geht auch um mehr und anderes als Rechenschaft und Schuld, denn die Stille ist der Übergang zu einem anderen Zustand: „diese Stille ist nicht die des Todes, in dem du umkommst, sie ist nicht zum Tode, diese Krankheit, sie ist der Übergang zum Leben" (*SKS* 5, 393; vgl. *DRG*, 116).[4]

---

[3] Hier ist anzumerken, dass Stille nicht notwendigerweise ein solches Gottesverhältnis aufdeckt, sondern dass zuallererst die Bedingung gegeben sein muss, dass der Mensch sich eines Mitwissers bewusst wird; dass der Mensch bei sich selbst – in seinem Gewissen – weiß, dass Gott den Menschen schon kennt. Ist dieses Umfeld des Mitwissers nicht gegeben, kann der Mensch noch so stille sein, ohne dass die Stille im Gottesverhältnis erlöst wird. In der späteren Beichtrede von 1847 (erster Teil der *Erbauliche Reden in verschiedenem Geist*) gibt Kierkegaard ein Beispiel der unerlösten Stille im Bild des Wanderers, der der Natur lauscht, aber die Natur hat keinen Mitwisser, und deshalb fährt „der Bach [...] fort zu plätschern, und nur der Wandersmann wird alt an seiner Seite" (*SKS* 8, 136 / *ERG*, 26).

[4] In diesem Gedanken der Stille liegen mehrere Ebenen: Vor allem wird hier vorweggenommen, wie das Gottesverhältnis gerade unter den Bedingungen jedes menschli-

Eine Beichtrede betont demnach, dass der Mensch als Einzelner vor Gott gestellt ist, und zudem, wie jeder einzelne Mensch als Einzelner vor Gott schuldig ist, kurz: die Betonung liegt auf Schuld und Sünde. Sie tut dies aber im Hinblick auf den Übergang, also im Hinblick auf das, was der Beichte folgt, nämlich die Absolution, die Sündenvergebung.[5] Die Sündenvergebung, die unmittelbar auf die Beichte folgt, liegt als solche aber außerhalb der Rede und wird doch gerade so zu einem Orientierungspunkt für den Anlass der Beichte. Die Beichtrede betont die Verpflichtung des Menschen, Rechenschaft abzulegen, nimmt aber die nachfolgende Absolution nicht vorweg. Dass die Beichte einen Übergang bedeutet, kann auch als Zeitverhältnis ausgedrückt werden: Die Beichte betont Schuld und Sünde und gibt damit einen Blick nach rückwärts frei auf die zurückgelegte Zeit. Aber, wie wir im Folgenden sehen werden, die Beichte wird gleichzeitig zum Anlass für den Beginn des eigentlichen Gottesverhältnisses, d. h. die Beichte weist auch nach vorne auf die zukünftige Zeit. Das ist einer der Aspekte, die Beichte als Übergang zu verstehen, als Bindeglied zwischen Altem und Neuem. Das Alte, das vertan und in Schuld zugrunde gegangen ist, wird in der Beichte festgehalten, aber sozusagen mit dem Gedanken, es im Hintergrund zurückzuhalten. Die Beichte ist der grenzsetzende Übergang, Abschluss und Anfang zugleich.

Auf diese einleitende Dramatisierung des Anlasses in der Betonung der Stille, worin der Mensch zum einzelnen vor Gott und da-

---

chen Verhältnisses anwesend ist. Man könnte die drei Gelegenheitsreden auch unter dem Sub-Thema ‚Stille-Reden' lesen, wie es verschiedentlich angedeutet wird. Z. B. heißt es in der Einleitung zur Beichtrede: „Soll jedoch Gott der Seele gegenwärtig nahe sein, so findet der Seufzer wohl den Gedanken und der Gedanke wohl das Wort – aber auch die Schwierigkeit, die man sich aus der Ferne nicht hätte träumen lassen" (*SKS* 5, 397; vgl. *DRG*, 121), während die Einleitung zur Traurede die Stille bricht: „Nun soll geredet werden! [...] Welch eine Veränderung, welch ein Verhältnis in diesem Missverhältnis" (*SKS* 5, 419 / *DRG*, 147). Über dämonische und rettende Stille, vgl. E. Rocca „Søren Kierkegaard and Silence".

[5] Wenn der Bruch, der zuvor z. B. als Bruch der zeitlichen Erwartung und der Entstehung neuer Erwartung bestimmt wurde, nun als Schuld und Sünde vor der Absolution beschrieben wird, so ist das vom Anlass her zu verstehen. Im Großen und Ganzen sind die Gelegenheitsreden an die kirchlichen Anlässe gebunden, an Beichte, Trauung, Begräbnis, d. h. es wird eine unmittelbar christliche Terminologie benutzt. Das gilt nicht zuletzt für die Beichtrede, die Gelegenheit nimmt, Schuld und Sünde zu thematisieren und tiefer einzugehen auf das, was schon die ganze Zeit im Gespräch war: die Transformation vom zeitlich gebundenen zu dem in der Ewigkeit fundierten Selbstverständnis, jetzt nur aus einer anderen Perspektive. Diese andere Perspektive beleuchtet in stärkerem Maße das Problem des Übergangs: Das Alte trägt eine Schuld mit sich, nämlich die, dass der Mensch nicht von Beginn an sein Leid ins Verhältnis zum Ewigen und zu Gott gesetzt hat.

3. Die Bewegungen des Gottesverhältnisses

mit schuldig wird, folgt eine Themenangabe. Darin heißt es, die Rede solle im einzelnen davon handeln: „Was es heißt, Gott zu suchen" (*SKS* 5, 396; vgl. *DRG,* 120). Diese Frage gibt einen ersten Hinweis auf das Problem der Gegenwärtigkeit Gottes: Wie kann der Mensch Gott nahe kommen und Gott mit seinem Leben in Verbindung bringen? Während die einleitende Stimmung davon geprägt ist, dass in der Stille sich Gott nahezu aufdrängt, scheint es nun ein Problem zu sein, Gott überhaupt zu finden. Die Themenangabe wird jedoch von einem Bedenken begleitet, das die Richtung des Problems abändert: „kein Mensch kann Gott sehen ohne Reinheit, und kein Mensch kann ihn kennen lernen, ohne ein Sünder zu werden" (*SKS* 5, 396 u. 407; vgl. *DRG,* 120 u. 133). Mit diesem Bedenken weist die Fragestellung zurück auf den Menschen selbst – und dies in offensichtlich problematischer Weise. Um Gott zu suchen, muss der Mensch rein sein, aber in dem er sich Gott nähert, wird er ein Sünder. Die Schwierigkeit in diesem Verhältnis ist unmittelbar gesehen die, dass die Reinheit zur Voraussetzung wird, überhaupt Gott zu suchen, während dieselbe Voraussetzung im Augenblick der Annäherung des Menschen an Gott sich auflöst. Ist es dann überhaupt möglich, Gott zu suchen, oder besser: Ist es möglich im Suchen voranzukommen, kann der Mensch Gott finden und an Gott festhalten?[6]

In diesem kritischen Bedenken liegt ein Doppeltes, und das in jeweils zwei Hinsichten: Erstens setzt Kierkegaard anscheinend zwei Ebenen des Gottesverhältnisses voraus. Er spricht davon, „Gott zu sehen" und „Gott kennen zu lernen", wobei das erste Reinheit voraussetzt und das zweite den Menschen zum Sünder macht. Es scheint

---

[6] Die Rede könnte den Anschein erwecken, als ginge es ihr um eine natürliche Theologie, sofern Kierkegaard es darauf anlegt, Gott in der Welt zu suchen. Dies geschieht auch vom Ausgangspunkt her, ist aber nicht das Ziel. Eher enthält die Rede eine implizite Kritik der natürlichen Theologie, weil der allgegenwärtige Gott unmöglich zu finden ist. Deshalb ist es notwendig, dass Gott selbst sich zu erkennen gibt und sagt, wo er zu finden ist. Im Laufe des dritten Teils dieser Arbeit werden wir die Gründe dafür nennen, dass Kierkegaards Theologie die Gegenwärtigkeit Gottes in entscheidender Weise mit dem Abendmahl in Verbindung bringt. Damit kann Kierkegaard durchaus in Relation zu Luther gesehen werden, denn dieser vertrat eine ähnliche Kritik der natürlichen Theologie, indem er im Zusammenhang des Abendmahls die Notwendigkeit der Offenbarung im Gedanken der Ubiquität sicherte. In Verbindung damit teilen Luther und Kierkegaard dasselbe Anliegen, weil ihre Fragen weiterreichen als die theologischen Spitzfindigkeiten. Es geht um ein seelsorgerliches Problem, nämlich die Frage nach dem Seelenfrieden des einfachen Menschen. Aus dieser Sicht können alle erbaulichen Schriften Kierkegaards gelesen werden. Sie sind erbaulich gerade darin, dass sie dem einfachen Menschen helfen, indem sie ihm die Wirklichkeit und Möglichkeit des Gottesverhältnisses nahe bringen.

als ginge es um zwei ganz verschiedene Weisen, Gott zu kennen – vielleicht zwei verschiedene Gottesverhältnisse. Zweitens ist da jener zweifache Aspekt, von dem wir schon im Vorhergehenden gesprochen haben, dass im selben Augenblick, in dem der Mensch sich Gott nähern will, Gott sich immer weiter entfernt, oder genauer: Der Abstand zwischen dem Menschen und Gott wird immer größer. Jenes kritische Bedenken in seiner Doppelstruktur ist in diesem Sinne die kürzeste Formel für den Verlauf der Rede: Sie nimmt ihren Ausgangspunkt im ursprünglichen Gottesverhältnis (des Menschen, der in seiner Reinheit Gott sieht), das aber mit der Auflösung seiner selbst endet; daraus folgt ein neues – und gebrochenes Verhältnis (der Mensch, der Gott zur Kenntnis nimmt, wird ein Sünder), jetzt aber mit einem tieferen Verständnis sowohl von Gott als auch vom Menschen.

3.1.1. Das ursprüngliche Gottesverhältnis

Um die Entwicklung des Gottesverhältnisses in ihren wesentlichen Zügen zu rekonstruieren, sollen zunächst die Begriffe Reinheit und „Gott sehen" näher untersucht werden. Es besteht kein Zweifel, dass es sich um das erste Gottesverhältnis handelt. Es bezeichnet das, was wir eine ursprüngliche oder unmittelbare Kenntnis im Gottesverhältnis nennen können. Dass die Reinheit als Ursprünglichkeit verstanden wird, zeigt sich in der Rede auf ganz verschiedene Weise. Wir haben bereits in der Einleitung von einem Aspekt der Ursprünglichkeit des Gottesverhältnisses gehört, nämlich in Kierkegaards Beschreibung der Stille. Hier wurde das Gottesverhältnis als etwas beschrieben, das sich aufdrängt. In der Stille findet sich der Mensch vor Gott gestellt. Der Gedanke ist also der, dass das Verhältnis als etwas ursprünglich Gegebenes zu verstehen ist, das im Lärm der Geschäftigkeit der Welt auf Distanz gehalten wird. Doch in der Stille und Einsamkeit der Kirche manifestiert sich das ursprünglich gegebene Verhältnis aufs Neue. Dasjenige Verhältnis, das bereits da war – durch zeitliche Einbildungen aber vergessen oder übertönt wurde – zeigt sich aufs Neue. Dies jedoch wäre schon ein späteres Stadium in der Entwicklung des Gottesverhältnisses (im Folgenden wird klar werden, dass dies das Eingangstor zur zweiten Ebene des Verhältnisses ist, in dem der Mensch beginnt, Gott zu „kennen" und ein Sünder zu werden). Wir gehen deshalb an den Anfang zurück: zum ursprünglichen Gottesverhältnis und seiner ersten Manifestation.

Kierkegaard fasst also das Thema in die Frage: „Was es heißt, Gott zu suchen", verbunden mit dem Wunsch nach einer möglichst ursprünglichen Suche. Über den Wunsch und den Wünschenden ist Folgendes zu sagen: Erstens ist der Wunsch eine unmittelbare Relation zu etwas außerhalb des Menschen selbst, und als solcher ist der Wunsch parallel zur Erwartung zu sehen, wenn auch in einem eher unmittelbaren oder ursprünglichen Verhältnis zum Zukünftigen. Darüber hinaus macht es Sinn, den Wunsch von einem Ursprünglichkeitsgedanken her zu verstehen, insofern zum Wunsch etwas allgemein Menschliches gehört. Wünschen ist etwas, das jeder Mensch kennt und das sich in jedem Menschen manifestiert. „Ein jeder ist dies [sc. ein Wünschender] einmal in einer früheren Jugend gewesen" (*SKS* 5, 398; vgl. *DRG*, 122), sagt Kierkegaard und bringt so den allgemein menschlichen Charakter des Wünschens zum Ausdruck. Zugleich wird damit auch der ursprüngliche Charakter des Wunsches angedeutet, wenn der Wunsch „einer früheren Jugend" zugeordnet wird. Es geht um ein Verhältnis, dem man mit der Reife entwächst. Aus Kierkegaards Definition einer doppelten Bedingung des Wunsches lässt sich erkennen, auf welche Art dieser ursprünglich ist: „Sofern der Suchende sucht, was außerhalb seiner liegt als etwas Äußeres, als etwas das nicht in seiner Macht steht, befindet sich das Gesuchte an einem bestimmten Ort. [...] Sofern von dem Suchenden angenommen wird, er könne selbst nichts tun um den Ort zu finden, da ist er ein Wünschender" (ibid.). Das Ursprüngliche liegt teils darin, dass der Wünschende einen Gegenstand im Äußeren sucht, teils darin, dass er in einem derartigen Verhältnis zum Gegenstand steht, dass er in keiner Weise im Stande ist, sich ihm aus eigener Kraft zu nähern. Der Wunsch ist ursprünglich, weil er entweder in Erfüllung oder zugrunde geht – beides ist unabhängig vom Wirken des Menschen. Der Gegenstand des Wunsches ist voll und ganz außerhalb des Menschen, und der Wünschende kann nicht einmal danach streben, er kann nur wünschen. Der Zustand ist passiv, und die Erfüllung, sofern sie eintritt, etwas von außerhalb Kommendes.

Soweit zur Idee der Ursprünglichkeit des Wunsches. Damit ist jedoch noch nicht geklärt, was der Wunsch mit Gott zu tun hat. Die Frage ist, warum man im Blick auf den Wünschenden überhaupt von einem Gottesverhältnis sprechen muss. Wir haben bereits festgestellt, dass der Wünschende sich zu einem äußeren Gegenstand verhält. Der Gedanke ist nun, dass es unter all den attraktiven Gegenständen, die ein Mensch sich wünschen könnte, ein höchstes Gut gibt, zu dem jeder Wünschende sich grundlegend verhält. In seinem Verhältnis zu diesem höchsten Gut hat der Wünschende keine „bestimmte Vorstellung [...], denn es ist das höchste eben als das Unbekannte – und dieses Gut ist Gott" (*SKS* 5, 399; vgl. *DRG,* 123). Kierkegaard sieht somit den Wunsch in einem Gottesverhältnis gegründet, jedoch in einem ursprünglichen, in dem der Mensch sich zu Gott verhält, Gott aber nicht kennt. Gott ist das höchste Gut, im übrigen aber gänzlich unbekannt.

Es gibt jedoch noch einen wesentlichen Aspekt in diesem ersten Gottesverhältnis, der sich in der Fortsetzung des eben angeführten Zitats zeigt: „aber wo der Wunsch am tiefsten Atem holt, wo dies Unbekannte sich zu zeigen scheint, da ist die Verwunderung, und die Verwunderung ist der Sinn der Unmittelbarkeit für Gott und der Anfang allen tieferen Verstehens. Das Suchen des Wünschenden ist blindlings nicht so sehr im Hinblick auf den Gegenstand, denn dieser ist ja das Unbekannte, als im Hinblick darauf, ob er ihm näher komme oder ferner rücke – jetzt stutzt er, der Ausdruck der Verwunderung ist Anbetung. Und die Verwunderung ist ein doppeldeutiger Seelenzustand, der in sich die Furcht enthält und die Seligkeit. Die Anbetung ist daher zu gleicher Zeit gemischt aus Furcht und Seligkeit" (ibid.). Diese Textstelle vertieft, wie und warum trotz des ursprünglichen Charakters des Verhältnisses von einem Gottesverhältnis die Rede ist. Das Verhältnis ist von einem Aspekt geprägt, der in jedem, auch im christlichen Gottesverhältnis entscheidend ist, und das ist die Verwunderung, genauer die Zweideutigkeit, die in der Verwunderung liegt. Darin konstituiert sich das Verhältnis als ein erstes Gottesverhältnis. Doch die Tatsache, dass das Gottesverhältnis in der zweideutigen Verwunderung besteht, ist eigentlich auch der Grund dafür, dass das Verhältnis gebrochen werden muss. Ganz einfach deshalb, weil es ungeheuer anstrengend ist, sich in ein Verhältnis zu einer allmächtigen Macht gesetzt zu finden, ohne zu wissen, ob man sich ihr annähert oder sich von ihr entfernt. Die einzige Gewissheit ist die, dass das eigene Leben in der Gewalt dieser äußeren Macht liegt. Inwiefern man sich aber auf dem Weg der Erlösung oder der Verlorenheit befindet ist gänzlich unbekannt.[7]

---

[7] Wenn H. Ferguson im Hinblick auf die *Erbaulichen Reden 1843-44* über das Verhältnis des Wunsches schreibt: „The wish is the relation between the powerless and the powerful; it rests confidentely in the protection of a higher power" („Patience: The Critique of Pure Naïveté", S. 277), passt diese Ausführung nicht zu Kierkegaards Eigenschaften des Wunsches in der Beichtrede. Dass es um ein Verhältnis zwischen dem Machtlosen und dem Machtvollen geht, ist zwar ein wesentlicher Zug der Rede, aber im Gegensatz zu Fergusons Auslegungen ist es ganz entscheidend, dass der Wunsch ein Verhältnis ist, das gerade nicht im Stande ist, „vertrauensvoll" in der Fürsorge der höheren Macht zu ruhen. Wäre dem so, würde die ganze folgende Entwicklung in der Beichtrede niemals in Gang kommen, weil sie generiert wird durch die schwierige Zweideutigkeit der Verwunderung, die zur gleichen Zeit

3. Die Bewegungen des Gottesverhältnisses

Die nächste Stufe in der Entwicklung des Gottesverhältnisses besteht darin, dass der Wünschende ein Strebender wird. Der Unterschied ist folgender: „Sofern von dem Wünschenden angenommen wird, dass er selbst etwas dazu beitragen kann, das Gesuchte zu finden, ist er ein Strebender. [...] der Weg tritt dazwischen als eine Bestimmung" (*SKS* 5, 400; vgl. *DRG*, 124f.), d.h. der Mensch glaubt, selbst etwas tun zu können, um sich Gott zu nähern. Kierkegaard sagt, es sei „ein gebrochenes Verhältnis, ohne dass doch der Bruch irgendwie ein Durchbruch wäre" (ibid.). Der Unterschied ist denn auch ohne größere Bedeutung, weil das Resultat das gleiche ist: Gott bleibt unbestimmt und der Platz des Menschen im Verhältnis zu ihm ebenso. Seinem Ziel am nächsten kommt der Strebende im Finden der „trügerischen Spur eines ungeheuren Wesens, das da ist, wenn es vorüber ist, das ist und nicht ist; und dieses Wesen ist das Schicksal, und das Streben des Strebenden wie eine Irrfahrt" (*SKS* 5, 401; vgl. *DRG*, 126). Die Zweideutigkeit ist somit intakt – ebenso die Anstrengung –, und das Suchen kommt seinem Gegenstand nicht wirklich näher, der nun als Schicksal bezeichnet wird, das unendlich machtvoll das ganze Dasein des Menschen bestimmt, sich selbst aber vom Menschen nicht bestimmen lässt.

Der Suchende setzt deshalb sein Suchen fort auf einer letzten Stufe dieser stilisierten Skizze des ursprünglichen Gottesverhältnisses, nämlich als Klugheit. Mit Klugheit ist die Verhältnisbestimmung gemeint, in der „vom Suchenden angenommen wird, alles tun zu können, um das Gesuchte zu finden" (ibid.). Dann hat der Mensch sozusagen alle Bindungen abgeworfen und selbst seinen Gott unter den Bedingungen der Klugheit bestimmt und gefunden. Allerdings, sagt Kierkegaard: „dann ist der Zauber vorbei, die Verwunderung vergessen, es gibt nichts sich darüber zu verwundern" (ibid.). Das Gottesverhältnis der Klugheit findet sich also dort, wo das Verhältnis aufgelöst wird, d.h. es ist kein Gottesverhältnis mehr. Der Mensch ist erwachsen geworden und nun Herr im eignen Haus, ja er ist nicht nur erwachsen, sondern alt geworden: „Jeder ist einmal so gewesen an der Jahreswende der Jugend, als er eine Ewigkeit alt wurde; [...] jedem ist es einmal so gegangen beim Scheiden der Jugend, dass das Leben still stand und er umkam" (ibid.). Mit der Klugheit endet die Betrachtung der ersten Ebene, wobei sich das Verhältnis ganz einfach auflöst. Die Klugheit findet Gott, wirft aber die Verwunderung über Bord.

„Furcht und Seligkeit" ist und deshalb keine Ruhe findet. Gerade der ruhelose Mensch wird vorwärts getrieben zur Eindeutigkeit und Gewissheit, zur Ruhe.

Zwei Dinge sind im Blick auf die Klugheit, wie sie an der genannten Stelle beschrieben wurde, noch anzumerken. Erstens, dass Kierkegaard das Gottesverhältnis als ein ursprüngliches betrachtet und somit die Entwicklung „Wunsch" – „Streben" – „Klugheit" parallel sieht zur Entwicklung des Menschen vom Kind zum Erwachsenen. Erwachsenwerden bedeutet dann, das ursprüngliche Gottesverhältnis abzulegen, gegen den Besitz der Klugheit einzutauschen und damit das Gottesverhältnis aufzulösen. Zweitens, dass Klugheit nicht allein Erwachsenwerden bedeutet, sondern viel mehr als das: Es bedeutet umzukommen, wie es heißt. Die Ursprünglichkeit des Gottesverhältnisses und der allgemein-menschliche Charakter bedeuten damit auch, dass der Mensch, der ohne Gottesverhältnis ist, etwas entscheidendes verpasst hat. Indem das Verhältnis sich nämlich auflöst, wird der Mensch „eine Ewigkeit alt", das Leben „steht still" und er „kommt um". Wenn der Mensch sich durch die Klugheit zum eigenen Herren macht und das Leben in die eigene Hand nimmt, verliert er sein Leben im selben Augenblick. Anders ausgedrückt: Es geht um die Bewegung vom Unendlichen zum Endlichen. Gott war das unendlich Machtvolle, aber die Klugheit bietet kein Verhältnis zu etwas Unendlichem, ganz im Gegenteil, sie bedeutet Verendlichung des Menschen. In der Klugheit liegt das Handgreifliche und das zu Begreifende – kurz: das Zeitliche, Grund und Welt des Menschen. So gesehen ist die beschriebene Bewegung die Genese des Selbstbetrugs; und damit ist erneut gezeigt, dass der Mensch sich selbst in einer Illusion befindet, und ebenso nachhaltig muss betont werden, dass diese Illusion auf einer Verhältnisbestimmung beruht. Der Mensch findet sich selbst in ein Verhältnis zu einer unendlichen Macht gesetzt, aber dies ist ein schwer erträgliches Verhältnis, weshalb der Mensch sich im Laufe der Zeit selbst damit sichern will, dass die Welt endlich ist und es darüber hinaus nichts gibt.[8]

Das Wesentliche im Verhältnis zur Ursprünglichkeit und im Suchen nach Gott im Äußeren könnte in zwei Hauptpunkten angegeben werden: Erstens betont die Ursprünglichkeit, dass der Mensch ein geschaffenes Wesen ist, geschaffen von Gott und als solches von Gott bestimmt. Eine Vorstellung von Gott gibt sich deshalb unmittelbar zu erkennen, z. B. im Grund des Wunsches. Zweitens finden sich in dieser

---

[8] Was hinter dem Selbstbetrug steckt, ist teils so zu verstehen, dass das Menschliche tiefer liegt als die Menschlichkeit des Selbstbetrugs, teils ist der Selbstbetrug nicht eindeutig als Aufruhr zu verstehen; er hat auch einen Aspekt der Notwehr, einfach deshalb, weil das zweideutige Verhältnis für den Menschen so unerträglich ist (s. Kap. 4.1.3).

Vorstellung von Gott einige grundlegende Züge, die auch ein tieferes Gottesverhältnis sichtbar machen, wie Verwunderung und Zweideutigkeit. Sie durchdringen gewissermaßen das unreife Verhältnis und scheinen mitwirkende Faktoren in der Steigerung der Bewegung zu sein. Das Gottesverhältnis soll durchbrochen werden, um ein eigentliches Verhältnis zu werden, ja einfach um zu bestehen; gebrochen in der Art, dass das Essentielle, das schon gegeben ist, entscheidend zum Ausdruck gelangen kann. Dieser Bruch soll nun näher untersucht werden.

3.1.2. Das gebrochene Gottesverhältnis

Der Ausgangspunkt für das gebrochene Gottesverhältnis, in dem der Mensch Gott „kennen lernt" und ein Sünder wird (*SKS* 5, 396; vgl. *DRG,* 120), ist die Auflösung des ursprünglichen Gottesverhältnisses durch die Klugheit. Der Mensch muss also eingesehen haben, dass es keinen Gott, verstanden als höchstes Gut, gibt, nach dem der Mensch suchen und dessen Spuren er finden könnte. Das ursprüngliche Gottesverhältnis gleicht dem naiven Verständnis eines Kindes. Damit daraus aber ein eigentliches und haltbares Gottesverhältnis werden kann, muss jenes gebrochen werden; und das bedeutet für den Menschen (wie auch im Falle der Klugheit), dass der erste Gottesgedanke naiv und verkehrt war. Umgekehrt aber hatte sich gezeigt, dass die Erkenntnis der Klugheit nur die Endlichkeit des Lebens bedeutet. Der Kluge ist kein Mensch mehr, sofern er etwas Wesentliches, nämlich das Gottesverhältnis und damit die Verwunderung und die Zweideutigkeit, verloren hat. Die Welt der Klugheit ist die Welt der Zeitlichkeit, in der alles sicher, bekannt und trivial ist. Kierkegaard sieht in der Klugheit deshalb eine Verzweiflung, teils weil der Mensch sich in der Klugheit gegen sich selbst und gegen den Grund seines Geschaffenseins verschließt, teils weil er sich im „Blendwerk des Wissens" (*SKS* 5, 402; vgl. *DRG,* 127) selbst betrügt im Glauben daran, dass es „eine Ferne von aller Entscheidung gibt, in der man, ohne es sich träumen zu lassen, verloren geht" (ibid.). Wir stehen so gesehen vor der Schwierigkeit, dass die Klugheit einerseits notwendig erscheint, weil sie in ihrem Urteil völlig Recht hat, andererseits erweist sie sich als fatal, weil sie in demselben Urteil einen entscheidenden Fehler macht.

Diese Schwierigkeit muss natürlich im Lichte der zwei Ebenen jenes kritischen Bedenkens gesehen werden (s. Kap. 3.1), und aus dieser Perspektive hat die Klugheit eine positive Rolle als das, was das unmittelbare Gottesverhältnis zerstört. Damit wird die Klugheit Voraussetzung für das andere, das eigentliche Gottesverhältnis, aber in sich selbst ist sie weder ein haltbarer Zustand noch eine Lebensanschauung; im Gegenteil, sie ist Verzweiflung, ein Leben in der Einbildung über die Endlichkeit der Welt und des Lebens, und damit bleibt sie in Distanz zum Ernst der Entscheidung. Das stimmt überein mit dem Verständnis des ursprünglichen Gottesverhältnisses als einer unreifen Auffassung in der Kindheit, die mit dem Erwachsenwerden im Namen der Klugheit über Bord geworfen wird. Als solcher ist der kluge Mensch der gewöhnliche Mensch, dessen Maßstab die Zeitlichkeit ist, der im Ganzen gesehen sein Leben auf die Zeitlichkeit baut – weil es nichts anderes gibt.

Auf diese Weise fügt die Darstellung der Klugheit in der Beichtrede dem Menschenbild, von dem Kierkegaard schon in den erbaulichen Reden von 1843-44 ausgegangen war, einige Nuancen hinzu. Als erstes ist zu nennen, dass Kierkegaard in der Beichtrede den Zustand skizziert, der der Klugheit vorausgeht. Hinter der klugen Gewissheit darüber, dass am Leben nicht mehr dran ist als das, wonach es aussieht, steckt ein ursprüngliches Verständnis darüber, in ein Verhältnis zu etwas Unendlichem und Mächtigem – einer anderen Macht – gesetzt zu sein; ganz einfach dies, dass der Mensch nicht selbst die Macht des Daseins ist, sondern einer unendlich höheren Macht unterliegt. Als nächstes folgt eine Darstellung der Klugheit als teilweise positiver und in jedem Fall notwendiger Übergang, der das ursprüngliche und unreife Verhältnis zerstört.[9] Schließlich lässt sich feststellen, dass die Einbildung der Klugheit potentiell ein Leben lang bestehen kann. Mehr als andernorts kann der Mensch sich hier in jenem Selbstbetrug absichern, der „eine Ferne von aller Entscheidung" bedeutet (ibid.). Darin besteht für Kierkegaard das Risiko der Klugheit: Wird sie nicht von außen her angegriffen, kann sie potentiell weiter bestehen, gerade weil der Mensch sich in der Selbstdistanz abgesichert hat. Nichts im Dasein steht auf dem Spiel, außer dem, was man selbst aufs Spiel setzt. Dies bildet den doppelten Hintergrund, von dem Kierkegaard ausgeht (s. Kap. 1 u. 2): Erstens lebt der kluge Mensch in einem Selbstbetrug,

---

[9] In diesem Zusammenhang spricht Kierkegaard von der Klugheit als „Gedankenstrich der Verzweiflung" (*SKS* 5, 403 / *DRG,* 128), ein Bild, das den Charakter der Klugheit als Bruch mit dem Vorausgegangenen anzeigt. Die Klugheit ist der Gedankenstrich, der zwischen dem unreifen und dem eigentlichen Gottesverhältnis steht; eine Grenze, die nicht zweimal passiert werden kann, denn ein Wissen und eine Einsicht – ein Gedanke – ist dazwischengetreten. Das ist die positive und notwendige Rolle der Klugheit in der Bewegung des Gottesverhältnisses. Dass Kierkegaard sie „Gedankenstrich der Verzweiflung" nennt, unterstreicht umgekehrt aber auch, dass Klugheit in sich selbst negativ ist: Ihrer Funktion zum Trotz ist sie Verzweiflung.

und zweitens ist es ganz und gar entscheidend, dies aufzudecken, sofern es um die Erbauung des Menschen gehen soll.

In der Bewegung des Gottesverhältnisses, wie in der Beichtrede vorgelegt, ist das Wesentliche der Klugheit die Zerstörung des ursprünglichen Gottesverhältnisses durch die Aufhebung der Verwunderung und der Zweideutigkeit. Die Klugheit aber ist, wie bereits betont, nicht das Ziel, ganz im Gegenteil, sie verbindet zwei entscheidende Erkenntnisse: erstens die Unwahrheit des äußeren Gottesverhältnisses und zweitens die eigene Leere der Klugheit. Die zweite und spätere Erkenntnis von der eigenen Leere wird mit der Rückkehr der Verwunderung verknüpft, und darin liegt in einem tieferen Sinn auch die Rückkehr Gottes: „Also war die Verwunderung vorüber, es ist vorbei mit ihr; [...] aber Du, m. Z., Du weißt ja, dass die Rede gerade jetzt vor der Verwunderung steht" (*SKS* 5, 403; vgl. *DRG*, 128). Kierkegaard deutet damit die bevorstehende Umwälzung an, und er vertieft den Gedanken weiter wenn es heißt: „Aber Du, der du ja selbst in der Verwunderung bist, Du weißt ja, dass diese Verwunderung entstanden ist, als jene erste in der Verzweiflung aufgezehrt war. Aber wie fände sich denn auch ein würdigerer Gegenstand der Verwunderung, als wenn der in Wünschen und Streben Suchende, der in Verzweiflung Umkommende plötzlich entdeckt, dass er das Gesuchte hat, und das Unglück darin besteht, dass er stehen bleibt und es verliert!" (ibid.).

Die Verwunderung kehrt zurück, jedoch in anderer Form und in einer anderen Bewusstheit des Suchenden. Der Gegenstand ist nicht länger im Äußeren, ganz im Gegenteil, er ist im Menschen selbst – oder besser: Er ist im Menschen selbst gewesen, wenn er „stehen bleibt und [das Gesuchte] verliert". Dies, sagt Kierkegaard, „weckt die Verwunderung des ganzen Menschen" und bedeutet, „dass er *wirklich* verändert wird!" (*SKS* 5, 403 / *DRG*, 129). Die Rückkehr der Verwunderung wird mit Veränderung verknüpft, und im Verhältnis zu beiden unterstreicht Kierkegaard, wie durchgreifend und grundlegend dieser Vorgang ist. Es ist „die Verwunderung des ganzen Menschen", die geweckt wird und die den Menschen wirklich verändert – mit der Betonung auf *wirklich*. Verwunderung und Veränderung hängen also zusammen, und im Folgenden soll anhand von Kierkegaards Beschreibung der Veränderung gezeigt werden, in welcher Weise dies geschieht: „das Suchen bedeutet, dass der Suchende selbst verändert wird. Er soll nicht den Ort finden, an dem das Gesuchte ist, denn dieses ist nahe bei ihm, er soll nicht den Ort finden, wo Gott ist, er soll nicht dahin streben, denn Gott ist nahe bei ihm, ganz nahe, überall nahe, in jedem Augenblick allgegenwärtig, sondern er soll verändert werden, dass er selbst der Ort werden kann, wo Gott in Wahrheit ist" (*SKS* 5, 403f.; vgl. *DRG*, 129). Die Quelle der Verwunderung ist die Rückkehr des gesuchten Gegenstandes, jetzt als etwas, das im Menschen selbst ist, das er aber zu verlieren droht. Die Veränderung besteht darin, dass dem Menschen die Aufgabe gestellt wird, wieder der Ort für den Gegenstand zu werden.

Im gebrochenen Gottesverhältnis erweist sich die gesamte Anlage des bisherigen Suchens als verkehrt. Der Mensch, der sich Gott zu nähern glaubte, sieht jetzt, dass er sich stattdessen von Gott weg bewegt hat, genauer gesagt: Er hat sich von sich selbst weg bewegt. Die Einsicht besteht nämlich darin, dass Gott die ganze Zeit über da war. Näher als der Mensch sich selbst war Gott dem Menschen in seinem Grund; und so findet der Mensch Gott erneut, oder Gott zeigt sich dem Menschen aufs Neue, und zwar im Allernächsten. Darin liegt, anders gesagt, eine tiefere Einsicht in das Geschaffensein von Gott: Dass der Mensch selbst eine Anlage auf das Ewige hin hat und dass Gott als Schöpfer der Grund des Selbst ist, weshalb Gott zu finden bedeutet, sich selbst zu finden. Die Erkenntnis, Gott verloren zu haben, ist deshalb mit der Erkenntnis verbunden, sich selbst verloren zu haben. Die Aufgabe wird deshalb sein, Gott zu finden – sofern Gott aber schon im Grund des Selbst ist, muss die Aufgabe über einen Umweg führen, nämlich den, zu sich selbst zurück zu finden. Der Mensch soll sich verändern, denn er hat sich schon von sich selbst weg verändert; er soll wieder der Ort werden, „wo Gott in Wahrheit ist". So kehrt nicht nur die Verwunderung zurück, sie kehrt als zweideutige zurück, als Zweideutigkeit der Gegenwart Gottes: Als die furchtbare Gegenwart, dass selbst in der Ablösung des Menschen von Gott, Gott zur Stelle ist und der Mensch in keiner Weise Gott entkommen kann. Darin besteht Gottes selige Gegenwart, in welcher der Mensch Gott immer unendlich nahe ist, so weit sich der Mensch auch entfernen mag und ungeachtet der Verirrungen, in die er sich bringt. Beides, die furchtbare und die selige Gegenwart, ist im zurückgekehrten Gottesverhältnis gegenwärtig – genau die Aspekte, die auch das ursprüngliche Gottesverhältnis bestimmt haben, die Verwunderung in der Zweideutigkeit.

Das alles ist jedoch nicht dauerhaft, denn der Bruch ist nicht ohne weiteres zu heilen. „Der Suchende sollte verändert werden, ach, und er war verändert – derart geht es zurück. Und die Veränderung, in welcher er sich befindet, nennen wir Sünde" (*SKS* 5, 406; vgl. *DRG*, 132), schreibt Kierkegaard und deutet damit an, wo das Problem liegt. Der Mensch hat sich in seinem verkehrt angelegten Suchen von Gott wegbewegt.

3. Die Bewegungen des Gottesverhältnisses

Der Suchende hat Gott im Äußeren gesucht, sieht jetzt aber ein, dass Gott als Schöpfer des Menschen die ganze Zeit über da war, nämlich als sein Grund. Deswegen lautet die Aufgabe, zurück zu finden, wieder nach Hause zu finden. Das Problem ist bloß, dass es sich nicht machen lässt, denn der Mensch ist in der Wendung nach außen von sich selbst abgekommen. Er ist nicht länger dort, wo Gott ist, und was schlimmer ist: Er kann nicht selbst zurückfinden, denn je mehr er es versucht, umso mehr wird ihm klar, dass er ein anderer geworden ist – nämlich ein Sünder.[10] Der Bruch wechselt somit seinen Charakter und wird zum Durchbruch,[11] mit Kierkegaards eigenen Worten: „O, jetzt gibt es keine Verwunderung, keine Zweideutigkeit! Der Zustand der Seele, wenn sie dies erfasst, ist Furcht und Zittern im Schuldigen, ist Leidenschaft in der Sorge nach Erinnerung, ist Liebe in der Reue über das Verlorene" (*SKS* 5, 407; vgl. *DRG*, 132). Die Veränderung im Verhältnis ist darin zu sehen, dass dessen konstituierende Aspekte wiederum verloren gehen: die Verwunderung und damit auch die Zweideutigkeit. Das Verhältnis aber bleibt bestehen, kraft dessen sich der Mensch im Gegenüber zu Gott versteht. Aber dies ist ein Missverhältnis, weil der Mensch ein Sünder wird. Das Verhältnis ist deshalb nicht länger Furcht und Seligkeit, sondern ein Missverhältnis, nämlich Furcht und Zittern, Sorge und Reue.

Wie schon in jenem kritischen Bedenken gezeigt, sind zum „Sünder werden" und „Gott kennen zu lernen" mit einander verbunden, und das bedeutet offenbar, dass alles verloren ist; aber es bedeutet auch

---

[10] Hier könnte der Einwand erhoben werden – nicht zuletzt aus Climacus' Sicht –, die Rede spreche sozusagen von sich selbst, wenn sie über Sünde als Sünde spricht. Deshalb kann der Terminus Sünde als ein Ausdruck erbaulicher Terminologie gelesen werden, der aus der biblischen Sprache übernommen wurde. Ebenso wie das Selbst in der erbaulichen Terminologie zur Seele wird, könnte man sagen, ist Sünde die erbauliche Terminologie für das, was bei Climacus mit „Schuld" bezeichnet wird. Wir werden später Gelegenheit haben, näher auf die Religionstheorie des Climacus im Blick auf die spezifische Religiosität einzugehen, wie sie in den erbaulichen Schriften in Gang kommt. Es ist jedoch jetzt schon anzumerken, dass Kierkegaard Sünde hier auf eine andere Art definiert und sie vom Begriff der Schuld entfernt, wenn Sünde nicht mit einer besonderen Handlung verbunden wird. Kierkegaard sagt, der Mensch soll „vor Gott begreifen, dass die Sünde in sich einen Zusammenhang hat" (*SKS* 5, 411 / *DRG*, 137). Es geht nicht um das Betrachten jeder Handlung, jedes Zeitraums nach dem Maßstab der Unendlichkeit, wie die Schuld bei Climacus aufgefasst wird, sondern darum, sich selbst gegenüber wesentlich ein anderer zu werden.

[11] Hier ist an den Unterschied in der Veränderung vom Wunsch zum Streben zu erinnern. Zuvor sprach Kierkegaard von einem „gebrochenen Verhältnis", ohne dass der Bruch ein „Durchbruch" wird (*SKS* 5, 400 / *DRG*, 124f.).

den Bruch des Gottesverhältnisses und damit die Entstehung eines anderen Verhältnisses. Wir befinden uns nicht mehr auf der ersten Ebene des kritischen Bedenkens, sondern auf der zweiten. So wie die Klugheit eine Doppelheit enthält, so ist es auch mit der Sünde. Einerseits ist es vorbei mit dem Gottesverhältnis des Menschen, in dem Sinne, dass alles verloren ist, andererseits aber sagt Kierkegaard: „So steht die Rede jetzt am Anfang" (*SKS* 5, 408; vgl. *DRG,* 134).

Das Verhältnis ist also gerade nicht endgültig aufgelöst, sondern es steht ganz im Gegenteil vor seinem Beginn. Kierkegaard fährt fort: „Sorge steht daher am Anfang [...]. Je tiefer die Sorge ist, desto mehr fühlt sich der Mensch als ein Nichts, als weniger als nichts, und dies ist eben so, weil der Sorgende der Suchende ist, der damit beginnt, Gott kennen zu lernen" (ibid.). Das Verhältnis kann demnach durch die Sorge charakterisiert werden, selbstverständlich die Sorge über Sünde und Schuld vor Gott. Aber, sagt Kierkegaard, eine solche Sorge ist der eigentliche Anfang, weil der Sorgende „damit beginnt, Gott kennen zu lernen". Oder schärfer formuliert: Nur als Sorgender kann der Mensch richtig verstanden ein Suchender werden, denn nur durch das klare Erkennen der Schuld kann der Mensch allmählich Gott klarer sehen. Der letzte Aspekt, Gott klarer zu sehen, ist jedoch nicht das, was die Beichtrede betonen will. Wie schon im ersten Abschnitt dieses Kapitels gezeigt, ist der Anlass der Beichtrede auf das Sündenbekenntnis begrenzt, darauf, ein Sünder zu werden. Was danach folgt, liegt nicht mehr im Rahmen dieser Rede.

3.2. „Anlässlich einer Trauung"

Wie der Titel sagt, ist die Gelegenheit dieser zweiten Rede eine Trauung. Sie ist wie die erste Rede so aufgebaut, dass eine Dramatisierung des Anlasses die Traurede einleitet. Kierkegaard lässt sie genau dort einsetzen, wo das Präludium der Kirchenorgel aufhört und Braut und Bräutigam bereit, sind sich trauen zu lassen: „nun soll geredet werden! [...] und es soll geredet werden mit Bestimmtheit" (*SKS* 5, 419 / *DRG,* 147), nämlich über den Bund, der eingegangen werden soll und der „der Beginn der Ewigkeit in der Zeit" ist (*SKS* 5, 420; vgl. *DRG,* 148). Mit diesem Anlass vor Augen gibt Kierkegaard als Thema der Rede an, „dass Liebe alles überwindet, betrachtet als der Entschluss der Ehe" (*SKS* 5, 422 / *DRG,* 150). Damit sind die drei zentralen Themen der Rede beim Namen genannt: Bund, Liebe und Entschluss.

3.2.1. Beichte und Trauung

Ehe wir uns in diese Rede vertiefen, soll zunächst ihre Verbindung mit der vorhergehenden Beichtrede deutlich werden. Wird die Traurede im Licht der Beichtrede gelesen, so steht im Hintergrund, dass der Mensch ein Sünder ist und auch nicht anders kann; er kann nicht zu dem zurückfinden, der er einmal war, bevor er ein Sünder wurde. Das Gottesverhältnis, in dem der Mensch sich selbst vorfand, ist zum Missverhältnis geworden. Dass die Beichtrede den Hintergrund für die Traurede bildet, lässt sich auch direkt zeigen, beispielsweise da, wo Kierkegaard erwägt, ob es nicht „ein schöner Brauch" wäre, „wenn die Brautleute, ehe sie zum Haus des Festmahls gehen, zum Trauerhaus gingen, das heißt, zu der ernsten Betrachtung, aus der man nicht den Brautschleier holt, sondern den Entschluss" (*SKS* 5, 428; vgl. *DRG,* 157). Der Entschluss liegt nämlich weiter zurück als die Trauung. Man könnte sagen, dass die Trauung den Bund beschließt, über den der einzelne Mensch selbst einen Entschluss getroffen hat. Hier liegt eine wesentliche Verbindung zwischen den beiden Reden: Die Beichtrede wäre das „Trauerhaus", aus dem das Brautpaar, jeder und jede für sich, herkommt, bevor sie vor den Altar treten, um sich trauen zu lassen.[12]

Die Beichtrede zeigt, wie der Entschluss entsteht. Sie beschäftigt sich mit dem Anfang des Entschlusses und der dazu gehörenden Schwierigkeit. Ziel der Rede ist zu beschreiben, wie es überhaupt zu einem Anfang kommt. Die Traurede betont zwar auch diesen Anfang, jedoch aus einer etwas anderen, späteren Perspektive, weshalb auch das Schlüsselwort jetzt nicht mehr Sorge, sondern Danksagung ist. Auf die Bedeutung dieser Änderung kommen wir später zurück; zunächst ist zu unterstreichen, dass es beiden Reden um diesen Anfang geht: In der Beichtrede durch das Sündenbewusstsein, in der Traurede durch die eher unpräzise Rede davon, dass „das Leben der Freiheit einen Anfang fordert, und ein Anfang ist hier ein Entschluss, und ein Entschluss macht Mühe und Schmerzen, der Anfang hat somit seine

---

[12] Es gibt also eine Entwicklungslinie von der Beichte zur Trauung, während wir später erst die eigentliche Verbindung zwischen Beichte und Abendmahl besprechen werden (s. III.2). Schon hier ist aber festzuhalten, dass die Traurede die Abendmahlsrede sozusagen vertritt, auf die die Beichtrede durch ihren Anlass eigentlich schon verweist. Dass die Abendmahlsrede in den drei Gelegenheitsreden noch nicht auf die Beichtrede folgen kann, hängt damit zusammen, dass Kierkegaard noch nicht direkt von Christus als Erlöser und Versöhner sprechen möchte. Deshalb hat die Trauung hier eine stellvertretende Funktion, denn der Bund zwischen den Menschen und Gott steht analog zum Bund am Altar beim Abendmahl.

Schwierigkeit" (*SKS* 5, 423; vgl. *DRG*, 151). Die Beichtrede bewegt sich auf dem Gebiet der Schmerzen und der Schwierigkeit des Anfangs, während die Traurede dafür steht, den Entschluss des Anfangs mit dem heiligen Bund zu besiegeln und damit zu vollziehen, was in der Beichtrede gut begonnen wurde. Das bedeutet weiterhin, dass das Sündenbewusstsein, zu dem die Beichtrede gelangt war, in der Rede zur Trauung mitgenommen und bewahrt wird (trotz des festlichen und freudigen Anlasses). In diesem Sinne sagt Kierkegaard: „Die Trauung legt alles unter die Sünde, und der Bevollmächtigte macht damit Ernst mit dem Einzelnen und legt jede und jeden, die durch ihn verpflichtet werden, unter die Sünde" (*SKS* 5, 432; vgl. *DRG*, 162). Der Bund der Trauung macht sich somit keine Illusionen darüber, ob die Liebe alles überwinden kann durch menschliche Größe oder durch die besondere oder schicksalhafte Zusammengehörigkeit genau dieser beiden Menschen. Selbstbetrug ist hier ausgeschlossen, denn der Mensch weiß nun, dass er Sünder ist, und genau deshalb soll darum gekämpft werden, dass die Liebe alles überwindet und das Leben in Freiheit gewinnen soll (*SKS* 5, 423; vgl. *DRG*, 152).[13] Deswegen soll die Liebe einen Bund mit der Pflicht schließen, ebenso wie der Mensch einen Bund mit Gott – denn allein gelassen scheitern sowohl die Liebe als auch der Mensch.

3.2.2. Der Entschluss: „so wird das Ende wohl wie der Anfang"

Kierkegaard schließt die Rede zur Trauung mit einem kurzen Ausklang, in dem er zusammenfasst, worin der Entschluss besteht: Es gibt „einen Entschluss, der allen gemeinsam ist oder es sein kann: dass Liebe alles überwindet" (*SKS* 5, 440; vgl. *DRG*, 172); und er folgert daraus: „so wird das Ende wohl wie der Anfang sein, dass die Liebe alles überwunden hat" (ibid.). Der Entschluss besteht also darin, dass Liebe alles überwindet, was gleichgesetzt wird damit, dass Liebe schon alles überwunden hat. Darauf ist zurückzukommen; zunächst aber zu der Frage, wie in der Traurede diese Auffassung zustande kommt.

---

[13] Hier ist das angesprochen, was in *Die Taten der Liebe* Selbstverneinung heißt: Der Mensch verneint sein sündiges Selbst in der Übernahme des ewigen Selbst der Liebe. Insofern liegt hier eine Parallele zur Selbstvernichtung, bloß auf tieferer Ebene: nicht mehr Selbstvernichtung vor der Welt, auch nicht Selbstvernichtung vor der Schuld (s. II.1), sondern Selbstverneinung vor der Sünde. So gesehen setzt Kierkegaard hier mehr voraus, als er ausdrücklich zu erkennen gibt: Bedingung der Selbstverneinung ist die Offenbarung.

3. Die Bewegungen des Gottesverhältnisses

Der Inhalt des Entschlusses, dass Liebe alles überwindet, hat seinen Grund in der Basisbehauptung des Christentums, dass Gott den Menschen liebt und ihn in Liebe und zur Liebe erlöst. Doch anstatt von der offenbarten Erlösung zu sprechen, weist Kierkegaard auf eine in der Schöpfung gegebene Liebe hin – die im Augenblick, da sie auftritt, immer schon da war – und verbindet diese Liebe mit Freiheit und Pflicht. Es geht hier um ein besonderes Verhältnis zwischen Liebe und Freiheit, das genauer bestimmt werden muss, um den Charakter des Entschlusses zu verstehen. Kierkegaard gibt dazu folgenden Hinweis: „Die Liebe" ist „älter als Alles [...]; denn indem sie ist, ist es, als wäre sie lange schon gewesen, sie setzt sich selbst voraus und zurück in das Ferne, bis alles Forschen bei dem unerklärlichen Ursprung endet. Während man sonst von allem Anfang sagt, dass er schwer sei, so gilt dies nicht von der Liebe. [...] Aber das Leben der Freiheit fordert einen Anfang, und ein Anfang ist hier ein Entschluss, und ein Entschluss macht Mühe und Schmerzen, der Anfang hat somit seine Schwierigkeit" (*SKS* 5, 423; vgl. *DRG*, 151). Von der Liebe gilt mit anderen Worten, dass es sie gibt. Denn wenn es die Liebe gibt, ist sie von der Art, dass sie immer schon da war. Die Liebe wird beschrieben als etwas, das außerhalb dessen entsteht, was der Mensch begreift und weiß; ihr Entstehen ist ein Geheimnis, und es ist unmöglich, sie bis zu einem Anfang zurück zu verfolgen, von dem man sagen könnte: Hier ist die Liebe entstanden. Weil der Mensch in und zur Liebe geschaffen ist, ist sie zu groß, als dass er sie jemals begreifen und umfassen könnte. Wenn sie sich zeigt, zeigt sie sich als etwas, das schon besteht. Liebe, der Inhalt des Entschlusses, wird also verbunden mit dem Gedanken über den schöpferischen Grund.[14]

Die Freiheit hingegen „fordert einen Anfang, und ein Anfang ist ein Entschluss". Die Freiheit setzt mit anderen Worten voraus, dass der Mensch den Entschluss zur Freiheit fasst, dass er frei sein will. Aber indem wir uns erinnern, dass der Entschluss vom Inhalt her mit den Worten „die Liebe überwindet alles" bestimmt werden kann, zeigt sich die Freiheit eng mit der Liebe verbunden: Einerseits wird

---

[14] Im Bild von Anna, das wir in der Diskussion des Begriffs der Erwartung herangezogen hatten, war bereits die Rede davon, dass die Liebe sich in einer so unendlichen Größe zeigt, dass ein Mensch sie nicht begreifen kann. Der frühe Tod ihres Mannes war der Inbegriff der Enttäuschung ihrer zeitlichen Erwartung, aber damit war die Verwandlung der Liebe genau der Wendepunkt von der an einen zeitlichen Gegenstand und die Erwartung gebundenen Liebe zu der Erkenntnis, dass die Liebe auch im Tode fortdauert, weil sie unendlich und die ewige Liebe der Grund des Menschen ist.

ein Unterschied zwischen Liebe und Freiheit sichtbar, andererseits ein untrennbarer Zusammenhang. Der Unterschied besteht darin, dass nur die Liebe sich selbst voraussetzt, während die Freiheit einen Anfang fordert. Die Gleichheit besteht darin, dass Freiheit und Liebe in ein untrennbares Verhältnis gesetzt werden: Liebe ist Freiheit und Freiheit ist Liebe. Die Liebe ist Freiheit in dem Sinne, dass die Liebe das eigentliche Element des Menschen ist, das, wozu er geschaffen ist; und Freiheit ist Liebe in dem Sinne, dass ein Leben in Liebe in Übereinstimmung steht mit den Grundbedingungen des Menschen. In der Liebe zu sein bedeutet, ein Selbst zu sein – und damit frei zu sein.

Dass der Vollzug der Liebe Ausdruck von Freiheit ist, folgt also aus Grund und Bestimmung des Menschen. In der Liebe erfüllt der Mensch seine Bestimmung, zu der er geschaffen ist. Die Freiheit aber – als Praxis der Liebe – verlangt eine Wahl, sie verlangt vom Menschen zu erkennen und zu wollen, dass die Liebe der Grund ist, und in dieser Erkenntnis verpflichtet er sich auf die Liebe. Auf eine Formel gebracht könnte man deshalb sagen, Freiheit ist Liebe als Pflicht, denn nur in der konsequenten Verpflichtung des Entschlusses kann die Liebe alles überwinden.[15] Wir können mit anderen Worten eine charakteristische Doppelheit erkennen, die darin liegt, dass der Mensch das Wesentliche als bereits Gegebenes und als gänzlich außerhalb seines Begreifens vorfindet – aber auf eine solche Weise gegeben, dass der Mensch es selbst übernehmen soll. Dieselbe Doppelheit war schon ein grundlegender Aspekt im Verhältnis zur Erwartung und Geduld, was z.B. zum Ausdruck kommt in der Doppelheit des „die Seele erwerben" und sich selbst gegenwärtig zu werden. Hier hieß es, der Mensch müsse sich dafür entscheiden, dass die Liebe der Grund ist, der alles überwindet. Darin liegt die fundamentale Spannung des Menschseins, wie sich im Folgenden weiter zeigen wird.

Zwei Fragen können gestellt werden: Erstens, was zu überwinden ist, und zweitens, wie der Entschluss gefasst werden soll, d.h. konkreter: Was dazu gehört, einen Entschluss zu fassen. Im ersten Fall gibt es – aus dem Zusammenhang der beiden Reden – eine einfache Antwort: Dass die Liebe die Sünde überwindet. Darauf werden wir zurückkommen. Was das Zweite betrifft kann direkter gefragt werden: Was hindert den Menschen daran, den Entschluss zu fassen, wenn

---

[15] Der gleiche Gedanke wird in *Die Taten der Liebe* weiter vertieft, und die Pflicht wird ins Zentrum gestellt, z.B. in der Rede „Du *sollst* lieben" (Erste Folge II.A) sowie in Rede IV und V derselben Folge: „Unsere Pflicht, die Menschen zu lieben, welche wir sehen" und „Unsere Pflicht, in der Schuld der Liebe gegeneinander zu bleiben").

dieser als ein Entschluss der Freiheit beschrieben wird? In der Beichtrede war die Klugheit dadurch gekennzeichnet, dass der Mensch sich durch Distanznahme absichert. Er bildet sich ein, der Entscheidung entgehen zu können. Auf dem Hintergrund der Traurede wird dies nun ausführlicher beschrieben. Das Zentrale scheint zu sein, dass der Mensch die richtigen Vorstellungen haben oder sich machen muss. Kierkegaard nennt jedenfalls drei Voraussetzungen, die alle mit den Vorstellungen des Menschen zu tun haben: Erstens, dass „derjenige ja nicht entschlossen ist, der von der Gefahr nichts weiß" (*SKS* 5, 425; vgl. *DRG,* 154), und diese Gefahr scheint zuallererst die Zeit zu sein. In der Traurede besteht sie darin, dass sie den Entschluss eines Menschen durch Abstumpfen verhindern kann: „Ach, die Zeit kommt und die Zeit geht, sie nimmt nach und nach; so nimmt sie dem Menschen ein Gut, dessen Verlust er doch spürt, und sein Schmerz ist groß, ach, und er entdeckt nicht, dass sie ihm schon lange zuvor das Wichtigste genommen hat: Die Fähigkeit, einen Entschluss zu fassen, dass sie ihn so vertraut mit diesem Zustand gemacht hat, dass es kein Entsetzen darüber gibt, das Letzte, was helfen könnte, neue Kraft zu erneutem Entschluss zu gewinnen" (*SKS* 5, 424; vgl. *DRG,* 152). Der Charakter der Zeit wird hier als wechselhaft beschrieben. Sie kommt und geht, und ihr wechselndes Kommen und Gehen kann auf den Menschen einschläfernd wirken. Abstumpfend und einschläfernd ist es, wenn der Mensch sich in der Illusion wiegt, es sei noch genügend Zeit.[16] Deshalb ist die Entscheidung vielleicht doch im Bewusstsein des Menschen zugegen – aber sie kann warten, denn auch morgen ist noch ein Tag. Auf diese Weise nimmt die Zeit dem Menschen ganz unbemerkt das unbedingt Entscheidende, nämlich die Fähigkeit, einen Entschluss zu fassen; denn der Entschluss ist das, womit der Mensch sich gegen die Macht der Zeit schützen sollte.[17] Wenn der Mensch die

---

[16] Dies war genau eine der beiden Vorstellungen, die wir bereits im Vorhergehenden dem Selbstbetrug der Zeitlichkeit zugrunde gelegt hatten.

[17] In seinem Artikel „Mennesket mellem oprindelighed og bestemmelse" [Der Mensch zwischen Ursprünglichkeit und Bestimmung] geht S. Bruun auf diese Frage ein. Der Mensch verhindert die Entscheidung, indem er die Zeit in die Länge zieht, indem er „etwas Unbestimmbares zum Gegenstand der Entscheidung machen will" (S. 159), wodurch er sich selbst auf Distanz zur Entscheidung hält. Das Gleiche stellt auch Anti-Climacus in *Die Krankheit zum Tode* fest, wenn er sagt: „das Gute muss sogleich getan werden, [...] aber das Niedere hat seine Stärke im Hinziehen" (*SKS* 11, 207 / *KT,* 94). Anti-Climacus äußert sich ferner zu dem Hintergrund (der auch Thema des Artikels von S. Bruun ist), dass nämlich die Sünde eher im Willen als in der Erkenntnis liegt. Wir haben schon in Kap. 2 festgestellt, dass nicht in der Erkenntnis die eigentliche Schwierigkeit liegt, sondern in der lebendigen Ausführung

"Gefahr" kennen muss, bedeutet das, er muss verstehen, dass die Zeit zum Entschluss drängt; denn mit der Zeit stumpft der Wille ab, den Beschluss noch zu treffen. Die Zeit kann die Liebe im Menschen wohl nicht eliminieren, aber sie kann den Menschen an die verzweifelte Klugheit ausliefern, die nie mehr zu einem Entschluss kommt und die das Leben der Freiheit zugrunde gehen lässt.

Die Rede hat auch eine Botschaft zu überbringen, nämlich dem Menschen zu zeigen, wie er die Gefahr der Zeit erkennen kann. Zu Beginn des Abschnittes haben wir die Aussagen "die Liebe überwindet alles" und "die Liebe hat alles überwunden" gleichgestellt. In Verbindung mit der Gefahr der Zeit setzt Kierkegaard hier jedoch einen scharfen Trennungsstrich im Blick darauf, von welcher Seite dies jeweils gesprochen wird. Erinnern wir uns, dass "die Liebe hat alles überwunden" gesagt wurde über das Ende, das gleich dem Anfang sei, nämlich "dass Liebe alles überwindet". Allerdings, sagt Kierkegaard und trennt damit die Perspektiven, kann der Mensch nie zu dem Punkt gelangen, von dem aus er im Stande wäre zu sagen: "die Liebe hat alles überwunden". Faktisch ist schon die Vorstellung, einen solchen Punkt zu erreichen, in sich selbst riskant. Denn statt den Menschen in der Vorstellung festzuhalten, dass die Liebe alles überwindet, wird der Mensch darin festgehalten zu glauben, der Entschluss dauere an und höre nie auf. Doch der Entschluss handelt nicht davon, "die ganze Welt verändern zu wollen" (*SKS* 5, 426; vgl. *DRG*, 155), sondern davon, "dass man es selbst ist, der sich verändern muss" (ibid.); auch nicht davon, "jugendlich streiten zu wollen, [wo] gelitten werden soll" (ibid.), noch davon "in leichtem Flug die ganze Welt zu umrunden, sondern [davon], eine Windstille auszuhalten, in der die Begeisterung ausatmen will" (*SKS* 5, 427; vgl. *DRG*, 156). Der Entschluss hat in diesem Sinne nichts mit großen Leistungen und echtem Streit zu tun, sondern ist eher ein lebenslanger Kampf um Ausdauer, in dem "es gilt, die Ohnmacht zu spüren und dennoch die Begeisterung nicht aufzugeben, zu hoffen gegen die Hoffnung" (ibid.). Es kommt also darauf an, sich selbst an den Grundfesten der Ewigkeit festzuhalten, trotz der Versuchung der Zeitlichkeit.[18]

---

des Erkannten, denn dazu braucht es den Willen. Hier wird ein Zuspätkommen fatal. Mit dem Vergehen der Zeit verdunkelt der Mensch die Erkenntnis, so dass sie nach und nach mit dem Willen überein zu stimmen scheint. Mit anderen Worten: Der Mensch kennt das Gute, aber indem er die Zeit hinauszieht, lässt sich das Gute immer mehr von verschiedenen Seiten betrachten, und mit der Zeit relativiert sich für den Menschen das Gute, und der Wille der Sünde hat am Ende gesiegt.

[18] Der Entschluss, dass Liebe alles überwindet, steht somit auch in Relation zur Zeitlichkeit, auf die wir in Kap. 1 bereits eingegangen sind. Der fortdauernde Entschluss,

3. Die Bewegungen des Gottesverhältnisses

Die zweite Voraussetzung zeigt sich, wenn Kierkegaard sagt, „die erste Bedingung für einen Entschluss ist, dass man eine *wirkliche Vorstellung vom Leben und von sich selbst* hat, das heißt haben *will*" (ibid.), während die dritte Voraussetzung dazu parallel steht: „jedoch ist hierin bereits die andere große Forderung enthalten, die gewissermaßen wie die erste ist: *eine wirkliche Vorstellung von Gott*. Das Eine entspricht durchaus dem Anderen" (*SKS* 5, 437; vgl. *DRG*, 167). Alle drei Voraussetzungen haben demnach mit einer richtigen Vorstellung darüber zu tun, wie der Mensch sein Verhältnis zu sich selbst, zur Welt und zu Gott sieht. In diesem Sinne kann man fast bildlich einen Verständnisrahmen für den Entschluss zeichnen. Der Mensch, der sich die richtigen Vorstellungen macht, hat etwas Bestimmtes, das Vorgestellte, vor Augen, durch das hindurch er alles andere sehen will. Allgemein gesprochen ist dieses Vorgestellte die Liebe, die alles überwindet; und das bedeutet, dass der Mensch, trifft er auf das – zeitlich gesehen – anscheinend Hoffnungslose, sich bereits entschlossen hat, es im Glanz der alles überwindenden Liebe zu sehen. Auf diese Weise sieht der Mensch das in gewissem Sinne Hoffnungslose, aber er sieht es bereits so vor sich, dass die Liebe alles überwindet – auch diese anscheinend hoffnungslose Situation; oder mit Kierkegaards Worten: Er hofft gegen die Hoffnung.

Dieses Konzept einer richtigen Vorstellung könnte lebensfern und illusionär erscheinen; als zwangsoptimistisches und albernes Leugnen der schweren Seiten des Lebens durch eine Art ‚mind-control'. Zu bedenken ist hier aber der Hintergrund und Zusammenhang der beiden Reden, d.h. das Sündenbewusstsein als Voraussetzung für die richtige Vorstellung, dass die Liebe alles überwindet. Das zeigt sich an verschiedenen Stellen der Traurede, teils wenn Kierkegaard davon spricht, „die Trauung legt alles unter die Sünde, [...] und legt jede und jeden, der durch ihn [sc. den Bevollmächtigten] verpflichtet wird, unter die Sünde" (*SKS* 5, 432; vgl. *DRG*, 162), teils wenn er über den Entschluss zusammenfassend sagt, er sei „ein Misstrauen gegen sich selbst, das schon von weitem über die Gefahr Bescheid weiß" (*SKS* 5, 427; vgl. *DRG*, 156). Darauf, dass „die Trauung alles

---

in dem der Mensch nie zu dem Punkt gelangen kann, von dem aus er sagen könnte, dass „die Liebe alles überwunden hat", bedeutet in der Perspektive der Zeit, dass es für den Menschen zukünftig immer Raum gibt. Für den Entschluss gibt es immer ein Zukünftiges, und auf diese Weise kommt auch hier der Aspekt der Erwartung zum Ausdruck. Nur in der geduldigen Erwartung wird der Entschluss bewahrt, was in der Beschreibung des Entschlusses als Ohnmacht und Kampf um Ausdauer erscheint.

unter die Sünde legt", waren wir schon eingegangen. Es besagt, dass der Mensch im Bund der Ehe sich nicht auf seine Vorstellung von glücklicher Fügung oder einzigartiger Liebe verlassen darf, sondern stattdessen um Gottes Gnade und Liebe bitten und daran glauben muss. Und wenn Kierkegaard betont, dass dieses „Misstrauen zu sich selbst" entscheidend ist, so unterstreicht dies die Neigung des Sünders, selbständig etwas zu wollen – die Neigung, die wir in allem zuvor Gesagten als Selbstbetrug vor Augen hatten und gegen die der Mensch sich durch ein Selbst-Misstrauen wehren muss.[19] Das zeigt wiederum die Doppelheit, die zum Entschluss gehört: Dass der Mensch den Anfang machen, d.h. den Entschluss fassen soll, dazu aber als Sünder eigentlich nicht im Stande ist. Mit anderen Worten: Der Entschluss dient auch zur Überwindung der Sünde, und gerade dazu ist der Mensch gänzlich außerstande. Dass es trotzdem möglich ist, hängt mit der Verkettung von Entschluss und Liebe, Freiheit und Pflicht zusammen, die so weitreichend ist, dass sie genau genommen ganz außerhalb der Begriffs- und Verstehensmöglichkeit des Menschen liegt, weshalb der Entschluss in einem Bund besiegelt werden muss.

3.2.3. Der Bund: „welch ein Verhältnis in diesem Missverhältnis"

Der Vollzug des Entschlusses in einem Bund besagt Folgendes: Zuallererst, dass ein Partner mit einbezogen wird, der dazu gehört, wenn ein Mensch einen Bund schließt. Darin liegen zwei Aspekte: Der Entschluss ist nichts, was der Mensch nur mit sich selbst ausmacht, und ein Bund muss besiegelt werden. Der Entschluss ist also keine innere Angelegenheit, und um den Entschluss zu besiegeln, ist außer dem Menschen etwas anderes nötig, um dem Bund seine ewige Bedeutung zu verleihen.[20] Beides hängt damit zusammen, dass der Mensch allein

---

[19] Dass der Mensch Misstrauen gegen sich selbst hegen kann, unterstreicht die Radikalität des Problems. Wir haben dies im Bezug auf den Willen schon einmal berührt: Der Mensch kennt aus sich selbst heraus wohl auch das Gute, er will aber etwas anderes; und deshalb hält Kierkegaard den Menschen in seinem Selbst-Misstrauen fest, um ihm dadurch jenes Gute bewahren zu können.

[20] Der Rahmen der Rede, die Trauung, veranschaulicht das Verhältnis, in dem zwei Menschen einen Bund über etwas bereits Gegebenes, die Liebe, schließen. Der Bund jedoch kann nur durch einen Dritten besiegelt werden, durch Gott. Auf einer tieferen Ebene, wo der Bund zwischen dem Menschen und Gott besiegelt wird, gehört auch ein Drittes dazu (auch dies liegt außerhalb der menschlichen Kraft) – und das ist ebenfalls Gott. Sofern ein Bund einen Dritten braucht, kann noch einmal eine Art vorausgesetzte oder implizite Offenbarung gefordert werden. Um einen Bund mit Gott zu schließen, ist demnach eine Differenzierung in Gott nötig, wodurch

nicht im Stande ist, einen derartigen Entschluss zu fassen – und schon gar nicht, ihn in seinem Leben zu verwirklichen. Der Bund hat nicht nur mit dem Menschen selbst zu tun, sondern es geht auch um das Gottesverhältnis, das von solchem Gewicht ist, dass es sich vom Menschen nicht beherrschen lässt. Im Gegenteil, der Mensch ist als Geschöpf unendlich abhängig von seinem Schöpfer, und das Verhältnis ist so eng angelegt, dass ein Abwenden von Gott bedeutet, ein anderer zu werden. Der Mensch kann deswegen keinen Entschluss über dieses Verhältnis fassen, weil Gott unendlich größer ist als der Mensch; und er kann gerade jetzt keinen Entschluss fassen, weil er ein Sünder geworden ist. Als Geschöpf Gottes findet der Mensch sich auf Gott verwiesen, aber dieses Verwiesensein ist markiert durch das Missverhältnis der Sünde, d. h. durch Furcht und Zittern, Sorge und Reue. Er kann von der Sünde weder durch sich selbst freikommen, um dadurch zur Liebe als dem Grund zu finden, noch kann er von sich aus die Liebe als Grund festhalten. Er kann also weder den Entschluss fassen noch im Bund besiegeln.

Der Bund erhält dadurch eine Art Doppelcharakter und das in zweifacher Weise. Ein erster Aspekt wird durch die Trauung veranschaulicht, indem die Verlobten einen Bund schließen über etwas bereits Gegenwärtiges, nämlich ihre Liebe zueinander. Insofern bedeutet die Trauung – und in gleicher Weise auch der Entschluss im Bund – ein ‚Ja' zu dem bereits Gegebenen: Sich frei zu dem zu entschließen, was schon erkannt ist, dass der Mensch ein Sünder ist und dass die Liebe alles überwindet.[21] Die Doppelheit liegt darin, dass das Gegebene nur da ist, sofern es frei gewählt wurde; es kann aber nur gewählt werden im Bewusstsein darüber, dass es weit außerhalb der Reichweite des Menschen liegt (und als solches unabhängig ist vom Entschluss des Menschen). Ob es für den einzelnen Menschen Wirklichkeit wird, hängt davon ab, ob der Betroffene sich freiwillig dazu entschließt; doch beim Fassen des Entschlusses ist ihm umgekehrt bewusst, dass er sich unmöglich von Menschen allein durchführen lässt.

Gott beides ist: der, mit dem der Mensch den Bund schließt, und der, der den Bund besiegelt. Es ist schon früher angemerkt worden, dass die Traurede die Versöhnung andeutet, aber erst die Abendmahlsreden werden dies vertiefen und erklären. Beim Abendmahl ist dann Christus alles und der Mensch weniger als nichts.

[21] Gemäß dem Anlass der Rede wird der Bund unmittelbar als etwas beschrieben, das die beiden Verlobten mit der Trauung eingehen, die Rede selbst aber zeigt verschiedene Ebenen: Eine unmittelbare, das Ehepaar, das den Bund eingeht; eine tiefere Ebene, den Bund zwischen Liebe und Pflicht; und schließlich die grundlegende Ebene, auf der durch den Entschluss ein Bund geschlossen wird zwischen dem einzelnen Menschen und Gott.

Es ist ein Glaubensentschluss, in dem der Mensch sieht, dass er allein nichts, Gott aber alles ist. Anders gesagt: Es ist der Entschluss des Glaubens, den der Mensch für ganz unmöglich hält, aber bei Gott ist alles möglich.

Ein zweiter Aspekt hat mit der Schwierigkeit des Entschlusses für den Bund zu tun, bei dem wohl entscheidend ist, dass der Mensch sich frei zur Liebe als Grund entschließt, in gewisser Weise jedoch ist Gott die Voraussetzung, um überhaupt den Entschluss zu fassen. Am Ende der Rede heißt es deshalb, der Entschluss sei „zustande gekommen durch Gott, aus der Vorstellung vom Leben und von sich selbst und von Gott" (*SKS* 5, 441; vgl. *DRG,* 172). Der Entschluss ist *durch* Gott zustande gekommen, *aus* den Vorstellungen des Menschen. Mit anderen Worten ein Entschluss, in dem Gott und der Mensch eine Rolle spielen. Das Verhältnis lässt sich nicht spalten. Allein aus der Kraft Gottes überwindet die Liebe alles, aber die Verwirklichung im einzelnen Menschen setzt eine bestimmte Vorstellung vonseiten des Menschen voraus. Dass Gott ebenso die Voraussetzung des Entschlusses ist wie auch dessen Inhalt, geschieht an und für sich in Übereinstimmung sowohl mit der Liebe als Grund des Menschen als auch mit der unauflösbaren Verbindung zwischen dem Selbst- und Gottesverhältnis, wie es bereits in der Beichtrede beschrieben wurde. In der Konsequenz dieser Gedanken ist Gott zu verstehen als Voraussetzung und Ziel, als Anfang und Ende. Die doppelte Struktur besteht darin, dass die Wirklichkeit des Gottesverhältnisses als Grund des Menschen zugleich vorausgesetzt ist und es doch etwas gibt, das gelernt werden muss. Dass Gott noch dazu mitwirkt, überhaupt den Entschluss zu fassen, hängt mit dem Übergang zusammen, der im Bund geschieht.

Der Bund besiegelt also etwas bereits Gegebenes und beschließt über einen Entschluss, der schon getroffen wurde. Dies bedeutet jedoch nicht, dass er reine Formsache oder bloßer Rahmen für einen gegebenen Inhalt wäre. Der Bund ist ein „nahezu unmerklicher Übergang" (*SKS* 5, 421 / *DRG,* 149), in dem das bereits Gegebene eine neue Wirklichkeit erhält.[22] Das nahezu Unmerkliche beim Übergang hängt mit dem äußerlich gesehen gleichen Verhältnis vorher und nachher zusammen, in dem der Inhalt gegeben und der Entschluss gefasst

---

[22] Kierkegaard spricht von dem „nahezu unmerklichen Übergang der stillen Begebenheit" (*SKS* 5, 421; vgl. *DRG,* 149); ebenso kann das zuvor Zitierte als Anzeichen dafür gesehen werden, dass beim Schließen des Bundes etwas geschieht: „Welche Veränderung, welch ein Verhältnis in diesem Missverhältnis" (*SKS* 5, 419; vgl. *DRG,* 147).

war. Dass der Bund ein Übergang ist, liegt am Doppelcharakter des Entschlusses, den der Mensch frei fasst, gleichzeitig aber außerstande ist zu wählen. Der Vollzug des Bundes und sein Übergang bedeuten, dass der Mensch für ewig wählt und für ewig verantwortlich ist – wobei die Wahl und die Pflicht ihren Charakter verändern, weil sie viel grundsätzlicher angelegt werden, als der Mensch es begreifen oder sich überhaupt vorstellen kann.

Der unmerkliche Übergang, der im Bund vollzogen wird, besiegelt das Verhältnis so, dass etwas Entscheidendes damit geschieht. Im erneuten Vergleichen der beiden Reden wird jetzt sichtbar, dass die Sorge, d. h. der Zustand unter der Sklaverei der Sünde, sich in Danksagung verwandelt und damit eine neue Lebensgrundlage für den Menschen anzeigt. Das zugrundliegende Selbstverständnis ist nicht mehr durch die alles überschattende Erkenntnis der Sünde gekennzeichnet, sondern davon, von Gott in Liebe und für die Liebe geschaffen zu sein. Das Thema der Sünde wird insofern differenziert: Die Sünde bleibt zwar Ausgangspunkt, jedoch auf besondere Weise. Indem der Bund nämlich ein „Verhältnis in diesem Missverhältnis" (*SKS* 5, 419 / *DRG,* 147) schafft, setzt er zugleich einen zweiten Ausgangspunkt, tieferliegend als die Sünde: den Bund in der Liebe. Dieser Bund schaut hinter und unter die Sünde und setzt die Liebe als das Ursprüngliche voraus, und das ist es, worauf der Bund baut. Während der Bund ein Verhältnis im Missverhältnis schafft, ist das Verhältnis der Liebe der lebendige Grund im Menschen und der konstituierende Charakter im Gottesverhältnis. Das Missverhältnis dagegen ist der Abgrund der Sünde zwischen Mensch und Gott. Gott ist immer noch alles, der Mensch aber ist nichts. Damit wird der erneuernde Charakter des Bundes unterstrichen, der das Gegebene so erneuert, dass der Rahmen derselbe bleibt. Aber im „unmerklichen Übergang" hat der Bund eine Veränderung zur Folge, in der der Grund des Menschen ein anderer wird, was sich im Zustand oder in der Stimmung des Gottesverhältnisses widerspiegelt. Die Sorge wird in Danksagung transformiert. Wie wir es im Fall von Anna schon beschrieben haben, so kann auch hier von einem Paradigmenwechsel gesprochen werden, jedoch aus einer anderen Perspektive. Es ist nicht das Verhältnis zur Welt, das einen neuen Grund findet, es ist das Verhältnis zu Gott. Es ist nicht eine Welt, die nach dem zeitlichen Zusammenbruch auf neuem Grund und zu etwas Unveränderlichem und Ewigem wiederhergestellt wird, sondern es ist die Sünde, die von der Liebe überwunden wird und den Sünder befreit.

3.3. „An einem Grabe"

Als wir uns im vorigen Kapitel mit der dritten Gelegenheitsrede „An einem Grabe" beschäftigt haben, lag das Interesse im Problem der Verschiedenheit. Im folgenden Kapitel soll noch einmal die Grabrede näher untersucht werden, diesmal jedoch aus der Perspektive, die sich aus dem Zusammenhang der drei Reden ergibt. Erinnern wir uns in diesem Kontext an die Beichtrede, die das Sündenbewusstsein als Ausgangspunkt für das Gottesverhältnis betont, und an die Traurede, die als das Entscheidende im Gottesverhältnis des Menschen den Entschluss auszeichnet, dann ist die wesentliche Entwicklung und Spannung im Gottesverhältnis eigentlich schon skizziert, und die Lektüre der dritten und letzten Rede wird wohl nicht auf eine Fortsetzung der Bewegung setzen. Eher müssen wir versuchen, den Hintergrund des Entschlusses zu beleuchten.[23] Das Ziel dabei wird sein, die Transformation, die beim Entschluss auf dem Spiel steht, klarer ins Licht zu rücken.

3.3.1. Die Entscheidung des Todes

Wie früher schon gesagt, gibt Kierkegaard als Thema der Rede die „Entscheidung des Todes" an (*SKS* 5, 447 / *DRG,* 179). Einen genaueren Hinweis, was das heißt, gibt Kierkegaard gegen Ende der Rede: „die Rede handelt davon, dass die Erklärung rückwirkende Kraft im Leben bekommt" (*SKS* 5, 466; vgl. *DRG,* 202). Die Perspektive, die die Entscheidung des Todes eröffnet, ist also das Verständnis des eigenen Lebens und wie der Mensch selbst in das Verhältnis zu den Bedingungen der Existenz in der Welt gestellt ist. Kierkegaard formuliert die Funktion des Todes zusammenfassend als jenen „Lehrmeister des Ernstes" (*SKS* 5, 469 / *DRG,* 205). Was dem Tod zunächst einen besonderen Charakter verleiht, ist die Tatsache, dass dort, wo der Tod ist, der Mensch nicht sein kann. Der Tod ist eben nicht das Leben. Demgegenüber stellt Kierkegaard jedoch den Leser vor die Aufgabe, sich selbst tot zu denken: „Der Ernst besteht darin, dass du wirklich den Tod denkst, und dass du ihn denkst als dein Los, und

---

[23] In der Interpretation der drei Reden sehen wir denselben Menschen erst zur Beichte gehen, dann vor der Trauung am Altar stehen und nun zu Tode kommen. Dies veranschaulicht, wie in den beiden ersten Reden ein Verlauf nachgezeichnet wird, der in der dritten Rede ersetzt wird durch die Reflexion auf die Grundlagen und Bedingungen des Lebens, um auf diese Weise den skizzierten Verlauf beleuchten zu können.

dass du damit tust, was der Tod nicht vermag, dass du bist und der Tod ebenfalls ist" (*SKS* 5, 446; vgl. *DRG,* 178). Diese Forderung wird aufgestellt, um dem Tod entscheidende Bedeutung schon im Leben zu geben – eine Bedeutung, die der Tod reell nicht haben kann, denn wenn er faktisch eingetreten ist, ist das Leben zu Ende. Nur in der Vorstellung des Todes kann der Tod für die Bedingungen und den tieferen Charakter des Lebens entscheidend sein.

Kierkegaard versieht also die Entscheidung des Todes mit drei Stichworten: *„entscheidend", „unbestimmbar"* und *„unerklärlich"* (*SKS* 5, 448, 454, 464; vgl. *DRG,* 180, 188, 199). Sie geben eine Art Leitfaden, wie der Mensch über den Tod denken soll, und jedes für sich liefert verschiedene Einsichten in die Bedingungen und den Charakter des Lebens und nicht zuletzt für die Bindung an Gott. In einer genaueren Analyse der Bestimmungen, die Kierkegaard diesen Stichworten gibt, wird sich der Hintergrund des Entschlusses besser verstehen lassen.

Dass der Tod *entscheidend* ist, bedeutet ganz einfach, „es kommt eine Zeit, da ist es vorüber" (*SKS* 5, 449; vgl. *DRG,* 182). Als sterbliches Wesen ist der Mensch nicht unendlich, im Gegenteil, er ist endlich und der Tod ist die Grenze. Denn wenn der Tod da ist, macht er das Leben zunichte. Das gilt auch für die Grundbedingungen der Zeit: „der Lebende hat es nicht in seiner Macht, die Zeit anzuhalten" (*SKS* 5, 449; vgl. *DRG,* 181), sagt Kierkegaard, der „Tod hingegen hat diese Macht [...]. Wenn er kommt, so heißt es: bis hierher, keinen Schritt weiter; [...] – so ist es vorüber" (ibid.). Der Tod ist deshalb so entscheidend, weil er der Zeit mit einem *bis hierher und nicht weiter* die Grenze setzt. Wenn aber Kierkegaard dem Menschen auferlegt, sich selbst tot zu denken, bedeutet dies, dass die Macht der Zeit nicht nur durch das faktische Eintreten des Todes gebrochen wird. Sie wird bereits in dem Gedanken gebrochen, sich selbst tot zu denken. Wenn der Mensch sich diesen (Nicht-)Zeitpunkt ernsthaft und innerlich vorstellt, in dem er selbst und der Tod ist, lässt sich die Macht der Zeit schon im Leben anhalten. Durch den Gedanken des Todes kann der Mensch die Radikalität der Endlichkeit und die Bedeutung der Zeit erfassen – was z. B. die Klugheit nicht verstehen wollte.

Das Merkwürdige an diesem Verhältnis ist demnach, dass die von der Klugheit betriebene Verendlichung des Lebens die Verunendlichung der Zeit beinhaltet: Es gibt immer einen nächsten Tag. Umgekehrt sehen wir, dass der Gedanke des Todes die Zeit endlich und dadurch das Leben unendlich macht. Das Leben wird unendlich bedeutungsvoll, in und mit der eigenen Zeit wird es radikal eingeschränkt und begrenzt. Der Tod kann kommen, wann er will, er ist nichts, und es gibt nichts auf der anderen Seite. Dann gibt es nicht immer noch einen nächsten Tag, im Gegenteil, es gibt ein *heute noch,* an dem der Mensch seinen Entschluss treffen muss; hier und jetzt findet das Leben statt. Das Leben des Menschen ist nicht länger dem Strom der Zeit ausgesetzt, sondern seine Perspektive ist die Nähe, die Konzentration auf die Arbeit, die in jedem Augenblick getan werden muss. Die Aufgabe besteht nicht darin, gegen die Macht der Zeit zu stehen, denn das lässt sich nicht machen; im Gegenteil, der Mensch soll einsehen, dass er der Zeit unterlegen ist. Statt sich der Zeit entgegen zu stellen, bekommt der Mensch einen anderen Brennpunkt des Interesses, nämlich dass Klarwerden des eigenen Selbst. Der Mensch soll seine Zeit nutzen, um „sich selbst zu verstehen" (*SKS* 5, 452 / *DRG,* 185). Die Bedeutung dieses Vorgangs wird verunendlicht, gerade kraft des Endlichkeit des Menschen, denn jetzt wird jeder Augenblick entscheidend.

Als nächstes wird der Tod als *unbestimmbar* bezeichnet. Wo die Entschiedenheit des Todes in hohem Maße etwas über die Bedingungen der Zeitlichkeit ausgesagt hat, erklärt nun die Unbestimmbarkeit dementsprechend die Bedingungen der Verschiedenheit. Es war genau dieser Aspekt, den wir im vorigen Kapitel im Blick hatten, dass nämlich der Gedanke des Todes im Stande ist, das Leben in eine Perspektive zu rücken, in der die Verschiedenheit von Gleichheit durchdrungen wird. Der Vergleich erbringt den richtigen Blickwinkel, nämlich im Vergleichen mit dem Tod und nicht mit dem anderen Menschen. Die Unbestimmbarkeit liegt darin, dass der Tod einerseits das Sicherste von allem ist – wir müssen alle sterben, alle zu nichts werden; dies ist der Tod: „unbestimmbar durch die Gleichheit, denn die Gleichheit besteht im Vernichtetsein" (*SKS* 5, 455; vgl. *DRG,* 189). Doch andererseits ist der Tod das aller Unsicherste – keiner kennt den Tag, und der Tod kann den Säugling und den Greis gleichermaßen treffen: „So ist er unbestimmbar durch seine Ungleichheit. […] So ist der Tod unbestimmbar: das einzig Gewisse, und das einzige bei dem nichts gewiss ist" (*SKS* 5, 460; vgl. *DRG,* 194). Es ist sein unbestimmbarer Charakter, der die Alternative in sich trägt: die Gleichheit des Todes gegen die Gleichheit Gottes. Wir erinnern uns, dass die Nichtigkeit – aufgrund der radikalen Ungewissheit – ganz in die Mitte des Lebens gerückt wird und der Mensch sich zwischen Tod und Leben, Leere und Fülle gestellt findet.

Schließlich wird der Tod als *unerklärlich* bestimmt. Das Wesentliche an der Unerklärlichkeit des Todes ist dies, dass der Tod selbst stumm und ohne jede Erklärung ist: „Er ist der Übergang", sagt Kierkegaard, „über das Verhältnis weiß er nichts, ganz und gar nichts" (*SKS* 5, 464; vgl. *DRG,* 199). Doch „der Lebende verlangt nach der Erklärung", um

„nach ihr zu leben" (*SKS* 5, 466; vgl. *DRG,* 202). Der Tod als das unerklärliche und stumme Nichts steht vor dem Menschen und verschärft seinen Drang nach einer Erklärung. Wie schon im Vorhergehenden die Gleichheit des Todes in ihrer Leere erschreckend erschien und deswegen antreibend wirkte, so ist auch dieses stumme Nichtige, in das der Mensch sich im Gedanken des Todes gesetzt findet, erschreckend. Deshalb verlangt der Mensch nach einer Erklärung, um trotz aller Unerklärlichkeit und Stummheit des Todes einen Sinn zu finden.

Es ist demnach nicht der Tod, der den Sinn des Lebens ausmacht, im Gegenteil: Der Tod schafft nichts, er macht das Geschaffene zunichte. Stattdessen ist es der Mensch, der selbst seinem Leben einen Sinn geben muss – wenn auch durch den Gedanken an den Tod. Versteht der einzelne Mensch, dass er selbst eine Grenze hat, so versteht er auch, dass im Grunde genommen seine Existenz auf dieser Grenze liegt. Oder bildet er sich vielleicht ein, der Tod sei etwas, das eigentlich ihn selbst nicht betrifft, denn es sind ja noch viele Jahre – ein ganzes Leben – ehe der Tod kommt? Dies alles wird im Gedanken an den Tod aufgedeckt, im Verweis auf die Erklärung des Todes und damit des Lebens. Der Tod selbst aber ist nichts, er ist ohne Erklärung, weshalb die Erklärung umgekehrt zur Anklage gegenüber dem eigenen Selbstverständnis des Menschen wird. Auch darin liegt der Ernst des Todes, dass die Erklärung eine Selbstanklage ist.

Wir haben den Ernst schon einige Male erwähnt, ohne näher darauf einzugehen, aber an dieser Stelle zeigt sich ein wesentlicher Aspekt. Der Ernst besteht genau darin, dass das Verhältnis zur Selbstanklage wird; und ferner darin, dass es zwischen dem Selbst und der Anklage, zwischen der Erklärung nach innen und dem Leben nach außen zur Übereinstimmung kommen muss. Der Mensch zeigt indirekt sein Verständnis des eigenen Lebens an, deckt damit aber den Zusammenhang zwischen dem Inneren und dem Äußeren – oder das Fehlen des Zusammenhangs auf. Er zeigt, kurz gesagt, ob er der ist, der er meint zu sein. Genau diese Übereinstimmung bringt zutage, wie fundamental das Verhältnis zum Tod ist: „Das entscheidende an der Erklärung, das, was verhindert, dass das Nichts des Todes die Erklärung zu nichts macht, ist, dass sie rückwirkende Kraft bekommt und dadurch Wirklichkeit im Leben des Lebendigen wird, so dass der Tod ihm ein Lehrer wird und ihm nicht verräterisch zur Selbstanzeige verhilft, die den Erklärer als Toren verklagt" (*SKS* 5, 465; vgl. *DRG,* 200). Der Mensch deckt indirekt sich selbst auf, ob er sozusagen auf dem richtigen Weg ist oder ob er „ein Tor" ist, der in Einbildung lebt.

3.3.2. Die Stellung der Existenz und die Kraft des Glaubens

Soweit also zur Entscheidung des Todes im Hinblick auf die drei näheren Bestimmungen: der Tod als *entscheidend, unbestimmbar* und *unerklärlich*. Das Ziel war es zu präzisieren, woher der Mensch den Entschluss nimmt oder die Entscheidung trifft bzw. den Hintergrund der Bewegung zu finden, um tiefergehend den Vorgang der Transformation zu bestimmen, wie er sich in den vorausliegenden Analysen generell schon geltend gemacht hatte. Wir haben bereits das Potenzial angedeutet, teils durch die Beschreibung des Todes als „Übergang" (*SKS* 5, 464 / *DRG,* 199), teils durch den Gedanken der „rückwirkenden Kraft" des Todes (*SKS* 5, 465 / *DRG,* 200). Beides zeigt an, dass eine mögliche Veränderung oder Umwandlung des Lebens in Sicht ist, und dies gerade mit dem Gedanken an den Tod als Übergang.

Wie der Tod durch seinen Charakter des Nichtigen auf das Leben des Menschen in dem Maße einzuwirken vermag, dass man von einer Umwandlung sprechen kann, wird auf dem Hintergrund der Stelle klar, an der der Tod den Menschen sozusagen positioniert. Wenn der Ort des Entschlusses auf der Grenze zwischen Fülle und Leere gesehen wird, sagt das etwas darüber aus, wie der Entschluss den Menschen zu verändern imstande ist. Wir haben zuvor schon gesagt, dass Gott die Voraussetzung für die Veränderung ist, und diese Antwort bleibt bestehen. Was der Entschluss aber genauer für den Menschen bedeutet, ist hier noch aufzunehmen. Die Grenzbestimmung eröffnet den Raum für Glauben und zwar als paradoxen Glauben. Der Unmöglichkeit zum Trotz glaubt der Mensch (vgl. die frühere Formulierung: Hoffen gegen die Hoffnung). Trotz der Vernichtung des Todes, die den Menschen umschließt, und trotz aller Sinnlosigkeit, die sich überall zeigt, setzt der Mensch sein Leben dafür ein, dass die Liebe alles überwindet und dass die Liebe unendlich größer ist als der Tod. So rechnet der Mensch ab mit der Leere und der Nichtigkeit und füllt stattdessen den umliegenden Raum mit Sinn, der in Gottes Fülle begründet ist.[24] Als „rückwirkende Kraft" ist dies nicht nur für die einzelne Existenz in sich selbst entscheidend, sondern für die gesamte Welt- und Wirklichkeitsauffassung des Menschen. Nicht

---

[24] Hier kommt der Charakter des Glaubens, nämlich gegen Klugheit und Wahrscheinlichkeit zu stehen, erneut zum Ausdruck. Glaube ist nicht die Folge einer Einsicht oder Konklusion aufgrund einer besonderen Situation, sondern Glaube ist die Verwandlung, die die Situation neu macht. Vgl. A. Grøn: „Glaube folgt nicht bloß aus der Einsicht in die Situation, in der man sich befindet, sondern verwandelt die Situation selbst. Zugespitzt gesagt erbringt er selbst den Beweis durch sein Zeugnis" (*Subjektivitet og negativitet*, S. 370).

nur das Selbstverhältnis wird mit neuen Augen gesehen, sondern auch das Verhältnis nach außen, anderes Leben und die übrige Welt: als Gottes immerwährende Schöpfung und unendliche Fülle. Der Tod – *entscheidend, unbestimmbar* und *unerklärlich* – bedeutet deshalb, zusammenfassend gesagt, dass der Mensch vom Ursprung her ein endliches Wesen ist, begrenzt in der Weise, dass er auf der Grenze existiert, auf der er in jedem Augenblick der Nichtigkeit gegenübersteht. Trotzdem kann der Mensch sich in jedem Augenblick im Glauben an Gottes Fülle entscheiden, dem Fundament aller Dinge, wodurch Sinn und Fülle die Nichtigkeit überschwemmen und zur Wirklichkeit des Lebens werden. Das Leben wird – mit rückwirkender Kraft – neu, weil es mit den Augen des Glaubens gesehen wird, worin Gott der Grund von allem ist.

Kapitel 4

Erste Zusammenfassung

Unsere Untersuchung hat sich in den bisherigen drei Kapiteln mit dem ersten Teil der erbaulichen Schriften befasst, im Blick einerseits auf die Grundbedingungen des Menschseins und andererseits auf die Bewegung des Gottesverhältnisses. Diese Linien noch einmal hervorzuheben bedeutet nicht zuletzt eine Vertiefung des Zusammenhangs zwischen diesen beiden Zugängen. Zunächst soll dies über den Begriff der Zweideutigkeit geschehen, deren Bedeutung schon mehrfach aufgefallen war, und dann, diese Beobachtungen weiterführend im Gedanken des Bruchs. Nicht zuletzt bei diesen frühen Reden gibt es gute Gründe, nach dem Charakter der Welt bzw. Gottes zu fragen. Beides ergibt sich nicht von selbst, und das berührt auch die Frage nach der Religiosität, die Kierkegaard in den frühen erbaulichen Schriften entwickelt: Geht es um eine allgemeine Religiosität, oder handelt es sich um Christentum – oder, das wäre die dritte Möglichkeit, ist dies für die Reden eine zu strenge Alternative? Darauf wollen wir abschließend eine Antwort suchen.

4.1. Zweideutigkeit

Der Begriff der Zweideutigkeit soll jetzt in der Reihenfolge entwickelt werden, wie er zunächst in der Existenz, d.h. im Verhältnis zu den Grundbedingungen des Menschseins (Kap. 1 u. 2), und danach in der Bewegung des Gottesverhältnisses (Kap. 3) zum Ausdruck kommt, um schließlich den Zusammenhang zwischen beidem herauszustellen.

4.1.1. Die Zweideutigkeit der Existenz

Wir haben gesehen, dass Erwartung und Vergleich Verhaltensweisen sind, in denen etwas Entscheidendes auf dem Spiel steht. Der Mensch könnte in der Erwartung entarten und sich selbst im Vergleich unkenntlich werden, oder – in der rechten Erwartung und im rechten Vergleich – mehr und mehr zu sich selbst finden. Das Zweideutige liegt mit anderen Worten darin, dass der Mensch zugleich ist und auch nicht ist,[1] dass er in der Entscheidung steht und sich entscheiden muss. Das Zweideutige hat dadurch auch mit dem Charakter der Entscheidung zu tun. Der Mensch entscheidet sich ganz auf seine Weise in seinem Verhalten zu Zeit und Verschiedenheit, und es kommt darauf an, wie er sich zu diesem Verhältnis stellt. Kierkegaard zeigt aber auch, dass der Mensch bereits unterwegs und insofern auch schon entschieden ist. Kierkegaard beginnt nicht mit einem ‚Im Anfang‘, sondern bei dem Menschen, der schon begonnen hat und unterwegs ist. Dies zeigt sich z. B. darin, dass Kierkegaard nicht mit der rechten Erwartung beginnt, sondern dort, wo der Mensch schon ist, in der unrechten oder ganz einfach der zeitlichen Erwartung. Parallel dazu steht, dass Kierkegaard in der Grabrede nicht damit einsetzt, dass der Mensch ernsthaft seinen eigenen Tod denkt, sondern umgekehrt damit, dass der Mensch im allgemeinen dies eben nicht tut. Gerade aus dieser Alternative folgt die Aufgabe, den Tod als den eigenen zu denken.

Kierkegaards Ausgangspunkt ist die Existenz in der Welt, so wie der Mensch in ihr, in seiner Welt aufgeht. Man könnte vom verendlichten Menschen sprechen, für den es nichts außerhalb dieser Welt gibt. Der entscheidende Punkt ist der, dass die Verendlichung ein besonderes Selbstverständnis des Menschen voraussetzt, nämlich den Gedanken der Unendlichkeit: Einen Glauben, dass nicht der Tod die eigene Lebensbedingung setzt, dass die eigene Zeit keine Grenze hat. Kierkegaard zeigt, dass und wie die Endlichkeit und zeitliche Erwartung eine solche Voraussetzung machen. Doch die Erwartung überdauert nicht das Bewusstsein der radikalen Endlichkeit des Menschen. Der nur in der Welt lebende Mensch, der außerhalb der Welt nichts hat, bildet sich ein, er habe Zeit zur Verfügung, wähnt sich sicher in der Unendlichkeit der Zeit und nur in diesem Gedanken kann er sich die Illusion bewahren, sein eigenes Dasein zu beherrschen. Das ist der Grund, weshalb Kierkegaard den Menschen, vereinfacht gesagt,

---

[1] In dieser Weise gehört die Zweideutigkeit zum Menschsein. K. Nordentoft formuliert den Charakter der Zweideutigkeit treffend, wenn er sagt: „Dass die Existenz Zweideutigkeit ist, ist weniger eine Aussage über eine objektive Eigenschaft an der Welt, sondern eine Aussage über den Menschen in der Welt. In sich selbst, vermutet Kierkegaard, ist die Welt ein geschlossenes System, zu dem die Zweideutigkeit nicht gehört, aber die Welt, wie der Mensch sie erlebt, wird zweideutig, weil er nicht in der Lage ist, sie subjekt- und zeitunabhängig zu erleben" (*Kierkegaards psykologi*, S. 192).

in den Tod führt: Die Auflösung jener Auffassung von Unendlichkeit entzieht der Endlichkeit das Fundament.[2] Genau darin gründet Kierkegaards Interesse der Aufdeckung des Selbstbetrugs: Die existentielle Entscheidung wird für den Menschen zur Gegenwart. Anna ist Beispiel dafür, dass der Tod zum Übergang vom zeitlich fundierten zum ewigen Selbstverständnis wird. Sie stellt die rechte Erwartung dar, doch dazu ist wesentlich, dass sie bereits eine Erwartung vor der rechten Erwartung hatte, nämlich die Erwartung eines langen und glücklichen Lebens mit ihrem Mann. Für Kierkegaard ist von Interesse, wie der Tod ihres Mannes auf Anna wirkt, was er für ihre Erwartung bedeutet. Kierkegaard sieht, wie ihre Welt zusammenbricht, und er will herausfinden, ob dasselbe mit ihrer Erwartung geschieht. Das, was die Verendlichung am Leben hält, nämlich der Glaube an die Unendlichkeit, hat aufgehört: Mit ihrem Mann hat Anna keine gemeinsame Zeit mehr, die Zeit ist vorüber.

Die entscheidende Erkenntnis, die Kierkegaard demonstrieren möchte, ist diese: Der Mensch ist nicht unendlich, sondern endlich. Ihm ist eine Grenze gesetzt im Verhältnis zur Zeit wie auch zur Verschiedenheit, und diese Grenze ist potentiell schon der nächste Augenblick. Im Bruch mit dem Gedanken der Unendlichkeit liegt der Grund sowohl für die rechte Erwartung (als Antwort auf das Problem der Zeit, vgl. Kap. 1) als auch für den Vergleich mit Gottes Gleichheit (als Antwort auf das Problem der Verschiedenheit, vgl. Kap. 2). Das Verständnis der eigenen Endlichkeit ist umgekehrt die Voraussetzung für die Verunendlichung des Selbst in seiner ewigen Bestimmung: Nicht Verunendlichung des Lebens in der Zeit, sondern das Bewusstsein, von etwas Anderem als durch sich selbst gesetzt zu sein;[3] dass das Leben einem gerade nicht gehört, sondern dass es unend-

---

[2] Jedenfalls im Bezug auf das Gefühl der Sicherheit. Die Welt zu verendlichen und für sich selbst die eigene radikale Endlichkeit zu sein führt aus Kierkegaards Sicht zum Nihilismus, weil das Bewusstsein von der radikalen Endlichkeit, in der der nächste Augenblick der Tod sein könnte, den Menschen zwischen Tod und Gott stellt. Auf diesem Hintergrund bedeutet die Verendlichung der Welt (d.h. den Tod zu wählen) Nihilismus: sich der Gewalt der Sinnlosigkeit und der Nichtigkeit zu überantworten.

[3] Die Unterscheidung, wie sie hier zwischen Verunendlichung und Verendlichung vorgenommen wird, kann parallel zu der bei K. Nodentoft zwischen Sicherheit und Gesichertheit gesehen werden (vgl. *Kierkegaards psykologi,* S. 195). Sicherheit „ist der Lebensmodus der Einfalt" (ibid.), Einfalt, die „sich dem Leben hingibt" (S. 198). Gesichertheit hingegen ist „Eindeutigkeit – der vergebliche Versuch, der Gefahr zu entrinnen" (S. 195). Die Sicherheit gleicht dem Bewusstsein der Verunendlichung, in der Macht Gottes zu stehen, während die Gesichertheit dem Versuch der Verendlichung gleicht, Leben und Welt eindeutig zu machen.

lich größer ist als der Mensch selbst. Anna erlebt durch den Tod ihres Mannes, dass die Liebe nicht stirbt, weshalb auch die Hoffnung, die Erwartung und die Zeit nicht sterben, sondern neu werden, weil sie nicht länger an ihren Mann gebunden sind. Die Liebe bricht hervor in ihrer unendlichen Macht, und Anna erlebt nicht nur, dass sie lieben soll solange Zeit ist, sondern dass Liebe unendlich größer ist als sie selbst. Die Liebe zeigt sich als die Macht, in deren Wirkungsbereich sie sich bereits befindet.

Wir berühren hier fundamentale Gedankengänge und Begriffe Kierkegaards, die über die erbaulichen Schriften hinaus von Bedeutung sind; Begriffe, die nach Kierkegaards Verständnis zum Menschsein gehören, ob wir nun vom endlichen Menschen sprechen oder von jenem, der sich selbst als etwas Unendliches versteht. Der Mensch ist, kurz gesagt, bestimmt als Möglichkeit und deswegen pointiert Kierkegaard die Existenz als Entscheidung. Schon hier zeigt sich allerdings ein Unterschied der Ebenen, sofern der Mensch einerseits vorweg als Möglichkeit bestimmt ist, während Kierkegaard andererseits von dem Menschen ausgeht, der sich schon entschlossen, d. h. die Möglichkeit hinter sich gelassen hat. Dieser Unterschied der Ebenen lässt sich von der Zweideutigkeit her verständlich machen: Eine erste Ebene, die wir als strukturelle bezeichnen können, in der der Mensch als zusammengesetztes Wesen sich selbst als Möglichkeit hat; und eine spätere Zweideutigkeit, in der der Mensch glaubt, er habe sich schon entschlossen, aber sozusagen in die falsche Richtung, so dass der Mensch sich dessen bewusst wird, dass er sich selbst zwar als Möglichkeit hat, diese Möglichkeit aber nicht länger besteht, weil die Wirklichkeit eine andere geworden ist. Man könnte von einer Zweideutigkeit des Missverhältnisses sprechen.[4] Und da ist schließlich die dritte Ebene, auf der der Charakter der Existenz als Möglichkeit wieder hergestellt wird – aufgrund der paradoxen Möglichkeit des Glaubens, die sich von außen her bietet; eine Möglichkeit, die quer zu dem steht, was vom Menschen aus gesehen eine unmögliche Wirklichkeit war. Man könnte diese letzte Ebene die paradoxe Zweideutigkeit nennen.[5]

---

[4] Es ist interessant, dass Kierkegaard von der zweiten Ebene ausgeht, nämlich davon, dass der Mensch sich seiner selbst und dessen bewusst wird, immer schon einen Anfang gemacht zu haben. Er begegnet sich selbst als einem, der bereits unterwegs ist und demnach keinen Zugang zur ersten Ebene hat.

[5] Eine ähnliche Strukturierung lässt sich in A. Grøns Analyse zu Kierkegaards Begriff der Subjektivität finden. Er spricht dort von einer strukturellen „Andersheit": „Er [der Mensch] ist als Selbstverhältnis ein Verhältnis zu einem anderen, nämlich sich selbst als einem anderen. Die Rede ist von einer strukturellen ‚Andersheit', weil

4.1.2. Die Zweideutigkeit des Gottesverhältnisses

In der Bewegung des Gottesverhältnisses, wie in Kapitel 3 beschrieben, war die Zweideutigkeit ebenfalls ein zentraler Aspekt. Sie lag jedoch nicht mehr in der Perspektive des menschlichen Verhältnisses zu den Grundbedingungen Zeit und Verschiedenheit, sondern eher in der Perspektive des Gottesverhältnisses. Der Mensch existiert nicht in erster Linie als Möglichkeit, sondern vor Gott. Die Möglichkeit ist an Gott gebunden, weil der Mensch sich in Gottes Macht sieht. Auch in dieser Relation fragt Kierkegaard nach dem Verhalten des Menschen, und wir haben gesehen, dass er die Verwunderung als entscheidenden Relationsbegriff im Gottesverhältnis hervorhebt. Nur in der Verwunderung gibt es ein Gottesverhältnis, weil sich darin das Bewusstsein der unendlichen Macht Gottes und der Geringheit des Menschen spiegeln. Doch Verwunderung ist Furcht und Seligkeit zugleich, oder anders gesagt: Die Verwunderung ist zweideutig. Die Zweideutigkeit wird so zum Merkmal des Gottesverhältnisses.

Aus der Perspektive der Zweideutigkeit war es möglich, die Bewegung des Gottesverhältnisses in der Abfolge Zweideutigkeit – Eindeutigkeit – Zweideutigkeit zusammenzufassen; wiederum in drei Ebenen, wie schon bei der Zweideutigkeit der Existenz (Kap. 4.1.1, Anm. 4), wo aber die mittlere Ebene als Eindeutigkeit angegeben wurde (darauf ist noch zurückzukommen). Einige dieser Aspekte jedoch, die nicht im Mittelpunkt der Kapitel 1 und 2 standen, werden in der Bewegung des Gottesverhältnisses ausführlicher behandelt. Vor allem auf der ersten Ebene kann gezeigt werden, was dem Ausgangspunkt in der Zweideutigkeit der Existenz (Kap. 1 u. 2) vorausliegt: Kierkegaard zeichnet hier die Bewegung nach, die zur Verendlichung führt. Er setzt mit einer Bewegung des Gottesverhältnisses ein, das

---

diese in das Selbstverhältnis als solches einbezogen wird. Das heißt, die Subjektivität ist eine offene Struktur" (*Subjektivitet og negativitet*, S. 74). Auf einer zweiten Ebene stuft A. Grøn das Missverhältnis ein (vgl. S. 99), und schließlich wird Subjektivität als Offenheit im Gedanken an das Empfangen des Glaubens transformiert (vgl. S. 76). Wenn Grøn die Bedeutung dieser Unterscheidung hervorhebt, geschieht dies in Verbindung damit, dass durch Vermischen der Ebenen das Selbstverhältnis als solches zu einem Missverhältnis zu werden droht (vgl. S. 99). Anders gesagt: Das Humane würde zur Sünde. – K. Nordentoft zeichnet eine ähnliche Struktur: „Der Ausgangspunkt ist demnach die Zweideutigkeit oder die Dualität" (*Kierkegaards psykologi*, S. 194), heißt es im Blick auf den Menschen als Synthese, d. h. auf der Ebene der strukturellen Zweideutigkeit. Das Verhältnis zu dieser strukturellen Zweideutigkeit kann demnach in dem Versuch bestehen, entweder Eindeutigkeit (parallel zur Zweideutigkeit des Missverhältnisses) oder Einfalt (parallel zur paradoxen Zweideutigkeit) herzustellen (vgl. S. 194ff.).

nicht das des gewöhnlichen Menschen ist. Die Untersuchung beginnt mit der ersten Manifestation des Gottesverhältnisses, der Wunschidee vom höchsten Gut, das den Gottesgedanken enthält; und das nicht *via anlogiae,* denn es handelt sich nicht um ein reflektiertes Gottesverhältnis; auch nicht als Wunsch oder Gedanke unter anderen, dazu ist das Verhältnis zu einschneidend. Gott ist die höchste Macht des Daseins, er ist aber nirgendwo zu finden. Das Zweideutige ist das unbestimmte Verhältnis: Der Mensch weiß nicht, wie er im Verhältnis zu Gott gestellt ist, ob er sich entfernt oder sich annähert. Aus diesem Grund sucht der Mensch Gott, er sucht um zu finden, um eine Erklärung zu bekommen und Eindeutigkeit zu gewinnen – das Verhältnis soll bestimmt werden. Aber der Mensch kann Gott nicht finden, bevor er nicht die Verunendlichung der Klugheit abschneidet. Dann findet er Gott, jedoch innerhalb der Welt. In der Klugheit gibt es nichts außerhalb dieser Welt und deswegen gleicht sie jener Verendlichung, die in Kapitel 1 und 2 das Thema war.

In der ersten Gelegenheitsrede geht Kierkegaard nicht darauf ein, wie die Klugheit zu brechen ist, nur darauf, was geschieht, wenn dies eingetreten ist: Dann kehrt mit dem Gottesbewusstsein die Zweideutigkeit zurück, und sie besteht darin, dass Gott nicht mehr das Ferne, sondern das unendlich Nahe geworden ist. Gott ist nicht länger bloße Möglichkeit, sondern die Wirklichkeit macht sich geltend: Der Mensch hat sich in seiner Bewegung nach außen von sich selbst fort bewegt und sich deshalb auch von Gott entfernt. Im selben Augenblick, in dem der Mensch erst richtig versteht, wird er an eine Wirklichkeit gebunden, aus der er nicht entfliehen und die er auch nicht ändern kann. Das ist die Wirklichkeit der Sünde, und das Gottesverhältnis ist zum Missverhältnis geworden. Kierkegaard beschreibt die Sünde als eindeutig, weil alles definitiv verscherzt und verloren ist. Das Verhältnis aber bleibt bestehen, wenn auch in der Form des Missverhältnisses: in Furcht und Zittern, Angst und Sorge. Als solche stellt sich die Wirklichkeit der Sünde als Parallele zur zweiten Ebene dar, wie sie sich in der Zweideutigkeit der Existenz gezeigt hat.[6]

In der Zweideutigkeit der Existenz bricht sich eine Erkenntnis Bahn, die durch den Tod veranlasst wurde, dann aber unvermittelt

---

[6] Eine parallele Entwicklung wird in *Der Begriff Angst* skizziert, wo Kierkegaard durch das Pseudonym Vigilius Haufniensis unterscheidet zwischen einer ersten Angst, sich bestimmen zu müssen vor dem Unbestimmten, und der späteren Angst in der Unfreiheit. Dass es in der Unfreiheit Angst gibt, ist aber gerade Ausdruck für ein Verhältnis zur Freiheit. Vgl. ausführlicher zur Zweideutigkeit, auch im Blick auf *Der Begriff Angst,* in A. Grøns *Angst bei Søren Kierkegaard* (S. 122).

auftritt. Sie gleicht dem vorigen Zustand – mit dem Unterschied, dass die Wirklichkeit von eindeutiger Sünde geprägt ist. Während Annas Welt zusammenbricht und in der Grabrede der Mensch sich zwischen Nichts und Fülle, Tod und Leben gestellt sieht, ist der Mensch jetzt Sünder und alles ist verloren. Diesem Unterschied in der Betonung zum Trotz (er liegt in der Verschiebung der Perspektive) ist die Bewegung dieselbe. In der darauf folgenden Traurede wird ein „Verhältnis" im „Missverhältnis" geschaffen und dem Menschen eine neue Möglichkeit inmitten der Sünde und ihrer unmöglichen, aber bindenden Wirklichkeit gegeben. Die Liebe bricht hindurch und der Mensch wird auf sie verpflichtet – die ewige Liebe, die keine Grenzen kennt. Dies ist die dritte Ebene der Zweideutigkeit, die paradoxe Zweideutigkeit, in der der Mensch von einer Möglichkeit lebt, die es eigentlich nicht gibt.

4.1.3. Existenz und Gottesverhältnis

Die Zweideutigkeit ist demnach ein zentraler Aspekt im Verhältnis zu den Grundbedingungen des Menschseins und im Gottesverhältnis. Bevor wir näher auf die Relation beider eingehen, ist es nicht unwesentlich eine Gemeinsamkeit hervorzuheben, nämlich in der Motivation zur Bewegung. Wir haben gesehen, dass die Zweideutigkeit der Existenz und die Zweideutigkeit des Gottesverhältnisses auf drei Ebenen liegen und unterscheiden eine strukturelle Zweideutigkeit, eine Zweideutigkeit des Missverhältnisses und eine paradoxe Zweideutigkeit. Die Bewegung zielt auf den Übergang von der ersten Ebene zur zweiten, also den Versuch der Verendlichung im Blick auf Eindeutigkeit. Die Frage ist, weshalb die Bewegung vom Menschen her gesehen in Richtung auf Eindeutigkeit geht, weshalb er sich selbst und seine Welt verendlichen will. Nicht zuletzt in der Bewegung des Gottesverhältnisses präzisiert Kierkegaard, was dem vorausgeht, nämlich das ursprüngliche Gottesverhältnis, das zugleich Furcht und Seligkeit ist. Ein solches Verhältnis ist schwer zu ertragen, denn der Mensch weiß nicht, ob er sich auf dem Weg der Verdammnis oder der Erlösung befindet. Wenn er Gott sucht, geschieht dies, weil er Gewissheit sucht. Er strebt nach Ruhe, weiß aber nicht, wie er das anstellen soll. Es wird unerträglich, in der Zweideutigkeit zu existieren, und deswegen bewegt sich der Mensch in Richtung Eindeutigkeit und Gewissheit, die ihren Höhepunkt in der Verendlichung der Klugheit erreichen. Die Pointe dabei ist, dass die Motivation weder extrem egoistisch und machtsüchtig ist, noch dass der Eigenwille auf Kosten Gottes geht.

4. Erste Zusammenfassung

Die Motivation ist eher als Notwehr zu verstehen.[7] Der Mensch befindet sich in einer Situation, die in ihrer Zweideutigkeit nahezu unerträglich ist, und deswegen sucht er Gott, sucht Eindeutigkeit, Geborgenheit und Gewissheit – all das, was die Klugheit findet, bloß ohne Gott. Darin liegt ein wesentliches Merkmal von Kierkegaards Auslegung des Menschen, dass jeder Mensch in der Zweideutigkeit versinkt und in Notwehr nach der Endlichkeit greift, um sich daran festzuhalten.[8] So lässt sich der Selbstbetrug als gegeben voraussetzen, mehr noch: einem Menschen beim Selbstbetrug zusehen. Denn was den Selbstbetrug motiviert (und damit auch die Abkehr von Gott) ist nicht nur der Wille, sein eigener Herr zu sein. Im Grunde genommen wird der Mensch von der Sehnsucht nach Geborgenheit und Frieden angetrieben, weil er sich selbst als Mensch liebt und achtet und damit zutiefst um sich und sein Leben besorgt ist. Das Humane wird deshalb nicht auf die Sünde reduziert, sondern die Sünde hat etwas mit der Verzerrung des Humanen zu tun.

Kehren wir aber zurück zur Relation zwischen Existenz und Gottesverhältnis. Die Parallelität der Zweideutigkeit verweist darauf, dass Selbstverhältnis und Gottesverhältnis nicht getrennt werden können. Das Untrennbare liegt darin, dass das Selbstverhältnis auf ein Gottesverhältnis hinweist, während das Gottesverhältnis zurückweist auf das Selbstverhältnis. In einer Rekapitulation der Zweideutigkeit lässt sich das genauer erklären.

Die Zweideutigkeit des Menschen hat zunächst mit dem Verhältnis zu einem Unbestimmten zu tun. Der Mensch sieht sich selbst in einem unbestimmten Zukünftigen und muss sich dazu ins Verhältnis setzen. So wie wir den Begriff der Erwartung ausgelegt haben, ist es nicht ganz klar, wie dieses Unbestimmte auf ein Gottesverhältnis verweist. Doch in der Relation des Wunsches auf das höchste Gut (der Ausgangspunkt von Kap. 3) liegt bereits eine Ahnung. Das Unbestimmte, das vorliegt und wozu der Mensch sich bestimmen soll, enthält nicht bloß eine Möglichkeit, sondern eine besondere Möglichkeit. Anders

---
[7] Auch K. Nordentoft beschreibt die Bewegung als den Versuch, Eindeutigkeit herbeizuführen: „Die Möglichkeit der Verzweiflung (Zweideutigkeit) muss unaufhörlich zur Stelle sein, während ihre Wirklichkeit, die Verzweiflung selbst, unaufhörlich abgewiesen werden muss. Aber die Verzweiflung ist ja gerade der Versuch, von der Möglichkeit der Verzweiflung wegzuschauen, d.h. die Spannung zu verdrängen [...]. Die Verzweiflung ist der verzweifelte, d.h. unmögliche Versuch, die Zweideutigkeit zu überwinden" (*Kierkegaards psykologi*, S. 194).
[8] Die Formulierungen: ,versinken' in der Zweideutigkeit und ,greifen nach der Endlichkeit', wecken Assoziationen zu *Der Begriff Angst* und sind nicht zufällig gewählt, wie im Folgenden deutlich werden wird (vgl. *SKS* 4, 349 u. 365 / *BA*, 41 f. u. 60 f.).

ausgedrückt: Der Mensch ist nicht ganz unbestimmt und er spürt, dass er als eine besondere Möglichkeit bestimmt ist. Dieser Gedanke lässt sich am *Begriff Angst* verdeutlichen, worin Kierkegaards Pseudonym Vigilius Haufniensis eine ähnliche Bewegung skizziert, nur eben aus der Perspektive der Angst. Die Angst kann hier parallel zur Zweideutigkeit verstanden werden, weil die Zweideutigkeit Angst generiert (und Angst deshalb selbst zweideutig ist). Darüber hinaus ist zu beachten, dass die Beschreibung von Haufniensis eine frühkindliche Angst betrifft, die Perspektive also dieselbe ist wie in der Bewegung des Gottesverhältnisses.

Haufniensis spricht von der Angst als „die Wirklichkeit der Freiheit als Möglichkeit für die Möglichkeit" (*SKS* 4, 348 / *BA,* 40). „Wirklichkeit der Freiheit" ist Haufniensis' Terminologie für „ewige Seligkeit", wie es in den frühen erbaulichen Schriften heißt; und mit „Wirklichkeit der Freiheit als Möglichkeit für die Möglichkeit" beschreibt er genau die Ahnung des Ewigen, durch die der Mensch von außen bestimmt ist. Mitten im Unbestimmten und scheinbar Grenzenlosen ahnt der Mensch, dass er zu einer besonderen Möglichkeit bestimmt ist – parallel zur Ahnung des Wunsches. Wenn die Freiheit hier nicht als bloße Möglichkeit beschrieben wird, sondern „als Möglichkeit für die Möglichkeit", so hat dies mit ihrem diffusen Charakter zu tun: Sie ist nur eine Ahnung – aber ausreichend, um die Angst zu wecken (wie die Zweideutigkeit im Wunsch geweckt wurde). Die Angst oder die Zweideutigkeit ist die Ahnung, sich selbst als Möglichkeit zu haben, selbst im Zukünftigen auf dem Spiel zu stehen – und damit auch: sich selbst verlieren zu können.

Haufniensis vergleicht den weiteren Verlauf der Bewegung mit dem Sündenfall, und im Gottesverhältnis wird genau dies zum Thema. Das ursprüngliche Gottesverhältnis, das den Ausgangspunkt bildet, veranschaulicht, worum es geht: Der Mensch ahnt, dass die Möglichkeit an eine höhere Macht gebunden ist, das Verhältnis bleibt jedoch unbestimmt. Es gibt nichts Gutes und Schlechtes, oder besser: Der Mensch kennt gut und schlecht nicht und deshalb weiß er nicht, ob er sich von Gott entfernt oder sich ihm nähert. Dies ist das Zweideutige und Ängstigende. Und in der unerträglichen Zweideutigkeit greift der Mensch schließlich mithilfe der Klugheit nach dem Bekannten und Gesicherten; er greift nach der Endlichkeit und verendlicht sich selbst – wirft aber das Gottesverhältnis über Bord. Die Welt des Menschen wird seine eigene, sie wird zur zeitlichen Welt.

In der Thematisierung des Verhältnisses zu den Grundbedingungen des Menschseins (Kap. 1 u. 2) war charakteristisch, wie Kierkegaard den Menschen an die Grenzen des Zeitlichen führt; konkreter gesprochen: in den Tod, wo es Zeit und Verschiedenheit nicht mehr gibt. Damit zwingt er den Menschen wiederum in die Zweideutigkeit, in dem er die zeitliche Welt fallen lässt. In der Bewegung des Gottesverhältnisses (Kap. 3) erläutert er nicht, wie das geschieht, sondern die Zweideutigkeit hat eher den Charakter eines Durchbruchs – das Leben erscheint leer, etwas Entscheidendes ist verloren und plötzlich kommt zur Erkenntnis: Du bist es selbst, der es verliert! Im *Begriff Angst* ist es die Angst, die zur Verendlichung gehört, als Zeichen dafür, dass der Mensch sich nicht endlich machen kann – weil die Angst Ausdruck eines unterdrückten Verhältnisses zu einem Anderen ist. Wie immer das auch geschieht, Kierkegaards Pointe besteht darin, dass die Wirklichkeit des Sündenfalls den Menschen umschließt – alles ist verloren, verspielt, tot, zunichte gemacht. Der Mensch ist endlich, und einmal ist es vorbei – die ewige Seligkeit oder Freiheit ist nicht länger eine Möglichkeit, denn der Mensch ist in Wirklichkeit ein Sünder.

Mitten in diesem Jammer jedoch, mitten in der Wirklichkeit der Sünde eröffnet sich eine Möglichkeit: die Möglichkeit der Liebe, die Möglichkeit des Lebens, die Möglichkeit der Freiheit. Das, was größer war als der Mensch und wodurch er bestimmt ist, ist zum Menschen vorgedrungen: Die Erfahrung, dass die Liebe paradoxerweise lebt, obwohl ihr Gegenstand gestorben ist; oder dass sie als ein Wort von außen kommend das Verhältnis erneuert. Eine fremde Möglichkeit bricht sich Bahn, wo es keine mehr gibt, und schenkt dem Leben eine neue Möglichkeit. Wenn das Gottesverhältnis auf das Selbstverhältnis zurückverweist, bedeutet dies, dass die neue paradoxe Möglichkeit das Selbst bestimmt. Die Wirklichkeit wird sozusagen aufgehoben und der Mensch ist nicht länger ein Sünder, sondern ist gerechtfertigt. Für Anna bedeutet dies die Erneuerung ihrer Erwartung, und für den Sünder, der in den Bund der Liebe eintritt, bedeutet es, dass die Liebe nicht nur eine Möglichkeit ist, sondern die neue Wirklichkeit, auf die der Mensch verpflichtet wird. Die Ahnung, die der Mensch im Bezug auf das Unbestimmte hatte, dass er nämlich bestimmt sei durch eine besondere Möglichkeit im Bezug auf das höchste Gut, ist Wirklichkeit geworden – die Wirklichkeit des Möglichen. Die Bewegung kann damit folgendermaßen skizziert werden: Das Selbstverhältnis verweist auf das Gottesverhältnis, das Gottesverhältnis auf das Selbstverhältnis. Anders gesagt und dem vorgreifend, was im zweiten Teil der Abhandlung erläutert wird: Mensch sein heißt Gott zu entdecken, und Gott entdecken heißt Mensch zu werden.

4.2. Der Bruch: Richtung und Fahrt

In der Analyse der Zweideutigkeit wurde das Thema des Bruchs bereits berührt. Der Bruch hat mit der Wahrnehmung der Wirklichkeit zu tun. Verendlichung oder Klugheit sind ein Selbstbetrug, weil der Mensch sich einbildet, unendlich zu sein, d. h. Zeit und Verschiedenheit zu beherrschen. Um diese Vorstellung geht es, sie soll aufgebrochen werden. So gesehen ist klar, dass der Bruch eine entscheidende Rolle bei der Transformation des Selbst oder der Bewegung des Gottesverhältnisses spielt, auch wenn in den Ausführungen zur Zweideutigkeit der Bruch nicht im Mittelpunkt stand. Jetzt aber stellt sich die Frage nach seiner Bedeutung: Ist hier einfach die Rede von einer Erkenntnis, oder geht es um etwas anderes? Eine Antwort suchen wir in der näheren Betrachtung dessen, was Kierkegaard mit „Richtung" und „Fahrt" meint, Begriffe, die in den vorigen Kapiteln schon gestreift wurden. Zunächst in Verbindung mit der Geduld, wo wir feststellten, dass der Geduldige die Richtung zum Ewigen nimmt und das Ewige den Menschen so in Fahrt hält, ohne dass er sich selbst überholt; danach in Verbindung mit der Gleichheit des Todes, zu welcher der Mensch sich vergleichend verhalten sollte, denn ein derartiger Vergleich ist eine „anspornende Macht, und gibt [...] so sicher die wahre Richtung" (*SKS* 5, 458; vgl. *DRG*, 192).

4.2.1. Die Richtung

Was die Richtungsänderung unmittelbar bedeutet, kann an einigen Beispielen aus den vorigen Kapiteln erläutert werden. Annas Richtungsänderung hat damit zu tun, dass der Gegenstand der Liebe ein anderer wurde. Aus der Bindung an einen zeitlichen Gegenstand hat Anna gelernt, dass der rechte Gegenstand der Liebe das Ewige ist; eine Veränderung, bei der der Mensch mit dem Blick auf das Zeitliche das Ewige sieht. Und in der Beichtrede haben wir gesehen, wie Kierkegaard die Rede auf zwei Ebenen aufbaut, die im Blick auf das Gottesverhältnis eine Richtung nach außen und eine nach innen bedeuten. Die Richtungsänderung vollzieht sich also von außen nach innen. Zusammenfassend könnte man sagen, dass der Mensch seinen Blick vom Zeitlichen, das seinen Gegenstand außer sich hat, nun auf das Ewige richten muss, das seinen Gegenstand im Inneren hat. Es ist eben die Frage, worin der Mensch sich gründet, ob er seinen Grund in der Zeitlichkeit oder im Ewigen sieht.

Doch wie kommt es nun zu dieser Richtungsänderung? Worin genau besteht der Bruch? Wie schon gesagt, es geht um Erkenntnis, und in der Beichtrede war Erkenntnis bereits im Blick auf menschliche Vorstellungen hin erläutert worden. Kierkegaard nennt drei Vorstellungen als Voraussetzung für die rechte Erkenntnis: Erstens, dass der Mensch eine wirkliche Vorstellung von der Gefahr haben muss (*SKS* 5, 425 / *DRG,* 154), die in der Auffassung der Zeit liegt; zweitens, dass der Mensch eine wirkliche Vorstellung von sich selbst haben muss; und drittens, eine wirkliche Vorstellung von Gott (*SKS* 5, 427, 437 / *DRG,* 156, 167). Ein Selbstverhältnis, das auf diese drei Vorstellungen baut, bedeutet, dass der Mensch sozusagen den richtigen Weg einschlägt: Den Blick auf Gott und die Ewigkeit gerichtet, wodurch er sich selbst und die Welt erst wirklich sehen kann. So weit also zum Erkennen des Bruchs. Noch unklar aber bleibt, wie der Mensch rein faktisch die alten Vorstellungen überschreiten und das Verfehlte einsehen kann. Ein anderer Aspekt des Bruchs zeigt sich in der Perspektive der Fahrt.

4.2.2. Die Fahrt

Mit dem Begriff der Fahrt sind wir schon im Zusammenhang der Geduld in Berührung gekommen, dort, wo die rechte Geduld im Stande ist, den Menschen in Fahrt zu halten, ohne dass er sich selbst überholen kann. Darin liegt zugleich die Schwierigkeit dieses Begriffs. Es geht eben nicht nur um die Frage nach der Fahrt als Bewegung, sondern nach dem richtigen Tempo: weder zu langsam noch zu schnell. Kurz gesagt, die Zeit vergeht mit jedem Augenblick, und dem entsprechend soll der Mensch der Zeit folgen, ohne im Vergangenen festzusitzen, ohne in etwas Zukünftigem zu schweben oder gar in Distanz zur Zeit ganz zum Stehen zu kommen. Der Mensch muss der Zeit folgen, nicht mehr und nicht weniger. Sich selbst gegenwärtig zu sein, das ist die Aufgabe. Eine weitere Schwierigkeit haben wir in Verbindung mit der Grabrede berührt, wo die Gleichheit des Todes die Fahrt sicher vorgab. Doch hier lag die Schwierigkeit nicht so sehr im richtigen Tempo, sondern darin, überhaupt Tempo aufzunehmen und in Bewegung zu kommen. Genauer gesagt: Der Mensch ist auf Abwegen, und vor der Frage nach dem richtigen Tempo steht die Frage nach der Umkehr. Deshalb auch die radikale Schockbehandlung im Vergleichen mit dem eigenen Tod.

Wenn der Ausgangspunkt für den Bruch die Verendlichung ist, in der der Mensch sozusagen in seiner eigenen Welt stehen bleibt, dann geschieht dies in erster Linie, um den Menschen in Gang zu setzen und dann das richtige Tempo zu finden. Die Schockbehandlung steht an erster Stelle, und das entspricht der ersten der drei genannten Vorstellungen: das Kennen der Gefahr. Sie besteht darin, sich einzubilden, man habe noch genug Zeit. Noch einmal: Die Verendlichung baut auf der Einbildung der Unendlichkeit, und eben dies soll die Schockbehandlung zerstören. Der Tod ist der Rückstoss, durch den der Mensch (potenziell) in Gang kommt. Um sich, im wahrsten Sinne des Wortes, aus der Sackgasse heraus zu manövrieren, muss der Mensch wissen, wo er steht. Er muss die Wirklichkeit kennen und wissen wo sie hinführt, bevor er einen Ausweg sehen kann. Davon handelt die Grabrede und das Wesentliche daraus soll hier kurz wiederholt werden. Erinnern wir uns, dass Gott mitten in der Argumentation in die Rede eingebracht wird, als eine Art *Deus ex machina,* der das erbauliche Ziel der Rede retten soll. In einer längeren Ausführung über die Bedeutung der Gleichheit des Todes spricht Kierkegaard plötzlich von der Gleichheit Gottes, als ob dies etwas sei, dass jeder sich selbst sagen kann. In auffallendem Kontrast dazu, wie Kierkegaard die unmittelbar verstandene Realität des Todes und dessen absolute Leere und Nichtigkeit etc. schildert, nimmt er die Gleichheit Gottes einfach als gegeben an. Dies zeigt, wo die Schwierigkeit liegt: Eigentlich kennt der Mensch bereits die Richtung, nicht jedoch die Gefahr. Er bildet sich ein, alles sei ausgezeichnet, so wie es ist, dass also die Entscheidung wohl noch etwas warten kann.

4.2.3. Die zweideutige Erkenntnis des Bruchs

Die entscheidende Voraussetzung für den Bruch besteht demnach in zwei Arten von Erkenntnis: Die eine, die die Richtung vorgibt, man könnte sagen eine positive Erkenntnis von Gott und Ewigkeit; und die andere, die den Menschen in Fahrt bringt – die doch die gleiche Erkenntnis ist wie die positive, aber eine Erkenntnis, die abstößt, und als solche kann sie negative Erkenntnis genannt werden. Der Mensch soll nicht nur erkennen, wo er sich hinbewegen soll, sondern zugleich, von wo aus er sich wegbewegt und wohin dieser Irrweg am Ende führt. Die Erkenntnis des Bruchs als Richtung und Fahrt kann deshalb in Verbindung mit dem vorigen Abschnitt über die Zweideutigkeit gesehen werden. Durch die Schockbehandlung des Todes soll der Mensch seine Wirklichkeit erkennen und damit zugleich, wohin die Verendlichung führt, dass sie ein Irrweg ist. Das heißt: Er soll den Tod, die Sünde etc. erkennen. Die positive Erkenntnis aber bedeutet, die Möglichkeit des Durchbruchs zu sehen: Die Liebe und das Leben, die in Gott und der Ewigkeit begründet sind. Darin liegt, mit anderen Worten, die Zweideutigkeit: Die Wirklichkeit zu kennen, aber die Möglichkeit zu sehen. In der Konsequenz dessen, dass die frühen erbaulichen Schriften ihren Grund in der Schöpfungstheologie haben, liegt die Gesamtperspektive im Anthropologischen. Das theologische Potenzial aber, das wir bereits angedeutet haben (nicht zuletzt in den ersten beiden Gelegenheitsreden) und das wir im Folgenden noch vertiefen werden, liegt in dem Menschen, der sich bewusst ist, ein Sünder zu sein, aber daran glaubt, dass er gerechtfertigt ist.

4.3. Die Welt und Gott

In den Abschnitten über die Zweideutigkeit und den Bruch wird Menschsein im Verhältnis zur Welt und zu Gott betrachtet. Dabei könnte es so aussehen, als ob das Verhältnis zur Welt erst gebrochen werden müsste, um das Gottesverhältnis richtig hervortreten zu lassen. Das ist auch nicht ganz falsch, aber man kann hier unterschiedlich gewichten und damit zu verschiedenen Ergebnissen kommen. Wir wollen kurz zusammenfassen, wie die Welt und Gott im ersten Teil des erbaulichen Werkes zur Darstellung kommen.

4.3.1. Die Welt

In den Reden, mit denen wir uns beschäftigt haben, spielt die Welt eine bedeutende Rolle. Was die Welt ist, d.h. welche Rolle ihr zukommt und in welchem Licht sie gesehen wird, ist jedoch nicht ganz eindeutig. Man kann sagen, die Welt stellt sich in drei Perspektiven dar: Erstens, die Welt als Ausgangspunkt; zweitens, die Welt als Negativität in der Bedeutung, dass der Mensch sich von ihr lösen soll; und drittens, die Welt als Gottes Schöpfung. In diesen drei Formen begegnet uns die Welt in Kierkegaards Reden.

Die erste Form, die Welt als Ausgangspunkt des Menschen, besagt, dass der Mensch sich selbst immer schon in einer bereits gegebenen Welt vorfindet. Wir haben im Blick auf die Grundbedingungen des Menschseins gesehen, dass der Mensch bereits in Zeit und Verschiedenheit ist und sich niemals über diese erheben oder sich ihnen entziehen kann. Die Zweideutigkeit, in die der Mensch gesetzt ist, gilt auch seinem Verhältnis zur Welt. Einerseits ist er ein Teil der Welt, andererseits definiert er sich als menschliches Selbst überhaupt nur im

Gegensatz zu ihr. Ein Mensch kommt zur Welt, so heißt es, und wird ganz konkret ein Teil der Welt. Der Mensch aber, der ohne Unterschied mit der ihn umgebenden Welt verschmilzt und bloß tut, was die anderen tun, ist kein selbständiges Individuum, sondern einfach nur ein Teil der Welt – und nicht mehr; dieser Mensch ist kein Mensch. Für Kierkegaard bedeutet die Welt als Ausgangspunkt eben gerade diese Zweideutigkeit: Der Mensch gehört zur Welt, aber er ist immer mehr als nur die Welt. Einerseits kann er sich der Welt nicht entziehen, denn der Ort der Existenz ist in der Welt, andererseits kann er auch nicht unterscheidungslos in der Welt aufgehen, weil er als ein Selbst etwas anderes als die Welt ist. Die Welt als Ausgangspunkt führt zur Negativität, denn die Zweideutigkeit stellt eine Aufgabe: Sich selbst in der Welt zu finden, was nur durch ein Losreißen von ihr geschehen kann. Der Mensch muss im ersten Durchgang sich selbst bestimmen, in dem er sich unterscheidet.

Welt als Negativität, die zweite Form, bedeutet, die bekannte und vertraute Welt, in der man sich selbst gefunden hat, loszulassen. Der Bewegung der Negativität sind wir in der Selbstvernichtung bereits begegnet. Man kann sie beschreiben als den Versuch, das aufzulösen, was wir das zeitliche Selbst genannt haben. Es ist ganz entscheidend, dass diese Bewegung einem Dritten gegenüber gemacht wird, d. h. vor etwas, das nicht der Mensch selbst und auch nicht die Welt ist; dass diese Vernichtung ein anderes Ziel hat als bloße Destruktion, eben das Ziel der Erbauung. In Kierkegaards erbaulichen Schriften ist Gott stets anwesend als ein Gegenüber, vor das der Mensch gestellt ist und das ein positives Gegengewicht zur Selbstvernichtung bildet.

Die dritte Form, in der uns die Welt begegnet, ist die paradoxe Existenz aufgrund neuer Möglichkeit. Kierkegaard beabsichtigt nicht, diese Welt in den frühen Reden darzustellen, doch einzelne Passagen zeigen ein Verhältnis zur Welt, das mit ihr sozusagen versöhnt ist. Die Welt wird als Gottes Schöpfung gesehen, die im Licht der Gleichheit Gottes wahrgenommen jede Verschiedenheit durchleuchtet und im Licht der Gegenwart der Liebe jeden Augenblick erfüllt. Sie ist demnach nicht bloß der Ausgangspunkt der Existenz, auch nicht etwas, wovon der Mensch sich losreisen soll, sondern sie ist von prägnanter Bedeutung an der Stelle, an der sich die menschliche Existenz entfalten soll. Sie ist nämlich der Ort, an dem die Liebe Ausdruck und Form finden soll, jene Liebe, zu der der Mensch verpflichtet ist. So hat der Mensch sich losgerissen von der Welt und kann nun mit Hilfe von Gottes neuer Möglichkeit zu ihr zurückkehren, weil Gott ihn auf die Liebe verpflichtet, die in Gottes Gleichheit gründet.

4.3.2. Gott

Im ersten Teil des erbaulichen Werkes sind sowohl die Welt als auch Gott noch keine eindeutigen Größen. Eine zentrale Spannung im Gottesbegriff war bereits im Zusammenhang der Zweideutigkeit thematisiert worden: Der Mensch selbst entdeckt Gott, aber durch Gott entdeckt er den Menschen. Darin liegt die Spannung zwischen dem Eigenen und dem von außen Kommenden, zwischen Schöpfung und Offenbarung.

Durch sich selbst entdeckt der Mensch Gott. Der klarste Ausdruck dafür findet sich in der Bewusstheit des Wunsches über das höchste Gut. Gott kann als das höchste Gut bestimmt werden und der Mensch ist sich allerorts bewusst, in der Macht Gottes zu stehen. Aber über diese Bestimmungen hinaus ist Gott ganz und gar unbestimmt. Gott ist gut und er ist allmächtig, das Verhältnis zu ihm bedeutet Seligkeit. Der Mensch aber kennt Gott nicht, verhält sich zwar zu ihm, steht zu ihm aber in keinem wirklichen Verhältnis. Man kann sagen, der Mensch entdeckt Gott, hat aber keine Kenntnis darüber, inwieweit Gott den Menschen entdeckt hat. Der Mensch weiß nicht, ob Gott ihn sieht, und wenn, so weiß er nicht, ob Gott sanft oder wütend ist. Es fehlen die Kriterien, sich Gott gegenüber zu verhalten. In diesem Sinn könnte man sagen, dass das Verhältnis, in dem der Mensch durch sich selbst Gott entdeckt, schöpfungstheologisch bestimmt ist; kraft seines Geschaffenseins findet er Gott, oder besser: er verhält sich zu Gott. Weil Gott fern ist, geht es nicht um Schöpfungstheologie in dem Sinn, dass Gott als Grund verstanden wird. Denn Gott ist das Höchste, das höchste Gut und die höchste Macht, aber er wird nicht als Grund von allem angesehen. Stattdessen liegt ein problematischer Abstand zwischen Mensch und Gott. Der Mensch versteht nicht, dass er von Gott geschaffen ist, er versteht aber, dass er in Gottes Macht steht. Gott ist unbestimmt und abwesend, und insofern kann man sagen: er ist Möglichkeit. Er ist wie der Wunsch, der in Erfüllung gehen kann, oder wie das, wonach der Mensch strebt: Ein Abwesendes, das künftig Wirklichkeit werden könnte.

Mit der Rückkehr des Gottesverhältnisses – nach dem Bruch mit der Klugheit – verändert sich der Gottesbegriff. Gott ist weiterhin Gott und in der Rede wird er als derselbe angesehen, d.h. er ist immer noch gut und allmächtig. Aber Gott ist nicht länger abwesend, sondern er ist jetzt unendlich anwesend. Der Unterschied ist der, dass Gott jetzt der Schöpfer ist, er ist der Grund des Seins. Wo es vorher kein Verhältnis gab, sondern nur ein sich Verhalten des Menschen zu einem unbestimmten Wesen, ist jetzt ein etabliertes Verhältnis: Gott ist Schöpfer und der Mensch ist Geschöpf. Gott ist nicht länger der Mächtige, bei dem der Mensch sich befindet, den er selbst aber nicht finden kann. Gott ist nicht ein Gegenstand oder ein Wesen im Äußeren, sondern dem Menschen allgegenwärtig, weil er der Grund des Menschen ist. Er ist nicht mehr die Möglichkeit, die in Erfüllung gehen kann, sondern Gott ist das, wodurch der Mensch selbst bestimmt ist. Als Geschöpf ist der Mensch in seinem Verhältnis zu Gott bestimmt, er ist geistig bestimmt, und ein Selbst zu werden bedeutet, dieses Selbst zu werden vor Gott. In diesem *grundlegenden* schöpfungstheologischen Verhältnis (in existenz-theologischer Perspektive, d. h. noch nicht schöpfungstheologisch im Verhältnis zur Welt) sieht der Mensch, dass er auf Gott verwiesen ist. Gott ist die tiefste Realität, er ist die tiefere Wirklichkeit, an die die Möglichkeit des Menschen gebunden ist.

Im Missverhältnis der Sünde verändert sich der Gottesbegriff eigentlich nicht. Gott bleibt weiterhin jene Wirklichkeit, zu der der Mensch sich als Möglichkeit verhält. Allein die Möglichkeit des Menschen ist eine andere – sie ist nämlich radikal verändert, weil sie verloren ist. Gottes Wirklichkeit besteht, aber der Mensch hat seine Möglichkeit verspielt und ist verloren. Der Mensch hat das Verhältnis gebrochen und zu einem Missverhältnis in Reue und Sorge gemacht. Gottes Wirklichkeit besteht, aber der Mensch findet das Gottesverhältnis in einer anderen Wirklichkeit wieder, nämlich in der Wirklichkeit der Sünde. In der Wirklichkeit der Sünde ist der Mensch weiterhin auf Gott verwiesen, aber die Sünde steht dazwischen, und deshalb gibt es keine Möglichkeit in Relation zur Wirklichkeit Gottes. Gott ist weiterhin Schöpfer, der Mensch aber hat sich von sich selbst entfernt. Er ist gefangen in einer fremden Wirklichkeit, er ist unter fremder Herrschaft, und trotz Sorge und Reue kann er nicht zurückkehren. Die Sünde ist für den Menschen unmöglich in dem Sinn, dass es keine Möglichkeit mehr gibt.

Soweit zur schöpfungstheologischen Perspektive, in der der Mensch sich auf Gott verwiesen sieht, aber in einer anderen Wirklichkeit gefangen bleibt. Wie wir bereits gesehen haben, manifestiert sich Gott in dieser fremden Wirklichkeit als eine neue Möglichkeit. Es ist Gott, der in die Wirklichkeit der Sünde eingreift und spricht: Mit seinem von außen kommenden Wort schafft er einen Bund und Raum für einen Entschluss – einen Entschluss, der bis dahin unmöglich war. Mitten in der Wirklichkeit der Sünde dringt die Wirklichkeit Gottes hindurch und verpflichtet den Menschen auf diese: Gott manifestiert sich und

4. Erste Zusammenfassung

ist wiederum die Wirklichkeit, zu der der Mensch sich als Möglichkeit verhält. Die Wirklichkeit Gottes wird aufs Neue zur Möglichkeit, und der Gottesbegriff kann deshalb konzentriert werden auf die Möglichkeit, wo keine Möglichkeit besteht. Das Gottesverhältnis baut darauf, dass für Gott alles möglich ist. Denn nur durch das Eingreifen Gottes kann die Wirklichkeit der Sünde gebrochen und Gottes Wirklichkeit erneut eine Möglichkeit werden. Als Schöpfer ist Gott die tiefste Wirklichkeit, aber in der Wirklichkeit der Sünde manifestiert er sich als Möglichkeit; denn für Gott ist alles möglich. Das ist nicht mehr der schöpfungstheologische Ausgangspunkt, in dem der Mensch sich selbst als auf Gott verwiesen erkennt, sondern der Gott, der sich dem Menschen als neue Möglichkeit offenbart. Gott offenbart die Möglichkeit der Liebe in der Wirklichkeit der Sünde, die Möglichkeit des Lebens in der Wirklichkeit des Todes.[9]

Auf dieser Basis ist das Verhältnis zwischen Schöpfung und Offenbarung genauer zu bestimmen: Es geht nicht darum, ein unrechtes Gottesverhältnis durch ein anderes, richtiges zu ersetzen, sondern dasselbe Verhältnis neu werden zu lassen. Das Missverhältnis in der Sünde ist Ausdruck dafür, dass der Mensch sich weiterhin auf Gott verwiesen sieht, und Gottes Wirklichkeit ist weiterhin die, an die der Mensch gebunden ist und die wiederum möglich wird aufgrund der Offenbarung. In der Offenbarung wird alles neu: das Gottesverhältnis, das Leben, die Liebe etc. Es ist aber dasselbe Verhältnis, das schon bestanden hat, jedoch ein Missverhältnis geworden war, und

---

[9] Ein wesentliche Frage ist die, in welchem Sinn man in diesen frühen erbaulichen Texten von Offenbarung sprechen kann. Ist es ganz einfach *die* Offenbarung, d. h. die Christus-Offenbarung, oder ist es in einem weiteren Sinn Gott, der sich in anderer Weise offenbart (vgl. die zahlreichen biblischen Zeugnisse von der Offenbarung Gottes)? Wir haben von Offenbarung als Möglichkeit gesprochen, wo es keine Möglichkeit gibt, und insofern handelt es sich um Offenbarung – weil es etwas ist, was der Mensch aus sich selbst nicht sehen kann. Menschlich gesehen ist es eben gerade keine Möglichkeit. Wir haben aber auch ziemlich vage von einem von außen kommenden Wort gesprochen, und davon, dass Gott sich manifestiert, jedoch nicht näher bestimmt, wie er das tut. Das Problem dabei ist, dass Kierkegaard diesen Zusammenhang nicht präziser darstellt, sondern die Offenbarung nur andeutet. Es lässt sich also nicht definitiv entscheiden, von welcher Art Offenbarung hier die Rede ist. Darin liegt aber eine bestimmte Absicht und diese hat wiederum damit zu tun, dass die Reden schöpfungstheologisch angelegt sind, was in ihrer anthropologischen Sicht der Dinge zum Ausdruck kommt. Wie beispielsweise die Traurede die doppelte Bestimmung des Menschen enthält, zugleich Sünder und gerecht zu sein, so enthalten die Reden ein Potenzial im Blick auf die Christus-Offenbarung – und diese Thematik wird zu einem späteren Zeitpunkt genauer ausgearbeitet.

das nun ein neues wird, so wie das schon gegebene Leben, die schon gegebene Liebe neu werden.[10]

4.4. Christentum?

Wir haben bisher das Gottesverhältnis als ein im Gunde genommen christliches interpretiert. Gott ist der Schöpfer, auf den der Mensch verwiesen ist; dies Verhältnis aber wird zum Missverhältnis der Sünde, das allein durch Gottes Offenbarung durchbrochen werden kann, damit der Menschen neues Leben gewinnt. Das Muster ist kurz gesagt: Schöpfung – Sündenfall – Erneuerung. Warum dann überhaupt

---

[10] Es ist somit das Alte, das neu wird. Man kann fragen, ob es hier um eine Neuschöpfung geht oder ob es richtiger wäre, von einer Wiederschöpfung zu sprechen. H. Schulz spricht von Neuschöpfung in der Perspektive der Erhaltung: „Die creatio ist in Christus Wiederholung (der paradoxe Ausdruck des Sich-selbst-gleich-Bleibens *Gottes* in Liebe); die Versöhnung ist paradoxer Ausdruck der conservatio i.S. der creatio continua (die Neuschöpfung als paradoxer Ausdruck der Identität des *Sünders* im absoluten Anderswerden qua Sündenbewusstsein). Ebenso wie in *subjektiver* Hinsicht die Identität des Individuums nur als gebrochene Kontinuität, als Wunder eines permanenten Neubeginns im Augenblick des Glaubens zu denken ist, ebenso wird auch in gewissermaßen heils*objektiver* Hinsicht der Sinn des Anfangs-Aspektes der Schöpfung (das nihil) erst vermittelt über den Gedanken der conservatio, als permanent-transzendente Neuschöpfung qua Versöhnung greifbar" (*Eschatologische Identität*, S. 482f.). Es geht also nicht um Neuschöpfung im Sinn eines anderen *ex nihilo* (lutherische Orthodoxie), sondern um eine fortdauernde Erhaltung des *ex nihilo* d.h. einen fortwährenden Schöpfungsakt, der erst mit Inkarnation und Versöhnung (und meiner These zufolge: mit Auferstehung und Himmelfahrt) sich durchsetzt. So unterstreicht H. Schulz weiterhin die Bedeutung „der funktionalen Deutung des nihil [...]: Christus ist als Prinzip der Erhaltung (creatio continua qua Versöhnung) die Vollendung dessen, was Schöpfung aus Nichts heißen kann" (ibid. S. 483). Auch N.J. Cappelørn geht auf die Frage ein, inwiefern man bei Kierkegaard von Neuschöpfung oder Wiederschöpfung sprechen kann, und seine Erklärung kann in Parallele zu Schulz gesehen werden. Cappelørn geht aus von der Perspektive des Sünders, wenn er eine existenzielle (Neuschöpfung) und eine ontologische Ebene (Wiederschöpfung) unterscheidet: „Existentiell betrachtet ist der Mensch total sündig [...]. Ontologisch betrachtet ist aber ein subjektiver Rest von Gottes Bild im Menschen, und zwar in Form eines Sündenbewusstseins, eines Bedürfnisses bzw. eines Dranges nach Gott, und in diesem Sündenbewusstsein und diesem Bedürfnis bzw. Drang nach der Wiederholung der Freiheit ist der Mensch offen für die Offenbarung von der Vergebung der Sünden und damit für die Wiederaufrichtung in Christus, offen und empfänglich für eine Heilung im Grunde" („Gottebenbildlichkeit und Sündenfall", S. 449). Deswegen kann er hier präzisieren: „der Mensch [...] [wird] ein neuer Mensch von anderer Qualität nach der Wiedergeburt [...]. Dies jedoch nicht neu im Verhältnis zum Geschaffenen, sondern neu im Verhältnis zum Verlorenen" (ibid. S. 451).

die Frage, ob die Reden christlich angelegt sind, wenn die christliche Interpretation so offensichtlich ist? Zugunsten der Frage ist ein textinterner Grund anzuführen, darüber hinaus ein externer Grund, der mit der Rezeption der Reden zu tun hat.

Der interne Grund ist ganz einfach der, dass der Dreh- und Angelpunkt des Christentums, grob gesagt, in den Reden mit keinem Wort erwähnt wird. Christus spielt nur eine geringe Rolle, und die Rolle, die er spielt, ist nicht die des Erlösers oder Versöhners. Wenn Christus herangezogen wird, dann als Beispiel unter anderen (z.B. Anna). Der externe Grund liegt in einer anderen Schrift Kierkegaards, der *Abschließenden unwissenschaftlichen Nachschrift* unter dem Pseudonym des Johannes Climacus. Zuerst hat Climacus, wie schon in der Einleitung skizziert, die achtzehn erbaulichen Reden besprochen und sie als nicht-christlich charakterisiert: „Der paradoxe Ausdruck der Existenz (d.h. des Existierens) als Sünde, die ewige Wahrheit als das Paradox, dadurch, dass sie in der Zeit geworden ist, kurzum das, was für das Christlich-Religiöse entscheidend ist, findet sich in den erbaulichen Reden nicht" (*SKS* 7, 246 / *AUN* I, 265f.). Diese Notiz liefert die Basis für die gängige Interpretation der Reden: Sie gehören zur Religiosität A, der allgemeinen Religiosität, zu der der Mensch durch sich selbst gelangen kann; und damit wird auch der theoretische Rahmen abgesteckt, in dem die Reden gelesen und die weiteren Rezeptionen bestimmt werden sollen. Sowohl die stadientheoretische Interpretation als auch die kategorische Kingos zeigen, dass Climacus' Stadien- und Religionstheorie mit der Unterscheidung zwischen der Religiosität A und B die Tagesordnung bestimmen. Die Reden werden entweder allgemein-religiös (z.B. Climacus und die Stadientheorie) oder christlich, d.h. paradox-religiös (Kingo) interpretiert. Die demgegenüber hier nachgewiesene Spannung zwischen Schöpfung und Offenbarung lässt der Religionstheorie des Climacus allerdings keinen Raum und bestreitet deren Möglichkeit.

Die Frage, inwiefern man von *christlichen* Reden sprechen kann, stellt sich deshalb als Frage nach dem, was unter Christentum zu verstehen ist. Denn die Reden wurden bislang im Lichte eines bestimmten Christentumsverständnisses gelesen, das anstelle einer positiven Auffassung sich als polemischer Versuch darstellt, messerscharf zu trennen zwischen dem, was Christentum ist und was nicht. Durch das Pseudonym des Climacus geht Kierkegaard ins Gericht mit der verbreiteten Auffassung des Christentums als etwas, das der Geschichte oder dem individuellen Leben ganz natürlich schon eingeschrieben sei. Climacus will eine Grenze ziehen, damit das Christentum nicht zu etwas wird, woraufhin sich die Geschichte entwickelt (Idealismus), oder zu etwas, in das man hineingeboren wird, und also Christ nur ist, weil man es schon immer war (Kulturchristentum). Daher Climacus' Absicht, einen scharfen Schnitt zwischen nicht-christlicher und christlicher Religiosität zu legen. In den *Philosophischen Brocken* von 1844 gibt Climacus das Paradox als die entscheidende christliche Bestimmung an. Das bedeutet, dass der Gott (wie die *Brocken* sich etwas anonym ausdrücken) in der Zeit geworden ist und dass der Mensch von sich aus keinen Zugang zu ihm hat – es sei denn, Gott gibt dafür die Bedingung. Der Mensch ist der Sünder, der außerhalb der Wahrheit steht, ohne Zugang zu ihr. Christ zu werden bedeutet deshalb, ein ganz und gar neuer Mensch zu werden, weil man einer Wahrheit begegnet, die man nie zuvor gekannt und zu der man keinerlei Zugang gehabt hat. Das alles macht es schwierig, in der Religionstheorie des Climacus ein Verhältnis zwischen Schöpfung und Offenbarung zu erkennen. Den weiteren Bestimmungen der Religiosität B, wie Climacus in der *Nachschrift* das Christentum nennt, sind wir zum Teil bereits bei der Besprechung dessen begegnet, was Climacus Sünde, ewige Wahrheit und (wiederum) das Paradox des Gewordenseins in der Zeit nennt.

Dass die Rezeption auf dem Hintergrund dieser Theorie zwei diametral entgegengesetzte Interpretationen derselben Reden vorweisen kann, deutet darauf hin, dass sich in ihnen eine Spannung verbirgt, die geradezu den Rahmen sprengt. Die Charakteristik der Reden (gemäß der Stadientheorie) als allgemein-religiös scheint aus genau dem Grund zutreffend, den Climacus selbst angibt: Die entscheidenden christologischen Begriffe treten in den Reden nicht auf. Andrerseits scheint Kingo Recht zu haben, wenn er darauf hinweist, dass in den Reden etwas auf dem Spiel steht, das nicht nur das menschliche Verhältnis zur ewigen Seligkeit betrifft, sondern auch das paradoxe Eingreifen Gottes, auf das der Glaube sich stützt. Beide Interpretationen aber haben die Schwierigkeit, dass ihre Voraussetzungen problematisch sind. Sie stellen falsche Fragen und übersehen deshalb das für die erbauliche Religiosität Wesentliche: Schöpfung und Offenbarung können nicht voneinander getrennt werden, das Allgemeine und das Christliche passen in gewissem Sinn zueinander. Nicht so, dass wir alle schon Christen sind, sondern so, dass jeder Mensch, indem er Mensch ist, verwiesen ist auf ein Verhältnis zu dem Gott, der ihn geschaffen hat. Und nur durch dieses Verhältnis wird der Mensch wirklich ein Mensch – weil Gott offenbart, was es heißt, Mensch im allgemeinen Sinn zu sein.

In diesem Sinn sind die Reden christlich; wobei dies nur gesagt werden kann, sofern es anders gemeint ist als Climacus' Definition des Christentums. Diplomatischer ausgedrückt kann man sagen, dass die Reden generell schöpfungstheologisch angelegt sind, während das erbauliche Moment, das sie alle auszeichnet, aus einer gemeinsamen Grundströmung resultiert. *Schöpfungstheologisch* heißt auch, dass Kierkegaard bemüht ist, gerade nicht explizit christliche erbauliche Reden zu schreiben. Er will dem Menschen begegnen, wo er ist – inmitten der Existenz. Deswegen beginnt er beim Dasein des Menschen in der Welt und seinen Grundbedingungen. Wer sie christlich nennt (in Climacus' Betonung des Wortes), droht den für diese Reden so entscheidenden Ausgangspunkt zu zerstören.

Werden diese Reden als *christlich* bezeichnet, so ist damit gemeint, dass sie in der Spannung zwischen Schöpfungs- und Offenbarungstheologie stehen. Das Schöpfungstheologische gerät deswegen nicht ins Wanken, ganz im Gegenteil, es wird verschärft, sofern es in der Offenbarung festgehalten wird; und das Offenbarungstheologische wird nicht zum zusammenhangslosen Einschnitt, der den Menschen in einen alten und einen neuen, die nichts miteinander zu tun haben, spaltet. Der Mensch verhält sich qua Geschaffensein zu Gott als Schöpfer, aber das Erbauliche, der Trost und die neue Möglichkeit offenbaren Gott für den Menschen.

II. Teil

Gott in der Welt

Mit dem zweiten Teil kommen wir den späteren erbaulichen Schriften immer näher und beginnen mit den *Erbaulichen Reden in verschiedenem Geist* gefolgt von *Die Taten der Liebe,* beide aus dem Jahr 1847.[1] Die Überschrift zum ersten Teil der Abhandlung lautete „Die Existenz in der Welt", wobei sich entlang der *Erbaulichen Reden 1843-44* und der Gelegenheitsrede „An einem Grabe" verfolgen ließ, wie Kierkegaard die Bedingungen des Menschseins in der Welt aufdeckt und das Gottesverhältnis die ganze Zeit über als Aspekt mitläuft, während der Mensch sich – was immer er damit anfängt oder nicht – in der Zweideutigkeit befindet, sich selbst bestimmen zu müssen oder schon bestimmt zu sein. Ferner konnten wir in den *Drei Reden bei gedachten Gelegenheiten* die genauere Entwicklung des Gottesverhältnisses verfolgen, so wie es sich mit einem Mal unmittelbar zeigt, gleichzeitig aber etwas ist, das man sich aneignen muss. Der Mensch muss sich für das Gottesverhältnis entscheiden, sich dazu entschließen, und erst dann wird dieses Verhältnis, das bereits gegeben ist, zum eigentlichen Gottesverhältnis. Im Folgenden nehmen wir diesen Faden wieder auf: Mit der Reue (Kap. 1) machen wir einen Schritt zurück zu dem, was in der ersten Beichtrede bereits Thema war, nämlich dem Missverhältnis, dass der Mensch sich in seinem Gottesverhältnis festgefahren hat, auf das er doch angewiesen ist. Die Liebe (Kap. 2) nimmt die Trauerede vertiefend auf, allerdings weniger im Hinblick auf das Überwinden der Sünde als vielmehr in der Perspektive nach ihrer Überwindung. Man könnte sagen, zwischen Reue und Liebe scheine ein Glied zu fehlen, dass eigentlich erst im III. Teil dieser Abhandlung herausgearbeitet werden kann: die Versöhnung. Die Liebe steht an der Stelle desjenigen Potenzials, dem wir bei verschiedenen Gelegenheiten im I.

---

[1] Der Buchtitel *Kjerlighedens Gjerninger* (*SKS* 9) wird, wie schon bisher, korrekt mit *Die Taten der Liebe* übersetzt, anders als in *GW1,* 19. Abtlg. (*LT:* „Der Liebe Tun").

Teil der Arbeit schon begegnet sind: Der Mensch in seiner Rückwendung zur Welt lebt in einem erlösten Gottesverhältnis, das ihm das nach außen gewandte Handeln der Liebe nicht nur erlaubt, sondern ihn dazu verpflichtet.

Kapitel 1

Die Bewegung der Reue

Die Untersuchung der Reue beginnt mit der zweiten großen Beichtrede von 1847, die mit ihren fast 150 Seiten ohne Zweifel die längste Rede in Kierkegaards erbaulichen Schriften darstellt. Primär werden wir uns allerdings nur mit den ersten 20 Seiten, dem Auftakt der Rede, beschäftigen. Es ist nichts Außergewöhnliches, dass diese Rede den Faden aus der vorigen Beichtrede wieder aufnimmt, zumal es um den gleichen Anlass geht: Schuld, Sünde und Reue. Kierkegaard beginnt gewissermaßen im direkten Zugriff auf das Thema, ohne die früheren Formen des Gottesverhältnisses einzubeziehen, und am Anfang steht die Reue als Selbstverhältnis. Andererseits kann man sagen, dass Kierkegaard weiter ausgreift als in der ersten Beichtrede, sofern es nicht um eine festgefahrene Reue geht, sondern um eine Bewegung: Von einer ersten Reue, die gefürchtet wird, zu einer späteren, die freimütig eingeräumt werden kann. Nach diesem Vorgreifen nun zurück zum Anfang.

1.1. Die Reue und das Selbst

Kierkegaard beginnt die lange Beichtrede mit einer kurzen Einleitung, die auf den ersten Blick einem Gebet gleicht – ohne als solches angezeigt zu sein.[2] Die Einleitung füllt eine einzige Seite und sie ist in zwei gleich große Hälften geteilt. Die erste Hälfte zeigt die Möglichkeit, wie es sein sollte: Der Mensch, der aus Gottes Gnade lebt, alles als von Gott gegeben ansieht und deswegen nur das Eine will (nämlich in Übereinstimmung mit Gottes Willen zu leben). Die zwei-

---

[2] Der unmittelbare Eindruck des Gebetscharakters wird durch die wörtliche Wiederholung des „Gebets" ganz am Schluss der Rede noch verstärkt. Dass zu Beginn die Auszeichnung als Gebet – wie dies an vielen anderen Stellen in den erbaulichen Schriften der Fall ist – hier fehlt, spricht aber gegen diesen Status. E. Geismar z.B. spricht hier von einem Gebet (vgl. *Sören Kierkegaard. Seine Lebensentwicklung und seine Wirksamkeit als Schriftsteller*, S. 474f.).

te Hälfte setzt die Realität dagegen: So lebt der Mensch nicht, er sieht sich selbst nicht aus der Gnade Gottes, und deswegen soll bereut werden. Diese kurze Einleitung nimmt die Thematik der Rede vorweg und beschreibt das menschliche Selbst im Verhältnis zur Reue. Das gilt es, näher zu betrachten.

Was in erster Linie über das Menschsein gesagt wird, ist dies: Dass etwas nicht so ist, wie es sein sollte. Kierkegaard scheint an dieser Stelle den Sündenfallbericht zugrunde zu legen, wonach der Mensch statt voll und ganz in Gott zu sein, von ihm abfällt und stattdessen sich selbst will. Die einzige Möglichkeit eines Gottesverhältnisses außerhalb des Paradieses ist deshalb das der Reue. Bereuen ist ein Versuch, zurückzukehren in den paradiesischen Zustand der Einheit mit Gott, also ein Bild des gefallenen Menschen. Es ist jedoch nicht ganz treffend diesen Paradieszustand (den es nicht mehr gibt) dem Sündenzustand (der jetzt Realität ist) gegenüberzustellen. Denn sofern es um den Sündenfallbericht geht, muss Kierkegaards Auffassung beachtet werden, dass es hier um eine wesentliche Entzweiung geht: Nicht nur im Blick auf den verlorenen Zustand des Paradieses, sondern der Mensch selbst ist es, der zerrissen und zweifach gesinnt ist. Dasselbe kehrt in der stilistischen Form der Einleitung wieder, in ihren ziemlich genau gleichen Teilen: Zuerst die Einheit mit Gott, danach Abfall und Bruch. Was die beiden Teile trennt, ist der Satz: „Ach, aber so ist es ja nicht; es kam ja etwas dazwischen, es liegt ja eine Scheidung durch die Sünde dazwischen" (*SKS* 8, 123 / *ERG,* 11). Bemerkenswert ist, dass Kierkegaard an dieser Stelle nicht ein Bild vor und nach dem Sündenfall zeichnet, sondern gerade hier den ganzen Menschen abbildet – allerdings den zweifach gesinnten Menschen: Er ist gespalten, mitten durch zerrissen, ebenso wie die Form der Einleitung selbst. Die Gespaltenheit ist ein entscheidender Zug in Kierkegaards Menschenbild: Es ist etwas dazwischen gekommen.[3] Dieses etwas, die Sünde, ist zwischen das sonst einvernehmliche Verhältnis zwischen Gott und Mensch getreten, und es steckt ein Keil im Selbst des Menschen, was sich in der gebrochenen Einheit und Kontinuität zeigt. Der Mensch ist

---

[3] Kierkegaard teilt hier eine Grundsicht des Menschen, die sich auch bei Hegel und Feuerbach findet. Die „Lösung" der Gespaltenheit ist jedoch verschieden: Während Hegel den Menschen durch eine Aufnahme in den absoluten Geist zu heilen versucht, grob gesagt durch eine Objektivität, und Feuerbach den Menschen durch dessen Einsicht, dass er alleine steht, heilen will, grob gesagt durch eine Subjektivität, insistiert Kierkegaard auf dem dialektischen Zusammenhang des Menschen mit Gott, d.h. von Subjektivität und Objektivität.

kraft dessen, was dazwischen gekommen ist, zweifach gesinnt – und damit ist das Hauptthema der Rede erreicht.[4]

Soweit die Auffassung des Menschen, wie sie in der Einleitung zum Ausdruck kommt. Sie bestätigt, was wir schon in der früheren Rede als zeitliches und ewiges Selbst gefunden haben, bildet aber auch den Hintergrund für die Rolle der Reue und ihre Platzierung. Hier ist in erster Linie klar, dass die Reue eine Reaktion auf die Spaltung durch die Sünde ist, und zwar die einzig richtige. Reue ist die Reaktion des Menschen auf die Entfremdung von Gott. Die Reue will am Gottesverhältnis festhalten und zu einem nahen und einvernehmlichen Gottesverhältnis zurückfinden. Damit ist allerdings auch klar, dass ebenso wie die Sünde primär nicht als ein einzelner Fall oder Handlung, sondern als Totalbestimmung zu verstehen ist, so auch die Reue als etwas, das auf den ganzen Menschen zutrifft – und das zu aller Zeit. Die Reue ist der Versuch, Einheit und Kontinuität zurückzugewinnen, und das ist gemäß dem einleitenden Abschnitt die einzige Art und Weise, wie die Spaltung überwunden werden kann; d. h. ein Versuch, das zu vernichten, was zwischen Gott und den Menschen getreten ist. Das jedoch war der Mensch – der zweifach gesinnte – selbst. In diesem Sinne ist Reue Selbstvernichtung, jetzt jedoch anders gefasst als im I. Teil: Nicht mehr als Selbstvernichtung jenes Selbst, das an die Welt gebunden ist, sondern als Selbstvernichtung, die in Relation zum Gottesverhältnis steht. Die Reue versucht, den zweifach gesinnten Menschen zu vernichten, um die Einheit mit Gott wieder herzustellen. Trotz des Unterschiedes dieser beiden Perspektiven gilt aber weiterhin, dass die Selbstvernichtung ein positives und erbauliches Ziel hat, weshalb der Sinn nicht in der Vernichtung des Menschen, sondern in seiner Erbauung liegt.

Ferner zeigt sich schon hier, dass Reue nicht bloß Reue ist. Kierkegaard wird die Reue umschreiben mit „Sorge", „Besorgnis" und „Be-

---

[4] Es ist anzumerken, dass „zweifach gesinnt sein" (dän. tvesindet) etwas ganz anderes ist als Zweideutigkeit (dän. tvetydighed). Während die Zweideutigkeit als Möglichkeit und Freiheit an die Existenz gebunden ist, steht das Zweifach-gesinnt-sein für das Grundproblem des Menschen: seine Sünde, dass sein Wille geteilt ist. Der Mensch will nicht voll und ganz sein, wozu er bestimmt ist, sondern will auch etwas anderes. Wenn Kierkegaard das Zweifach-gesinnt-sein als Ausdruck der Sünde hervorhebt, bedeutet dies, dass die Sünde keine fremde Macht ist, die von außen den Menschen ergreift. Es ist der Mensch selbst, der zwischen das Gottesverhältnis gerät. Der andere Wille, der sich selbst zuerst will, ist zwischen das einvernehmliche Verhältnis zwischen Gott und Mensch getreten. Die Reue hat deshalb mit dem Streben nach Einigkeit zu tun, Einigkeit mit sich selbst, d.h. zurück zu finden zum einigen Willen. Deswegen ist das Hauptthema der Rede, mit ihrem Ausgangspunkt in Schuld und Reue, das Zweifach-gesinnt-sein. Jeder Mensch muss damit zurechtkommen.

trübnis" (*SKS* 8, 123; vgl. *ERG,* 11), was auffallend zusammenstimmt mit dem widersprüchlichen Charakter der Reue: Bereuen ist etwas, das man tun muss, wenn es eigentlich nichts zu tun gibt. Es heißt aber auch: „So gib Du [sc. Gott] Freimut in der Reue, wiederum Eines zu wollen" (vgl. ibid.). Auch darin liegen zwei entscheidende Erkenntnisse, die wir später erläutern werden. Erstens, dass die Reue sich, trotz ihres gleichbleibenden Charakters, bewegen und entwickeln muss. Man soll an ihr festhalten, und dennoch soll sie mit der Zeit Freimut gewinnen – und darin in ein einvernehmliches und freies Gottesverhältnis zurückfinden. Es geht der Reue also nicht darum, sich schlecht zu fühlen, wenn man sich selbst in Schuld und Unbehagen festhält, sondern darum, wie man an der Schuld festhalten kann im Hinblick auf die Möglichkeit, sich in der Reue mit Gott und mit sich selbst zu versöhnen und zurückzufinden zu dem, was man ist, um so über die Schuld hinweg zu kommen; die Schuld festzuhalten, um zu dem zurückzufinden, was vorher war. In der Reue ist der Mensch schuldig, doch die Absicht der Reue besteht darin, sich selbst zu finden als etwas anderes und mehr als nur schuldig – im Festhalten an der Menschlichkeit. Wie aus Reue Freimut werden kann, ist ein wesentliches Thema der Rede, und dass die Reue in sich eine Dynamik erhält, ist zentral für ihr Verständnis und ihren Stellenwert in Kierkegaards gedanklicher Entwicklung.

Zum anderen ist hervorzuheben, dass es heißt: „So gib Du [sc. Gott]"; d.h. die Reue, jedenfalls das, was in der Reue potenziell geschieht, ist nicht bloß die eigene Wirksamkeit des Menschen. Charakteristisch für die Reue ist, dass es etwas gibt, das man tut, wenn es nichts zu tun gibt; weshalb es unmöglich scheint, vorwegnehmend zu bereuen. Man kann nur bereuen in dem Bewusstsein, dass man gerade nichts tun kann; und dennoch kann der Bereuende Freimut finden. Das deutet darauf hin, dass der Bereuende nicht mit sich allein ist, sondern Gott gegenüber steht. Das stimmt auch mit der generellen Behauptung in der Einleitung überein, Reue sei eigentlich der einzige Weg, das beschädigte Gottesverhältnis festzuhalten und darin zu bleiben. Damit ist auch gesagt, dass es nicht nur an dem Bereuenden ist, am zerstörten Gottesverhältnis festzuhalten, sondern dass es auch etwas Anderes gibt, das an ihm festhält. Nur kraft dieses Festhaltens kann der Bereuende sich in Freimut entfalten.

1.1.1. *Die Auffassung der Zeit*

Auf die Einleitung folgt die eigentliche Eröffnung, auf die wir uns nun konzentrieren wollen. Auf 20 knappen Seiten wird das Thema angeschlagen und zum ersten Teil der Rede hin entwickelt. „Alles hat seine Zeit" (*SKS* 8, 124; vgl. *ERG*, 12), heißt es zu Beginn mit einem Zitat aus dem Buch des Predigers (Koh 3,1), und damit hat Kierkegaard die eine von zwei möglichen Zeitauffassungen charakterisiert: die Zeit als Veränderung. Heute ist etwas anderes als gestern, und der ältere Mensch ist ein anderer geworden, als er in seiner Jungend war. Eine Veränderung hat sich geltend gemacht. Als Grundbedingungen des Menschseins sind wir der Zeit und Veränderung im I. Teil bereits begegnet. Was Kierkegaard jetzt betonen will, ist die Radikalität der Veränderung. Es wird ein Abgrund sichtbar zwischen dem was war und dem was ist. Das Vergangene ist vorüber: „Es ist Alles gleich geworden durch das Vergangensein, was [...] nichts Gegenwärtiges hat, sich dazu zu verhalten." (*SKS* 8, 124; vgl. *ERG*, 12). Während Kierkegaard zuvor nach dem Verhältnis zum Zukünftigen gefragt hatte, wird jetzt die Frage nach dem Verhältnis des Menschen zum Vergangenen gestellt. Dass das Vergangene für das Gegenwärtige eigentlich nichts mehr zu sagen hat, weil ein Abstand und ein Bruch dazwischen getreten sind, impliziert Folgendes: Vor allem dass der Mensch, der die Zeit so auffasst, von Augenblick zu Augenblick lebt, und deshalb zerstreut sich sein ganzes Leben. Es bildet sich kein Zusammenhang in der Zeit, stattdessen ist sie von Diskontinuität geprägt. Der ältere Mensch kann sich in einer „betrachtenden Erinnerung" (ibid.) zu seiner Jugend verhalten, weil sie überstanden ist und als solche ohne gegenwärtige Bedeutung. Die Zeit und damit sein Leben im Abstand der Betrachtung zu verstehen, wäre gewissermaßen so, als würde man dem, was Menschsein bedeutet, Zwang antun. Der Mensch ist zeitlich und muss sich selbst in der Zeit finden. Die eigene Zeit aber als zusammenhanglos zu betrachten, bedeutete demnach, ihren zeitlichen Charakter zu negieren.

Die zweite Auffassung der Zeit ist kurz gesagt die entgegengesetzte, nämlich das Bewusstsein dessen, dass in jeder Veränderung etwas Unveränderliches im Menschen ist; dass in der Zeit etwas Ewiges liegt und dass dies jeder Veränderung zum Trotz bewahrt wird. Mit anderen Worten etwas, das immer ist und nie vergeht, und darin gründet das Selbst des Menschen. Menschsein handelt deshalb nicht von all den Veränderungen, Hervorbringungen und Zerstörungen, die die Zeit mit sich bringt, sondern davon, mitten in diesen und diesen zum Trotz das Selbst zu bewahren. Die beiden Zeitvorstellungen stehen natürlich in einem Zusammenhang, aber wir haben in den vorhergehenden Kapiteln auch die Unterschiede festgestellt. Wir haben von einer zeitlichen Erwartung gesprochen, die den Menschen zu Berechnungen und Voraussagungen über den Lauf der Zeit verleitet, während die ewige

Erwartung im Gegensatz dazu die Akzeptanz des Zeitverlaufs mit einschließt im Bewusstsein dessen, dass dies die Bedingung ist und dass es trotz aller Veränderung und Zerstörung doch etwas Unveränderliches gibt, um das es eigentlich geht. Das Entscheidende im Leben und das, wofür man sich im Leben entscheidet, ist nicht die Zeit, sondern die Ewigkeit – das, was in der Zeit bewahrt werden soll.

Die letztgenannte Möglichkeit, seine Zeit zu verstehen, verlangt notwendig ein anderes Verständnis des gelebten Lebens, kurz gesagt: Der Mensch hat Geschichte. Zwischen Vergangenem und Zukünftigem gibt es keinen Abgrund mehr, zu dem der Mensch sich betrachtend und damit distanziert verhalten könnte. Wenn das Selbst als ewig verstanden wird, bedeutet dies, dass die Vergangenheit stets eine Gegenwart in einem späteren Augenblick hat. Hier muss es einen Zusammenhang geben, und die Aufgabe besteht darin, das Zusammengefügte beisammen zu halten. Das heißt nicht, dass mit dieser Auffassung von Zeit das Leben schon ruhige Kontinuität und Einheit sei, denn die Bedingung bleibt ja stets die Veränderlichkeit der Zeit, und sie gefährdet jeden Sinn und jegliche Kontinuität. Das Selbst aber ist zur Aufgabe geworden. Der Mensch soll zu Einheit und Kontinuität hin gebildet werden und mehr und mehr Klarheit über sich selbst gewinnen. In der Zeit verstanden als bloßer Augenblick ist es sinnlos, von einer solchen Aufgabe zu sprechen; aber gerade die gestellte Aufgabe, das Ethische, ist jetzt charakteristisch: Das Selbst ist da als diese Aufgabe.

Die Auffassung der Zeit hat Bedeutung für die Reue, denn lebt der Mensch im Augenblicklichen, ist Reue gar nicht möglich. In dem Augenblick, in dem ein Mensch wirklich bereut, tut er dies immer im Bewusstsein, ein Selbst zu sein. Ein Selbst, das ewig ist und dennoch – paradoxerweise – verloren gehen kann. Auch umgekehrt ist richtig, dass das Bewusstsein, ein Selbst zu sein, Reue impliziert. Denn wenn alles am höchsten und ewigen Maßstab gemessen wird, in dem jeder Augenblick von unendlicher Bedeutung ist und „es etwas gibt, das immer seine Zeit haben soll, etwas, das ein Mensch ständig tun soll" (*SKS* 8, 127; vgl. *ERG,* 15), bekommen jedes Versagen und jede Abtrünnigkeit gegenüber der ewigen Aufgabe eine entsprechende Bedeutung, weil sich die Vergangenheit nicht mehr abtrennen lässt, sondern mit dem Gegenwärtigen verbunden werden muss; „ – ach, und wenn dies nicht getan ist, […] dann gibt es wieder etwas […], das ständig getan werden soll […], *man soll Reue und Buße tun*" (*SKS* 8, 128; vgl. *ERG,* 17). Im einleitenden Abschnitt wurde unterstrichen, dass die Reue an Gott festhält, sie hält aber auch am Selbst als etwas Ewigem und Unveränderlichem fest. Der Reuende insistiert geradezu darauf, ein

1. Die Bewegung der Reue

Selbst zu sein, mehr und anderes zu sein als das Augenblickliche. Der Mensch besteht darauf, an sich selbst festzuhalten – angesichts von Spaltung und Diskontinuität.

Die grundlegende Existenzfrage, die Kierkegaard stellt, lautet daher: Wie geht der Mensch mit der Zeit um? In den frühen erbaulichen Reden konnten wir sehen, wie Kierkegaard diese Grundfrage bestimmten Personen stellt, die er beobachtet. Er setzt sie den Veränderungen der Zeit aus, um so ihren Umgang mit der Zeit und in der Zeit zu analysieren. Das geschieht, weil das ganz und gar grundlegende Selbstverständnis sich darin zeigt, wie der Mensch mit der Zeit umgeht. Man kann sagen: Wie dies geschieht deckt auf, dass es überhaupt ein Selbst gibt, und ob verstanden wird, dass dies so ist. In Wahrheit ein Selbst zu sein bedeutet Übereinstimmung mit dem Grund des Geschaffenseins, d.h. Einheit mit Gott und somit Kontinuität im Leben. Aber zu verstehen, dass man ein Selbst ist, und darin das Selbst als Aufgabe zu sehen, heißt zu bereuen. Das macht die Einleitung sehr deutlich: „ ... wenn dies nicht getan ist", d. h. wenn die Sünde dazwischen gekommen ist und sich täglich zwischen Gott und den Menschen stellt, „dann gibt es wieder etwas [...], das ständig getan werden soll [...], *man soll Reue und Buße tun*" (ibid.).

Reue und Sünde hängen also zusammen in ihrem Gegeneinander, der zeitliche Charakter des Selbst bewirkt, dass die Reue fortdauert, und der Mensch soll so seine Kontinuität zurückgewinnen. Nicht bloß als ein Werkzeug, das man zeitweilig in Gebrauch nehmen darf, sondern als das Verhältnis selbst.[5] Der Mensch ist schuldig, und der sein Leben hindurch Bereuende muss sich selbst zusammennehmen und kann nur in der Selbstanklage der Reue Gott gegenüberstehen. Anders gesagt: Reue ist nicht bloß ein Stadium im Leben des Menschen und seinem Gottesverhältnis. Von dem Augenblick an, in dem das Selbst sich zeigt, ist die Reue die Form, in der der Mensch sich selbst – ein ganzes Leben lang – erkennt und versteht. Dies bedeutet jedoch nicht, dass Reue nichts als Reue wäre. Sie ist, wie gesagt, die anhaltende Kontinuität im

---
[5] Auf diesem Hintergrund lässt sich der Gedanke der Selbstvernichtung auf einer anderen Ebene verstehen als im I. Teil, wo sie in Relation zur Welt gestellt war. Letztere hatte mit dem Problem der Zeit und der Verschiedenheit zu tun, und die Antwort darauf hieß Geduld. Das Ziel der Selbstvernichtung war der geduldige Mensch, der selbst auf einem unveränderlichen und ewigen Fundament steht. Jetzt sehen wir die Selbstvernichtung in Relation zum Gottesverhältnis als Problem der Schuld, und die Antwort darauf ist die Reue. In ihr hält der Mensch am Gottesverhältnis fest, indem er an der Schuld festhält, damit aber auch daran, dass er durch mehr als nur Schuld ausgezeichnet ist. So gesehen stehen Geduld und Reue parallel. Das zeigt sich auch daran, dass Kierkegaard beide als dauerhafte Verhaltensweisen beschreiben kann.

Leben des Menschen, aber sie enthält in sich eine Dynamik, die in der Reue etwas geschehen lässt. Darauf sind wir schon eingegangen und haben festgestellt, dass die Reue mit der Zeit Freimütigkeit erlangen muss. Dies bedeutet, dass der Mensch wohl bereut, weil er schuldig und ein Sünder ist; aber damit ist das letzte Wort nicht gesprochen, denn die Freimütigkeit der Reue beruht gerade auf dem Glauben daran, dass der Mensch auch noch etwas anderes ist, das tiefer liegt als die Sünde. Auch diese Dynamik der Reue und ihr Bewegungspotenzial hat mit der Zeit zu tun, aber auch damit, wohin ein Mensch sieht, in welcher Weise er dies tut und wie er sich darin selbst versteht.

1.2. Die Bewegungen der Reue

Wir haben bereits davon gesprochen, dass Reue etwas ist, das getan werden muss, wenn es nichts zu tun gibt. Die Reue ist somit zweideutig: Sie ist eine Handlung und damit etwas, das der Mensch tun soll; sie ist zugleich keine Handlung, weil die Reue gerade Ausdruck dessen ist, dass es nichts zu tun gibt. Ein anderer Aspekt ihrer Zweideutigkeit zeigt sich in dem, was wir die Gerichtetheit der Reue nennen können. Die Reue muss sich unmittelbar zurück auf das Vergangene richten, weil der Gegenstand der Reue in der Zeit liegt, die vorüber ist. Als solche ist die Reue an die Vergangenheit gebunden; doch im Gedanken daran, dass die Reue Freimütigkeit erlangen soll, ist zugleich eine Richtung nach vorne gegeben. In der Reue soll der Mensch ein anderer werden als er war und ist. Der Schuldige soll wieder Mensch werden. Die Reue zeigt sich so in einer doppelten Gerichtetheit.

1.2.1. Die Gerichtetheit der Reue

Kierkegaard veranschaulicht diese doppelte Gerichtetheit in einem Bild: „Über die Wanderung eines jeden Menschen durch das Leben wacht eine Vorsehung, die jedem zwei Wegführer mitgibt: der eine ruft voran, der andere ruft zurück" (*SKS* 8,129; vgl. *ERG,* 18). Das Bild hat mehrere Aspekte: Von der Vorsehung zu sprechen verstärkt das bereits Gesagte, dass die Reue auch ein Verhältnis zu etwas Anderem ist als nur dem Menschen selbst. Im Hinblick auf die Gerichtetheit der Reue zeigt das Bild, dass die Doppelheit nicht zwei Bewegungsrichtungen abdeckt, sondern *eine* Bewegung in *einer* Richtung: vorwärts – nur dass sie in ihrem Vorwärtsstreben darauf insistiert, ihre Vergangenheit mitzunehmen.[6] Es gibt *eine* Vorsehung, und die beiden Wegführer, die hinten und vorne stehen, sind „in ewigem Einverständnis miteinander, denn der eine ruft voran zum Guten, der andere ruft zurück vom Bösen" (ibid.). Reue bedeutet demnach, sich willentlich dem Guten zu nähern. Der Bereuende versucht, sich in die richtige Richtung zu bewegen. Einerseits soll der Mensch auf den Abwegen, die er rückwärtsgerichtet bereut, nicht weitergehen, andererseits darf er nicht verzweifeln, wenn er keinen Ausweg sieht – deshalb der Blick nach vorne auf das Gute.

Wie sich die Reue bewegt und in ihrer Bewegung diese doppelte Gerichtetheit aufweist, zeigt eine längere Passage, in der Kierkegaard sie in ihrem potenziellen Verlauf von der jungen schwachen Reue hin zu der älteren starken lebendig werden lässt: „Es gibt einen Kampf der Verzweiflung, der – mit den Folgen streitet; der Feind greift ständig von hinten an und dennoch soll der Streitende vorwärtsgehen: Wenn es so ist, ist die Reue noch jung und schwach. Es gibt ein Leiden der Reue, das die Strafe zwar nicht ungeduldig erträgt, sich aber dennoch jeden Augenblick unter ihr windet: Wenn es so ist, ist die Reue noch jung und schwach. Es gibt eine stille schlaflose Sorge bei der Vorstellung dessen, was man verspielt hat; sie verzweifelt nicht, kommt aber im täglichen Gram niemals zur Ruhe: Wenn es so ist, ist die Reue noch jung und schwach. Es gibt einen mühseligen Fortschritt im Guten, der ist wie der Gang dessen, der wunde Füße hat; er ist willig genug, er möchte gern schnell gehen, aber er hat Schaden erlitten an seinem Freimut, die Schmerzen machen seinen Gang unsicher und qualvoll: Wenn es so ist, ist die Reue noch jung und schwach. Aber wenn dann doch sicherere Schritte auf dem Weg gemacht werden, wenn die Strafe selbst zu einem Segen wurde, wenn die Folgen sogar erlösend waren, wenn der Fortschritt im Guten sichtbar ist: Dann ist da eine gemilderte aber tiefe Sorge, die an die Schuld erinnert; sie hat weggeräumt und überwunden, was den Blick täuschen und ver-

---

[6] Wir haben schon den Unterschied zwischen den zeitlichen Phänomenen im I. Teil und dem Begriff der Reue im II. Teil angesprochen: Die Perspektive der Erwartung in der Zeit ist vorwärts gerichtet, die der Reue rückwärts. Aber auch die Reue ist nach vorne ausgerichtet, in der Reue aber ist der Mensch gezwungen, einen Umweg zu machen. Er muss zurück, um alles Vergangene und Schuldhafte aufzusammeln, darin liegt die Aufgabe, den Zusammenhang herzustellen. Das Vergangene muss aus dem Weg geräumt werden, bevor der Mensch vorankommen kann. Um nach vorne wieder Raum zu gewinnen, muss der Mensch sich mit der Schuld versöhnen. Das ist das Aufgabenfeld der Reue, deshalb ist sie auch potenziell verschlossen und unfrei. Denn der Mensch ist selbst nicht im Stande, die Schuld zu lösen, weswegen der Weg nach vorne verschlossen ist.

wirren könnte; deshalb sieht er nicht fehl, sondern sieht nur das eine Traurige: Dies ist die ältere, die starke, die kraftvolle Reue" (*SKS* 8, 133 f.; vgl. *ERG,* 23). Zu dieser malerischen Beschreibung der Reue ist Folgendes zu sagen: Zuallererst bekommen wir ein Gefühl dafür, was in der Reue geschieht, dass es eine Entwicklung und einen Verlauf in ihr gibt. Darüber hinaus ist deutlich, dass sowohl die Zeit wie auch der Blick hervorgehoben werden. Die Zeit in zwei Hinsichten: Einerseits in der Richtung der Zeit, d. h. in ihrer Gerichtetheit, andererseits als Zeit im Verlauf, die man auch als die eigene Zeit der Reue bezeichnen könnte. Der Blick wird dadurch hervorgehoben, dass die entscheidende Bedeutung dessen gezeigt wird, wie der Mensch sieht und worauf er sein Augenmerk richtet. Es geht um das Wie und Was der Zeit und des Blicks.

Die doppelte Gerichtetheit ist mehrfach zu erkennen: Wenn davon die Rede ist, dass der Feind „von hinten" angreift und man dennoch „vorwärtsgehen" soll; oder dass es einen „mühseligen Fortschritt" im Guten gibt, der nur schwierig vorankommt, weil der Bereuende „Schaden erlitten hat an seinem Freimut"; und schließlich von den „sichereren Schritten" vorwärts zum Guten in einer „gemilderten", aber sorgenvollen Erinnerung an die Schuld. Vom ersten bis zum letzten ist die Doppelheit der Reue zur Stelle, aber aus der Beschreibung geht hervor, dass das Bild sich wendet. Bei der ersten Erschütterung türmt sich die Vergangenheit von hinten auf, und wir begreifen sie als bedrohlich und gefährlich, zumal Kierkegaard die Reue auch noch als „Feind" bezeichnet. Der Bereuende befindet sich in einem dramatischen Kampf, in dem der Schatten der Vergangenheit eine Bewegung nach vorne fast unmöglich macht. Wir hören nicht einmal, dass der Bereuende im Stande ist voranzukommen, sondern nur, dass er es soll. Allmählich aber ist doch die Rede von Fortschritt, selbst wenn dieser mühselig ist. Mühselig, weil die Schuld die Strafe mitträgt und so den Freimut bricht. In der älter gewordenen und stärkeren Reue ist der Fortschritt zum Guten sicherer. Die Schuld der Vergangenheit ist zwar noch vorhanden, jedoch als eine dauerhafte Erinnerung in gemilderter Sorge.[7] Die Waagschale ist sozusagen aus dem Gleichgewicht, so dass die Vergangenheit, die anfangs den Menschen erdrückt und ihn beinahe festhält, sich allmählich lichtet, indem das Zukünftige sich für den Bereuenden wieder öffnet.

---

[7] Hier liegt der Unterschied zur zeitlichen „betrachtenden Erinnerung" (*SKS* 8, 124 / *ERG,* 12): Es geht nicht um den leidenschaftslosen Abstand der Betrachtung, sondern um die ständige Beschäftigung mit der Vergangenheit, jetzt in durchaus gemilderter Sorge.

1.2.2. Die Zeit der Reue

Ein anderer, bereits erwähnter Aspekt der Zeit ist der Verlauf, den wir die eigene Zeit der Reue genannt haben. Was das bedeutet, zeigt sich in der oben zitierten Passage als die Art und Weise, in der die Reue ihr Tempo variiert. Ausgehend vom dramatischen Start, wenn der Bereuende von der Vergangenheit beinahe zu einem Stillstand gezwungen wird, werden nach und nach unsichere Schritte nach vorne gemacht, um schließlich in eine feste, fortdauernde und sicher vorwärts gerichtete Bewegung zu finden. Tatsächlich ist die Beobachtung der Zeitverhältnisse einer der markantesten Momente in Kierkegaards Beschreibung der Reue: Dass vom nahezu gänzlichen Stillstand aus mit der Zeit ein sicheres und andauerndes Vorankommen erreicht wird. Dies zeigt sich auch an anderen Textstellen,[8] z. B. in den einleitenden Sätzen der Rede, wo die Reue als Zeit des Stillstands beschrieben wird (*SKS* 8, 123; vgl. *ERG*, 11), in der Eröffnung der Rede als dem letzten Augenblick („zur elften Stunde" [*SKS* 8, 129 / *ERG*, 18]), als Vorbereitungszeit (*SKS* 8, 131 / *ERG*, 20) und schließlich als die fortdauernde Zeit der Reue („die stille, tägliche Besorgnis" [*SKS* 8, 133; vgl. *ERG*, 22]). Die Parallelen zur vorher genannten Textpassage sind offensichtlich und zeigen den Weg vom Stillstand zur Dauer – Grund genug, diesen Verlauf genauer zu untersuchen.

Beginnen wir mit der Frage: Warum ist die erste Bewegung der Reue Stillstand? An der zitierten Stelle wird der Bereuende durch die von hinten angreifende Schuld fast in die Knie gezwungen. Was aber sagt die Einleitung dazu? Sie nennt mehrere Dinge: Erstens, dass die Reue auf dem Hintergrund der Sünde geschieht, dort wo diese „Verspätung, Stillstand, Abbruch, Verirrung, Verlorenheit" ist (*SKS* 8, 123; vgl. *ERG*, 11), zeigt sich die Reue zuerst als „ein Abbruch [...], ein Stillstand der Arbeit". Sünde und Reue erscheinen hier einander unmittelbar ähnlich, was nicht ganz falsch ist, denn darin werden das Risiko oder die Gefahr der Reue deutlich. In der Beschreibung der Sünde liegt jedoch tatsächlich die Begründung dafür, dass Reue zuerst Stillstand bedeutet – und darin zeigt sich auch der entscheidende Unterschied zwischen Sünde und Reue. Die Sünde ist das, was zwischen Gott und den Menschen gekommen ist und als solches ist sie Verlorenheit. Aber zuerst war die Sünde Verspätung – und wer ist nicht von Zeit zu Zeit verspätet? Die Verspätung verwandelt sich jedoch in einem beinahe atemlosen Tempo in Verlorenheit, und darin liegt der entscheidende

---

[8] Es ist daran zu erinnern, dass es schon im I. Teil um das richtige Tempo ging, einen wesentlichen Aspekt in Relation zu Zeit und Gottesverhältnis (s. I.4.2.2).

Punkt: Die Bewegung der Sünde geschieht für den Menschen fast unbemerkt, und kurz bevor er davon weiß, findet er sich auf einer rasanten Rutschbahn wieder, wo eins aufs andere folgt und es schwierig wird, Sinn oder Überblick zu bewahren. Um die Irrfahrt der Sünde zu unterbrechen, gibt es nur die Möglichkeit innezuhalten, die Bewegung zu stoppen, und deswegen steht der Stillstand am Beginn der Reue.

Während die Verspätung im Falle der Sünde aus Leichtsinn resultierte und der Mensch sich ihrer nur halb bewusst war, ist der Stillstand der Reue anders gelagert, weil der Bereuende sich dessen, was auf dem Spiel steht, voll bewusst ist. Insofern liegt der Unterschied auf einer je anderen Ebene des Bewusstseins, und zudem markiert der Stillstand der Reue eine andere Perspektive. Die Sünde geht sozusagen vom Kleinen zum Großen, von der Verspätung zur Verlorenheit. Der Mensch aber verliert dabei den Überblick, weil alles immer komplizierter erscheint – und deswegen ist es auch unmöglich, sich aus der Sünde herauszuanalysieren oder sich herauserklären zu wollen. Darüber hinaus zieht die Reue im Stillstand alle Blicke auf sich, und statt auf die vielen Dinge und Faktoren zu schauen, die sie dahin gebracht haben könnten, schaut der Bereuende nur auf die Schuld vor Gott. Das Blickfeld wird enger gezogen und festgehalten, und hier erst greift eigentlich die oben zitierte Beschreibung. Denn indem der Bereuende von der Schuld festgehalten und bedroht wird, kann die Dramatik im Ernst erst beginnen.

Das Bewusstsein dessen, was auf dem Spiel steht, ist gleichzeitig der Inhalt des Ausdrucks „zur elften Stunde" (*SKS* 8, 129 / *ERG,* 18). Der Mensch ist zu spät gekommen, hat sich verirrt und ist vielleicht sogar verloren. Deswegen ist keine Zeit zu vergeuden, zuviel ist schon versäumt (in gewisser Weise ist es ja das, was man bereut: verlorene Zeit). Hinter der Reue als Zeit der elften Stunde verbirgt sich daher vor allem ein Verständnis von Zeit und nicht nur eine Art des Bereuens. Stand im Vorhergehenden die Frage nach dem Umgang des Menschen mit der Zeit im Mittelpunkt, so weist auch jetzt das Zeitverständnis der „elften Stunde" den richtigen Weg: „Aber Reue und Bußfertigkeit wissen in Furcht und Zittern mit der Zeit umzugehen" (*SKS* 8, 130; vgl. *ERG,* 19). Also muss bereut werden und das sofort, denn jede Aufschiebung der Zeit ist vergeudete Zeit. Auf diesem Hintergrund mag es befremdlich klingen, dass Reue, wie sie zur elften Stunde geschieht, eng mit jener Reue zusammenhängt, für die man eine Vorbereitung braucht – denn es soll ja sofort bereut werden und um alles in der Welt darf keine Zeit versäumt werden. Warum also durch Vorbereitung Zeit verschwenden?

1. Die Bewegung der Reue

Entscheidend ist, genau zu bestimmen, worum es geht und welche Perspektive notwendig ist. Denn man kann „so furchtbar leicht in dem irren, was eigentlich bereut werden soll" (*SKS* 8, 132; vgl. *ERG,* 21), sagt Kierkegaard und verweist damit auf die Bedeutung des richtigen Blicks. Wie wir bereits gesehen haben, gibt es auch im Verhältnis zur Reue ein Was und Wie; und dass man leicht irren kann, liegt fast schon in der Natur der Sünde. Sie ist eine Verirrung und der Mensch, der sich verirrt, hat die Orientierung verloren, hat einen falschen Begriff davon, wo er sich befindet; und der Blick täuscht, weil er auf etwas Falsches gerichtet ist. Die Verirrung eines Menschen hängt gewissermaßen mit dem zusammen, wonach er strebt. Wir kennen bereits diesen zentralen Gedanken Kierkegaards: „denn wie das Begehrte ist, so wird auch der Begehrende" (*SKS* 8, 147 / *ERG,* 40). Ein Mensch ist, mit anderen Worten, der, der er sein will, und das, worauf er hofft; und zwar so, dass er dies mehr und mehr wird. Wir kamen schon einmal darauf zu sprechen, dass Kierkegaard in Luthers Worte einstimmen könnte: Woran das Herz hängt, das ist des Menschen Gott oder Abgott. Das Problem ist nur, dass der Mensch nicht alles mögliche sein kann. Kierkegaards schöpfungstheologische Voraussetzung, dass der Mensch von Gott geschaffen und dadurch bereits als Geschöpf Gottes bestimmt ist, bedeutet, dass der Mensch in seiner eingebildeten Vorstellung von sich selbst, sich immer weiter von sich weg entwickelt und mehr und mehr zu etwas wird, was er nicht ist. Mit den Worten der Beichtrede gesagt, er wird zweifach gesinnt – was wiederum die Radikalität der schöpfungstheologischen Voraussetzung unterstreicht. Sich in eine andere Richtung bestimmen zu wollen als die, in die der Mensch bereits als Geschöpf Gottes bestimmt ist, lässt sich nicht mit einem einfachen, mit sich übereinstimmenden Gemüt des Menschen vereinbaren. Am weitesten entfernt sich der Mensch von Gott in der Verzweiflung – aber Verzweiflung ist nur eine negative Bestimmung des Gottesverhältnisses.[9] Wenn man sich in der Reue wieder aufs neue sich selbst nähern soll, ist deshalb die Blickrichtung entscheidend. Man muss gewissermaßen sehen, was man ist, bevor man es wieder werden kann. Die Vorbereitungszeit der Reue ist der Versuch, Ruhe zu bewahren, um auf die richtige Stelle zu schauen und die angemessene Blickrichtung zu finden. Man kann sagen, dies ist das Bis-Zehn-Zählen des Bereuenden, um die Wut abzuwehren – jene Wut,

---

[9] Hier liegt ein Zusammenhang zwischen Zweifach-gesinnt-sein und Verzweiflung. Entsprechend kann dieses Thema der Beichtrede als ein Vorgreifen auf das spätere Werk über die Verzweiflung, *Die Krankheit zum Tode,* gelesen werden. A. Grøn geht auf diesen Zusammenhang ein, vgl. *Subjektivitet og negativitet,* S. 403 ff.

die ja eine Konsequenz des Zeitverständnisses der elften Stunde sein könnte. Denn eine derartige Wut ist blind, sie ist voller Ungeduld und will nur weg von der Schuld.[10] Die Vorwärtsbewegung der Reue aber geht in zwei Richtungen, und ohne diesen Zusammenhalt zwischen dem Vergangenen und dem Zukünftigen ist sie unfruchtbar.

Von der Zeit der Vorbereitung der Reue sagt Kierkegaard, sie gehöre dazu aufgrund der Schwachheit des Menschen (*SKS* 8, 131 / *ERG*, 20f.). Die Ewigkeit ist ohne Vorbereitung, doch die Vorbereitung ist die Zeit, in der „das Ewige und das Zeitliche sich einander verständlich zu machen [suchen]" (ibid.). Deshalb müssen die elfte Stunde und die Vorbereitungszeit der Reue miteinander verbunden werden. An derselben Stelle sagt Kierkegaard: „im Sinne der Freiheit soll die Reue mit dem Nachdruck der Ewigkeit ihre Zeit haben" (ibid.), und vielleicht kann von hier aus der Zusammenhang zwischen der Eile der Reue und deren Aufschiebung gesehen werden. Dass sofort bereut werden soll, geschieht gerade durch den „Nachdruck der Ewigkeit". Die Ewigkeit ist anwesend in der Zeit, und der Mensch muss sich vor dem Ewigen für jeden Augenblick verantworten – deshalb darf keine Zeit verloren gehen, sondern es muss sofort bereut werden. Wenn jedoch „im Sinne der Freiheit" bereut werden soll, bedeutet dies, dass man selbst beteiligt sein muss. Man könnte so weit gehen zu sagen, dass man erst bereuen kann, wenn man dazu bereit ist. Weil die Reue ein Ausdruck der Freiheit ist, muss sich der Mensch darauf vorbereiten, und dafür könnte er im Prinzip alle Zeit brauchen – wenn sich die Vorbereitung nur im Zusammenhang mit dem „Nachdruck der Ewigkeit" festhalten ließe, denn hier ist es nicht „der träge Aufschub, dass man sich vorbereiten will, im Gegenteil es ist eine Besorgnis der Innerlichkeit, die schon im Bunde steht mit dem, was getan werden soll" (ibid.).

Schließlich spricht Kierkegaard von der Reue als anhaltend: „denn im zeitlichen und sinnlichen und bürgerlichen Sinne, ist doch auch die Reue etwas, das kommt und geht mit den Jahren, aber im ewigen Sinne ist sie eine stille, tägliche Besorgnis" (*SKS* 8, 133; vgl. *ERG*,

---

[10] Das zeigt die indirekte Verbindung von Reue und Geduld. Kierkegaard nennt die ungeduldige Reue eine plötzliche Reue, sie „will alle Bitterkeit des Kummers in einem Zug sammeln – und dann fort damit" (*SKS* 8, 132; vgl. *ERG*, 22). Dies bestätigt in negativer Weise die frühere Aussage über die Geduld, dass gerade der zeitlose Grund der Geduld den Kummer des Menschen möglich macht. Nur in der Geduld kann der Mensch sich eigentlich sorgen, denn ohne Geduld reißt das gewaltige Bedürfnis der Verbitterung, Sorge und Schuld aufzugeben, den Menschen auseinander. Das Vergangene wird nicht in die nach vorne gerichtete Bewegung des Menschen mitgenommen und der Zusammenhang zerbricht.

22). Diese reife Reue entspricht der älteren und stärkeren Reue, die „sicherere Schritte auf dem Weg gemacht" hat und mit klarem Blick vorwärts schaute, während sie in „gemilderter" Sorge der Schuld gedachte (*SKS* 8, 134; vgl. *ERG,* 23). Der Bereuende hat sich nun in die Bewegung der Reue eingefunden, sich selbst in diese Bewegung nach vorne mitgenommen, geprägt von Ruhe, Sicherheit und Dauer. Hier ist nicht die Rede von einer neuen Blickrichtung, sondern davon, dass dieselbe nun klar vor Augen steht. Es gibt nichts mehr, das den „Blick" verwirren könnte, und deswegen ist die Erinnerung an die Schuld eine „gemilderte" Sorge. Die Einsicht, die eine entscheidende Rolle spielt und die der Bereuende mit der Zeit verstehen lernte, ist die, dass „die Strafe selbst zu einem Segen wurde" (ibid.). Das ist ein präziser Ausdruck dafür, dass der Bereuende nichts anderes sieht als das, was er im ersten verzweifelten Kampf der Reue getan hat – aber er sieht es anders. Er sieht immer noch die Schuld und die dazu gehörige Strafe, aber er sieht den Segen darin. Die Strafe ist ihm nützlich, nicht nur weil sie als Züchtigung ein Ziel in der Zukunft hat und als solche potenziell vorbereitend wirkt, sondern weil sie den Menschen festhält: So wie die Reue der Versuch des Menschen ist, an Gott festzuhalten, so ist die Strafe die Weise, in der Gott am schuldigen Menschen festhält – und es wird sich zeigen, dass er nicht nur den Menschen in seiner Schuld festhält, sondern im eigentlichen Sinn hält er ihn fest in etwas anderem als Schuld und Sünde. Gottes beharrlicher Blick auf den Menschen bedeutet gerade, dass der Mensch etwas *ist*. Sich selbst in diesem Blick zu bewahren, wie es in der Reue geschieht, ist deshalb ein Wachsen, um das zu werden, was Gott im Menschen sieht.

1.2.3. Der Blick der Reue

Unser Ausgangspunkt war die längere Textpassage, in der Kierkegaard Bewegung oder Verlauf der Reue, ihre Gerichtetheit und eigene Zeit beschreibt. Außer der Betonung der Zeit tritt auch der Blick in den Vordergrund. Auf die Sichtweise kommt es an. Der Blick ist ganz grundsätzlich von Bedeutung, „denn wie das Begehrte ist, so wird auch der Begehrende" (*SKS* 8, 147 / *ERG,* 40). Dementsprechend, was man in Erwartung strebend sich vorstellt, wird man gebildet. Zudem haben wir gesehen, dass die ruhige und klare Blickrichtung charakteristisch ist für die ältere und stärkere Reue.

Über den Blick der Reue ist jedoch noch mehr zu sagen, denn es geht nicht nur um das, was die Reue sieht, und ihre angemessene Blickrichtung, sondern es geht um das Sehen aus einer besonderen

Perspektive. Diese hat sich insofern schon gezeigt, als die Möglichkeitsbedingung der Reue im Verstehen des eigenen Selbst liegt: Dass es in jeder Veränderung etwas Unveränderliches gibt, worin das Selbst fundiert ist. Die Reue nimmt somit Bezug auf das Ewige, und der Bereuende verhält sich zum Ewigen, zu Gott. Dies ist aber zugleich die Folge des zeitlichen Charakters des Menschen: Der Bereuende bereut die vergeudete Zeit. Stünde der Mensch nicht im Verhältnis zu etwas Ewigem, gäbe es keine Reue; aber es gäbe sie auch nicht, wenn der Mensch nicht in der Zeit wäre. Die Reue steht also sowohl im Verhältnis zum Zeitlichen wie zum Ewigen, darin kommt der zeitliche Charakter des Menschen zum Ausdruck. Indem der Bereuende darauf insistiert, sich selbst in seiner ewigen Bestimmung zu sehen, wird die Perspektive der Reue eine Perspektive der Ewigkeit: sich selbst als ewig zu sehen. Das liegt auch in dem Ausdruck, dass der Bereuende seine Schuld Gott gegenüber, d. h. in einem absoluten Maßstab sieht.

Wie der Ausdruck „Gott gegenüber" genauer zu verstehen ist, sagt Kierkegaard im Zusammenhang mit der elften Stunde: „O, elfte Stunde, wie ist, wenn Du da bist, alles so verändert; wie ist alles so still, als wäre es die Mitternachtsstunde, wie ist alles so ernsthaft, als wäre es die Stunde des Todes, wie ist es so einsam, als wäre es zwischen den Gräbern, wie ist es so feierlich, als wäre es in der Ewigkeit!" (*SKS* 8, 130; vgl. *ERG,* 19f.). Dieses malerische Sinnbild der Reue zur elften Stunde zeigt, wie die Perspektive der Ewigkeit zu verstehen ist. Wenn es einleitend heißt, alles ist verändert, so besagt dies, dass alles in einem anderen Licht gesehen wird, nämlich im Licht der Ewigkeit und nicht im Licht der Zeitlichkeit. Da ist plötzlich alles von Bedeutung und nichts ist mehr gleichgültig oder hinauszuschieben. Der Text erreicht dies durch eine Steigerung, die eine Potenzierung einschließt: Der Mensch sieht sich selbst zuerst zur Mitternachtsstunde, danach sieht er sein Sterbelager, wonach er weiter hinaus zwischen die Gräber geleitet wird, um sich selbst schließlich in der Ewigkeit zu sehen. Die Potenzierung besteht in der Perspektive oder dem Maßstab, in dem der Mensch sich selbst sieht. Mitternacht ist die Stunde, in der der Mensch sich nicht länger vor sich selbst[11] verstecken kann, während am Sterbelager jegliche Verstellung vergeblich ist. Und draußen zwischen den Gräbern, wo der Mensch bereits im Tode ist – das wissen wir aus der

---

[11] Der gleiche Gedanke wird noch deutlicher in *Entweder-Oder,* wo es im zweiten Teil heißt: „weißt Du denn nicht, dass eine Mitternachtsstunde kommt, in der jeder sich demaskieren muss, glaubst Du, dass das Leben jederzeit mit sich scherzen lässt, glaubst Du, dass man sich kurz vor Mitternacht davonschleichen könne, um dem zu entgehen? Oder entsetzt Dich das nicht?" (*SKS* 3, 157; vgl. *EO2,* 170).

Grabrede –, zerbricht jede Illusion, die Bedeutung und die unendliche Nähe der Entscheidung stehen klar und deutlich vor dem Einzelnen. Die Ewigkeit ist der Ort des Gerichts, wo die Entscheidung schließlich fallen muss und jeder Augenblick zählt. Die Potenzierung enthält insofern eine Bewegung über den Tod hinaus und in die Ewigkeit hinein, d. h. über jeglichen Abstand zu Entscheidung und Gericht hinweg, um diese in der Nähe des gegenwärtigen Augenblicks zu sehen.

Die Potenzierung enthält jedoch nicht nur eine Bewegung, sie macht auch immer deutlicher, was den Menschen umgibt. Der Mensch ist umgeben von Stille (zur Mitternacht), wo er letztendlich durch den Ernst (des Todes) mit sich selbst konfrontiert ist und weiß, es ist der letzte Augenblick; von der Einsamkeit (des Grabes), wo der Mensch alleine vor seinem Schöpfer steht; von der Feierlichkeit der Ewigkeit, wo Gericht über den Menschen gesprochen wird. So wie wir es im Zusammenhang mit der Grabrede bereits gesehen haben, zieht Kierkegaard in Gedanken die Grenzen des Menschen nach. Es gibt keine Zeit mehr für den Menschen, im Gegenteil, in der Entscheidung ist er gänzlich ohne Zeit, denn jeder Augenblick ist ein Augenblick der Entscheidung, und dieser könnte der letzte sein. Deswegen hat der Bereuende keine Zeit zu verlieren, denn es muss bereut werden – nicht morgen, sondern „noch heute", wie es Kierkegaard wiederholt in den erbaulichen Reden zum Ausdruck bringt. Deswegen ist die zentrale Frage die nach dem Umgang des Menschen mit der Zeit, weil sie danach fragt, ob der Mensch weiß, was auf dem Spiel steht, und ob er weiß, wann und wie man bereuen soll. In der Traurede hatte Kierkegaard drei Voraussetzungen für den Entschluss genannt, und die erste lautete, dass der Mensch um die Gefahr wissen muss (*SKS* 5, 425 / *DRG*, 154). Schon dort konnten wir dies mit dem Zeitverständnis des Menschen verknüpfen, und dasselbe findet sich auch hier. Es ist entscheidend, dass der Mensch bereut, das kann er aber nur tun, sofern er die Gefahr kennt, und die Gefahr liegt in der Aufschiebung der Zeit, ein erster Anlass zur Sünde.

1.3. Die Reue: Aktivität und Passivität

Die Reue hat sich verschiedentlich als zweideutig dargestellt. Dass überhaupt bereut werden soll, ist bereits ein Ausdruck von Zweideutigkeit. Es gibt nichts zu tun – wäre es anders, würde der ethisch Verantwortliche eher handeln als bereuen –, trotzdem aber muss bereut werden; sofern in einer besonderen Weise bereut wird, gewinnt der

Bereuende Freimut. Dieser enthält wiederum eine Zweideutigkeit, denn der Freimut ist ein offenes Verhältnis nach vorne, während die Reue an das Vergangene gebunden war. Die Zweideutigkeit liegt also darin, dass etwas getan werden muss, wo es nichts zu tun gibt; und auch darin, dass Reue nach vorne gerichtet unmöglich ist und dennoch den Keim zu einer neuen Möglichkeit enthält. Wir wollen nun betrachten, was in der Reue geschieht. Nicht aus dem Blickwinkel der Bewegung und der Zeit, sondern ausgehend von dem, was der Mensch tun soll, was Gott tut und wie dies miteinander zusammenhängt. Es geht um die Frage, wer was tut, und wie Aktivität und Passivität in diesem Verhältnis korrespondieren, und das im Blick auf die Verwandlung der Reue von Verzweiflung in Freimut.

1.3.1. Die Macht des Menschen

Wenn wir nach dem fragen, was der Mensch tun kann und soll, so ist die Antwort unmittelbar: Er soll bereuen. Aber wie gesagt, der Mensch kann nichts tun, und deswegen soll er bereuen. Dass der Mensch bereuen soll, bleibt in sich selbst mitunter nichtssagend, es fehlt die Konkretion – es soll bereut werden, ja, bereuen aber heißt nichts zu tun; und was man in der Reue tatsächlich tun soll, bleibt ungesagt. Kierkegaard zeigt allerdings wesentlich mehr als nur dies. In der Beichtrede finden sich ausreichend Konkretionen darüber, wie aus der Reue in Verzweiflung und Angst potenziell eine Reue in Freimut werden kann.

Dass dabei entscheidend ist, was der Mensch tut, unterstreicht Kierkegaard, indem er sagt, der Mensch habe „*es in seiner Gewalt*" (*SKS* 8, 156 / *ERG,* 51) gesund zu werden. Der Kontext beschreibt hier den Menschen in pathologischen Termini: Der Mensch ist der Kranke, der das Arzneimittel braucht, um gesund zu werden. Die theologische Parallele ist klar: Der Mensch ist der Sünder, der Gottes Vergebung braucht, um wieder ein freier Mensch zu werden. Also kann der Mensch etwas tun, indem er selbst versucht, gesund zu werden. Er kann es in der Weise tun – um in der Krankheitsanalogie zu bleiben –, indem er die heilende Medizin, die ihm angeboten wird, auch einnimmt.

Um die Macht des Menschen näher zu bestimmen, müssen wir fragen, was für eine Medizin dies ist und wie der Mensch sie nehmen kann. Die Medizin – oder das Arzneimittel, wie Kierkegaard es nennt – ist die Strafe (*SKS* 8, 158 / *ERG,* 53). Wie der Mensch die Medizin nimmt, hängt mit seinem Verhältnis zur Strafe zusammen, damit, dass er die Strafe als heilend und nicht als erschreckend und unerwünscht

1. Die Bewegung der Reue

versteht. Die vorhergehende Frage nach dem Umgang des Menschen mit der Zeit kann nun in anderer Richtung neu formuliert werden: Gefragt wird nach dem, was der Mensch fürchtet. Genau genommen ist dies eine Vertiefung der ersten Frage und deren Beantwortung im Bezug auf den Umgang mit der Zeit in „Furcht und Zittern" (*SKS* 8, 130 / *ERG*, 19). In dem, was ein Mensch fürchtet, liegt faktisch seine Macht, nämlich zu fürchten „*was ein Mensch fürchten soll*, die Heiligkeit der Scham, Gott im Himmel, das Gebot der Pflicht, die Stimme des Gewissens, die Verantwortung der Ewigkeit" (*SKS* 8, 157 / *ERG*, 52). Der Mensch soll also Gott fürchten, denn nur indem er sich gottesfürchtig zur Strafe verhält, kann er diese sozusagen in der richtigen Dosis einnehmen. Dann handelt der Mensch nämlich nicht aus Furcht vor der Strafe, sondern er versteht ihren Ernst und ihre Notwendigkeit.

Dass der Mensch Gott fürchten soll, wird noch genauer beschrieben: Fürchten soll er nämlich „die Heiligkeit der Scham, Gott im Himmel, das Gebot der Pflicht, die Stimme des Gewissens, die Verantwortung der Ewigkeit". Dies ist eine nähere Beschreibung dessen, was Gott ist und der Mensch fürchten soll. An erster Stelle ist zu beachten, dass Gott sowohl der ferne „Gott im Himmel" ist, als auch der nahe Gott in der „Stimme des Gewissens". Gott ist der Schöpfer, der unendlich ferne Herrscher, der in seinem Himmel sitzt, und gleichzeitig der unendlich nahe, der Grund des Menschen, ja er ist dem Menschen näher als dieser sich selbst. Gott ist allgegenwärtig. Betrachten wir zunächst die Schamhaftigkeit: Sie bedeutet so etwas wie Schüchternheit und Verlegenheit, so wie man sich seiner selbst bewusst wird, wenn andere auf einen schauen. Gott fürchten in der Heiligkeit der Scham heißt ihn fürchten im Bewusstsein dessen, dass Gott einen sieht. Scham bedeutet, sich von Gott gesehen zu wissen. Die Einsicht der Furcht besteht darin, dass Gott Mitwisser ist. Was der Mensch tun soll, beantwortet sich dadurch, dass er in seiner Art des Zeitumgangs und im Verständnis damit, ein Selbst zu sein, einsehen muss, dass Gott ihn sieht in allem was er tut, und dass Gott Mitwisser ist bei jedem Gedanken. Die Macht des Menschen liegt in der Schamhaftigkeit gegenüber Gott, und das konkretisiert auch die Reue: Bereuen heißt, Gott fürchten als denjenigen, der den Menschen sieht in allem, was er tut und denkt. Das bedeutet, Gott als allgegenwärtig und allwissend zu fürchten, als den, der den Menschen im Jenseits richten wird und der sich schon jetzt in der Stimme des Gewissens manifestiert. Ebenso wie die erste Leitfrage nach dem Umgang des Menschen mit der Zeit im Zusammenhang mit der ersten der drei Voraussetzungen zum Entschluss in der Beichtrede gesehen werden konnte, so auch diese zweite

Frage im Zusammenhang mit der zweiten Voraussetzung: *„eine wirkliche Vorstellung vom Leben und von sich selbst zu haben"* (*SKS* 5, 427 / *DRG,* 156), das genau es, worauf die Schamhaftigkeit zielt: Dass der Mensch sich dessen bewusst ist, dass er in jedem Augenblick sich vor Gott, der ihn in allem sieht, verantworten muss.

Um die Macht des Menschen noch weiter zu präzisieren, könnte gefragt werden, in wiefern hier von Aktivität oder Passivität die Rede ist. Was der Mensch durch seine Macht tun kann ist, Gott zu fürchten, und darin liegt die Macht, gesund zu werden (vgl. die Krankheitsanalogie). Die Gottesfurcht zeigt sich damit als Macht zur Befreiung von Schuld und Sünde. Die konkrete Macht des Menschen aber ist seine Fähigkeit zu bereuen. Reue geschieht jedoch in dem Bewusstsein, selbst nichts tun zu können. Der Fortschritt der Reue muss also den Umweg nach hinten nehmen, d. h. der Weg führt nicht voran, ohne an das Vergangene gebunden zu sein. Wenn hier von einer Aktivität des Menschen gesprochen wird, so geschieht sie auf dem Hintergrund der Passivität des Bewusstseins, dass nichts getan werden kann.

1.3.2. Gottes Handeln

Wir haben bereits gesehen, dass Gott etwas tut. Gott ist nämlich der, der den Menschen sieht, in allem was er tut und denkt. Gott kennt den Menschen, und Gottes kontinuierliches Handeln besteht darin, fortgesetzt auf den Menschen zu sehen und daran erkannt zu werden. Doch was bedeutet es eigentlich zu wissen, dass Gott einen sieht? Es ist wohl das, was man als die andere Seite der Schamhaftigkeit bezeichnen kann. Die Schamhaftigkeit des Menschen vor Gott bedeutete Gottes Gegenwärtigkeit im Leben. Gott wird für den Menschen erst Gott in der Schamhaftigkeit ihm gegenüber. Aber in gewisser Weise wird auch der Mensch erst er selbst in der Schamhaftigkeit vor Gott. Sich vor Gott zu schämen bedeutet nämlich auch, dass ein Mensch in seinem Leben vor Gott nicht „undurchdringlich" bleiben kann (*SKS* 8, 163 / *ERG,* 59), denn er wird immer und in jedem Augenblick von Gott gesehen. Ein Mensch kann sich im Leben ja ganz unterschiedlich anstellen, er kann sich verstellen und versuchen in seinem Umfeld gut auszusehen; er kann „sich mehr schämen für das, was er scheint, als für das, was er ist" (*SKS* 8, 163; vgl. *ERG,* 59).[12] Aber im Wissen,

---

[12] Mit der Schamhaftigkeit ergibt sich eine Parallele zum Problem der Verschiedenheit, worüber wir schon gesprochen haben (s. I.2). Dort war das Problem, dass das Bild des Menschen von sich selbst in der zeitlichen Verschiedenheit nicht erkennbar wurde, dass der Mensch sich selbst eher im Schein, als im Sein reflektierte.

von Gott gesehen zu werden, ist ein Verstellen letzten Endes sinnlos, weil man vor einem Allwissenden nichts verbergen kann – und deswegen lässt es sich auch nicht vor sich selbst verbergen, selbst jemand zu sein. Man wird erst jemand im Wissen darüber, gesehen zu werden. In der Schamhaftigkeit bekommt nicht nur Gott Bedeutung, sondern auch der Mensch: Dass Gott den Menschen sieht, bedeutet nämlich, dass der Mensch jemand ist.

Dies hatte sich schon im Festhalten der Schuld durch die Strafe gezeigt. Darin, dass die Zeit verloren und die Schuld auferlegt ist, liegt die Unmöglichkeit der Reue nach vorne. Es kann nichts wiederholt und auch nichts vergessen werden. Der Mensch ist jemand, aber in erster Reihe ist er ein Schuldner, und die Unmöglichkeit der Situation besteht darin, dass er nicht freikommen kann von seiner Schuld. Wenn in der Rede deswegen betont wird, dass die Reue freimütig wird, dann ist dies so, weil Gottes Blick nicht nur sagt, der Mensch sei schuldig. Im Gegenteil, er hält fest, dass der Mensch jemand ist trotz seiner Schuld und seiner Sünde. Wie dies zu geschehen hätte oder was genau hinter der Bewegung nach vorne steckt, wird in dieser Rede nicht vollends begründet. Es wird sozusagen mehr gesagt, als man auf diesem Hintergrund sagen kann. Was da geschieht, hängt zusammen mit dem unaufhörlichen Blick Gottes auf den Menschen. Gott schaut fortwährend auf den Menschen, auch wenn der Mensch der schuldige Sünder ist. Dann geht es eigentlich um mehr als nur Abrechnung und Rechtfertigung. Die Reue verlangt zwar das Ablegen der Rechenschaft vor Gott, aber das Verhältnis Gottes zum Menschen liegt tiefer als die Rechtfertigung, die nur daran interessiert ist, Ordnung in das schuldige Verhältnis zu bringen. Gott sieht tiefer und weiter, denn er sieht nicht nur die Vergangenheit der Schuld. Er sieht die Möglichkeit einer schuldfreien Zukunft getragen von Liebe und Freiheit – und er sieht dies just im schuldigen Menschen. Für Gott ist die Vergangenheit im wortwörtlichen Sinn durchschaut, und es ist klar, dass der Mensch ein Sünder ist; aber für Gott steht jeder nächste Augenblick in Liebe offen. So sieht Gott den Menschen, und er festigt den Menschen in dem, was er ist – aber er hält ihn auch fest in dem, was er schon im nächsten Moment sein kann.

Vor Gott zu bereuen bedeutet demnach, sich dessen bewusst zu sein, dass Gott einen immer und überall sieht; aber auch zu lernen,

---

Die Schamhaftigkeit vor Gott beinhaltet deshalb auch den Aspekt der Gleichheit Gottes (s. I.2), durch die das Problem der Verschiedenheit überwunden wird. Dies weist auch hin auf *Die Taten der Liebe,* wo Kierkegaard zeigt, wie die Gleichheit Gottes das Problem der Verschiedenheit überwindet (s. II.2).

sich selbst mit den Augen Gottes zu sehen. In Gottes Augen ist man jemand, weil man Mensch ist, und deswegen ist es nicht gleichgültig, wie der Mensch sein Leben und seine Zeit verwaltet. Die Schuld steht klar vor Augen, aber vor Gott ist man jemand – als Mensch, der von Gott geliebt wird. Das zeigt sich konkret darin, dass Gott einem Menschen trotz Schuld und Sünde entgegenkommt. Obwohl der Mensch ein Sünder ist und es so scheint, als wäre er vor Gott weniger als nichts, bleibt Gott dabei, dass der Mensch geliebt wird. Gott hält damit absolut an der Möglichkeit der Liebe fest, zieht den Menschen dem Sünder vor, und auf diesem Hintergrund zeichnet sich ab, dass es eine Erlösung aus der Reue in den Freimut gibt. Doch wie schon gesagt, in der Rede wird nicht deutlich, wie der Mensch dies am Blick Gottes erkennen kann. Wurde jedoch die Schamhaftigkeit vor Gott zuvor so ausgelegt, dass sich als entscheidende Frage stellte: Was fürchtet der Mensch?, so zeigt sich hier, dass dies nicht genau genug war. Im Verhältnis zur Schamhaftigkeit vor Gott bleibt die entscheidende Frage diese: Worin findet der Mensch Trost? Das nimmt die Einsicht der ersten Frage auf, aber in einem tieferen Verständnis: Dass Gott den Menschen liebt und deshalb die Sünde bestraft, nicht aber den Sünder. Das heißt, Gott ist nicht der, der den Menschen straft, sondern im Grunde genommen der, der den Menschen liebt. Wie bei den beiden vorhergegangenen Fragen können wir auch hier den Menschen im Verhältnis zu den Vorstellungen sehen, die in der Traurede als Voraussetzung für den Entschluss genannt wurden: Die dritte war *„eine wirkliche Vorstellung von Gott"* (SKS 5, 437 / DRG, 167), und das ist hier der Gott der Liebe.

1.3.3. Die Zweideutigkeit der Reue

Das Bild des Menschen als eines Kranken, in dessen Macht es steht, die schon angebotene Medizin zu nehmen, besagt Folgendes: Es liegt am Menschen selbst, gesund zu werden, die Heilung aber kommt mit Hilfe der Medizin zustande. Der Mensch kann also ohne die Medizin nicht gesund werden, während die Medizin nicht zur Wirkung gekommen wäre, hätte der Mensch sie nicht genommen. Ist es nun der Mensch oder die Medizin, die heilen? Es ist wohl die Medizin, aber der Mensch spielt dabei eine nicht unwesentliche Rolle. Die Schwierigkeit, die sich bei der Auflösung der Analogie zeigt, hängt damit zusammen, dass alle Effekte im Heilungsprozess innerlich geschehen. Wenn die Medizin nicht mehr konkret ist wie Flüssigkeit oder Pille, sondern stattdessen eine Strafe – allerdings keine konkrete Strafe wie Gefängnis oder Geldbuße, sondern ein von außen gesehen nicht greifbares Gefühl oder Bewusstsein, das nur im Menschen selbst vorhanden ist; und wenn das Nehmen der Medizin nicht mehr an der konkreten Einnahme der Flüssigkeit oder der Pille festzumachen ist, sondern stattdessen an der besonderen Art und Weise, sich zur Strafe zu verhalten – dann ist alles in den Menschen hinein verlegt, so dass alles unlöslich miteinander zusammen zu hängen scheint. Wer oder was die eventuelle Heilung eigentlich bewirkt, scheint nicht mehr ganz klar zu sein. Statt zu behaupten, der Mensch könne nichts tun (als zu bereuen, aber darin haben wir gerade eine Aktivität in der Passivität festgestellt), könnte man nun umgekehrt sagen, der Mensch tue gerade alles selbst, weil das Ganze doch im Inneren des Menschen vor sich gehe. Doch die Antwort der medizinischen Analogie erscheint trotz der Schwierigkeit im Umgang mit der Verinnerlichung ziemlich präzise: Es ist Gott, der die Möglichkeit schafft, dass der Mensch überhaupt von Schuld und Sünde erlöst werden kann; doch der Mensch spielt dabei eine entscheidende Rolle, dadurch dass die Möglichkeit erst entsteht, sofern der Mensch sich ihr öffnet.[13]

Die Dialektik der Reue sollte aber noch konkreter ausgelegt werden, um zu verstehen, wie es zu Freimut in der Reue kommt. Erinnern wir uns an das Charakteristische in der freimütigen Reue: „wenn die Strafe selbst zu einem Segen wurde" (*SKS* 8, 134; vgl. *ERG*, 23). Dies ergab zunächst keinen richtigen Sinn, aber im Lau-

---

[13] Der Begriff der Reue, wie er hier entwickelt wird, enthält den Gedanken einer co-operatio, d.h. die Erlösung fordert etwas von beiden Seiten. Der Mensch muss sich seinerseits entscheiden und bereuen, was wiederum ein besonderes Verständnis des Menschseins voraussetzt, während Gott den Entschluss zur Erlösung des Menschen mit seinem Angebot bereits getroffen hat, das der Mensch nur noch entgegennehmen muss. Die gesamte Auslegung der Versöhnung ausgehend vom Gottesverhältnis in der Schamhaftigkeit bleibt jedoch nur angedeutet und wenig konkret. Die Schwierigkeit besteht darin, dass die Beichtrede die Pflicht des Menschen in diesem Verhältnis ausdrücklich betont, aber das Verhältnis von der anderen Seite her nicht näher erklärt. Vielleicht macht dies den Gedanken der co-operatio möglich, einerseits in der Perspektive des Bereuenden, andererseits in der Gründung des Erbaulichen in etwas Anderem als im Menschen selbst. Das ist ein schöpfungstheologischer Ansatz, während die Offenbarung so verstanden wird, dass im Verhältnis der Reue Freimut möglich wird. Was hier vorausgesetzt wird, thematisieren die Abendmahlsreden als Versöhnung; damit auch die andere Seite, in der es darum geht, was Gott in diesem Verhältnis tut (s. III.2). Vorwegnehmend muss gesagt werden, dass der Gedanke der co-operatio in der Thematisierung der Versöhnung nicht aufrechterhalten wird – der Altar (Ort der Versöhnung) ist der einzige Ort, an dem der Mensch nichts tun kann oder tun muss.

fe der Untersuchung über die Macht des Menschen bzw. über Gottes Handeln wurde doch klar, was es heißen kann, Strafe als Segen zu empfinden. Das Entscheidende dabei ist die Doppelung im Blick Gottes: Indem der Mensch sich selbst in Gottes Augen sieht, erkennt er einerseits den absoluten Charakter von Schuld und Sünde, spürt andererseits aber mehr und mehr die unendliche Tiefe und Macht der Liebe.

Von Gottes Blick als Doppelung zu sprechen birgt die Gefahr, dass der Blick das Zweideutige wird, bei dem der Mensch nicht weiß, was er davon zu halten hat, d.h. Gott erscheint launisch. Das ist es aber nicht, was in der Doppelung liegt. Gott ist Einer und sein Blick ist einer. Dieses Eine ist die Liebe. Die Doppelung liegt im Selbstverständnis des Menschen. Er ist schuldig und er ist versöhnt, er ist Sünder und er ist gerechtfertigt; beides durch den Blick Gottes, denn der Mensch sieht sich nicht nur zuerst im Blick Gottes gerechtfertigt, sondern er sieht im Blick Gottes auch zum ersten Mal, dass er ein Sünder ist. Denn erst in der Schamhaftigkeit vor Gott entsteht im eigentlichen – oder ewigen – Sinn der Mensch selbst. Wenn deshalb Gott Eines ist, nämlich Liebe, besteht die Bewegung der Reue mehr und mehr darin, sich selbst klarer zu sehen: von Gott geliebt – und das gerade auf Zukunft hin.

Im Schlussteil des letzten Abschnittes war derselbe Gedanke in die beiden Fragen gefasst: Was fürchtet der Mensch? und: Womit tröstet sich der Mensch? Beide Fragen werden ja im Verhältnis zu Gott gestellt – aus der Sicht des Menschen, der sich vor Gottes Mitwissen schämt. Der Mensch jedoch, der auf die letzte Frage Gewicht legt, d.h. Trost in Gott findet, sieht im Grunde am klarsten. Denn er sieht durch den Zorn Gottes hindurch und erkennt immer mehr Gottes tiefgründige Liebe. Die Reue dieses Menschen ist fortdauernd, aber es ist nicht die verzweifelte Reue, denn indem er durch Gottes Blick ein immer klareres Bild von sich selbst bekommt, hat der Bereuende im Glauben daran, dass der nächste Augenblick offen für die Liebe ist, Freimut gewonnen. Davon ausgehend können wir die Macht des Menschen bzw. das Handeln Gottes genauer angeben: Die Macht des Menschen, Gott zu fürchten, kann auf ihrem Höhepunkt den Menschen in die Reue als verzweifelten Kampf treiben, während Gottes Handeln die tiefste Perspektive der Liebe eröffnet, in der die Reue Freimut gewinnen kann. Doch wie schon gesagt, diese Bewegung setzt mehr voraus, als die Rede zum Ausdruck bringt, nämlich den Gedanken der Dreieinigkeit und die Versöhnung in Christus. Beides sind offensichtliche Voraussetzungen für das folgende Werk *Die Taten der Liebe,* das in weit höherem Maße in der Lage ist, das Gottesverhältnis der Freimütigkeit zu begründen.[14]

---

[14] Die Dreieinigkeit kommt schon im Gebet zum Ausdruck, mit dem das Buch *Die Taten der Liebe* eingleitet wird (*SKS* 9, 12 / *LT,* 6). Es ist trinitarisch aufgebaut und setzt die Versöhnung voraus. Das zeigt sich vielleicht am deutlichsten darin, wie der Mensch jetzt auf den anderen verwiesen und dadurch der Praxis der Liebe ausgesetzt wird – den Taten der Liebe.

Kapitel 2

Die Bewegung der Nächstenliebe

Der Untersuchung über die Nächstenliebe liegt das Buch *Die Taten der Liebe* zugrunde, das etwa ein halbes Jahr nach den *Erbaulichen Reden in verschiedenem Geist* erschienen ist.[1] Kierkegaard räumt diesem Thema in *Die Taten der Liebe* einen anthropologisch und theologisch zentralen Ort ein, doch geschieht dies nicht nur in diesem Werk. Wir sind der Liebe z. B. im Zusammenhang mit der Rede „Anlässlich einer Trauung" (s. I.3.2) und in Verbindung mit der Reue (s. Kap. 1) bereits begegnet und können deshalb von der großen Rede „Aus Anlass einer Beichte" (1847) ausgehen; nicht nur um deren Einsichten aufzunehmen, sondern primär um mit denjenigen Textpassagen zu beginnen, die direkt auf *Die Taten der Liebe* hinweisen – es sind eher Andeutungen, doch genau diese werden von Kierkegaard dann voll entfaltet.

2.1. Der Gedanke der Einmütigkeit in Erbauliche Reden in verschiedenem Geist

Zu Beginn, in der erbaulichen Rede von 1844 „Geduld in Erwartung", trafen wir auf Anna, die die Erwartung repräsentiert. Anna liebt ihren Mann; auch nach seinem Tod fährt sie fort, ihn zu lieben – und entdeckt, dass die Liebe größer ist als jeder zeitliche Gegenstand, denn die Liebe hat ihren Grund im Ewigen. In der Rede „Anlässlich einer Trauung" von 1845 findet sich eine Beschreibung der Liebe als Reaktion auf die Sünde und als Befreiung des Menschen von Sorge und Reue. Es geht um das Bewusstsein, selbst in Liebe und für die Liebe geschaffen zu sein, und den Glauben, dass Gott Liebe ist. Was es im einzelnen bedeutet, dass der Mensch in und zur Liebe

---

[1] *Erbauliche Reden in verschiedenem Geist* ist am 13. März 1847 erschienen, *Die Taten der Liebe* am 29. Sept. 1847.

bestimmt ist und dass Gott Liebe ist, wird in den bisher gelesenen Reden aber nicht völlig klar; es hängt jedenfalls mit dem Geschaffensein des Menschen und seiner Erlösung durch Gott zusammen, doch von Offenbarung oder Versöhnung war nicht die Rede, beides aber wurde stillschweigend vorausgesetzt.

Die große Beichtrede von 1847 allerdings zielt direkter auf den Begriff der Liebe. In der dritten und letzten Abteilung der Rede, in der Kierkegaard die Hauptpunkte zusammenfasst, wird das Verhältnis eingeführt zwischen dem Menschsein bzw. ein Einzelner zu werden (d. h. sich selbst zu verstehen als ein einzelner Mensch vor Gott) und sich selbst als ein „Du" zu verstehen. Zuerst, so Kierkegaard, setzt die Rede voraus, dass zum Menschsein etwas Besonderes gehört, von dem sie annimmt, dass der Leser es besitzt: Dass „es doch zuletzt etwas Gemeinsames gibt, eine Einheit in etwas Allgemein-Menschlichem, darin, dass man sich selbst achtet" (*SKS* 8, 226; vgl. *ERG*, 133). Die Voraussetzung ist demnach die Achtung vor sich selbst, oder um für das Gleiche den kierkegaardschen Terminus zu benutzen: die Besorgnis um sich selbst.[2] Schon durch das Menschsein hat jeder und jede in gewisser Weise mit sich selbst zu tun und versteht damit sein Leben als unendlich bedeutungsvoll. Kierkegaard drückt dies so aus: „die Ewigkeit zerstreut die Menge, indem sie jedem besonders ein unendliches Gewicht gibt, indem sie ihn schwer macht – als den Einzelnen" (*SKS* 8, 233 / *ERG,* 141). Bereits im Allgemein-Menschlichen wird jedem ausreichend Gewicht gegeben, um sich von der Menge zu unterscheiden – um ein einzelner Mensch zu werden. In der Rede wird deshalb die Behauptung aufgestellt, dass jeder Mensch im Stande ist, ein Einzelner vor Gott zu werden, und indem er ein einzelner Mensch wird, wird er Mensch im eigentlichen Sinn.

Dass es gerade eine Beichtrede ist, die diesen Prozess betont, ist naheliegend, zumal der Anlass der Beichte das Ablegen einer Rechenschaft erfordert und der Mensch darin allein vor Gott steht. Doch im weiteren Verlauf der Rede, wenn das Ein-Einzelner-Werden mit dem Werden zum „Du" verknüpft wird, kommt es zum Vorgriff auf *Die Taten der Liebe*. In der Einleitung zum dritten Abschnitt der Rede will Kierkegaard vom Leser eine „entscheidende Selbsttätigkeit fordern, auf der alles beruht […], es ist das Werk deiner Selbsttätigkeit, dass du um deiner selbst willen der Rede behilflich bist und durch dich selbst der sein willst, zu dem: Du gesagt wird" (*SKS* 8, 223f. / *ERG,* 129f.). Dieser

---
[2] Über diese Voraussetzung haben wir bereits gesprochen und sie den religiösen Anknüpfungspunkt genannt (s. I.2, Anm. 6).

Gedanke wird in der Beichtrede nicht weiter entfaltet, was vermutlich am Anlass der Rede liegt; was aber dennoch gesagt wird, handelt vom Verhältnis des einzelnen zu anderen Menschen – eine Perspektive, die sich außerhalb des eigentlichen Feldes der Rede bewegt. In der Zusammenfassung stellt Kierkegaard schließlich eine Reihe direkter Fragen an den Leser, u. a. diese: *„Und welches ist deine Gesinnung gegen andere?"* (*SKS* 8, 241 / *ERG,* 150). Mit dieser Frage wird der andere Mensch einbezogen, und verlangt wird ein besonderes Verhältnis zwischen den Menschen: Ein Selbstverständnis, durchdrungen von einer besonderen Gesinnung, die Kierkegaard „Einmütigkeit" nennt (ibid.).

Einmütigkeit bedeutet Verbundenheit mit jedem Menschen, lebendig oder tot. Es geht also um eine Vertiefung dieses Gedankens in der Rückkehr zum Allgemein-Menschlichen: Dass der einzelne Mensch – gerade als Einzelner – mit jedem Menschen etwas gemeinsam hat; und das ist das Gegenteil von bloßem Zusammenhalt, in dem Menschen sich mit einer Gruppe identifizieren, die im Gegensatz zu anderen Menschen oder Gruppen steht. Die Forderung der Einmütigkeit gibt dem Satz: ein Einzelner zu werden bedeutet ein Mensch zu werden, eine neue Dimension. Denn nur wenn man versteht, dass man als einzelner Mensch etwas anderes ist als alle anderen Menschen, versteht man zugleich, dass es Menschen gibt, die genau so sind wie man selbst. Die Menge zerstreut sich in Einzelne. Hinter dem Begriff der Einmütigkeit steht, ein „Du" zu werden; und dies wiederum bezieht sich auf die Anrede Gottes, das Werden zum „Du" vor Gott. In der Anrede Gottes geschieht – sofern der Mensch sie im Ernst versteht – eine grundlegende Verschiebung in der Selbstauffassung des Menschen. Man kann sie auch als Dezentralisierung des Selbst zum Ausdruck bringen, indem der Mensch sich selbst nicht mehr als ein „Ich" versteht, sondern zum „Du" wird. Hier in der Beichtrede bleibt nur Andeutung, was zum wesentlichen Thema in *Die Taten der Liebe* wird: Das Verhältnis zwischen dem einzelnen und dem anderen Menschen, und warum Gott im buchstäblichen Sinn das Zentrum dieses Verhältnisses ist. Im Folgenden richten wir den Blick auf dieses Werk.

2.2. Das Gebot der Nächstenliebe: Schöpfung und Offenbarung

Für *Die Taten der Liebe* ist entscheidend, dass Kierkegaard die Liebe vom Standpunkt des Liebesgebots her betrachtet: Du sollst deinen Nächsten lieben wie dich selbst! Zudem handelt es sich um Gottes offenbarendes Wort, das eine göttliche Autorität beinhaltet. „Du sollst

2. Die Bewegung der Nächstenliebe

lieben" ist ganz einfach Gottes Gebot an den Menschen. Die Voraussetzungen dieses Werkes sind demnach andere, als wir sie bisher kennen gelernt haben: Offenbarung wird vorausgesetzt, und das Gebot der Nächstenliebe ist Ausgangs- und Mittelpunkt. Liebe bedeutet, dass der Mensch jeden anderen lieben soll, mit derselben Liebe, mit der er sich selbst liebt. Dies ist weder „im Sinne des Tiefsinns noch des menschlichen Vergleichens schwierig zu verstehen" (*SKS* 9, 32; vgl. *LT*, 29), trotzdem liegt darin eine Reihe von Implikationen. Um nur das unmittelbar Einleuchtende zu nennen: Die Anrede, von der wir schon gesprochen haben, ist explizit gesetzt („Du"), während von der Liebe gesagt wird, sie sei Pflicht („du sollst lieben"); ihr Gegenstand wird angegeben als der andere Mensch („dein Nächster"), und schließlich wird dieser als bereits vorhanden vorausgesetzt („wie du dich selbst liebst"). Auf diesem Hintergrund lässt sich die Liebe kurz charakterisieren als von Gott gegeben und in ihm begründet, ewig und allumfassend; und dies in sehr bestimmtem Sinn, sofern sie im Verhältnis zu einem konkreten Gegenstand praktiziert werden soll.

Liebe ist demnach von Gott gegeben und nun dem Menschen auch durch direkte, einzelne und autoritative Worte befohlen. Da stellt sich die Frage, was die Liebe für die Existenz des Menschen bedeutet. Als erstes kann das Gebot so verstanden werden, dass der Mensch schon jemand ist: Er hat schon Liebe. Es ist nicht überraschend, dass das Geschaffensein des Menschen schon früher mit der Liebe verknüpft wurde, aber es ist dennoch wesentlich dies festzuhalten.[3] Das Gebot setzt voraus, dass der Mensch die Liebe schon hat und kennt, weil der Mensch sich selbst liebt. Das ist ein anderer Ausdruck für die allgemein-menschliche Voraussetzung, wie sie Kierkegaard in der Beicht-

---

[3] K.E. Løgstrup sieht keine Verbindung zwischen Schöpfung und Offenbarung: „Die Offenbarung annulliert die Forderung Gottes nach Nächstenliebe, die in den natürlichen und kulturbedingten Beziehungen, in denen der eine Mensch zum anderen steht, an uns gestellt werden. Seit der Offenbarung wird das Wort Gottes zu uns nicht mehr laut in der lex creationis des Berufs, sondern nur in Christus" (*Auseinandersetzung mit Kierkegaard*, S. 69). Stattdessen liest er *Die Taten der Liebe* im Licht des Nachfolgegedankens, den Anti-Climacus in der *Einübung im Christentum* entwickelt (s. III.1.3.2), und macht auf diesem Hintergrund die Liebe zum Leiden und setzt sie dem Widerstand aus; die christliche Liebe wird in der Praxis zur Feindesliebe (*Opgør med Kierkegaard*, S. 55; vgl. *Auseinandersetzung mit Kierkegaard*, S. 75f.). Dass Løgstrup wesentliche Aspekte in *Die Taten der Liebe* übersehen hat (nicht nur im Blick auf Schöpfung und Offenbarung, sondern auch, dass Kierkegaards Phänomenologie etwas eröffnet, was Løgstrups eigenen souveränen Lebensäußerungen sehr nahe ist), hat A. Grøn in seinem Artikel „Suverenitet og negativitet. Løgstrups opgør med Kierkegaard [Souveränität und Negativität. Løgstrups Auseinandersetzung mit Kierkegaard]" gezeigt.

rede von 1847 formuliert hatte: Dass der Mensch sich selbst achtet, oder wie z. B. in den *Christlichen Reden,* dass er um sich selbst besorgt ist. Kraft dessen gilt das Gebot als einfach und unmittelbar verständlich, ohne dass es einer besonderen Erfahrung oder Eignung bedürfte. Jeder und jede weiß, was lieben bedeutet. Wenn es heißt: Liebe deinen Nächsten wie dich selbst, braucht man keine speziellen Begabungen, sondern nur die allgemeine Erfahrung von Liebe, die alle schon gemacht haben. Kierkegaards Interpretation zeigt allerdings ein anderes Verständnis des Liebesgebots als das, was der Mensch von sich selbst kennt. Der Mensch versteht Selbstliebe, das Gebot aber fordert Nächstenliebe – und es fordert sie in der Annahme, dass der Mensch das Gebot befolgen könne. Statt das im Menschen bereits vorhandene Verständnis und seine Kenntnis der Liebe zu bestätigen, kommt es zu einem Bruch. Erstens wird der Gegenstand anders bestimmt: Liebe ist nicht länger Selbstliebe, sondern Liebe zum Nächsten; und zweitens wird die Liebe zur Pflicht: Der Mensch *soll* den Nächsten lieben – allerdings in der Annahme, dass er rein faktisch den Nächsten lieben *kann.*

Das Gebot ist demnach zwar nicht schwer zu verstehen, „aber es ist in keines Menschen Herz aufgekommen" (*SKS* 9, 32 / *LT,* 29). Das Gebot offenbart die Liebe, und das bedeutet: Allein durch das Gebot wird die Liebe wirklich erkannt. Was ist Liebe? Offensichtlich etwas, das wir alle kennen, trotzdem weiß aber niemand genau, was es ist; etwas zu dem alle Zugang haben, diesen aber nicht verstehen oder nicht finden; es sei denn er wird uns gesagt oder gezeigt. Also ein Verhältnis zwischen etwas, das bereits da ist, und etwas vollkommen Neuem; anders gesagt: ein Verhältnis zwischen Schöpfung und Offenbarung. Die in der Schöpfung verankerte Liebe kann nur durch die Offenbarung verwirklicht werden, und diese setzt jene Liebe als vorhanden voraus. Gerade durch diese Annahme wird alles neu – indem die Tiefe dieser Liebe und damit auch die des Menschen unendlich größer erscheint als vor ihrer Offenbarung. Es geht daher nicht nur um die Frage nach dem, was offenbart wird, sondern auch nach dem, was die Offenbarung über das schon Gegebene sagt. Das Verhältnis zwischen Schöpfung und Offenbarung besteht im Grunde genommen darin, dass die beiden Aspekte zusammen gehören: Was offenbart wird, sagt etwas Neues über das Gegebene.

Das bedeutet auch, dass Gott die Sünde nicht sieht. Der Mensch kennt die Liebe, weil er in ihr geschaffen wurde und weil er für sie bestimmt ist – aber es ist etwas dazwischen gekommen: die menschliche Reduktion der Liebe innerhalb gewisser Rahmen und Kriterien. In seinem Gebot an die Menschen nimmt Gott darauf jedoch keine

Rücksicht: Du sollst lieben, wie du dich selbst liebst. Das heißt: Die Liebe ist unendlich und grenzenlos, und Du hast sie bereits, deshalb: liebe! Dies zeigt erstens, wo wir uns befinden, und sagt zweitens etwas darüber, wie Gott die Sünde überwindet. Mit den *Taten der Liebe* befinden wir uns im Leben, und es gilt die Forderung nach Versöhnung, und zwar so, dass die Sündenvergebung vorausgesetzt wird; und nach der Sündenvergebung besteht Gottes Überwindung der Sünde in ihrem Vergessen, darin, durch sie hindurch zu sehen und sie zu ignorieren. Das genau ist es, was er hier tut. Er spricht zum Menschen, als sei dieser ohne Sünde: Liebe deinen Nächsten wie dich selbst. Das ist praktisch niemals geschehen, außer bei Christus selbst, und das weiß Gott der allwissende natürlich nur zu gut. Um so mehr spricht er, als spräche er zu dem sündenfreien Menschen, zu Christus – und überwindet damit die Sünde. Noch einmal: Was bedeutet dies für die Existenz und das Selbstverständnis des Menschen?

2.3. Die Bestimmung des Nächsten

Im Liebesgebot heißt es, der Mensch solle seinen Nächsten lieben. Die Frage, die sich hier stellt, ist selbstverständlich diejenige, die schon der Pharisäer, um sich zu rechtfertigen, Jesus gestellt hat: „Wer ist denn mein Nächster?" (Lk 10,29). Die Frage des Pharisäers ist typisch für den Menschen, der sich der Forderung des Gebots durch Abstraktion entziehen will, indem er einen einfallsreichen Wortstreit darüber entfacht, was diese Forderung bedeute und ob sie einen inneren Widerspruch enthalte. Es ist der Versuch, die stets praktische Forderung des Gebots durch ein Auflösen in Theorie zu umgehen; das Konkrete zu vermeiden, indem man sich an die Formulierung hält. Kierkegaards Zugang aber geschieht nicht aus dieser Sicht der Dinge. Er hat beständig die praktische Forderung vor Augen – ist sich aber umgekehrt dessen bewusst, dass hier das Wort ‚Eile mit Weile' gilt. Wie die Reue so braucht auch die Nächstenliebe eine Zeit der Vorbereitung, damit der Mensch sich selbst in die Handlung mit einbringen kann. Wenn Kierkegaard gerade mit der Frage des Pharisäers beginnt, tut er dies nicht, um der Forderung zu entgehen; ganz im Gegenteil, er tut dies, um konkret werden zu können, gewissermaßen als Teil der Vorbereitung.

Kierkegaard nimmt also die Frage des Pharisäers aus einer anderen Perspektive auf: *„Wer ist denn eines Menschen Nächster?"* (*SKS* 9, 28 / *LT*, 25) fragt er und gibt als Antwort mehrere positive Bestimmungen des Nächsten. Zuerst wird der Abstand zum Nächsten beschrieben: Nächster wird abgeleitet von nahe und ist damit der dem Menschen am nächsten stehende – „jedoch nicht im Sinne der Vorliebe" (*SKS* 9, 28f. / *LT,* 25), fügt er hinzu; und auch nicht näher als der Mensch sich selbst: „er soll dir gerade ebenso nahe sein [wie du dir selbst bist]" (*SKS* 9, 29; vgl. *LT,* 25). Der Nächste ist also so nahe an einem Menschen, wie dieser an sich selbst. Man könnte sagen, Kierkegaard präzisiert den Abstand, den das Gebot mit „wie dich selbst" fordert, und auf diesem Hintergrund kann Kierkegaard eine erste Definition des Nächsten geben: „Der Begriff ‚Nächster' ist eigentlich die Verdoppelung deines eigenen Selbst" (ibid.).

Die Eingrenzung des Nächsten führt damit zu einer wenig konkret erscheinenden Definition, obwohl die Frage, die zugrunde lag, ein konkretes Ziel hatte: Wer ist der Nächste, im Sinne von: Wer soll geliebt werden? Von der Frage nach der konkreten Person des Nächsten ausgehend, definiert die Antwort stattdessen den Begriff des Nächsten – und das mit der abstrakten „Verdoppelung des Selbst". Kierkegaard ist sich dessen voll bewusst – und sagt frei heraus, „um des Gedankens willen, [ist es] nicht einmal nötig, dass der Nächste zugegen ist" (ibid.). Da wird man wohl fragen dürfen, welchem Zweck dient die reine Gedankenbestimmung des Nächsten – wozu den Nächsten in dieser Weise auflösen?

In der Reflexion der Frage nach dem Nächsten greift Kierkegaard zurück auf die Antwort, die Jesus dem Pharisäer gibt, nämlich das Gleichnis des barmherzigen Samariters (Lk 10,30-37). Kierkegaard achtet besonders auf die Gegenfrage, die Jesus dem Pharisäer stellt: „Wer von diesen dreien, meinst du, ist der Nächste gewesen dem, der unter die Räuber gefallen war?" (*SKS* 9, 30; vgl. *LT,* 26). Die Antwort ist im voraus bekannt – wir wissen alle, dass es der Samariter ist. Aber wer ist hier eigentlich wer? Der Samariter, der wie ein Schulexempel für die Nächstenliebe steht, ist selbstverständlich der liebevolle, der den anderen liebt. Aber die Frage, die Jesus gestellt hat, lautete: Welcher der drei hat sich als der Nächste des Mannes erwiesen? Die Betonung liegt also nicht darauf, den Nächsten zu *lieben,* sondern der Nächste zu *sein.* Die eigentliche Pointe im Gleichnis liegt in dem, was der Samariter tut, weil er sich selbst als Nächster versteht – und das setzt Kierkegaard an die entscheidende Stelle. Die Bestimmung des Nächsten bekommt somit eine andere Ausrichtung, weil sie sich nicht mehr auf den anderen Menschen richtet, sondern sich stattdessen dem einen Menschen selbst zuwendet. Die Richtung nach außen wird nun nach innen gekehrt. Die Antwort auf die gestellte Frage, warum der

Nächste in einer Art Auflösung unkonkret wird, könnte lauten: Weil es in erster Linie nicht um den anderen Menschen geht, sondern um den einen Menschen selbst. Natürlich ist der Nächste eine Bestimmung des Gegenstands der Liebe, aber das Gebot der Nächstenliebe enthält zuerst eine Bestimmung des angesprochenen Menschen selbst.

Um noch eine Ebene tiefer zu gelangen, könnten wir fragen: Wer sind die beiden anderen Personen im Gleichnis? Wer ist der Levit und wer der Priester? Jedenfalls wissen wir, dass sie nicht die Nächsten des Notleidenden waren, sie sind eher selbstsüchtig. Sie haben wohl den Notleidenden gesehen, aber zuerst an das Risiko und die Gefahr bei möglicher Hilfeleistung gedacht. Vielleicht haben sie in der Hilfe nur das Beschwerliche gesehen oder sie erinnerten sich daran, wie eilig sie es hatten. Die Gründe dafür bedeuten nicht viel, denn das Entscheidende ist, dass beide sich selbst zuerst sahen, noch vor dem Notleidenden – und damit sahen sie den eigentlich Betroffenen nicht. Der Levit und der Priester waren sich selbst näher als dem Notleidenden, denn sie haben zuerst auf sich selbst geachtet.[4]

So weit besteht das Gebot darin, den Nächsten zu lieben wie sich selbst. Der Begriff des Nächsten wird jedoch in der Verdoppelung des Selbst aufgelöst, und die Forderung des Gebotes nach innen gekehrt, so dass es der Mensch selbst ist, der sich zum Nächsten wird. Dies könnte verwirrend erscheinen, aber so viel ist doch klar: Die Bestimmung des Nächsten ist keine eigentliche Veränderung des Gegenstands der Liebe, sondern es geschieht etwas Entscheidendes mit dem Menschen selbst. Was das ist, zeigt Kierkegaards Definition: der Nächste ist die Verdoppelung des Selbst. Weiter heißt es: „Aber was das Selbstische um keinen Preis ertragen kann, ist: Verdoppelung, und das Wort des Gebots ‚wie dich selbst', das gerade ist die Verdoppelung" (*SKS* 9, 29; vgl. *LT,* 26). Das, was durch den Nächsten erreicht wird, wird durch das Selbst als das Selbstische präzisiert. Worin aber liegt das Selbstische? Das Selbstische ist das Bewusstsein des Menschen darüber, dass er an erster Stelle ein Selbst ist; darüber, dass das Selbst einen anderen Status hat als der andere Mensch; dass man näher bei sich selbst ist als bei dem anderen Menschen.[5] Die Verdoppelung aber hatte gerade mit

---
[4] Die Selbstsüchtigkeit ist deshalb besser zu verstehen, als sie typischerweise in der Alltagssprache verstanden wird. Es ist nicht nur das radikale Sich-selbst-vor-andere-setzen, sondern überhaupt sich, seine Familie oder den besten Freund anderen vorzuziehen. Es dreht sich um Vorlieben jeder Art, und sie sind das genaue Gegenteil der Nächstenliebe. Dazwischen, so sieht es Kierkegaard, gibt es nichts.

[5] So könnte man meinen, unser I. Teil kreise nur um das Selbstische, einschließlich der Thematisierung dessen, dass der Mensch er selbst bleiben soll, d.h. sich selbst

dem Abstand zwischen dem Selbst und dem Nächsten zu tun, nämlich so, dass der Abstand zwischen dem Menschen und seinem Selbst genau derselbe ist wie zwischen dem Menschen und seinem Nächsten. Insofern gibt es keinen Unterschied zwischen dem Selbst und dem Nächsten. Doch wenn Selbst und Nächster genau gleich nahe liegen, wird das Selbst durch den Begriff des Nächsten untergraben. Die Konsequenz ist, dass der Mensch – wie der Samariter – sich selbst der Nächste wird. Dass Kierkegaard zunächst die konkrete Person des Nächsten auflöst, führt zu einer Auflösung des selbstischen Selbst.

2.4. Ein Nächster werden. Selbstverleugnung

Kierkegaard hat die Forderung Jesu im Blick, wonach der Mensch selbst der Nächste werden soll. Doch während Jesus mit unbedingter Konzentration auf die Handlung weist und deren Praxis selbst demonstriert, findet Kierkegaard eine Vorbereitungszeit unumgänglich. Es geht nicht darum, etwas Besonderes zu tun, sondern das, was man tut, in besonderer Weise zu tun, nämlich in Liebe. Deshalb setzt die Handlung ein Verstehen voraus, d. h. ein Selbstverstehen. Wo Jesus den Pharisäer zum Umdenken zwingt und ihn zum anderen Menschen hinführt, da leitet Kierkegaard seinen Leser nach innen. Die Frage nach dem Nächsten wird zurückgeführt auf die Frage nach dem Menschen selbst. Das Gebot fordert, der Mensch selbst solle Nächster sein. Das aber bedeutet den totalen Kollaps des ursprünglichen Selbstverständnisses als Folge der Bestimmung des Menschen, die im Gebot zum Ausdruck kommt. Denn durch die Forderung des Gebots zeigt sich die Radikalität des Selbstischen im Menschen. Der Kollaps ist demnach Zeichen dafür, dass die Offenbarung zugleich voraussetzt und damit bricht, was der Mensch war.

Wenn das Selbstische im Menschen als radikale Bestimmung erscheint, wird auch deutlich, dass es nicht nur um Egoismus oder Nar-

---

als etwas unendlich Anderes zu sehen als jeder andere Mensch. Das ist jedoch nicht der Fall, denn dort ging es um den einzelnen Menschen vor Gott, jetzt um den einzelnen und den anderen Menschen vor Gott. Das Entscheidende ist, dass der einzelne Mensch seine Einsicht (gemäß dem I. Teil) bewahren muss, aber auch verstehen, dass der andere Mensch ebenso ein einzelner vor Gott ist. Somit ist das Selbstische parallel zu setzen mit dem zeitlichen Selbstverständnis, während das Verstehen des Selbst als Nächster parallel zum Verstehen des Selbst in der Perspektive der Ewigkeit steht. Der Unterschied liegt, wie gesagt, im ethischen Thema der *Taten der Liebe,* im Verhältnis des Einzelnen zum Anderen.

2. Die Bewegung der Nächstenliebe

zissmus geht; dies natürlich auch, wenn Kierkegaard eine Form des Selbstischen „die treulose Selbstliebe" (*SKS* 9, 62 / *LT,* 63) nennt. Entscheidend aber ist die Erkenntnis, dass das Selbstische viel weiter reicht; es kann z.B. ein Verhältnis vertrauensvoller Liebe zwischen Menschen einschließen, voller Hingabe und echter Gefühle – nur eben nicht im Einvernehmen mit der Forderung des Gebots. Diese Form nennt Kierkegaard „die sich hingebende Selbstliebe" (ibid.). Dass sie trotz Echtheit der Gefühle als Eigenliebe verstanden wird, hängt damit zusammen, dass die Liebenden nicht nur ein Fleisch werden können – sie werden ein Selbst: „Liebe und Freundschaft [...] sind das Ich trunken im andern Ich. Je fester die beiden Ichs sich zusammenschließen, um ein einziges Ich zu werden, desto mehr schließt dieses vereinte Selbst sich selbstisch von allen anderen aus" (*SKS* 9, 62f.; vgl. *LT,* 64). In der Forderung aber ging es um den Abstand, darum, dass es zwischen dem Selbst und dem Nächsten keinen Unterschied im Abstand geben darf. Im tieferen Liebesverhältnis gibt es möglicherweise keinen Abstand zwischen den Liebenden, um so größer ist er zwischen den beiden und allen anderen; die Liebenden lieben einander so sehr, wie der Mensch sich selbst liebt – jedoch unendlich stärker als alle anderen Menschen. Das ist das Selbstische an der Liebe, die hier beschrieben wird. Die Hingabe ist nicht halb oder falsch, im Gegenteil, sie ist der Vereinigung am nächsten, aber das Liebesverhältnis gründet sich auf einen Gegensatz zum anderen Menschen, nämlich auf die Verschiedenheit und ist deswegen selbstisch. Auf diesem Hintergrund kann Kierkegaard den Dichter und die poetische Liebe als diametral entgegengesetzt zur christlichen Liebe darstellen. Denn der Gedanke der höchsten Einung, worin die Seligkeit des Dichters kulminiert, steht im direkten Gegensatz zur Forderung der Nächstenliebe.[6]

Die Radikalität des Gebots besteht in der Erkenntnis des Menschen, dass er selbstisch ist in allem was er tut und in allen seinen Verhältnissen, denn jedes Verhältnis baut irgendwie auf einen Gegensatz zu etwas anderem. Wir haben dieselbe Feststellung bereits im Rückblick auf die frühen erbaulichen Werke machen können, dass der Mensch in der Zeitlichkeit gründet – hier: in der Verschiedenheit, jetzt aber radikalisiert auf dem Hintergrund der Offenbarung von Gottes Forderung. Deren Radikalität wird noch zusätzlich betont, wenn Kier-

---

[6] Hier liegt für Kierkegaard durchgängig ein Konflikt. Die drei „frommen Reden" *Die Lilie auf dem Felde und der Vogel unter dem Himmel* von 1849 sind diesem Thema gewidmet.

kegaard sagt: „Überall hingegen, wo das Christliche nicht ist, ist die Trunkenheit des Selbstgefühls das Höchste" (*SKS* 9, 62 / *LT,* 64). Die Liebe also, wie der Mensch sie von sich selbst kennt, ist Selbstliebe – ob in der treulosen oder in der hingebenden Form. Es ist die Art von Liebe, die der Mensch kennt, die sich durch das Gebot aber als eine Abart der Liebe erweist. Radikal ist das Gebot der Liebe, weil es offenbart, was der Mensch faktisch ist.

Wenn die Offenbarung den Menschen vor sich selbst als radikal selbstisch erscheinen lässt – oder in christlicher Terminologie: als Sünder –, so ist dies keine direkte Bestimmung, sondern eine Spiegelung. Das Gebot verpflichtet zur Nächstenliebe – aufgrund der Annahme, dass der Mensch dazu in der Lage ist. Erst indem er sich in dieser Bestimmung spiegelt, wird für den Menschen deutlich, dass er so selbst gar nicht ist. Er kennt sich selbst nicht als Nächsten, aber er kennt sich als sich selbst am nächsten stehend, so wie das selbstische Selbst. Die Offenbarung enthält demnach eine doppelte Bestimmung des Menschen: als sichselbst-liebend und als den-Nächsten-liebend; oder in der Sprache der Dogmatik: Der Mensch wird bestimmt als Sünder und gerecht.

Wie wird ein Mensch ein Nächster? An Kierkegaards Umweg über die Auflösung des konkreten Nächsten und damit auch die Auflösung des Selbst, ließ sich beobachten, dass er Wert darauf legt, das Gebot zunächst zu verstehen. Im konkreten Fall soll ein Mensch verstehen, was „wie dich selbst" bedeutet, dass nämlich das Selbst und der Nächste gleich nahe liegen. Dieser Gedanke sitzt wie ein Keil in der Selbstsüchtigkeit und impliziert Selbstverleugnung – ein Schlüsselbegriff für *Die Taten der Liebe.*[7] Der Grund für die zentrale Platzierung dieses Begriffs liegt vor allem in seiner Funktion, sich offen zum Gebot verhalten zu können. Der Selbstverleugnende verschließt sich dem Gebot nicht und übersieht es auch nicht. Selbstverleugnung bedeutet, dass sich der Mensch fest an die Forderung des Gebots hält; und das bedeutet auch, dass er festhält an der doppelten Bestimmung des Menschen.

Unmittelbar erscheint die Selbstverleugnung eher negativ und schädigend; wie ein unnötiges und selbstquälerisches Niedermachen des Selbst, eine typisch protestantische Übung, sich sündig und minderwertig zu fühlen. Doch aufgrund der Doppelheit der Selbstverleugnung stellt sich die Sache anders dar: Selbstverleugnung geschieht auf

---

[7] Dies kommt an verschiedenen Stellen zum Ausdruck, zentral schon im Gebet, mit dem das Werk eingeleitet wird. Hier definiert Kierkegaard: „eine Tat der Liebe ist: aufrichtig in Selbstverleugnung, ein Bedürfnis der Liebe und eben deshalb ohne den Anspruch auf Verdienstlichkeit" (*SKS* 9, 12; vgl. *LT,* 6).

dem Hintergrund eines positiven Verhältnisses, und dieses Positive ist die primäre Bestimmung des Selbst durch das Gebot: das Selbst als Nächster. Dass der Mensch sich selbst verleugnen soll, geschieht demnach nicht nur, um sich selbst loszuwerden, sondern auch um sich selbst zu gewinnen. So wie der Begriff des Nächsten in eine Gedankenbestimmung aufgelöst wird, um ihn in richtiger Weise zu lieben, so löst die Selbstverleugnung das Selbstische auf, um in richtiger Weise das Selbst zu finden. Die Selbstverleugnung geschieht demnach im Hinblick darauf, dass der Mensch wirklich lieben kann. Im Verhältnis zur früher besprochenen Selbstvernichtung ist die Selbstverleugnung ein letztes Glied in der Kette. Am Beginn stand die Selbstvernichtung der Welt gegenüber (in Geduld), dann folgte die Selbstvernichtung gegenüber der Schuld (in der Reue), nun haben wir die Selbstvernichtung gegenüber der Sünde, und genau dies geschieht in der Selbstverleugnung.[8]

Dass Selbstverleugnung nicht das Einüben in Minderwertigkeit und Schwäche bedeutet, immer aber mit dem Selbstischen und der Forderung des Gebots in Berührung kommt, zeigt sich, wenn Kierkegaard sagt: „Die Aufgabe der Selbstverleugnung ist deshalb in sich doppelt [...]. In Bezug auf die treulose Selbstliebe, die sich zurückziehen will, ist die Aufgabe: gib dich hin; in Bezug auf die sich hingebende Selbstliebe ist die Aufgabe: gib diese Hingebung auf [...]. So hält die Selbstverleugnung zuerst Gericht, und dann stellt sie die Aufgabe: Liebe den ‚Nächsten', ihn *sollst* du lieben" (*SKS* 9, 62; vgl. *LT,* 63f.). Hier wird die Doppelheit ausgedrückt in Gericht und Aufgabe: Das Gericht sieht und richtet das Selbstische im Menschen, die Aufgabe sieht die Pflicht zu lieben und eröffnet damit künftige Möglichkeiten. Die

---

[8] Wenn nun nicht mehr von Vernichtung, sondern von Verleugnung des Selbst gesprochen wird, so hat dies mit der Erkenntnis der Sünde zu tun. Auch die vorhergehenden Reden sprechen von Sünde und Sündenbewusstsein, aber die Tiefe der Sünde und wie sie den Menschen ergreift, wird eigentlich erst mit der Offenbarung verstanden. In *Die Taten der Liebe* ist es die Fremdheit in der Forderung des Gebots und die Unmöglichkeit sie einzulösen, was die Sünde hervorhebt; aber an anderen Stellen wird Kierkegaard auch konkreter, wenn es darum geht, wie die Offenbarung die Sünde freilegt. Ein gutes Beispiel ist die vierte Abendmahlsrede aus der vierten Abteilung der *Christlichen Reden,* wo Kierkegaard über die Nacht des Verrats spricht. Hier heißt es unter anderem: „ich habe ‚*die Liebe*' verraten gesehen, und ich habe etwas über mich selbst verstanden, dass nämlich auch ich ein Mensch bin, und dass Mensch sein heißt, ein sündiger Mensch zu sein (*SKS*, 10, 299; vgl. *CR,* 301). Hier wird das Sündenbewusstsein direkt verknüpft mit Christi Tod am Kreuz, denn dieser steht als Inbegriff für das Verhältnis des Menschen zum Erlöser: Der Mensch hat die Liebe getötet. Oder in der Terminologie aus *Die Taten der Liebe:* Der Mensch ist in solchem Ausmaß selbstisch, dass er die Liebe tötet.

Radikalität der Selbstsucht zeigt sich insofern in der Selbstverleugnung, und in vielleicht noch höherem Maße in der unendlichen Tiefe der Liebe. Denn auch wenn der Mensch soweit wie möglich alles entfernt, was er kennt, die Liebe bleibt bestehen, größer als je zuvor. Sie liegt allem zugrunde, trägt den Menschen überall, besteht als Aufgabe für die Zukunft und hält den Menschen fest in der Liebe.[9]

Die Selbstverleugnung in Gericht und Aufgabe ist eine Form des Selbstverstehens: Selbstisch zu sein und dennoch zur Liebe bestimmt; etwas anderes zu sein als das, was man geworden ist, und sich deshalb davon abzuwenden, um in richtiger Weise das zu werden, was man ist. Damit wird deutlich, dass Selbstverleugnung Innerlichkeit verlangt: Man hat innerlich mit sich selbst zu tun, macht etwas mit sich selbst. Die Richtung nach innen hat etwas mit der Selbstvernichtung gemeinsam, meint aber nicht, dass der Mensch sich vor sich selbst verschließt, denn die Selbstvernichtung (oder die Selbstverleugnung) steht immer im Verhältnis zu etwas anderem als der Mensch selbst. Dies setzt aber das Bewusstsein voraus, dass der Mensch durch etwas Anderes gesetzt ist als durch sich selbst. Ohne Außenverhältnis könnte nicht von Innerlichkeit die Rede sein, sondern nur von Eingeschlossenheit. Die Bewegung der Innerlichkeit in der Selbstverleugnung ist deshalb nicht ein Einschließen des Menschen, sondern ein Öffnen für die Offenbarung der Liebe. Der Mensch verleugnet sich selbst nur um zu lernen, was Liebe ist, um liebevoll zu werden. Die Vertiefung der Selbstverleugnung in Innerlichkeit gewinnt daher an Einsicht in die Offenbarung der Liebe.

Diesen Aspekt der wachsenden Einsicht aufgrund von Selbstverleugnung behandelt Kierkegaard in der letzten Rede: „Die Tat der Liebe, die Liebe anzupreisen". Dass es sich in dieser Beziehung um eine Tat der Liebe handelt, bringt zum Ausdruck, dass der Mensch nur weiß, was Liebe ist, sofern er selbst liebevoll ist – und umgekehrt, dass der liebevolle Mensch auch weiß, was Liebe ist. So entsteht ein Verhältnis zwischen Praxis und Theorie, sofern das eine nicht ohne das andere ist. Wenn wir uns daran erinnern, dass die Selbstverleugnung immer vor Augen hat, liebevoll zu werden, so sagt bereits der Titel, dass es um die Vertiefung der Liebe geht; genauer: „*Die Tat, die Liebe anzupreisen, muss **nach innen hin** in Selbstverleugnung getan werden*" (*SKS* 9, 354; vgl. *LT,* 394).

---

[9] Wir können hier noch einmal auf das Beispiel Annas hinweisen: Alles was sie kannte und wofür sie bekannt war, wurde von ihr genommen, doch die Liebe blieb, größer als je zuvor.

2. Die Bewegung der Nächstenliebe

Das Wachsen an Einsicht hat mehrere Aspekte. Als erstes nennt Kierkegaard die eigentliche Tat der Selbstverleugnung, „es lange Zeit auszuhalten, einen einzigen Gedanken zu denken [...]; denn wenn man nur einen Gedanken denkt, geht die Richtung nach innen hin" (*SKS* 9, 354f.; vgl. *LT,* 394f.). Das ist vergleichbar mit der Auflösung des „Nächsten" in eine reine Gedankenbestimmung – gerade um den Menschen durch die Wendung nach innen zur Auflösung seines Selbst zu bringen. Der *eine* Gedanke, der beständig gedacht werden soll, ist deshalb die konzentrierte Vertiefung in die Offenbarung der Liebe. Die Bezugnahme gerade auf die Selbstauflösung wird dadurch bestärkt, dass der Mensch bei der Vertiefung in den einen Gedanken „die Kräfte seines Geistes als solche überanstrengt, [...] im menschlichen Geist als solchem liegt eine Selbstsucht, die gebrochen werden muss, falls das Gottesverhältnis in Wahrheit gewonnen werden soll" (*SKS* 9, 355f. / *LT,* 396). Die andauernde und innerliche Vertiefung in das Gebot der Liebe ist der eine Gedanke, der zur Tat der Selbstverleugnung wird – eine Tat aber, die mit einem Mal das Selbstische aufbricht und das Gottesverhältnis gewinnt: „es gilt, das Leben zu verlieren, um es zu gewinnen" (*SKS* 9, 356 / *LT,* 396). Die Doppelheit der Selbstverleugnung tritt somit wieder klar hervor, indem das Aufbrechen des Selbstischen mit etwas Anderem vor Augen geschieht, nämlich der Liebe – oder wie es hier heißt: dem Gottesverhältnis.

Deshalb kann Kierkegaard sagen, „und eben die Selbstverleugnung entdeckt das Dasein Gottes" (*SKS* 9, 356 / *LT,* 397), und „nur in Selbstverleugnung kann ein Mensch Gott festhalten" (*SKS* 9, 358 / *LT,* 398).[10] Das zeigt noch einmal: Selbstverleugnung ist eine Vertiefung der Liebe. Wie diese Vertiefung konkret zu verstehen ist, wird noch näher zu untersuchen sein. Wir haben bereits gesehen, dass die Selbstverleugnung im Verhältnis zur Liebe steht, in dem sie diese stets vor Augen hat. Es ist demnach sinnvoll, dass der Mensch gerade in der Selbstverleugnung an Gott festhält. Weiter aber heißt es, dass der Mensch Gott „als seinen Mitarbeiter hat", und dieses Verhältnis „wird nun der Widerspruch in Seligkeit und Entsetzen" (*SKS* 9, 356 / *LT,* 397). Aber wozu dieser Gedanke, Gott als Mitarbeiter zu haben? Der Hintergrund ist derselbe, den wir schon aus dem Vorhergehenden kennen, dass nämlich der Mensch der Mitarbeiter Gottes ist, weil er versteht, dass er selbst nichts, Gott aber alles ist. Durch das Gebot der

---

[10] Im vorigen Kapitel sahen wir, dass der Mensch das Dasein Gottes erst in der Schamhaftigkeit ihm gegenüber entdeckt. Der Grundgedanke aber ist faktisch derselbe, weil im Begriff der Schamhaftigkeit, wie wir sie in der großen Beichtrede ausgelegt haben, schon die Erkenntnis, zugleich Sünder und gerecht zu sein, erreicht ist.

Nächstenliebe erkennt der Mensch die Tiefe der Selbstsucht als Sünde, und in der Selbstverleugnung versteht er, dass er deshalb außerstande ist, der Forderung zu genügen. Gott muss einfach mithelfen, wenn der Mensch lieben können soll, oder genauer: Gott muss die Arbeit tun und der Mensch kann nur mithelfen, indem er sich selbst verleugnet. In diesem ungleichen Verhältnis der Zusammenarbeit kommt die Doppelheit der Selbstverleugnung klar zum Vorschein, ihr Widerspruch in „Seligkeit und Entsetzen". Hier erfüllt sich, was wir schon in der Bewegung gesehen haben, die Kierkegaard in *Drei Reden bei gedachten Gelegenheiten* entwickelt hat (s. I.3): Der „Schlusspunkt" der Religiosität ist die Aktivität des Menschen auf der Grundlage der Passivität, d.h. jede Handlung geschieht in dem Bewusstsein, dass der Mensch selbst nichts und Gott alles ist.

2.5. Ein Nächster zu sein. Die Zwischenbestimmung

Wir haben bisher Kierkegaards Auslegung des Liebesgebots in ihrem Grundgedanken verfolgen können: Der Mensch soll ein Nächster werden. Wir haben auch gesehen, warum das so ist: Nur durch dieses Selbstverständnis kann die Nächstenliebe im Menschen Form annehmen. Entscheidend ist nicht, was der Mensch tut, sondern wie er es tut. Wo aber ist der andere Mensch geblieben? Mit der Frage „wer ist mein Nächster" war diese Problematik von Beginn an erkannt, löste sich aber rasch nach innen hin auf. Das bedeutet nicht, dass der andere Mensch ein abstrakter Referenzpunkt geworden wäre, dessen einzige Rolle darin bestünde, dem Menschen seine Selbstsucht zu entreißen.[11] Kierkegaard hat weiterhin die konkrete Liebe zum Nächsten vor Augen.

---

[11] In diese Richtung geht ein großer Teil der Kritik an Kierkegaards *Die Taten der Liebe*. Sie wirft ihm vor, keinen Blick für den anderen Menschen zu haben, sondern ihn aus der Welt und jeder sozialen Relation herauszuziehen. Ein bedeutendes Beispiel dafür ist Løgstrup, der Kierkegaards Auslegung der Nächstenliebe versteht „als gleichbedeutend damit, dem Nächsten zu helfen Gott zu lieben. Dagegen hat eine Liebe, da darin besteht, die zeitlichen Wünsche eines anderen Menschen zu erfüllen, nichts mit der Liebe zu tun" (*Den etiske fordring* [1991], S. 251; vgl. *Die ethische Forderung* [1989], S. 159f.). D.h. die Liebe, von der Kierkegaard spricht, hat nichts mit der Welt zu tun und ist deshalb keine menschliche Liebe – und stimmt im übrigen auch nicht überein mit der Liebe, die Jesus verkündigt und gelebt hat (ibid.). Nicht zuletzt unter heutigen Interpreten Kierkegaards wird mit großem Einsatz versucht, ein anderes und nuancierteres Bild seiner Ethik nachzuzeichnen. Beispielsweise bei P. Søltoft in *Svimmelhedens etik* [*Ethik des Schwindels*], worin Kierkegaard im Verhältnis zu M. Buber und E. Lévinas gesehen wird – von beiden wurde Kierkegaards Weltlosigkeit und der Verlust des Anderen kritisiert. Dem-

2. Die Bewegung der Nächstenliebe

Auch die konkrete, nach außen gewandte Liebe hat mit Selbstverleugnung zu tun. Kierkegaard spricht dies an, wenn er sagt: „aber Selbstverleugnung ist eben die Verwandlung, durch die ein Mensch im Sinne der Ewigkeit nüchtern wird" (*SKS* 9, 62 / *LT,* 64). Die Selbstliebe hat Kierkegaard eine „Trunkenheit" genannt (ibid.), und das lässt an dem Bild, durch Verwandlung nüchtern zu werden, keinen Zweifel. In der Verwandlung von Trunkenheit zur Nüchternheit aber geht es um die Differenz zweier Vorstellungen: Der Trunkene hat überspannte Vorstellungen, während der, der nüchtern wird, erneut im Vollbesitz seiner Sinne ist und die Wirklichkeit wieder richtig erfasst.[12]

Worin liegt also das Nüchterne? Von welcher Verwandlung der Vorstellung ist die Rede? Ein Selbst zu werden und mit dem Selbstbetrug – oder der Trunkenheit – zu brechen, hat mit Vorstellungen zu tun; das haben wir bereits in der Beichtrede gesehen, in der Kierkegaard eine ganz bestimmte Vorstellung in drei Aspekten fordert: eine angemessene Vorstellung der Gefahr (die Gefahr der Zeit), des Selbst und Gottes. In *Die Taten der Liebe* steht das Verhältnis zwischen den Menschen im Mittelpunkt, und Kierkegaard benennt den Unterschied in der Vorstellung wie folgt: „In der zwischenmenschlichen Liebe ist das Ich sinnlich-seelisch-geistig bestimmt, der Geliebte ist eine sinnlich-seelisch-geistige Bestimmung; in der Freundschaft ist das Ich seelisch-geistig bestimmt, der Freund ist eine seelisch-geistige Bestimmung; nur in der Liebe zum Nächsten ist das Selbst, das liebt, rein geistig bestimmt als Geist, und der Nächste eine rein geistige Bestimmung"

---

gegenüber unterstreicht Søltoft die schöpfungstheologische und die allgemeinmenschliche Perspektive in Kierkegaards Ethik: Teils weil der andere Mensch eine entscheidende Rolle in Kierkegaards Ethik spielt, teils weil die Liebe dem Menschlichen nicht widerspricht; sie zerbricht das Menschliche, aber sie tut dies in Kenntnis der vielen Möglichkeiten, in denen ein Mensch die Liebe durch Selbstsucht, Machtspiel und Eifersucht schädigen und verderben kann. Es handelt sich demnach nicht darum, den Menschen aus der Welt herauszuziehen, sondern darum, die Liebe zu öffnen und sie für die Welt freizusetzen. Auch J. Ferreira betont die Bedeutung des Anderen in Kierkegaards Ethik an zentraler Stelle in ihrem Kommentar zu *Die Taten der Liebe* in *Love's Grateful Striving*.

[12] Der Begriff Nüchternheit hat mit den schon besprochenen Begriffen Selbstbetrug und Illusion zu tun, damit, dass der Mensch sich selbst nicht richtig sieht. Das Passende am Bild der Nüchternheit liegt darin, dass es noch einmal den Gedanken unterstreicht, zurückzukehren zu dem, was dem Menschen schon gegeben ist; wieder zu sich selbst zu kommen. Auch unter Selbstbetrug und Illusion – unter Trunkenheit – liegt die wirkliche Vorstellung davon verborgen, wer der Mensch ist. Nüchternheit ist für Kierkegaard auch im weiteren Sinn ein Begriff, nicht zuletzt an zentraler Stelle in der postum veröffentlichten Schrift *Urteilt selbst!,* dort trägt Kap. I die Überschrift „Nüchtern werden" (*SV* 17, 129-172 / *ZS,* 125-174).

(*SKS* 9, 63; vgl. *LT,* 65). In der Vorstellung geht es also darum, wie der Mensch sich selbst und den anderen Menschen sieht. Vor allem werden die Bestimmungen der zwischenmenschlichen Liebe und der Freundschaft verständlich: die erstere als sinnliche und seelische, die letztere nur als seelische. Die zwischenmenschliche Liebe verhält sich also zum anderen im Blick auf sein oder ihr Aussehen und Verhalten, die Freundschaft dagegen ist nur auf Letzteres gerichtet. In beiden Formen wird aber auch die geistige Bestimmung genannt, und sie ist zudem die einzige Bestimmung für die Nächstenliebe. Was aber ist eine geistige Bestimmung?

In den präziser definierten Bestimmungen über das Dasein des Menschen, wie wir sie z. B. in *Der Begriff Angst* oder *Die Krankheit zum Tode* finden, wird der Begriff des Geistes mit dem Dasein des Menschen verknüpft. So sagt Kierkegaard unter dem Pseudonym Vigilius Haufniensis im *Begriff Angst,* der Mensch sei eine Synthese, „die von Geist getragen wird" (*SKS* 4, 354 / *BA,* 47), und die nahezu explosive Einleitung der *Krankheit zum Tode* beginnt unter dem Pseudonym Anti-Climacus folgendermaßen: „Der Mensch ist Geist. Was aber ist Geist? Geist ist das Selbst. Was aber ist das Selbst? Das Selbst ist ein Verhältnis, das sich zu sich selbst verhält, oder es ist das an dem Verhältnis, dass das Verhältnis sich zu sich selbst verhält" (*SKS* 11, 129; vgl. *KT,* 8). Geist hat demnach mit dem Menschen als Synthese zu tun, mit dem Menschen als einem Verhältnis, das sich zu sich selbst verhält. Der entscheidende Punkt ist der, dass der Geist dem menschlichen Selbstverhältnis zugrunde liegt, Geist ist das, worin das Selbstverhältnis gesetzt ist. Der Geist ist als solcher das Menschliche, weil er etwas Fundamentaleres als das Verhältnis der Synthese ist. Geist gehört ganz allgemein zum Dasein eines Menschen und bedeutet, mehr als dieser besondere Mensch mit diesen individuellen Qualifikationen zu sein. Anders gesagt: Der Mensch als Geist ist eine schöpfungstheologische Bestimmung, denn sie bringt zum Ausdruck, dass der Mensch in seinem Grund ein gesetztes Wesen ist. Wenn die Bestimmung des Geistes hier für zwischenmenschliche Liebe, Freundschaft und Nächstenliebe gemeinsam gelten soll, so drückt dies eben das Grundlegende aus: Der Mensch ist Geist, weshalb die Bestimmung des Geistes in jedem Verhältnis vorkommt. Während aber das Sinnliche und das Seelische von einem zum anderen Menschen verschieden sind, ist die Bestimmung des Geistes für jeden Menschen gleich. Alle sind von Gott geschaffen. Während zwischenmenschliche Liebe und Freundschaft sich deshalb zum Verschiedenen verhalten, hat nur die Nächstenliebe ein Verhältnis zum Allgemein-Menschlichen. Die Vorstellung, die in der Nächstenliebe alles entscheidend ist – und die es in der zwischenmenschlichen Liebe und im Freundschaftsverhältnis nicht gibt (wie sie hier beschrieben sind) –, liegt darin, den anderen Menschen in der Bestimmung der Gleichheit und nicht der Verschiedenheit, d. h. den anderen Menschen vor Gott zu sehen.

Die Frage ist nun: Sieht sich der Mensch (trunken) im Verhältnis zur Bestimmung der Verschiedenheit, oder sieht er (nüchtern) alles durch Gott und sich selbst als von Gott geschaffen – wie eben jeder Mensch in seinem Dasein gesehen wird? Während die zwischenmenschliche Liebe und Freundschaft das Ich ausdrücken, das das andere Ich liebt, und beide in der Liebe selbstisch zu einem Ich vereint werden, das als solches im Gegensatz zu allen anderen Menschen steht, sagt Kierkegaard: „der Nächste ist das erste Du" (*SKS* 9, 64 / *LT,* 65). Aus der Perspektive der Verschiedenheit verschmelzen die Liebenden distanzlos, während die Nächstenliebe auf einer Verschiedenheit besteht, indem der andere Mensch zum „Du" wird. Kierkegaard hatte zu Beginn auf das Problem des Abstandes aufmerksam gemacht und gefordert, dass dieser zwischen Selbst und Nächstem derselbe sein solle. Wozu dies Insistieren auf dem Abstand zum Nächsten? Entscheidend ist hier nicht, die Distanz aufzugeben oder in bestimmter Weise festzulegen, sondern den gleichen Abstand zu erreichen. Das Selbst und der Nächste sollen sich im selben Abstand voneinander befinden – denn nur dies entspricht dem „wie Dich selbst". Das lässt sich nur machen, sofern die Verschiedenheit in etwas Anderem gründet. Das Selbst und der Nächste unterscheiden sich allein im Bewusstsein dessen, dass jeder für sich von Gott angesprochen und deshalb von Gott geschaffen und geliebt ist – als einzelne, verschiedene, unterschiedliche Menschen, vor Gott aber alle in genau derselben Weise geachtet. Deshalb ist es eigentlich ungenau zu sagen „das Selbst und der Nächste"; richtiger wäre: „der Nächste und der Nächste", d. h. der Mensch selbst ist ein „Du" geworden, er ist selbst ein „Nächster".[13]

Es liegt also gewissermaßen etwas hinter der abstandslosen Gleichstellung der Selbstliebe, in der die Liebenden miteinander verschmelzen, und dem Insistieren der Nächstenliebe auf einer Unterscheidung. Wir haben bereits hervorgehoben, dass das in der Selbstliebe vereinte Selbst auf der Gegenüberstellung zu allen anderen Menschen gründet.

---

[13] Hier liegt der Anknüpfungspunkt zu dem, was wir in der Einleitung dieses Kapitels bereits in der Beichtrede gefunden haben: Es gilt, ein „Du" zu werden, und das zwischenmenschliche Verhältnis sollte durch Einmütigkeit charakterisiert sein, d. h. jeden Menschen als von Gott geschaffen ansehen. Was dort nur angedeutet wurde, findet hier seinen Grund und seine Entfaltung.

Der geliebte Mensch gehört mir, als solcher ist er etwas ganz Besonderes für mich und bedeutet mir sehr viel mehr als andere Menschen. Demgegenüber gründet die Nächstenliebe in Gott. Der Mensch versteht, dass er als Einzelner vor Gott steht, aber eben in genau derselben Weise wie jeder andere Mensch auch. Die Selbstliebe hat demnach dieses „mehr als andere", das der Gleichheit zugrunde liegt, während in der Nächstenliebe ein „in gleicher Weise wie die anderen" die Unterscheidung verlangt. Die Gleichheit in der Selbstliebe ist mit anderen Worten eine „Gleichheit, die in der Verschiedenheit gründet" (*SKS* 9, 63 / *LT,* 64), während umgekehrt die Unterscheidung der Nächstenliebe in der Gleichheit vor Gott ihren Grund hat.

Wir hatten gefragt, worin die Vorstellung der Nüchternheit besteht. Was der Mensch zwischen sich selbst und den anderen Menschen stellt, das ist die dazwischentretende Vorstellung. Kierkegaard spricht deshalb von einer Zwischenbestimmung: „In zwischenmenschlicher Liebe und Freundschaft ist die Vorliebe Zwischenbestimmung, in der Liebe zum Nächsten ist Gott die Zwischenbestimmung; liebe Gott höher als alles, dann liebst du auch den Nächsten und im Nächsten jeden Menschen" (*SKS* 9, 64; vgl. *LT,* 66). In der Nächstenliebe tritt die Gottesvorstellung dazwischen und nur mit dieser Vorstellung zwischen sich und dem anderen kann der Mensch den anderen in seiner geistigen Bestimmung sehen, noch vor seiner sinnlichen und seelischen Bestimmung.[14]

Der Gedanke von Gott als Zwischenbestimmung bedeutet, dass alles durch Gott gesehen wird: Auf Gott zu schauen und in seiner Bestimmung den eigenen Widerspruch zu erkennen, zugleich Sünder

---

[14] Der Gedanke von Gott als Zwischenbestimmung, als ein Drittes, das zwischen das Liebesverhältnis der beiden Menschen tritt, war früher ein Stein des Anstoßes in der Kierkegaardrezeption zu *Die Taten der Liebe*, weil Gottes Dazwischentreten als eine Bedrohung der konkreten Bedeutung des Anderen in diesem Verhältnis interpretiert wurde; als ein Konkurrenzverhältnis zwischen Gott und dem Anderen, das Gott gewinne. Das Resultat ist, dass der andere Mensch verschwindet und wir erneut vor einer weltlosen Ethik stehen, die nur ein Verhältnis zwischen Gott und dem Einzelnen kennt (s. Anm. 11). Demgegenüber macht J. Ferreira darauf aufmerksam, dass der Terminus „Zwischenbestimmung" aus dem Zusammenhang mit Gott verstanden werden muss, der selbst Liebe ist, der Schöpfer, zu dem jeder Mensch gehört. Deshalb geht es nicht um ein Konkurrenzverhältnis zwischen Gott und dem anderen Menschen, sondern um die Betonung des Grundes, auf dem die Liebe zwischen zwei Menschen ruht. Für J. Ferreira liegt der wesentliche Punkt der Zwischenbestimmung in der Tatsache, dass die Liebe nicht dem Menschen gehört; d.h. im Liebesverhältnis soll der eine Mensch den anderen weder bestimmen noch von ihm bestimmt werden, weil beide bereits von Gott bestimmt sind (*Love's grateful striving*, S. 73ff.).

und gerecht zu sein; auf Gott zu schauen und den anderen Menschen schlecht und recht als Menschen anzuerkennen. Durch Gott als Zwischenbestimmung kommt mit dem Menschen selbst auch seine ganze Welt in den Blick. Wir haben zuvor nach dem Nüchternwerden gefragt, jetzt wird die Reichweite dieser Vorstellung klar. Sie besteht ganz einfach darin, die Wirklichkeit Gottes vor Augen zu haben: Dass Gott in allen Dingen wirkt und alles in Gott Realität hat. Der Mensch „entdeckt das Dasein Gottes" (*SKS* 9, 356 / *LT,* 397), nicht als entferntes oder unwillkommenes, im Gegenteil, es wird zum Ewigen und Allgegenwärtigen, zutiefst im Inneren und überall den Menschen umschließend, gegenwärtig in allem und zu jeder Zeit. So gewinnt die Welt lebendige Bedeutung und Gegenwart, weil Gott in ihr ist. Gottes Wirklichkeit besteht darin, dass er in der Welt gesehen wird und dass die Welt durch Gottes Gegenwart entsteht. Jedes Verhältnis wird ein Gottesverhältnis und die Welt wird zur Schöpfung, weil der andere Mensch und die ganze äußere Welt mit Gott als Zwischenbestimmung gesehen werden.[15]

2.6. Der Grundgedanke und das Allgemein-Menschliche

Durch die Bestimmungen des Nächsten, der Selbstverleugnung und der Zwischenbestimmung konnten wir uns ein Bild davon machen, was Kierkegaard unter Nächstenliebe versteht; und die Forderung der Nächstenliebe hat Konsequenzen für die Auffassung des Menschen,

---

[15] Gott als Zwischenbestimmung wird hier als eine Art Vollendung der Schöpfung interpretiert. Wie dies näher zu verstehen ist, zeigt H. Schulz, wenn er im Hinblick auf Gottes Schöpfung betont, dass Gott sich in jedem Augenblick selbst zurücknimmt, um die Schöpfung unabhängig und frei zu machen (*Eschatologische Identität*, S. 464). Weiterhin wird die „Versöhnung als paradoxe Vorsehung" ausgelegt (aaO., S. 477): „Und ebenso wie sich die Wiedergeburt als Neuschöpfung des ohnmächtigen Individuums vollzieht (d. h. als Übergang von Unmöglichkeit zur Wirklichkeit), manifestiert sich in der Inkarnation die Vollendung der Schöpfung als paradoxer Ausdruck der göttlichen Allmacht: Die ‚Schöpfung ist eigentlich erst da vollendet, da Gott sich selbst mit angebracht hat' [*Pap*. X, 1A 605 / *T* 3, 271]. Aber ‚eben dies tut Gott, er tut es ja in Christo' [ibid.]" (aaO., S. 478). Gott schafft also, indem er sich selbst zurücknimmt, und Christus vollendet die Schöpfung, weil er sich selbst in die Schöpfung einbringt. Der Gedanke der Kontinuität zwischen Schöpfung und Neuschöpfung entspricht der Inkarnation als Vollendung der Schöpfung. Nur gilt hier, dass die Vollendung der Schöpfung – Gott, der sich selbst durch Christus mit ins Bild bringt – nicht schon in der Inkarnation liegt, sondern in Auferstehung und Himmelfahrt. Denn hier zieht Gott sich selbst zurück und gibt die Schöpfung frei, um dadurch selbst allgegenwärtig in der Welt zu sein.

Gottes und der Welt. Wir haben auch gesehen, dass diese Bestimmungen zusammenhängen und im Grunde genommen auf die eine zurückzuführen sind: Gott ist die Zwischenbestimmung der Liebe. Dies steht allem anderen voran und bleibt auch dann bestehen, wenn sonst alles fehlt. Was diese Vorstellung der Liebe für das Menschsein bedeutet, wollen wir abschließend in dem zentralen Gedanken des Allgemein-Menschlichen zusammenfassen.

Der Bedeutung des Allgemein-Menschlichen können wir uns annähern in dem, was Kierkegaard den „Grundgedanken" (*SKS* 9, 92 / *LT*, 98) nennt. Eine indirekte Bestimmung lautet: „Jeder einzelne dieser Unzähligen ist durch seine Verschiedenheit etwas Bestimmtes, stellt etwas Bestimmtes dar, aber wesentlich ist er etwas Anderes" (*SKS* 9, 92; vgl. *LT*, 97 f.). Damit kommen wir zurück auf die Thematisierung der Bedingungen der Verschiedenheit, verbunden mit dem Problem des Menschen, dass er etwas Anderes ist als bloß die Verschiedenheit; ein Verhältnis, das mit einem Schauspieler verglichen werden kann, der auf der Bühne verkleidet eine Rolle spielt – aber eben als ein sich zur Schau stellen, als jemand anderen als er oder sie dem Wesen nach ist. Der Grundgedanke zielt demnach auf die Gleichheit in der Verschiedenheit, die sich unter dem, was an der Oberfläche zum Vorschein kommt, sehen lässt. Aber „im wirklichen Leben wächst der einzelne im Wachstum der Zeitlichkeit gänzlich mit der Verschiedenheit zusammen" (*SKS* 9, 93 / *LT*, 99), und der Mensch wird eingesponnen in die „Verzauberung der Wirklichkeit" (*SKS* 9, 92; vgl. *LT*, 98). Wie in einem Rausch wächst der Mensch mit der Verschiedenheit zusammen, und der Grundgedanke, der nüchterne Gedanke von der Wirklichkeit Gottes, verwirrt sich. Statt sich klar zu machen, dass das Selbst seinem Wesen nach etwas Anderes ist als die Verschiedenheit, meinen die Menschen, „die Rolle, die [sie] darstellen, sei das, was [sie] wesentlich sind" (ibid.). Der Grundgedanke jedoch ist fundamental, und deshalb bedeutet seine Verwirrung auch den alles entscheidenden Riss im Selbstverständnis des Menschen; und in seiner Überwindung sieht Kierkegaard die alles entscheidende Verwandlung: „Soll man jedoch in Wahrheit den Nächsten lieben, so muss man sich in jedem Augenblick daran erinnern, dass die Verschiedenheit eine Verkleidung ist" (*SKS* 9, 93 / *LT*, 99).[16]

---

[16] Das Problem der Verschiedenheit, wie wir es zuerst auf dem Hintergrund der Grabrede betrachtet haben (s. I. 2), kann jetzt – auf dem theologischen Hintergrund der *Taten der Liebe* – gelöst werden. Das gelingt, wenn der problematische Charakter der Existenz von Beginn an mit dem Verhältnis zum anderen Menschen verbunden wird. Die Grabrede hatte das Selbstverhältnis zum Ziel, jetzt aber ist das Ziel das

2. Die Bewegung der Nächstenliebe

Dies hängt, wie gesagt, mit der Art der Vorstellung zusammen, und nur durch die Vorstellung, von Gott geschaffen zu sein, versteht der Mensch, was es heißt, ein Mensch zu sein. Denn nur dann sieht der Mensch sich selbst und seinen Nächsten als eine geistige Bestimmung. Der Kern des Grundgedankens ist der, dass der Mensch wesentlich etwas Anderes ist als die Verschiedenheit; es ist zugleich der Gedanke einer fundamentalen Verwandtschaft zwischen den Menschen. In diesem allgemein-menschlichen Ziel, zu dem der Grundgedanke überleitet, lassen sich wichtige Teilaspekte noch einmal benennen.

Erstens liegt im Allgemein-Menschlichen eine Vertiefung dessen, was die Liebe ist und wie sie konkret sein sollte. Das Konkrete bezieht sich darauf, dass der Mensch den anderen Menschen, dem er gegenüber steht, lieben soll. Wir haben jedoch gesehen, dass Kierkegaard beim Selbstverständnis des Menschen einen Umweg über die Auflösung des Selbstischen macht, und wir haben noch einmal über die Vorstellungen des Selbst gesprochen. Es stellt sich nun die Frage: Welche Relation besteht eigentlich zwischen der Konkretion der Liebe im Verhältnis zum Nächsten und deren Charakter, etwas zu sein, was den Menschen selbst betrifft? Meint Kierkegaard es ernst, wenn er einerseits die Forderung unterstreicht und andererseits abstrakt bleibt, indem er von Selbstverleugnung und Zwischenbestimmung spricht? Seine Position wird erkennbar, wenn er z. B. behauptet, dass ein Mensch, allein auf einer einsamen Insel, sehr wohl seinen Nächsten lieben könne (*SKS* 9, 29 / *LT,* 25).[17] Oder kehren wir zurück zu dem Beispiel Annas, die ihren Mann liebt, aber Tiefe und Umfang der Liebe erst richtig erfährt, als ihr Mann stirbt. Alles zusammen scheint

---

ethische, nach außen gewandte Verhältnis zwischen den Menschen: die Verbundenheit des Einzelnen mit dem Anderen in einem Maße, dass der andere Mensch im Selbstverhältnis des Einzelnen vorkommt. Mit Gott als Zwischenbestimmung wird dem Menschen das Fundament gegeben, aufgrund dessen er dem anderen gegenüber frei wird; unaufhörlich verbunden (das gerade ist die Existenzbedingung) mit der Verschiedenheit, aber nicht mehr als deren Problem, sondern als ein erlöstes und freies Verhältnis, das in der Gleichheit Gottes gründet.

[17] Der gleiche Gedanke findet sich auch in *Erbauliche Reden in verschiedenem Geist,* wo Kierkegaard zum Begriff der Einmütigkeit sagt: „Und säßest du in einem einsamen Gefängnis, fern von allen Menschen, oder würdest du auf eine einsame Insel versetzt in Gesellschaft mit den Tieren, wenn du das Gute in Wahrheit willst, wenn du mit Gott zusammenhältst, dann bist du in Einmütigkeit mit allen Menschen. Und falls das Entsetzliche geschähe (denn die fromme Erbauung soll nicht sein wie der für einen festlichen Augenblick bestimmte zarte Schmuck einer Frau), dass du lebendig begraben würdest, sofern du dann, wenn du im Sarg erwachtest, nach deinem gewohnten Trost griffest, so wärest du auch in dieser einsamen Qual in Einmütigkeit mit allen Menschen" (SKS 8, 242; vgl. ERG, 151).

den konkreten Charakter der Liebe zum anderen Menschen zu relativieren, und in gewisser Weise geschieht dies auch, denn entscheidend ist doch, dass die Nächstenliebe nicht von dem anderen Menschen abhängt. Die Liebe ist immer größer als ihr Gegenstand – das genau hatte Anna erkannt, als plötzlich der Gegenstand ihrer Liebe nicht mehr da war, die Liebe aber blieb. Umgekehrt ist entscheidend, dass Kierkegaard die Praxis der Liebe unterstreicht, denn in dem Augenblick, in dem der Mensch dem anderen gegenübersteht, soll er den betreffenden lieben wie sich selbst. Falls dies schon Nächstenliebe ist, sich selbst als Mensch im allgemeinen Sinn zu verstehen, dann ist Nächstenliebe ein natürlicher Ausdruck für dieses Selbstverständnis. Es gibt deshalb keinen Unterschied zwischen Selbstverständnis und Praxis der Liebe. Nächstenliebe ist deshalb etwas, was den Menschen selbst betrifft, sie reicht aber weiter als nur bis zum einzelnen Menschen und durchdringt jedes Verhältnis nach außen.

Wenn das Allgemein-Menschliche bedeutet, seine Verwandtschaft mit jedem anderen Menschen zu erkennen, und wenn dies aus der Betrachtung Gottes als Zwischenbestimmung folgt, dann wird noch ein anderer Aspekt des Praxis-Charakters der Liebe betont, dass nämlich jedes Verhältnis zum Ausdruck des Gottesverhältnisses wird. Was der Mensch einem anderen gegenüber tut, das tut er eigentlich gegen Gott. Wenn Jesus an einer Stelle sagt: „Was ihr getan habt einem von diesen meinen geringsten Brüdern, das habt ihr mir getan" (Mt 25,40), so trifft dies genau den Punkt: Das Verhältnis zum anderen Menschen ist ein Spiegelbild des Gottesverhältnisses und deckt dieses auf. Gott zu lieben ist nicht allein die Voraussetzung, seinen Nächsten zu lieben, es gilt auch umgekehrt: Seinen Nächsten lieben heißt Gott lieben. Durch das Festhalten am Allgemein-Menschlichen lässt sich demnach zeigen, wie das Gottesverhältnis auf das Verhältnis zu anderen wirkt, aber zugleich auch, wie das Verhältnis zu anderen Menschen das Gottesverhältnis beeinflusst; im weiteren Sinn, wie der Mensch sein Leben lebt und wie es ihm im Leben ergeht; ob er mit Freimut wagt als Einzelperson aus der Menge herauszutreten, oder ob er sich durchs Leben stiehlt (vgl. *SKS* 9, 80 / *LT,* 95).[18]

Schließlich enthält der Gedanke des Allgemein-Menschlichen, dass die Liebe Voraussetzung und Ziel zugleich ist. Wie gesagt zeigt das Allgemein-Menschliche die Verwandtschaft zwischen Mensch und

---

[18] Dies ist ebenfalls eine Spur, der wir schon in allen frühen erbaulichen Schriften durchweg begegnet sind, und die in *Die Taten der Liebe* entfaltet wird in der These, dass jedes Verhältnis das Gottesverhältnis in sich trägt, unabhängig davon, ob der Mensch sich dessen bewusst ist oder nicht.

Mensch. Diese ist, sagt Kierkegaard, „gesichert [...] durch die gleiche Verwandtschaft jedes Einzelnen mit und im Verhältnis zu Gott in Christo; weil die christliche Lehre sich in gleicher Weise an jeden Einzelnen wendet, ihn lehrt, dass Gott ihn geschaffen und Christus ihn erlöst hat" (*SKS* 9, 76; vgl. *LT,* 79). Das Allgemein-Menschliche enthält somit ein Verhältnis zwischen Gott als Schöpfer und Gott als Erlöser in Christus, d. h. zwischen Schöpfung und Offenbarung. Gott wendet sich jedem Menschen zu, und somit ist es jedem Menschen gegeben, Gott zu entdecken. Die Voraussetzungen dazu sind vorhanden und das ganz einfach dadurch, dass der Mensch ein Mensch ist. Dazu haben wir in den vorangegangenen Analysen Beispiele gesehen, z. B. im Wunsch und in der Schamhaftigkeit. Denn schon allein im Menschsein muss ein gemeinsamer Punkt vorausgesetzt werden, „eine Einheit in etwas Allgemein-Menschlichem, darin, dass man sich selbst achtet" (*SKS* 8, 226 / *ERG,* 133); und in diesem Zeichen des Geschaffenseins liegt schon das Allgemein-Menschliche. Jedoch ist nicht nur das Allgemein-Menschliche als Voraussetzung zu sehen, sondern durch das Menschsein selbst ist das Gottesverhältnis gegeben. Das Allgemein-Menschliche ist zugleich die Erkenntnis der Erlösung, eine Erkenntnis, die dem Menschen eigentlich erst klar wird, wenn Gottes Wort lautet: Du sollst deinen Nächsten lieben wie dich selbst. In der Einleitung haben wir das so ausgedrückt, dass Liebe etwas ist, das wir alle kennen, aber keiner von uns weiß, was sie ist; es sei denn, es wird uns erzählt oder gezeigt. Darin genau liegt die allgemein-menschliche Doppelheit: Der Mensch ist bereits gegeben, muss aber erlöst werden; auch in dem Sinn, dass der Mensch erkennt, was es heißt, wirklich ein Mensch zu sein, d. h. den Grundgedanken zu erfassen. Durch die allgemein-menschliche Voraussetzung entdeckt der Mensch Gott, während er durch Gottes Zwischenbestimmung den Menschen entdeckt. In theologischen Termini ist dies der Ausdruck für den alten Menschen, der neu wird. Oder in der Terminologie der Liebe: Dass er überhaupt liebt, ist dem Menschen durch die Schöpfung gegeben und insofern vorausgesetzt; aber erst indem er seinen Nächsten liebt, wird der Mensch zum Menschen.

Im einleitenden Abschnitt über die Liebe haben wir uns mit der ersten Abteilung der *Erbaulichen Reden in verschiedenem Geist,* der großen Beichtrede, beschäftigt und Zusammenhänge zu dem entdeckt, was in *Die Taten der Liebe* entwickelt wird. Die Beichtrede sagt, es gelte, ein „Du" zu werden, und das Verhältnis zwischen den Menschen solle in Einmütigkeit bestehen – im Gegensatz zum Verhältnis des Vergleichens. Während das Vergleichen als „Zwiespältigkeit dem Allgemein-Menschlichen gegenüber" (*SKS* 8, 242; vgl. *ERG*, 151) charakterisiert wird, ist das Verhältnis der Einmütigkeit die Nächstenliebe, in der der Mensch nur durch das Zusammenhalten mit Gott seine Verwandtschaft mit jedem Menschen erkennt. Es gibt also schon in der Beichtrede eine Betonung des Allgemein-Menschlichen, und das bringt in Erinnerung, dass sich Gottesverhältnis und Verhältnis zum Nächsten nicht voneinander trennen lassen. Der Zusammenhang kann durch das Doppelgebot der Liebe illustriert werden (Mk 12,28-34), und so kann die Beichtrede vom ersten Gebot aus gelesen werden („der Herr, unser Gott, ist der Herr allein, und du sollst den Herrn, deinen Gott, lieben von ganzem Herzen, von ganzer Seele, von ganzem Gemüt und von allen deinen Kräften" [Mk 12,29f.]), während in *Die Taten der Liebe* das Gebot der Nächstenliebe („Du sollst deinen Nächsten lieben wie dich selbst" [Mk 12,31]) die übergeordnete Perspektive darstellt: Dass der Mensch ein „Du" oder ein Nächster wird. Aber der entscheidende Punkt ist doch der, dass dies zwei Seiten derselben Sache sind. Als Jesus dem Schriftgelehrten, der ihn nach dem größten Gebot des Gesetzes fragt, antwortet, indem er auf die beiden Gebote hinweist, sagt er: „Es ist kein anderes Gebot größer als diese" (Mk 12,31). Es ist dasselbe Gebot, auf das Kierkegaard in der Auslegung der Reue und der Nächstenliebe implizit verweist, und zwar in genau demselben unauflöslichen Zusammenhang.[19]

Dass das Gebot der Nächstenliebe offenbart, was ein Mensch seiner doppelten Bestimmung gemäß ist, sowohl ein Nächster als auch selbstisch zu sein, wird in der Radikalität der Selbstverleugnung untermauert. Aber der Gedanke des Allgemein-Menschlichen unterstreicht auch die Reichweite: Es geht darum, ein Mensch zu werden. In *Erbauliche Reden in verschiedenem Geist* stießen wir auf die Frage, womit ein Mensch sich tröstet, denn darin zeigt sich die Tiefe des Gottesverhältnisses. Und zu Beginn der Untersuchung zu *Die Taten der Liebe* haben wir entwickelt, was die Liebe für das Menschwerden bedeutet. Es geht also nicht um die Frage, was ein Mensch ist, sondern darum, was es überhaupt bedeutet, Mensch zu sein – unlöslich verbunden mit

---

[19] Dass die Beichtrede und *Die Taten der Liebe* im Zusammenhang verstanden werden können, d.h. wie eine Auslegung von Kierkegaards Christentumsverständnis und der ihr innewohnenden Spannung, scheint auch die Meinung von E. Geismar zu sein: „Will man Kierkegaard selbst kennen lernen, muss man vor allem ‚Die Taten der Liebe' und die Beichtreden lesen. Der Weg durch den absoluten Respekt, das Leiden und die Schuld führt den Menschen zu dem Punkt, wo er gerichtet und entschlossen sein Leben aus Jesus Christus leben will in Nachfolge seiner Liebe unter der Vergebung der Sünden" (*Sören Kierkegaard* [1925], S. 39).

dem Blick auf den anderen Menschen. Das Selbst und der Nächste sind gleich weit entfernt, oder besser gesagt: dem Menschen gleich nahe. Sie gründen in derselben Vorstellung von Liebe, und gerade die Vorstellung ist entscheidend. Hier muss das Selbstische gebrochen werden, indem die Selbstverleugnung an Gott als Zwischenbestimmung festhält. Das ist die Vorstellung, in der Gottes Wirklichkeit immer mehr hervorbrechen soll – die Wirklichkeit, in der auch das wahrhaft Menschliche hervortritt. „Das Unmenschliche und Unchristliche liegt nicht in der Art und Weise, wie man es tut, sondern darin, dass man für sich selbst die Verwandtschaft, die man mit allen Menschen, unbedingt mit jedem Menschen hat, ableugnen will" (*SKS* 9, 80 / *LT,* 84); während das Christliche demgegenüber das Menschliche ist – durch das Festhalten an der gleichmäßigen Verwandtschaft mit allen, unbedingt mit jedem Menschen, einfach im Menschsein vor Gott.

Kapitel 3

Zweite Zusammenfassung

Die schon im I. Teil beschriebene Bewegung ist jetzt zu beziehen auf die Entwicklungen der Reue und der Nächstenliebe, um schließlich den dahinterliegenden theologischen Grundgedanken zu formulieren.

3.1. Zusammenhänge

3.1.1. Ein Mensch werden: Reue

Die Reue hat einen doppelten Akzent: Sie gehört zum Selbstwerden und sie steht im Gottesverhältnis. Wenn ein Mensch sich dessen bewusst wird, ein Selbst zu sein, und die unendliche Bedeutung des Selbst versteht, tritt die Reue auf, und mit ihrem Auftreten beginnt das eigentliche Gottesverhältnis. Das besagt zudem, dass das Selbst und Gott untrennbar zusammen gehören, so dass auf sich selbst aufmerksam zu werden auch bedeutet, sein Gottesverhältnis zu entdecken. Wenn das Verhältnis zwischen dem Selbst und Gott über die Reue führen muss, so geschieht dies, weil die Sünde in das untrennbare Verhältnis eingetreten ist: Das Zweifach-gesinnt-sein des Menschen ist dazwischen gekommen und zeigt sich darin, dass der Mensch die Endlichkeit ergriffen hat, statt an der Unendlichkeit festzuhalten. Dieses Bild der Reue im Gottesverhältnis hat mehrere Entsprechungen in den vorangegangenen Reden von 1843-1845, es führt gewissermaßen eine Linie von den frühen erbaulichen Reden von 1843 bis zur großen Beichtrede von 1847.

Der gedankliche Zusammenhang könnte so beschrieben werden: Kierkegaard beginnt mit dem Aufdecken dessen, was es heißt Mensch zu sein, darunter im Besonderen, wie der Mensch als geschaffenes Wesen bereits im Verhältnis zu Gott steht und wie sich dieses Verhältnis auch im Alltäglichen und Trivialen manifestiert. Er beginnt damit, auf das Selbst aufmerksam zu machen, darauf, dass der Mensch als

Mensch etwas Besonderes, dass er ein Selbst ist. Im weiteren Verlauf wird entwickelt, was daraus folgt, ein Selbst zu sein. Dieses Grundthema des Gesamtwerkes ist in den frühen Reden von 1843-1844 besonders präsent, während in den Gelegenheitsreden von 1845 in höherem Maße die Perspektive des Gottesverhältnisses gewählt wird; jedoch so, dass das Verhältnis zwischen den Grundbedingungen der Existenz und dem Gottesverhältnis im Brennpunkt steht (so jedenfalls in der Grabrede). Mit dieser Feststellung befinden wir uns bereits auf der Spur der Reue, die einerseits mit dem Bewusstsein vom Ewigen (d. h. ein Selbst zu sein) und andererseits mit dem Gottesverhältnis verknüpft wird. Dass das Gottesverhältnis zur Reue und die Reue das wird, was der Mensch ist, bedeutet somit eine weitere Vertiefung im Selbst- und Gottesverhältnis, wie in den vorhergehenden Reden bereits skizziert. Kurz gesagt: Sich zu sich selbst zu verhalten bedeutet, sich zu Gott zu verhalten und zu bereuen; und das nicht in einer stufenweisen Entwicklung, sondern eher in einer Vertiefung durch Aneignung.

Der doppelte Akzent der Reue erfasst auf seine Weise die Gesamtintention des erbaulichen Werkes bis 1847. Es geht um das Selbstwerden; doch indem man ein Selbst wird, wird man als Mensch schuldig, und deswegen ist der Umweg über die Reue zu nehmen. Wenn hier von einer Linie die Rede ist, die sich durch die frühen erbaulichen Werke zieht, so wird sie greifbar im Aufmerksammachen auf das Selbstsein und seinen Grund in der Relation von Schöpfer und Geschöpf. Wie gesagt, Kierkegaard will das Verhältnis des Menschen zur Welt aufdecken – dies jedoch, um des unauflöslichen Verhältnisses zwischen Selbst und Gott willen. Kierkegaard umkreist damit den Gedanken, dass der Mensch auf Gott verwiesen ist. Als von Gott geschaffen und bestimmt kommt der Mensch nicht um das Gottesverhältnis herum. Es ist bereits da, ob der Mensch sich dafür interessiert oder nicht, sein Verhältnis zu Gott ist für die Existenz unendlich entscheidend, jetzt und in Ewigkeit. Dieses Verwiesensein hat mit der schöpfungstheologischen Voraussetzung zu tun, und das Geschaffensein zeigt sich schon in der allgemein-menschlichen Voraussetzung, dass das Selbst sich als ein Selbst manifestiert, d. h. als etwas unendlich wichtiges, um das man sich, um alles in der Welt, kümmern muss. Das ist es, woran Kierkegaard festhält, wenn er die Existenz in der Welt thematisiert: In welcher Weise der Mensch, der selbst ein Teil der Welt ist, etwas unendlich Anderes ist als die Welt und sich deshalb von ihr loswinden soll – weil er von Gott gesetzt und als Geist bestimmt ist. Die Aufgabe besteht also darin, ein Selbst zu werden; aber im selben Akt ist der

Mensch von Gott bestimmt und steht ihm gegenüber. Der Mensch ist in der Welt, aber er ist auf Gott verwiesen.

Im zweiten Aspekt der Reue, im Gottesverhältnis, zeigt sich jedoch eine Schwierigkeit. Der Mensch ist auf Gott verwiesen, hat sich aber von ihm abgewandt, um zu versuchen, selbst sein Dasein zu sichern. Das Verwiesensein auf Gott wird deshalb zu einem negativen Verhältnis, in dem der Mensch festsitzt. Die Aufgabe war, ein Selbst zu werden, und der Ort war das Gottesverhältnis; aber der Mensch ist vor sich selbst verschwunden und findet nicht zurück. Das Verhältnis der Reue ist das einzig mögliche Verhältnis, aber es ist eines, in dem der Mensch gebunden ist und sich nicht selbst auslösen kann. In der Darstellung der Reue haben wir jedoch gesehen, wie sie dennoch Erlösung findet – indem sie Freimut gewinnt. Doch dies scheint unmöglich, ohne die Offenbarung als Zwischenglied vorauszusetzen. So finden wir auch im Phänomen der Reue, wie es die erbaulichen Werke ausgelegt (hier: die große Beichtrede), ein Verhältnis zwischen Schöpfung und Offenbarung. Wenn hier die Betonung auf dem Geschaffensein liegt und die Offenbarung durch das, was in der Reue geschieht, nur angedeutet wird, so hat dies damit zu tun, dass dieser frühe Teil der Werke – einschließlich der Beichtrede von 1847 – im Zeichen des Verwiesenseins steht. Die Betonung liegt also auf dem schöpfungstheologischen Aspekt. Die Beichtrede und *Die Taten der Liebe* sind Ausdruck des Doppelgebots der Liebe, die Beichtrede des ersten Gebots, *Die Taten der Liebe* des Gebots der Nächstenliebe; und genau das ist es, was im Verwiesensein liegt: Der Mensch ist auf Gott verwiesen, und die Aufgabe lautet, ein Selbst zu werden. Dies aber bedeutet, sich mit der geistigen Bestimmung, Gott als den Herren zu lieben, abzufinden. Doch dieses Verwiesensein wird durch die Reue ein wenig verändert: Der Mensch ist verwiesen auf Gott und in negativem Sinn gebunden. Die Liebe zu Gott muss deshalb ihren Ausdruck in der Selbstvernichtung der Reue finden. Menschsein bedeutet Gott zu entdecken und schuldig zu werden. Das ist, kurz gefasst, die Sackgasse des Verwiesenseins.

3.1.2. Ein Mensch werden: Liebe

Auch in *Die Taten der Liebe* sind Menschwerden und Menschsein zentral. Das Gebot ist eine Vision des Menschseins, die ihr Licht auch auf das wirft, was der Mensch rein faktisch ist. Die Nächstenliebe ist eine Interpretation des Menschseins, und darin liegt entscheidend der Gedanke des Allgemein-Menschlichen. So wie Kierkegaard im Hinblick auf die Reue etwas voraussetzt, nämlich dass der oder die, die er anspricht, ein Mensch ist, so enthält auch das Gebot eine Voraussetzung – ja faktisch die gleiche: Wer das Gebot hört ist ein Mensch. Dies kommt konkret zum Ausdruck, wenn es im Gebot heißt „wie dich selbst", d. h. der Mensch liebt sich bereits selbst – in Parallele zur allgemein-menschlichen Voraussetzung, sich selbst zu achten. Menschsein ist demnach zentral für die Reue wie für die Liebe und wird für beide vorausgesetzt.

Die Sackgasse, in die das Verwiesensein geraten kann, lässt sich so fassen: Das Sich-zu-sich-selbst-verhalten bedeutet, sich zu Gott zu verhalten und zu bereuen. Mit der Dynamik der Reue in Richtung Freimütigkeit impliziert die Reue bereits ein Verhältnis zwischen Schöpfung und Offenbarung: Das bereits Gegebene findet Erlösung und entsteht neu. Die gleiche Spannung enthält auch das Gottesverhältnis der Selbstverleugnung. Menschsein bedeutet, Gott zu entdecken, durch Gott zu lernen was es heißt, Mensch zu sein. Aber es bleibt ein Unterschied im Bezug auf Klarheit und Gewichtung. Klar ist das Gebot der Nächstenliebe, das unmissverständlich sagt, was Menschsein bedeutet – und damit indirekt der Erkenntnis eröffnet, dass man dies bis heute nicht gewesen ist. Damit setzt das Gebot außerdem das Allgemein-Menschliche voraus, nämlich in der schon gegebenen Liebe, die die Voraussetzung des Gottesverhältnisses ist. Diese aber führt in die paradoxe Existenz der Selbstverleugnung, zugleich Sünder und gerecht zu sein. Das ist nicht zu verstehen im Sinne eines Halb und Halb oder als Einwilligung in die Gespaltenheit des Menschen, sondern eher so, dass der Sünder durch Gottes gnädige Rechtfertigung im Stande ist, mehr und mehr das wahrhaft Menschliche auszudrücken, wie es Gott in Christus offenbart hat.[1] Das wahrhaft Mensch-

---

[1] Es ist hier anzumerken, dass der paradoxe Charakter der Existenz, zugleich Sünder und gerecht zu sein, wie dies *Die Taten der Liebe* zeigen (und generell die erbaulichen Schriften), einen Wachstumsgedanken enthält. Hier scheint es einen Unterschied zur Darstellung der paradoxen Existenz bei Climacus zu geben, die nicht in gleicher Weise die christliche Existenz zum Ziel hat, sondern eine Konstruktion ist, die ohne Dynamik oder Bewegung bleibt: Der Mensch wird festgehalten im Augenblick der Rechtfertigung, in der er simultan erkennt, ein Sünder zu sein; jedoch nicht aus der Perspektive des Wachstums oder der Nachfolge, sondern so, dass der Sünder im selben Augenblick und nur in diesem gerechtfertigt ist. Der Christenmensch wird in diesem Versöhnungsmoment sozusagen eingefroren. S. dazu meinen [Michael Olesen, jetzt: Bjergsø] Artikel „The Climacean Alphabet. Reflections on Religiousness A and B from the Perspective of the Edifying" sowie das Schlusskapitel, in dem die Religiosität des Erbaulichen im Vergleich zur Religionstheorie des Climacus besprochen wird.

liche ist gerade das im eigentlichen Sinn Allgemein-Menschliche, das die ganze Zeit über vorausgesetzt war, das aber erst durch die Offenbarung Gottes richtig zum Ausdruck kommen kann:[2] Das Allgemein-Menschliche, wie im Zusammenhang der Liebe entwickelt, als die bei aller Verschiedenheit tragende Gleichheit zwischen den Menschen. Dieser tiefgründige Gleichheitsgedanke, den Kierkegaard in *Die Taten der Liebe* den „Grundgedanken" nennt (z. B. *SKS* 9, 92 / *LT,* 98), ist genau das Allgemein-Menschliche: Der Mensch ist seinem Wesen nach etwas Anderes als seine Verschiedenheit. Er ist wesentlich bestimmt durch seine Gleichheit, dadurch dass er geschaffen ist. Nur in diesem Gedanken ist Nächstenliebe möglich und nur dann begnügt sich der Mensch damit, ein Mensch zu sein.

Für beide, Reue und Liebe, gilt demnach die Voraussetzung des Geschaffenseins, und zwar so, dass der Mensch geschaffen ist mit einem Antrieb oder einer Sehnsucht zu Gott hin. Menschsein bedeutet deshalb (sofern der Mensch sich selbst treu bleibt), Gott zu entdecken – und von Gott entdeckt zu werden; d. h. zu entdecken, dass und wie Gott den Menschen sieht. Das bedeutet auch zu sehen, was der Mensch durch Gott ist: Eine Relation zwischen der allgemein-menschlichen Voraussetzung (des Geschaffenseins), dem Gottesverhältnis und wiederum dem (offenbarenden) Allgemein-Menschlichen. Wie gesagt, hier liegt ein Unterschied der Klarheit zwischen Reue und Liebe, aber auch der Gewichtung der Aspekte. Die Reue betont das erste Glied, die allgemein-menschliche Voraussetzung im Gottesverhältnis der Schamhaftigkeit; wir sahen aber auch, dass das letzte Glied, Gottes Festhalten am Menschen, zum Zuge kommt. Der Reue also geht es um das Schöpfungstheologische, sie steht aber auch in Spannung zum Offenbarungstheologischen. Umgekehrt betont die Liebe das letzte Glied, nämlich wie Gott das Allgemein-Menschliche offenbart – aber das Offenbarungstheologische steht zugleich in Spannung zum Schöpfungstheolo-

---

[2] Entscheidend ist hier nicht, dass Gott nicht im Stande wäre, das Allgemein-Menschliche zum Ausdruck zu bringen. Es werden also nicht Überlegungen zu Gottes Fähigkeiten oder das Dilemma des Sündenfalls angestellt (wie in der klassischen Versöhnungslehre, z. B. bei Athanasius: „Da also die vernünftigen Wesen dem Verderben und solch vorzügliche Werke dem Untergang geweiht waren, was musste da Gott in seiner Güte tun? Etwa zulassen, dass das Verderben gegen sie weiter seine Macht entfalte und der Tod über sie herrsche? Wozu dann auch ihre Schöpfung im Anfange?" [*Über die Menschwerdung des Logos,* Kap. 6, S. 90]). Kierkegaards Frage ist nicht: „Was sollte Gott nun tun?", sondern allein die Perspektive des Gottesverhältnisses und näher bestimmt, was der einzelne Mensch tun kann, um sich den Glauben anzueignen. Entscheidend ist deshalb das Unvermögen des Menschen, vor Christi Offenbarung das Allgemein-Menschliche zum Ausdruck zu bringen.

gischen. Dieses Verhältnis zwischen Schöpfungstheologie und Offenbarungstheologie wird von Anfang bis Ende durchgeführt.

Folgende Struktur skizziert den Zusammenhang: Menschsein → Gott entdecken → Mensch entdecken / Menschwerden. Die frühen erbaulichen Werke beschäftigen sich vor allem mit dem ersten Glied dieser Kette, in den *Taten der Liebe* folgt, was das Allgemein-Menschliche im eigentlichen Sinn bedeutet, wie es zugleich das Menschsein voraussetzt und mit dem Vorausgesetzten bricht. Dazu kommt es, weil die Offenbarung, die schon immer vorausgesetzt wird, sich erst hier voll zu erkennen gibt, und damit kehrt auch der Blick auf die Welt zurück: Der Zusammenhang zwischen Selbst, Welt und Gott wird positiv entwickelt – in der Liebe zum Nächsten.

Wenn Offenbarung bedeutet, dass das Weltverhältnis wieder in den Blick kommt, dann hat das damit zu tun, dass der Mensch sich vom Verwiesensein auf Gott sozusagen löst. Als von Gott geschaffen ist der Mensch bereits auf Gott verwiesen, aber Gott offenbart sich dem Menschen in der Art, dass er von sich weg hin auf den Nächsten weist. Gott deutet auf den Nächsten, und der Mensch wird auf ihn verpflichtet. Während wir im Hinblick auf das Gottesverhältnis in der Reue sagen konnten, der Mensch ist in der Welt, aber er ist auf Gott verwiesen, können wir jetzt auf dem Hintergrund der *Taten der Liebe* sagen: Der Mensch steht Gott gegenüber, aber Gott zeigt auf die Welt.[3]

3.2. Deiktische Theologie[4]

Der oben skizzierte Gedankengang nach dem Muster: Mensch → Gott → Mensch wurde aus dem Spannungsverhältnis von Schöpfung und Offenbarung entwickelt. Er lässt sich zusammenfassen in dem, was wir bei Kierkegaard den theologischen Grundgedanken nennen, und ihm liegt die Religiosität zugrunde, wie sie im erbaulichen Werk ent-

---

[3] Die Welt hier verstanden als Ort der Existenz des Menschen. Im Verweisen (dän. henvisningen) liegt ein Hindeuten (eine *deiktische* Relation) auf den Nächsten. Dies kann in weiterem Sinn als Ethik der Berufung verstanden werden, die als solche das Weltverhältnis des Menschen bestimmt. Der Gedanke der Co-operatio im Gottesverhältnis ist auch hier vorhanden, eine Vollzeitbeschäftigung, die jede Handlung und jedes Verhältnis prägt.

[4] Die folgenden Betrachtungen wären nicht das geworden, was sie sind, ohne die Inspiration durch meinen Freund und Kollegen Caspar W. Tornøe. Damit soll nicht gesagt sein, dass er die Verantwortung für die möglichen Schwächen der Vorlage trägt, das geht auf eigne Rechnung.

wickelt wird.[5] Die Überschrift für den theologischen Grundgedanken könnte lauten: deiktische Theologie, d. h. der Mensch richtet seinen Blick auf Gott und Gott begegnet dem Menschen, indem er ihn auf den Nächsten hinweist; also eine Theologie in zwei gegenseitig unablösbaren Perspektiven, nämlich einer Religiosität der Innerlichkeit, in der die Welt und der Nächste in den Hintergrund treten, und eine Religiosität, in der der Mensch nach draußen in die Welt und auf den Nächsten gewiesen wird.

Der Zusammenhang im Gottesverhältnis kann parallel zu dem im Doppelgebot der Gottes- und Nächstenliebe (Mk 12,28-34) gesehen werden. Zuerst steht das Verwiesensein darauf, Gott zu lieben, dann folgt der Hinweis von Gott auf den anderen Menschen. Es erscheint vielversprechend, Verwiesensein und Hinweis als Ausdruck für die beiden Gebote zu sehen, weil so Kontinuität und unauflösliches Verhältnis zwischen Verwiesensein und Hinweis deutlich werden. Das gilt schon für die Reue, aber erst recht für *Die Taten der Liebe*. Nur indem der Mensch Gott liebt, ist er im Stande seinen Nächsten zu lieben wie sich selbst. Durch die Forderung der Offenbarung wird die Liebe zum Nächsten der Ausdruck für die Liebe zu Gott. Man kann Gott nur lieben, wenn man seinen Nächsten liebt, weil Gott auf diesen Menschen gezeigt hat.

Die deiktische Theologie ist somit weder eine Schöpfungstheologie noch eine Offenbarungstheologie, sondern sie beschreibt die Spannung zwischen Schöpfung und Offenbarung. Ihr Ausgangspunkt ist die Schöpfung: Der Mensch ist von Gott geschaffen und auf seinen Schöpfer verwiesen. Aber erst als Gott selbst in der Inkarnation Christi zwischen den Menschen und Gott tritt, kommt es zur Erlösung. Nicht einfach so, dass der Mensch dann gerechtfertigt vor seinem Schöpfer stehen kann, sondern so, dass Gott dem Menschen seinen Nächsten zeigt. Der neue Ort des Gottesverhältnisses ist das Verhältnis zum Nächsten. War der Mensch zuvor in die Welt gesetzt, aber auf Gott verwiesen, ist er nun Gott gegenüber gestellt und wird auf die Welt hingewiesen. Das Verwiesensein ist somit in der Schöpfungstheologie begründet, das Hinweisen in der Offenbarung. Die deiktische Theologie aber reicht noch weiter, ihr übergeordnetes Ziel ist die Menschwerdung in der geschaffenen Welt und im Gegenüber

---

[5] Wie einleitend erwähnt lassen sich zwei Tendenzen im Verhältnis zur Religiosität in den erbaulichen Schriften erkennen: Erstens die Religiosität, die in der angegebenen Linie von den erbaulichen Reden bis zu den *Taten der Liebe* entwickelt wird und von der gesagt wird, sie sei der Grundgedanke; zweitens die, der wir ernsthaft erst in den späten Schriften begegnen (s. III.1 u. III.3).

zum Schöpfer. Damit sind Schöpfungs- und Offenbarungstheologie überschritten, denn erst im Sich-Zurückziehen Gottes (im Weggang Christi) ist das Ziel erreicht. Das geschieht an Himmelfahrt: Christus bleibt im unbedingten Zentrum für den Menschen nicht einfach stehen, sondern im Hinweisen auf die Welt verlässt er sie. Er ist nicht mehr die konkrete Gestalt, auf die der Mensch blicken soll, sondern er wird allgegenwärtig, ist überall da wo auch die Liebe ist.[6] Er geht, damit der Mensch zu seinem Nächsten kommt – und um in der Liebe zum Nächsten gegenwärtig zu sein.[7]

Fragen wir nun, wer der Gott der deiktischen Theologie ist, so muss einerseits gesagt werden, dass es der offenbarte Gott ist, d. h. der Gott, den der Mensch durch Christus kennen lernt; und andererseits, dass Christus sich zurückgezogen hat, indem er dem Menschen die Pflicht und die Möglichkeit hinterlässt, seinen Nächsten zu lieben wie sich selbst. Christus geht, um der Liebe zwischen den Menschen Raum zu geben. Dies ist nicht im Sinn einer Kenosis als Ausleerung oder Auflösung Gottes in die Welt zu verstehen, denn dagegen steht wiederum der Zusammenhang im Doppelgebot der Liebe (den Kierkegaard festhält im Gedanken Gottes als Zwischenbestimmung). Eher kann die trinitarische Struktur dieser Bewegung durch die johanneische Theologie der Himmelfahrt veranschaulicht werden. Im Johannesevangelium tritt das Verhältnis Vater und Sohn stark in den Vor-

---

[6] Es ist demnach bezeichnend, wenn Kierkegaard in *Die Taten der Liebe* von Gott als dem „Unsichtbaren" spricht (*SKS* 9, 161 / *LT,* 177). In dem für das Werk zentralen Punkt, der mit der konkreten Tat der Liebe im Verhältnis zum anderen Menschen zu tun hat, setzt Kierkegaard offenbar eine Christologie voraus und damit den Gedanken von Gottes Offenbarung in Christus. Aber Gott ist der Unsichtbare, d. h. gerade nicht Christus als der, den der Mensch vor sich sieht, sondern Gott als der allgegenwärtige, der unsichtbar in den Taten der Liebe da ist. Nur deshalb kann der Mensch voll und ganz den Menschen lieben, den er sieht. In genau diesem Zusammenhang spricht Kierkegaard von Gott als dem Unsichtbaren: „Die Sache ist ganz einfach. Der Mensch soll damit beginnen, den Unsichtbaren zu lieben, Gott zu lieben, denn dadurch soll er selbst lernen, was es heißt zu lieben; aber dass er dann wirklich den Unsichtbaren liebt, soll eben daran erkannt werden, dass er den Bruder liebt, den er sieht; je mehr er den Unsichtbaren liebt, um so mehr wird er die Menschen lieben, die er sieht; [...] dass der selige Gott barmherzig ist, und deshalb ständig gleichsam von sich selber fortweist und spricht: ‚Willst du mich lieben, so liebe die Menschen, die du siehst; was du ihnen tust, das tust du mir'" (ibid.).

[7] Der Aspekt der Himmelfahrt betont das Sich-Zurückziehen Gottes und schließt so eine mögliche Konkurrenz zwischen Gott und dem Nächsten aus, auch das Verschwinden des Nächsten im Verhältnis zwischen Gott und Mensch. Mit dem Weggang Christi steht Gott nicht mehr zwischen dem Einzelnen und dem Anderen, jedoch so, dass er unsichtbar als Grund des Verhältnisses da ist und selbst in der Liebe, die das Verhältnis zusammenhält, gegenwärtig bleibt.

dergrund, dass nämlich Jesus vom Vater gesandt ist und wieder zum Vater zurückkehren soll: „Aber ich sage euch die Wahrheit: Es ist gut für euch, dass ich weggehe. Denn wenn ich nicht weggehe, kommt der Tröster nicht zu euch. Wenn ich aber gehe, will ich ihn zu euch senden" (Joh 16,7); und weiter: „Aber der Tröster, der Heilige Geist, den mein Vater senden wird in meinem Namen, der wird euch alles lehren und euch an alles erinnern, was ich euch gesagt habe" (Joh 14,26). Vor allem soll der Heilige Geist die Menschen in dem festhalten, was Jesus ihnen gegeben hat, und die Jünger das neue Gebot lehren: „Ein neues Gebot gebe ich euch, dass ihr euch untereinander liebt, wie ich euch geliebt habe, damit auch ihr einander lieb habt" (Joh 13,34), heißt es kurz nachdem er seinen Jüngern – als Ausdruck seiner Liebe – die Füße gewaschen hatte (vgl. Joh 13,1-17).

Das Johannesevangelium zeigt, wie die deiktische Theologie jenseits von Schöpfungs- und Offenbarungstheologie steht und als Theologie der Himmelfahrt aufgefasst werden kann. Sie setzt die Offenbarung Christi voraus, geht aber über sie hinaus, sofern Christus in den Himmel aufgefahren ist und den Heiligen Geist an seiner Stelle gesandt hat.[8] Der Gott, den Kierkegaard hinter der deiktischen Theologie sieht, ist vor allem der christliche Gott der Trinität. Gott ist sozusagen über Schöpfung und Christus hinausgegangen. Denn Himmelfahrt bedeutet, dass die Ubiquität, die vorher an Christus am

---

[8] Die trinitarische Begründung der deiktischen Theologie und ihre Dynamik kommen im Johannesevangelium wesentlich klarer zum Ausdruck als bei Kierkegaard. Die Schwierigkeit in Kierkegaards Darstellung liegt zunächst darin, dass er nur selten vom Heiligen Geist spricht. Er tut dies aber an einer entscheidenden Stelle, nämlich in dem Gebet, das in der Einleitung zu *Die Taten der Liebe* steht (vgl. *SKS* 9, 12 / *LT,* 6). Häufig spricht Kierkegaard vom „unsichtbaren Gott", der selbst in der Handlung anwesend ist, oder von Christus als unsichtbar anwesend. Darin liegt ebenfalls der Gedanke der Ubiquität, wenn auch nur präzisiert in Gott oder Christus, selten im Heiligen Geist. Die explizite Trinität des Gebets aber kann parallel zur johanneischen Theologie der Himmelfahrt gesehen werden, hier sind die Bezeichnungen unsichtbarer Gott und unsichtbarer Christus Ausdruck dieser Struktur. Es mag verwundern, dass der Heilige Geist (jedenfalls explizit) bei Kierkegaard so schwach vertreten ist – besonders dann, wenn der theologische Grundgedanke gerade zur Theologie des Heiligen Geistes überleiten soll. Ein Grund dafür könnte sein, dass Kierkegaard den Geistbegriff für den Grund des Geschaffenseins des Menschen reserviert hat, d.h. dass der Mensch als Geist gesetzt ist. Das könnte umgekehrt stärker für die Funktion des Heiligen Geistes in der Theologie sprechen, sofern gerade der Heilige Geist die Dynamik in Theologie und Gottesbegriff ausdrückt. Der Heilige Geist bringt Anfang und Ende zur Übereinstimmung, und das Gottesverhältnis des Menschen könnte in folgender Entwicklung skizziert werden: Heiliger Geist → Christus → Gott → Heiliger Geist. Damit soll nur ein theologisches Potenzial angesprochen werden, ohne dies hier näher ausführen zu können.

3. Zweite Zusammenfassung

Altar gebunden war, jetzt zur wahren Allgegenwärtigkeit geworden ist. Wahr, weil Gott jetzt an allen Orten zu finden ist.[9] Damit ist der Mensch aus dem geschlossenen Gottesverhältnis des Verwiesenseins befreit (das geschah durch Christus); er ist auch davon befreit, all seine Aufmerksamkeit und Liebe auf Christus zu richten (der in den Himmel aufgefahren ist); es ist ihm aber geboten, seinen Nächsten zu lieben wie sich selbst. Dieses trinitarische Grundverhältnis nimmt Kierkegaard auf in das einleitende Gebet: „Du Gott der Liebe, von dem alle Liebe herkommt im Himmel und auf Erden; [...] Du unser Heiland und Versöhner, der sich selbst hingab, um alle zu erlösen! [...] Du Geist der Liebe, der Du nichts von Deinem Eigenen nimmst, sondern erinnerst an sein Opfer der Liebe, erinnerst den Glaubenden, dass er lieben soll, wie er geliebt ist und seinen Nächsten wie sich selbst! O, ewige Liebe, Du, der überall zugegen ist, und niemals ohne Zeugnis bleibt, wo man Dich anruft" (*SKS* 9, 12; vgl. *LT*, 6).[10]

Die deiktische Theologie betrifft damit auch Gottes Gegenwart im Geist, aber es ist der Geist der Liebe, und deshalb wird der Mensch

---

[9] Das Gottesverhältnis, auf das der Mensch qua Schöpfung verwiesen ist, ist auch das Verhältnis zum allgegenwärtigen Gott – der Mensch aber kann Gott nicht finden. Gott ist allgegenwärtig, damit der Mensch aber Gott finden und im eigentlichen Sinn Kontakt zu ihm aufnehmen kann, muss Gott sich offenbaren. Der entscheidende Ort der Offenbarung ist der Altartisch – beim Abendmahl, wo Christus selbst in Brot und Wein gegenwärtig ist (s. III.2). Im Blick auf die Bedeutung der Realpräsens kann Kierkegaard im Zusammenhang mit Luther gesehen werden. Ist Christus nicht selbst anwesend in den Elementen des Abendmahls, kann der Mensch den allgegenwärtigen Gott nicht finden: „Wo bleibt aber mein gewissen / das gerne auff gutem grunde vnd sicher stehen wollt?" (*Vom Abendmahl Christi, Bekenntnis,* StA, 228,20f. [*WA* 26, 483]), schreibt Luther und deckt damit ein für ihn entscheidendes Ziel der Abendmahlstheologie auf: die Seelsorge. Ohne Realpräsens keine feste Grundlage für das Gewissen, d.h. sonst wäre der allgegenwärtige Gott nirgendwo zu finden und der Seelenfrieden verloren. Wie einleitend schon gesagt, ist die seelsorgerische Perspektive fruchtbar auch beim Lesen von Kierkegaards erbaulichen Werken.

[10] Bemerkenswert sind hier die Formulierungen, dass Christus sich selbst „hingab", während der Geist nichts von seinem Eigenen „nimmt", aber an das Opfer „erinnert", d.h. Christus steht im Präteritum und der Geist im Präsens. Gott als Schöpfer und der offenbarte Gott werden beide vorausgesetzt, aber zusammen mit dem Geist, dem lebendigen Gott, der in den Taten der Liebe selbst zugegen ist – hier sind wir jenseits von Schöpfung und Offenbarung in der Theologie der Himmelfahrt, der das Gebet entspricht. Jene aber sind nicht vergessen oder irrelevant: Wo Liebe vorausgesetzt wird (Schöpfungstheologie), da wird ebenso an Erlösung und Versöhnung erinnert (Offenbarungstheologie). Aber im Zentrum des Werkes steht nicht Christus, wie z.B. in den späteren Werken über Leiden und Versöhnung, sondern stehen die Taten der Liebe, in denen Gott selbst zugegen ist (als „Geist der Liebe").

auf die Taten der Liebe verpflichtet, d. h. auf eine ethische Dimension, die wiederum durch das Johannesevangelium illustriert werden kann: „Wer meine Gebote hat und hält sie, der ist's, der mich liebt. Wer mich aber liebt, der wird von meinem Vater geliebt werden, und ich werde ihn lieben und mich ihm offenbaren" (Joh 14,21). Christus lieben heißt seine Gebote halten, d. h. seinen Nächsten lieben, und nur so bleibt der Mensch in Gott. Der Geist ist der Geist der Liebe, und als solcher ist er zugegen in der Liebe, die überall ist; deshalb ist Gott überall gegenwärtig. Sich selbst aber in Gottes Gegenwart zu bewahren, vermag der Mensch nur in Liebe, genauer: in der Liebe zu seinem Nächsten. Nur indem er seinen Nächsten liebt (oder was das gleiche ist: selbst ein Nächster wird), bewahrt der Mensch sich selbst in Gott und in der Gegenwart seines Geistes. Die ethische Dimension besteht darin, dass das Gottesverhältnis in die Welt hinaus verlegt ist, oder wiederum: dass der Mensch, der Gott liebt, auf die Welt gewiesen ist. Jedes Verhältnis wird deshalb zum Gottesverhältnis, weil Gott in jedem Verhältnis dazwischenkommt – als der, der selbst zurücktritt.

Die deiktische Theologie hat eine wesentliche schöpfungstheologische Dimension und dies nicht nur aus der früher beschriebenen Perspektive des von Gott geschaffenen Menschen, sondern so, dass der Welt eine positive Bedeutung zukommt, indem der Mensch imstande ist, sie als Schöpfung zu sehen. Die Welt als Ort der Existenz war unser Ausgangspunkt: in hohem Maße eine Bürde für den Menschen, weil Zeit und Verschiedenheit das Selbstverhältnis erschweren. Aber das Verwiesensein und der Leitfaden des Selbstwerdens wurden zum Ziel und zur Aufgabe in der Welt, vorzugsweise die negative Welt zunichte zu machen; sich von der Welt und dem Selbst loszureißen, das an die Welt gebunden war, um dadurch Klarheit Gott gegenüber zu gewinnen. In der Klarheit der Offenbarung und Gottes Hinweisen auf die Welt kehrt diese zurück; nicht als Bürde, die den Menschen unter den Bedingungen von Zeit und Verschiedenheit zu zerreißen drohte, sondern als Gottes Schöpfung, die jetzt der Ort des Gottesverhältnisses ist, dort, wo die Liebe überall zugegen ist und wo Zeit und Verschiedenheit nicht länger Last, sondern Segen sind. Zeit, denn es ist Zeit für die Taten der Liebe, und Verschiedenheit, denn sie ist die Mannigfaltigkeit, die ihren Grund in Gottes Gleichheit hat. Diese schöpfungstheologische Dimension ist eine Konsequenz aus dem Gottesverhältnis, das durch Gottes Hinweisen an einen neuen Ort gelangt: die Welt. Das Bild der Welt hat sich fundamental verändert: Von der Anfechtung und Bürde hin zu Gottes guter Schöpfung.

III. Teil

Die Welt des Kreuzes

Dieser dritte und letzte Teil der Untersuchung setzt die chronologische Lektüre von Kierkegaards erbaulichen Schriften fort und betrachtet jetzt die Werke, die auf *Die Taten der Liebe* folgen: *Christliche Reden* von 1848, *Einübung im Christentum* (geschrieben unter dem Pseudonym Anti-Climacus) von 1850 sowie die Gruppe der Abendmahlsreden (die „Reden beim Abendmahl am Freitag"), die den Zeitraum von 1848 bis 1851 umfasst. Thematisch gesehen soll jedoch auch auf ein Werk zurückgegriffen werden, das zeitlich vor *Die Taten der Liebe* liegt, die dritte Abteilung der *Erbaulichen Reden in verschiedenem Geist*: „Das Evangelium der Leiden". Diese Reden haben faktisch alle eines gemeinsam, sie stellen anders als früher Christus in den Vordergrund. Sie sind mehr oder minder christozentrische Reden, weil Christus in allen als zentrale Figur gezeichnet ist. Es stellt sich deshalb die Frage, welche Christologie zugrunde liegt, und im Blick darauf soll zwischen der Christologie des Leidens und der Christologie der Versöhnung unterschieden werden.

Diese Unterscheidung steht im Einklang mit den vorausgegangenen Beobachtungen. Zwar wirkt die starke Thematisierung des Leidens ganz anders als in den früheren Reden und (pseudonymen) Werken, doch war Leiden (im allgemeinen Sinn) bereits ein durchgehender Aspekt in Kierkegaards Existenzverständnis. Das zeigt sich z. B. darin, dass das Leiden, trotz seiner befremdlichen Auslegung, auf den Begriff der Geduld zurückgreift. Geduld ist der Mut, der erträgt, der Mut im Leiden; d. h. Geduld ist die Lebensform, Widerstand und Leiden zu ertragen. Im Zentrum der Geduld stand bisher, dass der Mensch sich nur in ihr in der Gegenwart halten kann, die Vergangenheit hinter sich und die offene Zukunft vor sich. Dem Geduldigen gelingt dies, was auch immer das Dasein ihm zumuten mag, weil die Geduld ihren Grund in etwas Anderem als in der Zeit hat. Die Geduld ist zeitlos, und deshalb kann sie an der Zeit arbeiten und ihr Widerstand leisten. Damit deutete sich schon an, dass Geduld wohl gegen die Zeit steht, dass der Mensch sich in der Geduld aber mehr und mehr in jenem Anderen sieht, worin die Geduld gründet, d.h. im Ewigen oder in Gott. Kurz gesagt: Die Geduld, wie Kierkegaard sie auslegt, hat einen eschatologischen Aspekt, den man mehr oder weniger zur Geltung bringen kann. In der Christologie des Leidens werden wir Christus als das Vorbild sehen, an dem der Mensch sich orientieren soll, um das Leiden durchzustehen, oder besser: um durch das Leiden hindurchzugehen. So lässt sich der Grund der Geduld präzisieren, indem er nun an Christus festgemacht wird – was schon im Beispiel der Anna im Blick war, wenn auch nur als Erwartung (Erwartung des Messias). Jetzt aber wird sich der eschatologische Aspekt in einer derartigen Bedeutung zeigen, dass man fragen kann, wo die Welt und die Gegenwart geblieben sind – weil Christus mehr und mehr Raum einnimmt.

In der Versöhnungstheologie ist Christus ebenfalls der unbedingte Mittelpunkt, jedoch in der besonderen Weise des Erlösers und Versöhners. Die Relation zum vorigen besteht darin, dass man die Versöhnungstheologie ‚the missing link' zwischen der Reue (in der ersten Abteilung der *Erbaulichen Reden in verschiedenem Geist*) und den *Taten der Liebe* nennen könnte. Es ist Christus, der Gott und den Menschen versöhnt, wodurch das festgefahrene Missverhältnis des Verwiesenseins auf Gott sich löst in ein freies Verhältnis – ganz im Sinne der deiktischen Theologie, wie sie Ende des II. Teils dargestellt wurde. Teile der Leidenschristologie scheinen jedoch in ein ganz anderes theologisches Denken zu münden, das im Folgenden als Theologie der Anziehung, als traktische Theologie bezeichnet werden soll.

Kapitel 1

Christologie des Leidens

1.1. Leiden

In der letzten Hälfte der erbaulichen Schriften macht Kierkegaard das Leiden zum Hauptthema. Leiden wird derart entscheidend für das Christsein, dass es unmittelbar so scheint, als wären Leiden und Christsein identisch. Eine solche Definition wäre jedoch nicht zutreffend; wohl aber impliziert Christsein in Teilen des Gesamtwerks unabwendbar Leiden. Das allein macht schon verständlich, warum Kierkegaards radikale Leidenstheologie als schwierig und vielleicht sogar abstoßend empfunden werden kann.[1] In dieser Situation stellen sich zwei einfache Fragen: Was ist Leiden? und: Wozu wird Leiden gebraucht?

1.1.1. Das Feld des Leidens: Bedrängnis und Besorgnis

Leiden wird erst im Spätwerk zu einem großen und dominanten Thema. Doch bevor wir uns diesen späteren Schriften zuwenden, wollen wir den Begriff des Leidens genauer abstecken, d.h. auch das Umfeld, in dem wir früher schon implizit darauf gestoßen waren. Wir hatten bereits die Geduld genannt, und verallgemeinert gesagt handelt es sich um das Belastende in den Bedingungen und Aufgaben der Existenz.

Was das erste betrifft, die Existenzbedingungen (Zeit und Verschiedenheit), so haben wir schon gesehen, dass Kierkegaard durchgängig die Existenz als schwierig und belastend konzipiert. Es ist nicht unproblematisch Mensch zu sein, weshalb die Reden immer wieder die Zerbrechlichkeit der Existenz unterstreichen und die Gründe dafür sichtbar machen. Alles ist veränderlich und vergänglich, es gibt im Leben keine sicheren Anhaltspunkte, keinen objektiven Standard oder Grund als Zufluchtsort. Im Gegenteil, jeder Mensch wird in al-

---

[1] Hier liegt auch ein wesentlicher Punkt in der Kritik z.B. K.E. Løgstrups (s. den Forschungsüberblick in der Einleitung), worauf wir zurückkommen werden.

ler Härte dem Wüten der Elemente ausgesetzt, und als ob dies nicht genug sei, ist der Mensch Zeit und Verschiedenheit ausgeliefert. Das Belastende und Schwierige ist also zentral für Kierkegaards Verständnis des Menschen und der Welt, es macht sich im Leben jedes Menschen von Beginn an geltend. Bedrängnis prägt die Existenz, ganz gleich wie der Mensch sich selbst versteht. Niemand bleibt von Verlust, Krankheit und Tod verschont, keiner ist vor Versagen und Rückschlägen sicher; und der Selbstbetrug ist der Versuch, sich trotzdem zu verschanzen, während Kierkegaard weiß, dass dies unmöglich ist. Gegen Leiden lässt sich nichts machen; schlimmer noch, schon der Versuch ist Verzweiflung. Insofern geht es um ein Hauptthema der erbaulichen Schriften von Anfang an. Spricht man beispielsweise vom Leiden in der Welt, so werden Bedrängnisse wie Krieg, Krankheit, Gewalt, Armut etc., stillschweigend vorausgesetzt, sie sind Kierkegaards Menschbild eingeschrieben.

Der zweite Aspekt, die Aufgabe der Existenz, war ebenfalls als schwierig und belastend beschrieben worden. Um nur ein Beispiel zu nennen, kann an die Reue oder die generelle Struktur der Selbstvernichtung erinnert werden: Der Mensch soll akzeptieren, dass er selbst nichts vermag, um Gott zur Wirkung kommen zu lassen (Aktivität in Passivität). Das ist schwer und schmerzhaft – aber notwendig zur Erfüllung der Aufgabe. Das Aushalten dieses Schmerzes ist Teil der Existenz, Aufgabe der Innerlichkeit, nämlich diese mitten im äußeren Leidensdruck zu bewahren. Auch in der ersten Hälfte des Gesamtwerks gehört Leiden zur Existenzaufgabe, nämlich als Verstärkung der Innerlichkeit. Kierkegaard folgt dem Menschen in die Tiefe seines Inneren, und statt zum Menschen im weiteren Sinn zu sprechen (in Gestalt „jenes Einzelnen"), wendet er sich später an „den besorgten" und danach an „den leidenden". Leiden also erscheint als tieferes Stadium der Innerlichkeit, der Aufgabe der Existenz.[2]

Das Feld des Leidens beschreibt aber nicht nur ein Potenzial für die erbaulichen Schriften generell, sondern verortet es auch zentral

---

[2] Die Bezeichnung „jener Einzelne" (dän.:„hiin enkelte"; dt.:„der / die Einzelne"), die Kierkegaard für seinen Leser benutzt, erfährt allmählich eine Qualifikation. In den erbaulichen Reden von 1843-44 und in den Gelegenheitsreden von 1845 heißt es nur „jener Einzelne", aber in *Erbauliche Reden in verschiedenem Geist* von 1847 gibt es ein gutes Beispiel für die Verstärkung dieser Anrede. Die erste Rede (die Beichtrede) nennt den Leser „jenen Einzelnen", was auch die zweite Abteilung tut (die Reden von den Lilien und den Vögeln), aber sie qualifiziert den Leser kurz in der ersten Rede als „den Besorgten". Im Vorwort der dritten Abteilung „Das Evangelium der Leiden" bezeichnet Kierkegaard den Leser als „den Leidenden".

in Kierkegaards Auffassung von Welt und Mensch überhaupt. Dass die explizite Thematisierung des Leidens in den späteren erbaulichen Schriften nichts Neues bringt, ist damit nicht gesagt, denn dies hängt davon ab, wie das Leiden in den frühen bzw. den späteren Werken bestimmt wird. Wir wollen daher Kierkegaards expliziter Betrachtung des Leidens in den späteren Texten folgen, um zu präzisieren, was Leiden ist und wofür es gebraucht wird.

1.1.2. *Das allgemeine Leiden: Bedingung und Aufgabe der Existenz*

Was als erstes bei der Lektüre des „Evangeliums der Leiden" (in den *Christlichen Reden* und der *Einübung im Christentum*) ins Auge springt, ist die Schwierigkeit, eine durchgehende und präzise Bestimmung des Leidens zu finden. Nicht dass es an Bestimmungen mangelte, ganz im Gegenteil, es gibt davon viele und viele verschiedene. Zieht man die große Textmenge in Betracht, so ist dies weder merkwürdig noch suspekt, aber es bedeutet, dass wir die verschiedenen Bestimmungen voneinander trennen und versuchen müssen, die übergeordneten „Typen" des Leidens zu finden. Grundsätzlich können wir zwischen zwei Arten von Leiden unterscheiden, dem allgemeinen und dem christlichen.

Wenn Kierkegaard von Leiden im allgemeinen Sinn spricht, geschieht dies weitgehend auf dem Hintergrund der Existenzbedingungen und der Existenzaufgabe, d.h. entweder als Bedrängnis oder als die Aufgabe, ein einzelner Mensch zu werden. Kierkegaard macht klar, dass er einerseits ohne Probleme Bedrängnis als Leiden bestimmen kann; andererseits aber auch, was ihm an der anderen Art Leiden wesentlich ist, wenn er in der Rede „Das Freudige darin, dass die Schule der Leiden für die Ewigkeit bildet" (aus „Das Evangelium der Leiden" in *Erbauliche Reden in verschiedenem Geist*) sagt: „Das Leiden hingegen kehrt den Menschen *nach innen*" (*SKS* 8, 354 / *ERG*, 270). Um zu erläutern, was dies bedeutet, bedienen wir uns einer Textstelle aus „Das Freudige darin, dass die Bedrängnis Hoffnung nicht raubt, sondern erwirbt" (aus *Christliche Reden*, zweite Abtlg. „Stimmungen im Streit mit Leiden"). Kierkegaard verwendet hier ein von ihm geliebtes Bild: Im Kind ist der Geist anwesend, aber schlafend, und deshalb muss er aus seinem Schlummer geweckt werden: „So kommt denn die *Bedrängnis*, um den Träumenden zu wecken, die Bedrängnis, die wie ein Sturm die Blüten abreißt" (*SKS* 10, 120; vgl. *CR*, 114). Das Träumende daran ist, dass das Kind „ganz nach außen gekehrt [ist], seine Innerlichkeit eine Nach-außen-Gewandtheit und insofern hellwach.

Für einen Menschen aber heißt wach sein gerade in seiner Innerlichkeit ewig nach innen gekehrt sein" (*SKS* 10, 119; vgl. *CR,* 113). Durch die Bedrängnis also, die den Existenzbedingungen entspringt, wendet sich der Mensch nach innen, wodurch, bildhaft gesprochen, sein geistiger Charakter erwacht und die Existenzaufgabe manifest wird. Was im „Evangelium der Leiden" als Leiden bezeichnet wird, heißt in „Stimmungen im Streit mit Leiden" Bedrängnis, und das zeigt die Schwierigkeit der Unterscheidung. Klar erkennbar ist jedoch: Das Leiden in der Bedrängnis kehrt den Menschen nach innen, und in dieser Richtung trifft der Mensch auf die Aufgabe seiner Existenz.

Die Bedrängnis als die erste Form des Leidens verweist somit auf die Aufgabe, die jedem gestellt ist. Dass diese als Leiden bestimmt wird, zeigt sich in der ersten Rede aus dem „Evangelium der Leiden": „Was darin liegt, und was Freudiges in dem Gedanken liegt, Christus nachzufolgen", wo Kierkegaard sagt: „die Sprache hat vielleicht keinen stärkeren oder ergreifenderen oder wahreren Ausdruck für die tiefste Sorge und das tiefste Leid als den: ganz allein zu gehen" (*SKS* 8, 322; vgl. *ERG,* 232). Der Kontext ist hier die Nachfolge, aber im ersten Teil der Rede geht es um die Nachfolge im weiteren Sinn, am Beispiel des Kindes, das lernen soll, selbst zu gehen. Soll ein Kind Gehen lernen, muss die Mutter sich entfernen und das Kind allein gehen. Ganz allein zu gehen ist schwer und schmerzhaft – aber für die Entwicklung eines Menschen ist es notwendig. Steht er nicht allein, lernt er nicht selbst zu gehen. In dieser Form gehört Leiden demnach zur Aufgabe eines Menschen: Jedem und jeder ist diese Aufgabe gestellt, selbst gehen zu lernen, und deshalb muss jeder ganz allein gehen. Dass die Existenzaufgabe selbst die Perspektive ist, kommt deutlich zum Ausdruck, wenn Kierkegaard weiter sagt: „wenn du gewählt hast, wirst du zwar Mitwanderer finden, aber im entscheidenden Augenblick und jedes Mal, wenn Lebensgefahr besteht, bleibst du allein" (ibid.). In jeder Gemeinschaft steht der Mensch allein und damit in seiner Verantwortung Gott gegenüber, und das Leiden wird bestimmt als das Schmerzhafte im Bewusstsein darüber, im entscheidenden Sinn allein zu sein. Das Leben kann man zwar teilen, aber was man wählt und die Verantwortung, die dazu gehört, sind nicht teilbar und müssen von jedem Menschen einzeln getragen werden.

Das Leiden steht in einem religiösen Rahmen, doch nur so weit wie die Existenz bereits religiös bestimmt ist, und deshalb kann man sagen, Leiden sei allgemein. Es gehört ganz einfach zur Existenz, genauso wie die Aufgabe, ein Einzelner zu werden. Wie auch immer ein Mensch sich selbst als Christ, Jude, Atheist oder etwas anderes verstehen mag –

im tieferen Sinn ist er ein Selbst und soll es auch bleiben, denn darin ist er etwas Anderes als Gemeinschaft und die ihn umgebende Menge. Er ist als einzelner Mensch gesetzt, und mit dieser Aufgabe ist das Leben aller von Leiden geprägt, weil das Leiden als das Schmerzhafte in der Bewegung der Selbstvernichtung bestimmt wird.

Auf der einen Seite radikalisiert Kierkegaard das Leiden, indem er es als unvermeidlich zum Allgemeinen zählt. Dies zeigt sich auch daran, dass Leiden als etwas bestimmt wird, das jeder Mensch zu umgehen versucht: „Der natürliche Mensch kommt niemals auf den Gedanken, es zu wünschen" (*SKS* 8, 349; vgl. *ERG*, 264); und das generell als sinnlos erscheint. Selbst der Mensch, der kämpfen will, „sinkt im Leiden zusammen" (*SKS* 8, 348; vgl. *ERG*, 263f.), weil darin kein Sinn und keine Vernunft zu finden sind, es gibt nichts, an dem festzuhalten wäre. Auf der anderen Seite aber wird das Leiden als Teil der Existenzaufgabe bestimmt und ihm eine positive Funktion zugeteilt: Leiden heißt, sich nach innen zu wenden, Innerlichkeit ist die Herausforderung. Das erscheint eher als das Gegenteil von Radikalisierung, weil Leiden zu einem notwendigen Übel wird, das in einer weiteren Perspektive zum Guten ausschlägt – und insofern kein wirkliches Übel mehr ist. Diese Doppelheit ist kein Entweder-Oder, sondern macht die zentrale Spannung aus, die auch für das christliche Leiden bestehen bleibt: Offenkundiges Leiden, trotzdem notwendig und nützlich, und zugleich der Weg der Nachfolge zur Erlösung.

1.1.3. Christliches Leiden: Gehorsam und Martyrium

Es hat sich gezeigt, dass Leiden für Kierkegaard nicht nur etwas spezifisch Christliches ist, sondern dass er auch den Gedanken des allgemeinen Leidens einbezieht und ihm ein nicht unbedeutendes Gewicht zuspricht; nicht zuletzt deshalb, weil darin eine Kontinuität in seinem Werk und – vielleicht noch wichtiger – der Zusammenhang zwischen dem Humanen und dem Christlichen erkennbar wird. Allerdings muss auch gesagt werden, dass es in den Schriften, die explizit vom Leiden handeln, anders aussieht. Es geht hier in der Hauptsache um das, was wir das christliche Leiden nennen.

In der Rede „Was darin liegt, und was Freudiges in dem Gedanken liegt, Christus nachzufolgen" (aus dem „Evangelium der Leiden") fanden wir eine Bestimmung des allgemeinen Leidens in der Wendung „ganz allein zu gehen" (*SKS* 8, 322; vgl. *ERG*, 232), und weiter in derselben Rede findet sich der Keim zu einer Bestimmung des christlichen Leidens. Kierkegaard sagt, Christus nachzufolgen würde heißen, „sein Kreuz zu tragen. Sein Kreuz zu tragen bedeutet, sich selbst zu verleugnen" (*SKS* 8, 323 / *ERG,* 233); und weiter: Die Selbstverleugnung soll „nach der Anweisung des Vorbilds, in Gehorsam bis zum Tode getragen werden" (ibid.). Das ist die Forderung, die dem Christen begegnet. Dass dazu Leiden gehört, wird an mehreren Stellen sichtbar, z. B. wenn Kierkegaard sagt, dass es *„eine langsame und beschwerliche Arbeit* ist, sich selbst zu verleugnen" (ibid.).

Der Selbstverleugnung sind wir schon in Kierkegaards *Die Taten der Liebe* als zentralem Thema begegnet, und in der hier erwähnten Textstelle wird sie in ganz ähnlicher Weise dargestellt.[3] Aber während in *Die Taten der Liebe* die Selbstverleugnung dem Selbst die Selbstliebe entreißt und damit die Nächstenliebe ermöglicht, wird jetzt der gleiche Vorgang in einer Perspektive vorgetragen, die Leiden möglich machen soll. Man könnte versucht sein zu sagen, wo in *Die Taten der Liebe* die Pflicht sagt: „Du sollst lieben", heißt es hier: „Du sollst leiden". Das aber wäre ungenau und irreführend. Die Verschiebung der Perspektive kann mit der Forderung an den Menschen erklärt werden: Du sollst lieben – ganz gleich ob deine Liebe Leiden ohne Ende bedeutet. Du sollst lieben! In *Die Taten der Liebe* wird die Liebe betont, hier dagegen das Leiden als die mögliche – vielleicht sogar selbstverständliche – Konsequenz der Liebe.

Fragen wir weiter nach dem Inhalt der Selbstverleugnung, so treffen wir auf ihre Beständigkeit und Allumfassendheit. Sie gilt in jedem Augenblick, und es darf nichts geben, was nicht aufgegeben werden kann. Zudem ist entscheidend, nicht nur gegenüber den *Taten der Liebe*, dass Selbstverleugnung mit Leiden verbunden wird; und das steht gegen das Natürliche im Menschen, „denn leiden zu wollen, und die Leiden zu wählen, das ist ein Wunsch, der niemals im Herzen irgendeines Menschen aufgekommen ist" (*SKS* 8, 348; vgl. *ERG,* 264). Nur deshalb kann hier überhaupt von Selbstverleugnung die Rede sein, die diese Bedingung, d. h. freiwilliges Leiden akzeptiert; und nicht nur das, es kann auch nur auf dem Hintergrund der „göttlichen Wegweisung" (*SKS* 8, 349 / *ERG,* 264) geschehen, die in Gottes Inkarnation in Christus und seinem Leben auf der Erde zu sehen ist. Selbstverleugnung wird demnach mit dem Vorbild Christi verbunden, und hierdurch erklärt sich der Ausdruck der Selbstverleugnung im Gehorsam:[4] der beständige Entschluss der Selbstverleugnung im Leiden. Wenn ein Mensch nach

---

[3] In derselben Textstelle wird die Selbstverleugnung z. B. direkt mit dem Ablegen der Selbstliebe verbunden, was dann in *Die Taten der Liebe* zum Thema wird.

[4] Auch in *Die Taten der Liebe* ist der Gehorsam ein Aspekt der Selbstverleugnung, auch wenn wir hier nicht darauf eingehen konnten. Liebe als Pflicht und das Verhält-

Christi Forderung in Selbstverleugnung freiwillig Leiden wählt, ist es der Gehorsam gegenüber dem Vorbild Christi, in dem der Mensch am Entschluss der Selbstverleugnung festhält und ihn bewahrt.

Dieses Bild des christlichen Leidens lässt sich in der ersten Rede aus „Stimmungen im Streit mit Leiden" (in *Christliche Reden*) noch genauer betrachten. Die Rede mit dem Titel „Das Freudige darin, dass man nur einmal leidet, aber ewig siegt" zeigt, dass Leiden, obwohl es in der Zeit fortdauert, etwas Einmaliges hat. Das Leiden ist nur der Übergang zur Ewigkeit, das eigentlich Dauernde. Wenn Kierkegaard sagt, *„das Einmal des Leidens ist ein Übergang, ein Durchgang"* (*SKS* 10, 109 / *CR*, 102), bedeutet dies einerseits, dass das ganze Leben ein Leiden ist; man leidet nur einmal, aber dies eine Mal ist das ganze Leben. Doch andererseits wird in der Hervorhebung des Leidens als Übergang behauptet, dass es auf der anderen Seite des Leidens etwas gibt, das das Leiden, ja die Daseinsperspektive überhaupt entscheidend umdefiniert. Das Leben wird aus der Perspektive der Ewigkeit betrachtet, es ist ewig bestimmt, aber sein Ort ist die Zeitlichkeit. Kraft der Realität der Ewigkeit wird die Zeitlichkeit der begrenzte Augenblick, in dem der Mensch die Ewigkeit erwartet: „ewig verstanden ist die Zeitlichkeit der Augenblick, und der Augenblick ist, ewig verstanden, nur ein Einmal" (*SKS* 10, 110 / *CR*, 102). Was Leiden genau bedeutet, kommt nicht klar zum Ausdruck, fest steht aber, dass es als etwas gesehen wird, das das ganze Leben hindurch bestehen bleibt. Insofern können sowohl die letzte Form des allgemeinen Leidens (s. Kap. 1.1.2) als auch der selbstverleugnende Gehorsam hierzu gerechnet werden. In der Perspektive der Rede aber sind wichtiger das Dauernde und Unumgängliche, samt der ewigen Identität des Menschen mitten in der Zeit. Denn gerade dadurch wird die Zeit umgeformt, so dass der Mensch das Leiden nicht umgehen kann. Im Gegenteil, er wird in das Leiden gezwungen, er wird gezwungen durch es hindurch zu gehen, denn nur indem er dies tut, bewahrt er den Kontakt zur Ewigkeit und wird durch sie gebildet. Das bedeutet keine Verehrung des Leidens oder die Aufforderung an den Christen, maximales Leiden zu suchen. Es geht nicht darum, aktiv Leiden zu suchen, sondern passiv das Leiden, das schon da ist, zu akzeptieren; das ist hier das besondere Verhältnis zum Leiden. Es soll durchlebt oder akzeptiert werden, damit der Mensch seine ewige Identität in der Zeitlichkeit bewahren und gehorsam in Selbstverleugnung tragen kann.

---

nis des Menschen zum Gebot in Selbstverleugnung führen zum Gehorsam, und so auch im Fall des Leidens.

Als Selbstverleugnung im Gehorsam und als Übergang zum Ewigen widerspricht das Leiden dem Menschen und ist unaufhörlich in der Zeit; der Mensch aber soll nach dem Vorbild Christi frei das Leiden annehmen im Bewusstsein dessen, dass es ein Übergang zu etwas anderem ist. Es ist hier jedoch nicht von einem besonderen christlichen Leiden die Rede, sondern nur von einem christlichen Verhältnis zum Leiden. Wofür steht das Leiden? Zuerst haben wir es als Selbstverleugnung und Gehorsam bestimmt, aber dabei geht es ja nicht um das Leiden selbst, sondern um das Verhältnis zum Leiden: sich frei dazu zu verhalten, nämlich zu dem Leiden, das schon da war. Kein anderes Leiden ist gemeint, sondern ein verändertes Verhältnis zum allgemeinen Leiden. Das „Wie" des Verhältnisses ist durch das Vorbild Christi in die besondere Art des christlichen Leidens verwandelt worden. Auch der Aspekt der ewigen Identität des Menschen in der Zeit, Ausdruck seiner Existenzaufgabe, scheint sich ebenfalls nicht vom allgemeinen Leiden zu unterscheiden.

Worin besteht also der Unterschied? Wozu wird im „Evangelium der Leiden" und in „Stimmungen im Streit mit Leiden" überhaupt vom christlichen Leiden gesprochen? Erstens, weil trotz der mehr oder minder starken eschatologischen Ausrichtung der Reden Leiden ein Zeichen für das wirkliche Leben des Menschen in der Welt ist. Der Mensch sieht Christus und Christi Vorbild, aber die Bedingung ist das Leiden, weil der Ort des Menschen und der christlichen Existenz die Welt ist. Im Vergleich zum „Feld des Leidens" (s. Kap. 1.1.1) können wir feststellen, dass mit dem Vorbild Christi ein tieferes Stadium der Innerlichkeit erreicht ist. Der Mensch ist nicht länger als jener einzelne oder besorgte bestimmt, sondern als der leidende. Er ist allein durch das Vorbild Christi in der Lage, Leiden frei anzunehmen und zu gehorchen. Dieses Vorbild hatte der Mensch unter der Bedingung des allgemeinen Leidens nicht, und deshalb kann er weder das Leiden noch sich selbst mit der Klarheit sehen wie der Mensch der Christus vor Augen hat. Der Christ weiß, dass er leidet, aber er weiß auch, dass das Leid auf etwas Anderes hinweist. Faktisch ist es dasselbe Leid und die Aufgabe ist im großen und ganzen auch dieselbe, aber dem Christen ist etwas gegeben, das der Mensch im allgemeinen Leiden nicht kennt: Seine Aufmerksamkeit gilt Christus, dem Vorbild, in Übereinstimmung mit dem Leiden, sofern Forderung und Verheißung zu Christus gehören. Dadurch wird der Christ von dem Verzehrenden entlastet, selbst einen Sinn im sinnlosen Leiden finden zu müssen. Allein durch das Vorbild Christi wird ein Mensch sich dessen bewusst, leiden zu müssen, und er ist in der Lage, die Leiden zu ertragen, die mit seiner Existenz gegeben sind. Deshalb ist das Leiden einerseits dasselbe und nichts ist verändert, andererseits haben sich Verständnis und Vorstellung gewandelt, und dadurch ist alles verändert.[5]

In der *Einübung im Christentum* entwickelt Kierkegaard aus der Sicht des Pseudonyms Anti-Climacus noch eine andere Form des christlichen Leidens, die sich von dem Verständnis des Christlichen, wie wir es bisher dargestellt haben, unterscheidet.[6] Was dies bedeutet, kommt an verschiedenen Stellen des Werkes zum Ausdruck, besonders markant aber im zweiten Teil: „Das Entscheidende am christli-

---

[5] Am Anfang des Kapitels haben wir über den Zusammenhang zwischen Leiden und Geduld gesprochen und festgestellt, dass man von hier aus fragen kann, ob das christliche Verhältnis zum Leiden nicht einfach das zur Geduld ist, wie wir es im I. Teil dieser Abhandlung gesehen haben. Das ist richtig, aber im Vorbild Christi bekommt die Geduld festeren Boden. Denn mit Christus ist die Geduld nicht im Ewigen oder in Gott begründet, sondern in dem Gott, der Mensch geworden ist und gelitten hat. Dies hat entscheidende Bedeutung für die Seelsorge, weil Menschlichkeit auch im Leiden bewahrt ist. In Kierkegaards Worten: Das tiefste Leid liegt darin, „ganz allein zu gehen" (*SKS* 8, 322; vgl. *ERG*, 232). Das gehört, wie gesagt, zur Existenzaufgabe, doch in der Leidensrelation bedeutet allein zu gehen noch etwas anderes. Das größte Leiden ist dies, außerhalb der Menschheit zu stehen. Im Leiden kann ein Mensch in der Überzeugung leben, er stehe allein auf der Welt – und sei gar kein Mensch mehr. Im Vorbild Christi aber, der selbst in jedem Leiden versucht wurde, wird die Menschlichkeit auch im Leiden bewahrt.

[6] Es ist also zu beachten, dass das speziell christliche Leiden eigentlich erst in der *Einübung im Christentum* entwickelt wird, während es in den früheren Thematisierungen des Leidens zuallererst um die christliche Art, das Leiden zu ertragen, geht – das allgemeine Leiden. Løgstrup ist in seiner Auseinandersetzung mit Kierkegaard wohl auch im Hinblick auf das Leiden über das Ziel hinausgeschossen (*Auseinandersetzung mit Kierkegaard*, S. 55). Es ist der Leidensgedanke bei Anti-Climacus, mit dem er ins Gericht geht, und das in einigen Punkten mit gutem Recht. Das Fatale aber ist, dass er die vorhergehenden Schriften aus der Perspektive des Anti-Climacus liest. Er weist selbst auf eine derartige Interpretation hin, wenn er sagt: „Der entscheidende Gegensatz, der sich durch Kierkegaards Denken zieht, ist nicht der Gegensatz zwischen gut und böse, auch nicht zwischen Leben und Tod, sondern zwischen Glück und Leiden" (S. 83). Was dies für Konsequenzen hat, zeigt sich in der Auslegung des Liebesbegriffs. V. Mortensen ist ein Beispiel dafür, dass Løgstrups Kierkegaard-Interpretation aus der Sicht des Anti-Climacus Schule gemacht hat. Mortensen sagt (zu Recht): „Kierkegaards Art über Leiden zu sprechen, muss im Zusammenhang mit seiner Auslegung des Christentums gesehen werden" (vgl. *Lidelsens problem*, S. 28) – aber die Auslegung des Christentums wird ausschließlich mit dem Martyriumsgedanken und der starken Betonung des Nach-außen-gekehrten verknüpft, das die *Einübung im Christentum* prägt (aaO., S. 29f.). Deshalb kann er – im Anschluss an Løgstrup – über den Begriff des Leidens bei Kierkegaard sagen, dass „jenes Leiden, das als Schicksal über den Menschen kommt, niemals christlich relevant werden kann. Das Unglück, das einen Menschen trifft, kann sehr wohl schmerzlich sein, aber zufällig wie es ist, hat es keine christliche Relevanz" (S. 31).

chen Leiden ist: Freiwilligkeit, und daher *Möglichkeit des Ärgernisses für den Leidenden*" (*SKS* 12, 117; vgl. *EC,* 104). Was den ersten Aspekt betrifft, die Freiwilligkeit, so findet sich dieser auch in Selbstverleugnung und Gehorsam, wodurch der Christ sich sozusagen von der Notwendigkeit freimacht, indem er frei das unumgängliche Leiden auf sich nimmt und akzeptiert. Die Möglichkeit des Ärgernisses ist jedoch ein neuer Aspekt, auf dessen Hintergrund das Leiden faktisch ein anderes wird und damit auch die Freiwilligkeit.

Mit der Auszeichnung der Möglichkeit des Ärgernisses wird Christus als ganz und gar entscheidend für die Freiwilligkeit vor Augen geführt. Dass Christus zugleich Zeichen des Ärgernisses und der Gegenstand des Glaubens ist, steht für Anti-Climacus im Zentrum und soll in Christus anschaulich werden, nur so kommt der Mensch zum Guten und zur Wahrheit. Was aber bedeutet die Möglichkeit des Ärgernisses? Sie folgt aus dem Christusparadox: Der einzige Christus, zu dem wir Menschen einen Zugang haben, ist der erniedrigte Christus, der arme und ausgestoßene Mensch, der von sich selbst sagt, er sei Gottes Sohn. Was an ihm direkt erkennbar ist, steht in diametralem Gegensatz zu jedem natürlichen Verständnis dessen, was er über sich selbst sagt. Das Auge sieht die Erniedrigung, während das Ohr die Verheißung und Herrlichkeit hört, und das lässt sich weder verstehen noch begreifen. Dass Gottes Sohn dieser Mensch ist, führt deshalb zum Glauben oder zum Ärgernis.[7] Kraft des paradoxen Widerspruchs führt der Glaube, Christus sei Gottes Sohn, die Möglichkeit des Är-

---

[7] Vielleicht liegt hier der Grund für Kierkegaards Unterscheidung zwischen dem Auditiven und dem Visuellen. Während er dem Auditiven gegenüber nicht zurückhaltend ist, hat er deutliche Vorbehalte dem Visuellen gegenüber. Z.B. fordert er seine Leser auf, laut für sich selbst zu lesen: „es [sc. das Buch] sucht[,] jenen wohlwollenden Menschen, der laut für sich selber liest, was ich in der Stille schreibe, der mit seiner Stimme den Zauberbann der Schriftzeichen löst, der mit seiner Sprache hervorlockt, was die stummen Buchstaben wohl gleichsam auf der Zunge haben, aber ohne große Mühe, stammelnd und gebrochen, nicht auszusprechen vermögen, [der] die gefangenen Gedanken, die sich nach Befreiung sehnen, in seiner Stimmung erlöst" (*SKS* 5, 63; vgl. *3R43,* 101). Umgekehrt spricht er (in Anti-Climacus' Namen) von „einem neuen Heidentum: der christlichen Kunst" (*SKS* 12, 246; vgl. *EC,* 247). Generell ist diese Unterscheidung dem Umstand zu verdanken, dass Gehör etwas mit Gehorchen zu tun hat; und zu gehorchen heißt, das zu tun, was gesagt wurde. Umgekehrt enthält das Sichtbare das Risiko einer distanzierten Beurteilung für die Betrachter. Das zeigt sich auch in der Relation von Glaube und Ärgernis. Glauben heißt gehorchen, Christi Wort zu hören, ungeachtet dessen, was man sieht. Sich ärgern heißt, den Menschen sehen, der die Worte spricht. Ich danke R. Purkharthofer für den Hinweis auf die Reichweite dieses qualitativen Unterschiedes zwischen dem Auditiven und dem Visuellen in (und außerhalb von) Kierkegaards Denken.

gernisses mit sich. Der Glaube, der sich zum erniedrigten Christus anbetend verhält, überwindet in jedem Augenblick die Möglichkeit des Ärgernisses. Wenn gilt, dass die Möglichkeit des Ärgernisses primär mit Freiwilligkeit zu tun hat, so deshalb, weil die Möglichkeit (nicht die Notwendigkeit!) des christlichen Leidens in dem Augenblick entsteht, in dem der Mensch Christus sieht – erst da wird die Freiwilligkeit möglich.

Die Möglichkeit des Ärgernisses, die der Glaube dauernd überwinden muss, zeigt den inneren Kampf des Christen. Das Paradoxe an Christus, zugleich Zeichen des Ärgernisses und Gegenstand des Glaubens zu sein, ist auch bezeichnend für den Ort des Christen in der Welt: Dass nämlich die meisten Menschen, die dem Christen auf seinem Weg durchs Leben begegnen, sich über den ärgern werden, von dem die Christen glauben, er sei Gottes Sohn. Der, auf den der Christ sein Leben baut, ist mit anderen Worten derselbe, den die Menschen im Umfeld des Christen bestenfalls als tragisch oder sogar als ausgesprochen gefährlich und verrückt betrachten. Das Ärgernis ist deshalb für den Christen nicht nur eine innere Anfechtung, sondern haftet ihm auch äußerlich an. Und das nicht nur wegen der Verwunderung und des schiefen Blicks, mit dem die Leute auf den christlichen Glauben reagieren – nein, sagt Anti-Climacus, es geschieht, weil diejenigen Böses in der Welt leiden, die das Gute wollen. So wie Christus in der Welt gelitten hat, weil er durch und durch gut war, weil er die Wahrheit war, so werden die Christen nach ihm auf den Widerstand der Welt treffen, weil sie das Gute wollen: Denn sie glauben an Christus als Gottes Sohn.

Das gibt dem Leiden einerseits einen anderen Charakter, andererseits steht dadurch die Freiwilligkeit in einem neuen Licht. Was das Leiden betrifft, so ist es nicht mehr das allgemeine Leiden, das jetzt bloß auf besondere Weise getragen wird, sondern ein speziell christliches Leiden, das dem Nicht-Christen gänzlich unbekannt ist: Böses zu leiden, weil man das Gute will. Letztlich geht es um das Leiden des Martyriums. Für die Freiwilligkeit bedeutet dies, dass sie nicht länger notwendiges, d. h. schon vorhandenes, in mögliches, d. h. freiwillig übernommenes, Leiden verwandeln kann; sondern hier herrscht eine Freiwilligkeit höherer Potenz, weil der Christ rein faktisch gesehen das Leiden vermeiden kann. Sofern der Christ nämlich willens ist, seinen Glauben aufzugeben, endet auch das Leiden.

Leiden, das freiwillig ist und gleichzeitig die Möglichkeit des Ärgernisses enthält, kann demnach als paradoxes christliches Leiden bezeichnet werden. Der Christ muss Böses leiden, nur weil er das Gute will. Das Paradoxe liegt schon in der Erscheinung und Mitteilung

Christi, nicht zuletzt in seinem irdischen Leben: Er wurde erniedrigt, aber er sagte von sich selbst, er sei Gottes Sohn; er war die Wahrheit, die zur Erde gekommen ist, um den Menschen zu erlösen, aber er wurde von denselben Menschen, die er erlösen wollte, am Kreuz hingerichtet. Das Paradox als Grundcharakter des Glaubens und sein ständiger Kampf gegen das Ärgernis enthalten jedoch noch einen weiteren Aspekt, nämlich ein Leiden, das zum Menschen gehört und das Christus nicht selbst ertragen musste: Mit dem Ärgernis von innen her konfrontiert zu werden, mit dem Zweifel zu kämpfen, ob das Ganze eine Lüge und Christus tatsächlich Gottes Sohn sei. Denn wie kann etwas die Wahrheit sein, wenn es einen derartigen Hass hervorruft; und wie kann der Christ seinen Glauben bewahren, dass er im Bund mit dem Guten und der Liebe ist, wenn er sieht, wie sein Handeln nur auf Abscheu stößt und Ärgernis weckt? Diesen Aspekt des christlichen Leidens hat Christus nicht gekannt, er wusste nämlich, dass er selbst die Wahrheit war. Nichts desto weniger ist sein Vorbild entscheidend, um auch dieses Leiden zu ertragen: „denn hätte der Christ dieses Vorbild nicht, um auf es zu schauen, hielte er es auch nicht aus, wagte nicht, an die Liebe in ihm selbst zu glauben, wenn die Menschen derart gegen ihn zeugen" (*SKS* 12, 196; vgl. *EC,* 189).

1.1.4. Allgemeines und christliches Leiden

Zur Übersicht der Hauptformen des Leidens kann eine Textstelle aus der dritten Abteilung der *Einübung im Christentum* genutzt werden, worin Anti-Climacus in seiner Perspektive beschreibt, was christliches Leiden ist und was es nicht ist: „wenn ein Mensch Widrigkeiten erlebt […], wenn er vielleicht das Liebste verloren hat: dies nennt man nicht Leiden in der Gleichheit mit Jesus Christus. Solche Leiden sind die allgemein-menschlichen, in denen Heiden ebenso in Versuchung geraten wie Christen. Den Christen erkennt man daran, dass er diese Leiden geduldig erträgt; aber wie geduldig er sie auch tragen mag, es fällt ihm nie ein, dass dies ein Leiden in der Gleichheit mit Christus sein sollte – genau dieser Einfall wäre unchristliche Ungeduld. Zu leiden in der Gleichheit mit Christus bedeutet nicht, sich geduldig in das Unumgängliche zu schicken, sondern von den Menschen Böses zu leiden, weil man ein Christ ist und deshalb das Gute tun will; so dass man diesem Leiden entgehen könnte, indem man es bleiben ließe, das Gute zu wollen. […] Denn so hat Christus gelitten, er hat gelitten, weil er die Wahrheit war und nichts anderes sein wollte, als was er war: die Wahrheit" (*SKS* 12, 175 f.; vgl. *EC,* 165 f.).

Diese Beschreibung trifft exakt sowohl das allgemeine Leiden in Form der Bedrängnis und die christliche Art es zu ertragen, als auch das speziell christliche Leiden. Anti-Climacus hält also fest: Überhaupt zu existieren bedeutet „Widrigkeiten" zu erleben, und Christen treffen auf dieselben – existenziellen – Widrigkeiten und sind in der Lage, sie auf besondere Weise zu ertragen, nämlich in Geduld. Diese Widrigkeiten haben jedoch nichts mit dem speziell christlichen Leiden zu tun, das im Gegenteil bedeutet, Böses zu leiden um der Wahrheit willen. Das christliche Leiden ist letztlich das Leiden des Martyriums, das an die Freiwilligkeit und die Möglichkeit des Ärgernisses gebunden ist.

1.2. Christus als Vorbild

In beiden bisher beschriebenen Formen des christlichen Leidens ist das Vorbild Christi von entscheidender Bedeutung, sowohl im „Evangelium der Leiden", in „Stimmungen im Streit mit Leiden" als auch in der *Einübung im Christentum*. Erstens ist das Vorbild ein Wegweiser für das Leben eines Christen, es hat die Bedeutung eines Ideals und Paradigmas; zweitens ist es nur mit diesem Vorbild vor Augen möglich, das Leiden zu ertragen. Nur indem der Christ seinen Blick fest auf das Vorbild Christi richtet, findet er den Weg durch das Leiden. Dabei zeigen die verschiedenen Auslegungen, dass das Vorbild Christi in unterschiedlicher Weise hervortritt. Zu untersuchen ist daher, wie christliches Leiden aufgefasst wird und wie das Vorbild den Menschen durch das Leiden führt, d.h. wie Leben im Leiden möglich wird. In der Darstellung der Leidensformen macht sich also ein Unterschied der Reden geltend, von den *Erbaulichen Reden in verschiedenem Geist* und den *Christlichen Reden* bis zum Christusbild in Wehmut und Missverständnis in der *Einübung im Christentum*.

1.2.1. Gehorsam

Im „Evangelium der Leiden" war das Leiden als Selbstverleugnung bestimmt worden, sein Kreuz zu tragen „nach der Anweisung des Vorbilds, in Gehorsam bis zum Tode" (*SKS* 8, 323 / *ERG,* 233). Das Vorbild Christi also zeigt Gehorsam in Selbstverleugnung und macht dies zum Maß für den Menschen. In Kierkegaards Darstellung des Vorbildes dominiert daher teils Selbstverleugnung, teils Gehorsam – und deren Verhältnis zueinander. Die Selbstverleugnung steht in

Relation zum Kreuz Christi, generell und übergeordnet aber im Zusammenhang mit der Inkarnation. So heißt es zusammenfassend in der ersten Rede im „Evangelium der Leiden" („Was darin liegt, und was Freudiges in dem Gedanken liegt, Christus zu nachzufolgen"): „Und jener Richter [Christus] weiß nicht nur, was Selbstverleugnung ist, [...] denn er war die Selbstverleugnung. Er, der Gott gleich war, nahm die Gestalt eines geringen Knechts an; [...] er, der alles in seiner Macht hatte, gab alle Macht auf, [...] er, der der Herr der Schöpfung war, zwang die Natur selbst, sich ruhig zu verhalten, [...] wenn dies nicht Selbstverleugnung ist, was ist dann Selbstverleugnung!" (*SKS* 8, 325 f.; vgl. *ERG*, 236 f.). Das Hauptaugenmerk liegt nicht so sehr auf dem irdischen Leben Christi, sondern in stärkerem Maß darauf, dass er faktisch Mensch geworden und in die Welt gekommen ist. Die Inkarnation selbst, dass Christus als Gottes Sohn das Menschsein mit allen darin enthaltenen Leiden frei gewählt hat, ist das Entscheidende der Selbstverleugnung; und zwar so, dass aufgrund der Inkarnation überhaupt erst von Selbstverleugnung gesprochen werden kann. Deshalb ist Christus auch der Richter und „seine Gegenwart ist das Richtende" (*SKS* 8, 325 / *ERG*, 236). Christi Selbstverleugnung bestimmt den Begriff inhaltlich und bildet das Paradigma, nach dem auch die Selbstverleugnung des Menschen beurteilt werden soll.

Diese Darstellung der Inkarnation scheint dem zu widersprechen, was allgemein als ihr wesentlicher Sinn angesehen wird: Dass Gottes Sohn in die Welt gekommen ist, um sie zu erlösen. Betrachten wir aber die Selbstverleugnung als Entscheidung für das Leiden, so ist dies der Preis der Erlösung. Christus hat das Leiden gewählt und damit auch den Menschen, d. h. die Erlösung ist überall primär, das Leiden sekundär – aber beides ist nicht voneinander zu trennen. Das Leiden ist der Preis der Erlösung. Der Mensch aber kann das Leiden nur durch das Vorbild Christi wählen. In der dritten Rede dieser Abteilung „Das Freudige darin, dass die Schule der Leiden für die Ewigkeit bildet", heißt es: „um das Leiden zu wählen [...] braucht der Mensch eine göttliche Anleitung. Der natürliche Mensch kommt niemals auf den Gedanken, es zu wünschen [...]; er muss erst ergriffen und dann bereit sein, von dem Einzigen lernen zu wollen, der hinausging in die Welt mit dem Vorsatz, leiden zu wollen [...], er [Christus] kam zur Welt – um zu leiden" (*SKS* 8, 349; vgl. *ERG*, 264). Selbstverleugnung, Inkarnation und Leiden stehen im Zusammenhang. Der Selbstverleugnende ist frei, das Leiden zu wählen, und weil es der menschlichen Natur widerspricht, ist dies selbstverleugnend. Zugleich aber geht es hier um die Forderung an den Menschen, sich selbst zu verleugnen, indem er das Leiden frei wählt; und dies kann er nur durch das Vorbild Christi.

Die Betonung des Gehorsams ist im Vorbild Christi begründet. Selbstverleugnung geschieht „nach der Anweisung des Vorbilds in Gehorsam" (*SKS* 8, 323 / *ERG,* 233), denn „so hat er, obwohl er Gottes Sohn war, doch an dem, was er litt, Gehorsam gelernt" (Hebr 5,8; *SKS* 8, 349; vgl. *ERG,* 264). Damit wird das Vorbild nicht mehr primär über die Inkarnation bestimmt, sondern über das irdische Leben Christi, das nicht nur in der letzten Hälfte seines Lebens, sondern als Ganzes Leiden war; denn er hat gelitten, „als keiner auf ihn achtete, oder wohl noch schwerer, als er ein Gegenstand für die erbärmliche Schmeichelei der Neugier war. [...] als er, der den Segen besitzt, wie ein Fluch war für jeden, der ihm nahe kam, und für jeden, der ihn floh, eine Plage für die Mitwelt; [...] als Pilatus sagte: sehet, welch ein Mensch!" (*SKS* 8, 352f.; vgl. *ERG,* 267f.). Das Leiden, das Kierkegaard hier herausstellt, ist nicht das, was man im allgemeinen als Leidensgeschichte Christi bezeichnet. Für Kierkegaard liegt das Leiden Christi wesentlich in seinem Widerspruch: Er ist die Wahrheit, wird darin aber das ganze Leben hindurch missverstanden, ignoriert; er weckt Neugier, wirkt wie ein Fluch, schafft Zwietracht, zwingt Menschen in schreckliche Entscheidungen und erweckt Mitleid. Das Leiden des Widerspruchs besteht darin: „um der Erlöser der Welt zu sein, der Stein des Anstoßes sein zu müssen!" (*SKS* 8, 352 / *ERG,* 268). Das gilt für sein ganzes Leben, und in diesem Leiden lernt Christus Gehorsam. Er bleibt im Leiden, um nach Gottes Willen zu leben, er erliegt nicht der Versuchung des Teufels, sich direkt zu offenbaren, um vor den Augen der Welt als großer Herrscher und Erlöser dazustehen (vgl. Mt 4,1-11).

Der Zusammenhang zwischen Selbstverleugnung und Gehorsam lässt sich auch anhand der Versuchungsszene im Garten Gethsemane zeigen (vgl. Mk 14,32-42). Kierkegaard reflektiert über die Worte Christi, der darum bittet, den Kelch des Leidens nicht leeren zu müssen, um dem Tod zu entgehen: „Er [Christus] sagte: ‚Ist es möglich, Vater, so lass diesen Kelch von mir gehen; doch nicht mein, sondern dein Wille geschehe.' Dass er dies sagte, ist das Erste des Gehorsams, und dass er dann den bitteren Kelch leerte, das Zweite" (*SKS* 8, 353; vgl. *ERG,* 269). So enthält der Gehorsam die Selbstverleugnung. Der erste Schritt, wenn Christus fragt, ob es möglich ist, das Leiden zu vermeiden, entspricht dem natürlichen Drang des Menschen, dem Leiden entfliehen zu wollen. Der zweite Schritt aber, wenn Christus den Kelch leert, damit dem Willen des Vaters folgt und nicht dem eigenen, ist Ausdruck der Verleugnung dieses natürlichen Dranges dem Vater gegenüber. Die Selbstverleugnung erscheint hier als Beschluss, freiwillig das Leiden anzunehmen (im Hinweis auf die Inkarnation), der Gehorsam dagegen als das fortdauernde Erneuern und Festhalten am Beschluss der Selbstverleugnung gegenüber Ärgernis und Widerspruch.

1.2.2. Wehmut und Missverständnis

Das Christusbild, wie es in der *Einübung im Christentum* gezeichnet wird, hat gewisse Ähnlichkeiten mit dem gerade Entwickelten. Am deutlichsten ist dies in der dritten Abteilung des Werkes: „Von der Hoheit her will er sie alle zu sich ziehen. Christliche Erörterungen", wo Anti-Climacus (in der dritten Rede) das Leiden Christi thematisiert. Hier bestimmt er (wie in der dritten Rede im „Evangelium der Leiden") das Leiden durch den Widerspruch. Das Missverständnis im Leben Christi ist in jedem Augenblick zugegen, und darin besteht sein Leiden. Im „Evangelium der Leiden" erwähnt Kierkegaard das Mitleid des Pilatus als Beispiel für das Leiden des Widerspruchs. Anti-Climacus aber versteht die Aussage des Pilatus als Inbegriff des Leidens Christi: „Seht welch ein Mensch, dies ist wie die Leidens-Geschichte seines Lebens in einem einzigen Ausruf gefasst" (*SKS* 12, 173; vgl. *EC,* 163). Das übliche Verständnis des Leidens Christi gemäß den Osterberichten über Verrat, Gefangennahme, Verhör, Kreuzigung und Tod stehen demnach weder für Kierkegaard noch für Anti-Climacus an zentraler Stelle, sondern das Leiden als Missverständnis. Das Leiden ist also nicht ein äußeres Leiden oder Schmerz, sondern das „Leiden der Innerlichkeit" (*SKS* 12, 140 / *EC,* 131).

In Übereinstimmung damit kann Anti-Climacus Christus als denjenigen beschreiben, „der in seinem Inneren wie eine unendliche Tiefe von Wehmut ist" (*SKS* 12, 89; vgl. *EC,* 73). Das Wehmütige liegt im Missverhältnis des Widerspruchs, dass die Wahrheit alles andere als Glauben findet: „Welches Leiden in Wehmut, wenn er seinen Blick richtete – und auf wen, auf den Einzelnen, auf jeden Einzelnen, um zu sehen, für wen er zur Welt gekommen war, und Er sah diesen einzelnen, verblendeten, beschränkten, sündigen Menschen, der sich noch nicht einmal helfen lassen wollte!" (*SKS* 12, 90; vgl. *EC,* 74). Dies ist das Bild von Christus und das Leiden Christi: Christus ist die Wahrheit, in Liebe Mensch geworden, um den Menschen zu erlösen. Der Mensch aber will sich nicht zu ihm bekennen, sieht in ihm alles andere als Liebe und Erlösung: einen Stachel, einen Wahnsinnigen, einen Aufwiegler, einen Befreier und andere Wahnideen mehr. Das wehmütige Leiden Christi in Innerlichkeit nennt Anti-Climacus „das Geheimnis der Leiden, untrennbar von seinem Leben in Unkenntlichkeit, von seinem ersten Auftreten an und bis zuletzt" (*SKS* 12, 140; vgl. *EC,* 131). Gerade der Geheimnischarakter deutet auf Christi schwerstes Leiden: Dass er sich nicht direkt offenbaren kann. Er ist die Wahrheit, aber als die Wahrheit und als der Erlöser wird er missverstanden – daher die Wehmut. Dies bedeutet aber weder, dass sein Leben ein trauriges Schicksal wäre, noch, dass die Menschen ihn nicht genau genug betrachtet hätten – denn Christus kann auf keine andere Weise auftreten: „Der wahre Gott *kann* nicht unmittelbar kenntlich sein" (*SKS* 12, 141; vgl. *EC,* 132). Um den Menschen zu erlösen, muss Christus der Gegenstand des Glaubens werden, das aber kann er nur, indem er den Menschen in die Entscheidung zwingt, und das wiederum kann er nur tun, wenn er zugleich zum Zeichen des Ärgernisses wird. Darin liegt die Wehmut Christi: Dass er aus Liebe denselben Menschen, den er erlösen will, von sich weisen und ihn aus Liebe in eine schreckliche Entscheidung zwingen muss, die den einzelnen Menschen von seinen Mitmenschen trennt.[8]

Dass Anti-Climacus Christus als den zeigt, der in Missverständnis und Wehmut leidet, steht parallel zum „Evangelium der Leiden". Es geht jeweils um das Leiden als Widerspruch, und auf diese Weise kann die Verbindung zwischen Missverständnis, Wehmut und dem Geheimnis der Leiden noch einmal den Gehorsam Christi erklären. Wir haben den Gehorsam als das verstanden, was Christus aus dem Leiden lernt, dass der Gehorsam die Versuchung überwindet und damit den Beschluss der Selbstverleugnung erneuert. Jetzt gilt, dass Christus in der größten und tiefsten Liebe zum Menschen ihn vereinzeln und in der Bewegung der Inkarnation auf Abstand halten muss. Schon das Motiv der Inkarnation, für jeden, der an ihn glaubt, Erlösung anzubieten, beinhaltet den Beschluss über das Geheimnis der Leiden, und der Gehorsam Christi besteht darin, an diesem Beschluss festzuhalten. Der Gehorsam bewahrt das Geheimnis der Offenbarung, d. h. sich gehorsam davon zurückzuhalten, in direkter Weise als Sohn Gottes hervor-

---

[8] Hier könnte man fragen, was es bedeutet, den einzelnen Menschen von seinen Mitmenschen zu trennen. Heißt es, den Menschen zu vereinzeln – damit er als Einzelner zur Gemeinschaft der Menschheit zurückkehrt, oder wird hier ein Abgrund zwischen dem Christen und dem Nicht-Christen aufgerissen? Ersteres entspricht dem Modell der deiktischen Theologie, Letzteres Climacus' Modell, wie er es in der *Abschließenden unwissenschaftlichen Nachschrift* zum Ausdruck gebracht hat. Wir werden darauf zurückkommen.

zutreten. Der Glaube fordert das Geheimnis und die Erlösung verlangt den Glauben – und deshalb braucht die Liebe das Leiden.

Soweit also erscheint das Vorbild Christi in den beiden Werken identisch zu sein – was dennoch überraschend ist, weil sich unterschiedliche Bestimmungen des Leidens in ihnen finden. Der Unterschied im Christusbild liegt in Akzentuierungen. Während Kierkegaard sowohl im „Evangelium der Leiden" wie auch in „Stimmungen im Streit mit Leiden" den einzelnen leidenden Menschen ins Auge fasst, insistiert Anti-Climacus in der *Einübung im Christentum* darauf, Christus als Zeichen des Ärgernisses und Gegenstand des Glaubens zu sehen, oder besser: Um Gegenstand des Glaubens sein zu können, muss Christus zum Zeichen des Ärgernisses werden. Anti-Climacus' Perspektive ist nicht nur eine erbauliche, sie ist in höchstem Maße polemisch. Während im „Evangelium der Leiden" das Leiden als Selbstverleugnung und Gehorsam entwickelt und im Großen und Ganzen das Paradox, dass Christus aus Liebe den Menschen auf Abstand halten muss, vorausgesetzt wird, geht es jetzt in der *Einübung im Christentum* um genau dieses Paradox: Das Christusbild der Erniedrigung, das als Zeichen des Ärgernisses und Gegenstand des Glaubens gilt. Dieser Aspekt wird so scharf wie möglich profiliert, nicht zuletzt als Gegengewicht und Kritik an der Kirche, die sich auf den erhöhten Christus beruft und daraus ihr Selbstverständnis ableitet.

1.3. Nachfolge

Zur Klärung des Begriffs Leiden hatten wir zwei Fragen gestellt: Was Leiden im Ganzen gesehen bedeutet und wozu es nützen soll. Die erste ist beantwortet, die zweite steht noch aus. Ihre Beantwortung schließt das Thema der Nachfolge ein, und wir hatten schon gesehen, dass Leiden und Nachfolge zusammenhängen. Das gilt für alle Texte, die das Leiden explizit zum Thema haben, entweder im direkten Ansprechen der Nachfolge oder als implizites Element des Vorbildes Christi. Wie bisher sollen die Zusammenhänge an den *Christlichen Reden*, dem „Evangelium der Leiden" sowie der *Einübung im Christentum* herausgearbeitet werden.

1.3.1. Gott walten lassen: zwischen Leiden und Ruhe

Die Verknüpfung von Leiden und Nachfolge wurde nicht zuletzt im „Evangelium der Leiden" deutlich, wo die Selbstverleugnung bestimmt wurde als die Forderung, sein Kreuz zu tragen. Christus nachfolgen bedeutet demnach, ihm in das Leiden zu folgen und darin Gehorsam zu lernen, wie Christus selbst es getan hat. Christus nachfolgen heißt leiden, aber auch, sich in einer besonderen Weise zum Leiden zu verhalten, nämlich im Gehorsam. Der Gehorsam ist sozusagen die Sinnesart Christi, der der Mensch mehr und mehr nachgebildet werden soll. Erinnern wir uns in diesem Zusammenhang, wie Kierkegaard in der Beschreibung der Selbstverleugnung aus der Sicht der Inkarnation gerade den Gehorsam nach dem irdischen Leben Christi entwickelt hat, so können wir die Nachfolge Christi als Gehorsam im Leiden verstehen, als das, was der irdische Christus vorgelebt hat.

Der letzte Teil der Rede „Das Freudige darin, dass die Schule der Leiden für die Ewigkeit bildet" (aus dem „Evangelium der Leiden") gibt einen Eindruck der Zusammenhänge von Leiden und Gehorsam, Nachfolge und Leiden als Übergang: „Nur das Leiden bildet für die Ewigkeit; denn die Ewigkeit ist im Glauben, aber der Glaube ist im Gehorsam, aber der Gehorsam ist im Leiden. Der Gehorsam ist nicht außerhalb des Leidens, der Glaube nicht außerhalb des Gehorsams, die Ewigkeit nicht außerhalb des Glaubens. Im Leiden ist der Gehorsam Gehorsam, im Gehorsam ist der Glaube der Glaube, im Glauben ist die Ewigkeit die Ewigkeit" (*SKS* 8, 360 / *ERG*, 277). Diese schwierige Textstelle verlangt eine genauere Betrachtung. Zunächst einmal ist die hier dargestellte Verbindung klar, man könnte von einer Kette sprechen, deren Glieder aus Leiden, Gehorsam, Glaube und Ewigkeit bestehen. Leiden wird mit Gehorsam verbunden, der wiederum mit dem Glauben und daran hängt die Ewigkeit. Die Glieder der Kette sind voneinander in der Weise abhängig, dass nur dann die Ewigkeit erreicht wird, wenn man an der Reihenfolge festhält. Wir haben bereits gesehen, dass Leiden etwas ist, was schon vorliegt, aber eigentlich erst zum Leiden wird, indem der Mensch in der Selbstverleugnung frei das Leiden annimmt; und auch, wie Gehorsam dazu bestimmt ist, nach dem Vorbild Christi selbst im Leiden zu bleiben. Soweit ist der Zusammenhang bereits bekannt, in der Textstelle aber heißt es weiter, der Glaube sei nicht außerhalb des Gehorsams (der wiederum allein im Leiden ist). Denn nur im Glauben ist unbedingter Gehorsam möglich, wenn Gehorsam bedeutet, sich selbst und seinen eigenen Willen beiseite zu stellen, um in ein absolut Widerstand weckendes Leiden einzutreten. Der geringste Zweifel würde den Gehorsam sofort ins Wanken und so den Menschen vom Leiden abbringen. So weit können wir das Muster erkennen, das hier zur Darstellung von Leiden, Gehorsam und Glauben genutzt wird. Die Ewigkeit aber, als letztes Glied der Kette, ist ebenfalls mit dem Glauben verbunden, und es ist dieser Aspekt, der noch nicht geklärt ist; unmittelbar sieht es nach einem Glauben an das Vorbild Christi aus.

Wir können dieser Verbindung näherkommen, indem wir den Gehorsam genauer betrachten. Im Gehorsam, sagt Kierkegaard, ist der Mensch allein mit Gott und lernt von ihm: „Sonst sagen wir, man müsse gehorchen lernen, um herrschen zu lernen", aber hier lernt der Mensch „etwas noch Herrlicheres [...]: nämlich Gott herrschen, Gott walten zu lassen [...]; und welche andere Verbindung und Übereinkunft ist wohl möglich zwischen dem Zeitlichen und Ewigen als: dass Gott waltet und dass man Gott walten lässt! [...] Alles was ein Mensch vom Ewigen weiß, ist hauptsächlich enthalten in folgendem: Gott ist es, der waltet" (*SKS* 8, 355 / *ERG,* 271 f.). Hier findet sich ein Hinweis auf die Verbindung des Zeitlichen und des Ewigen, doch während es in den *Christlichen Reden* das Leiden war, das den Übergang bildete, geht es hier in einem tieferen Sinn um den Gehorsam im Leiden. Gott walten zu lassen enthält demnach die Aspekte des Leidens, des Gehorsam, des Glaubens und der Ewigkeit; und von da aus lassen sich die Elemente, die mit der Nachfolge Christi im Zusammenhang stehen, herausarbeiten.

Was bedeutet es, Gott walten zu lassen? Als erstes eine Änderung im Charakter des Leidens, denn es ist nicht mehr bloßes Leiden. Erinnern wir uns, dass das Leiden für den Christen zwei Aspekte hat: den allgemeinen Charakter des Leidens, teils als Bedrängnis, teils als die Aufgabe allein zu stehen; und die Selbstverleugnung, die in sich selbst kein Leiden ist, sondern frei, das Leiden auf sich zu nehmen. Hier wird klar, dass sich die Selbstverleugnung zum konkreten Leiden verhält, indem sie es als Ausdruck für das Walten Gottes ansieht, und damit ist das Leiden nicht mehr dasselbe. Das tiefste Leiden der Bedrängnis ist die Sinnlosigkeit, während die vom Leiden gestellte Aufgabe darin besteht, diesen Weg ganz allein zu gehen. Da aber Gott selbst im Leiden ist, steht es dem Menschen nicht an, einen Sinn darin zu finden, weil Gott selbst der Sinn ist und der Mensch nicht mehr allein, sondern mit Gott geht. Auch das natürliche Streben nach Sinn im Leiden unterliegt der Selbstverleugnung, und sie betrachtet das Leiden als nützlich, weil der Mensch Gehorsam lernt und so den Glauben daran gewinnt, dass Gott den Menschen umfängt und auch im Leiden zugegen ist. Menschlich gesehen ist das Leiden unverständlich und sinnlos, aber indem es als von Gott gegeben betrachtet wird, ergibt sich ein Sinn im Leiden, denn Gott selbst ist darin anwesend

1. Christologie des Leidens 217

als der, der darin waltet: Der Mensch muss allein gehen, aber Gott ist gegenwärtig im Leiden.[9]

---

[9] Man könnte fragen, ob das Leiden hier als konkretes Leiden aufgelöst wird. Dies war einer der Kritikpunkte Løgstrups an Kierkegaard: „Menschliches Leiden kann aber einen Grad der Unmenschlichkeit erreichen – und hier kommt meine Einschränkung –, dass die Rede von der Übernahme des Leidens als Schicksal verstummen muss. Damit stellt sich das Theodizee-Problem. Um das Problem kommt Kierkegaard mit Leichtigkeit herum, indem er profan-menschliches Unglück im Namen des religiösen Leidens bagatellisiert. Das aber spricht gegen sein Christentumsverständnis" (*Auseinandersetzung mit Kierkegaard*, S. 61). P. Müller nimmt in seinem Artikel „Søren Kierkegaards forståelse af teodicéproblemet belyst ud fra hans skildring af Job-skikkelsen [Kierkegaards Verständnis des Theodizeeproblems beleuchtet nach seiner Schilderung des Hiob-Schicksals]" diesen Kritikpunkt auf und antwortet indirekt mit dem Beispiel Hiobs. Die Freunde Hiobs, die ihn zu trösten versuchen, sind Repräsentanten für die Erklärung des Unglücks, die es bagatellisieren soll. Sie versuchen das Unglück als Strafe, Züchtigung oder Erziehung verständlich zu machen, kurzum eine vernünftige Erklärung zu geben, die ihr Daseinsverständnis sichern kann. Wenn Kierkegaard sagt, der Mensch solle Gott walten lassen, will er gerade das Gegenteil: „Die Grausamkeit, die Kierkegaard so heftig angreift, [...] besteht darin, dass der Mensch eine *Erklärung* für etwas abgibt, was menschlich gesehen im Grunde genommen unerklärlich ist" (aaO., S. 201). Dadurch dass der Mensch im Gehorsam Gott walten lässt, tut er zwei Dinge: Erstens verzichtet er darauf, das Unerklärliche erklären zu wollen, zweitens lässt er ab von einem Daseinsverständnis, das in der Unerklärlichkeit zusammenbricht (wir nannten es die Verendlichung des Menschen oder das zeitliche Selbstverständnis), und lebt stattdessen nach dem Daseinsverständnis des Glaubens. Müller sagt zusammenfassend, Kierkegaards Durchgang durch das Theodizeeproblem zeige, dass „der Gottesglaube niemals dulden kann, Gott anzuklagen, ohne sich selbst zu verlieren [...], er löst demnach das [Theodizee]Problem nicht und will es auch nicht lösen – dies wäre auch seinem Christentumsverständnis entgegen –, aber er weist auf die Erlösung hin, die darin liegt, dass Gottesfurcht nicht existiert ohne die Verheißung, dass Gott den segnen wird, der *mit* ihm streitet, ohne von ihm zu lassen" (aaO., S. 217). M. Theunissen betrachtet (im allgemeineren Zusammenhang des Leidens, dennoch parallel zu Müllers Argument) das Problem in zeitlicher Perspektive: „Sich verlassen auf Gott heißt: sich Selbst *los*lassen, sich seiner Subjektivität entäußern. Der Glaube ist demnach die *Freiheit des Menschen von sich selbst*. Diese Freiheit aber entlastet auf eigentümliche Weise vom Druck der Zukunft" ('Ο αἰτῶν λαμβάνει. Der Gebetsglaube Jesu und die Zeitlichkeit des Christseins", S. 336). Gott walten zu lassen also bedeutet, frei von sich selbst zu werden, von jenem Selbst nämlich, das sich vor dem morgigen Tag fürchtet (die Besorgnis der Selbstplage). Im Blick auf das Leiden bedeutet dies auch ein Freiwerden von dem Selbst, das Erklärungen sucht und das Leiden verständlich machen will. Theunissen zeigt weiterhin, dass es vom Druck der Zukunft entlastet, sie aber nicht aufhebt, sondern lediglich das Verhältnis des Menschen zum Zukünftigen verändert. Diese Veränderung beschreibt er durch den Unterschied zwischen „voraus*eilend*", „protensiv" und „voraus*schauend*", „prospektiv" (aaO., S. 336). Theunissens zeitliche Perspektive macht die Relation der Geduld zum Leiden deutlich, übergeordnet aber auch, dass Gott walten zu lassen die Befreiung vom eigenen Streben nach Erklärung und Verständnis bedeutet, und dies

Wie dies zu verstehen ist, dass Gott im Leiden waltet, können wir z. B. an der Antwort verfolgen, die die Erwartung dem Enttäuschten gegeben hatte: „lösche den Geist nicht aus in unnützem Streit darüber, wer am längsten gewartet und am meisten gelitten, wirf noch einmal alle deine Sorge auf Gott und stürze dich selbst in seine Liebe" (*SKS* 5, 214; vgl. *2R44*, 129). Der natürliche Widerstand gegen das Leiden hat zur Folge, dass der Mensch in seinem Bemühen, vom Leiden los zu kommen, nach einem Sinn sucht; er will vergleichen, wie andere Menschen leiden usw. Wenn er aber Gott in allem walten lässt, und damit auch im Leiden, wird er frei davon, Sinn im Chaos zu suchen. Gott walten zu lassen heißt, ihm alles zuzuschreiben. Deshalb schaut der Mensch nur auf eine einzige Stelle, nämlich auf Gott, der in allem waltet – und schaut weg von Chaos und Leiden.

Doch Gott mitten im Leiden walten zu sehen, führt leicht zu der Anfechtung: Welcher Gott lässt ein solches Leiden zu, mehr noch, bewirkt solches Leiden? Wenn der Glaube an Gott anfechtbar ist, dann wohl gerade im Leiden. Es gehört zu den Fragen des klassischen Theodizeeproblems, wie der Gottesgedanke mitten im Leiden und im Bösen bewahrt werden kann. Die zitierte Antwort der Erwartung an den Leidenden setzt eine genauere Bestimmung des Gottes voraus, der in allem waltet. Deshalb kann gesagt werden, der Mensch solle sich „in Gottes Liebe stürzen", d. h. es ist der Gott der Liebe, der in allem waltet, und das ist entscheidend im Blick auf die Frage der Anfechtung. Dass es wirkliches Leiden und wirkliche Anfechtung gibt, bestätigt Kierkegaards massive Betonung des Gehorsams. Nur im Gehorsam kann der Mensch den Glauben mitten im Leiden bewahren. Der Gehorsam ist genau das, was den Glauben mitten im Leiden festhält – denn der Mensch selbst ist dazu nicht in der Lage.[10]

---

steht im Zusammenhang mit der Bewegung, die wir im I. Teil der Abhandlung besprochen haben. Dort ging es darum, den Menschen an seine Grenze zu führen, in den Zusammenbruch der Endlichkeit, um deren Alternative aufzudecken: Nihilismus (Unerklärlichkeit und Sinnlosigkeit) oder Glaube (Unerklärlichkeit und Sinn).

[10] Dass ist vielleicht eine überraschend klare Aussage darüber, dass der Glaube Gott gehört, denn aus sich selbst kann der Mensch nicht zum Glauben gelangen. Wir haben schon früher über die Aneignung des Glaubens in einer Art Co-operatio-Verhältnis gesprochen, in dem der Mensch etwas tut und Gott etwas tut. Dann ist es schwer zu sagen, inwiefern der Mensch selbst zum Glauben kommt oder ob allein Gott dem Menschen den Glauben schenkt. Jetzt aber ist Kierkegaard deutlicher: Gott allein schenkt den Glauben, wobei das einzige, was der Mensch von sich aus mitbringt, ein Wanken im Glauben ist. Das präzisiert auch den Co-operatio-Gedanken, oder richtiger: Es macht deutlich, dass Kierkegaard im Grunde genommen nicht mit einem solchen Gedanken arbeitet. Die Aufgabe des Menschen besteht in der Aneignung. Nicht nur der Aneignung des Glaubens an Gott, der alles ist,

Wenn Gott aber in allem waltet, reicht dies ja viel weiter als bloß zum Leiden. Schon in der Antwort der Erwartung war gesagt worden, dass der Mensch nur Ruhe findet, wenn er sich in die Gewalt Gottes begibt: Die Ruhe, nicht mehr selbst nach dem nicht-existierenden Sinn im Leiden suchen zu müssen. Im weiteren Verlauf der oben genannten Rede (aus dem „Evangelium der Leiden") nennt Kierkegaard auch diese zweite Dimension des Gehorsams: „Dass es eine Versöhnung für den Zerknirschten gibt, [...] dass der Schuld Genüge getan wurde, [...] dass Gott dich in Gnaden annehmen will" (*SKS* 8, 356; vgl. *ERG*, 272). Versöhnung, Genugtuung und Gnade sind nicht vorhanden, wenn nicht Gott selbst, als jener, der in allem waltet, in ihnen anwesend ist, und Kierkegaard bezeichnet Versöhnung, Genugtuung und Gnade deshalb als „ewige Gedanken" (ibid.). Die Anerkennung des Gehorsams, dass Gott in allem waltet, eröffnet so dem Menschen die Ewigkeit: Das Ewige im Sinne des Evangeliums, die gute Botschaft von Erlösung, Gnade und Ruhe. Der Gedanke des Leidens als „Übergang" zum Ewigen (*SKS* 10, 109 / *CR*, 102), wie er sich in „Stimmungen im Streit mit Leiden" findet, oder im „Evangelium der Leiden" als Verbindung „zwischen dem Zeitlichen und dem Ewigen" (*SKS* 8, 355 / *ERG,* 271), zeigt sich nun in seiner Entfaltung. Das Leiden, das in Gehorsam und Selbstverleugnung getragen wird, eröffnet – im Glauben an den in allem waltenden Gott – den Gedanken der Ewigkeit, in dem der Mensch Ruhe findet und „*für die Ewigkeit gebildet*" wird (*SKS* 8, 356; vgl. *ERG*, 272). Die Reihe der Kettenglieder ist damit zum Schluss gekommen, und die Relation zwischen Leiden und Ewigkeit ist deutlich geworden. Im Leiden und nur durch das Leiden findet man zum Evangelium: „Im Ewigen ist Ruhe, dies ist die ewige Wahrheit, aber das Ewige kann nur im Gehorsam ruhen, dies ist die ewige Wahrheit für dich" (*SKS* 8, 357 / *ERG*, 273).

Dies genau ist es, was Kierkegaard mit dem unmittelbar widersprüchlichen Titel „Das Evangelium der Leiden" erreichen will. Wenn

---

sondern auch im Bewusstsein dessen, dass der Mensch nichts ist. Das ist es, was „Gottes Mitarbeiter" zu sein bedeutet, wie Kierkegaard gern sagt. Im Leiden zeigt sich die Dringlichkeit, weil gerade der Glaube angefochten wird und nur bewahrt werden kann, sofern gilt: dass Gott alles ist und der Mensch nichts. Dass dies der Grund des Glaubens ist, unterstreicht die Forderung des Gehorsams, und der Gehorsam liegt gerade im Zusammenhang mit der Selbstverleugnung. Gehorsam ist somit Aneignung: nichts zu werden, während Gott alles ist. Dabei ist auch auf den seelsorgerlichen Aspekt zu achten, dass es für den Menschen, der seinen Glauben zu verlieren droht, Hoffnung gibt – denn Gott hält im Glauben an dem Menschen fest. Soweit reicht Gott, dass er selbst dann, wenn der Mensch selbst nichts erreichen kann, ihm den Glauben bewahrt. Deshalb ist der einzige Ausweg aus der Anfechtung: Gott walten zu lassen.

der Mensch nur „tief genug austrinkt" (*SKS* 8, 317 / *ERG,* 228), wie es im Vorwort heißt, – und dies kann er nur im Gehorsam tun, findet er Freude darin, Gott in allem walten zu lassen. Im Leiden ebenso wie in dem ewigen Gedanken an Versöhnung, Genugtuung und Gnade. Das Evangelium der Leiden bedeutet demnach, dass der Mensch in der Nachfolge Christi gerade im Leiden die Ewigkeit in der Zeitlichkeit finden und in seiner zeitlichen Existenz schon für das Ewige gebildet werden kann. Dieser Übergang von den Leiden der Zeitlichkeit zur Ruhe im Ewigen wird durch Christus ermöglicht, und zwar allein im Blick auf das Vorbild Christi und in seiner Nachfolge. So findet der Mensch den Übergang und vermag die Bewegung zu vollziehen. Das wird schon im Gebet aus der Einleitung zum „Evangelium der Leiden" deutlich: „Du, der du einst selbst auf Erden gewandert bist und eine Fußspur hinterlassen hast, der wir folgen sollen; [...] lass dein Vorbild recht deutlich vor dem Auge der Seele stehen, um die Nebel zu zerstreuen, gib Stärke, dass wir unverändert nur dies vor Augen haben, auf dass wir, indem wir dir gleichen und dir nachfolgen, den Weg zum Gericht wohl finden mögen, denn dies muss ja jeder Mensch, vor dem Gericht stehen, o, und auch durch dich zur Seeligkeit finden dort bei dir. Amen" (*SKS* 8, 319; vgl. *ERG,* 229). Christi Leben auf Erden ist überhaupt die Voraussetzung, sowohl für das Gericht wie für die Seeligkeit – und um „die Nebel zu zerstreuen" (d. h. Besorgnis, Anfechtung, alles was den Glauben bedroht).[11] Christi irdisches Leben ist „die Fußspur", der man folgen soll, in Gehorsam durch Leiden zu gehen und sich dem Gericht zu stellen. Es bedeutet aber auch, an die Seeligkeit im Ewigen zu glauben. Nachfolge ist beides: Gott waltet in allem, in den Leiden wie in der Gnade. Das Leiden ist die Schule, in der der Mensch lernen kann, dass Gott in allem waltet, und je mehr er dies lernt, desto mehr kann er, mit Blick auf das Vorbild Christi, die Nebel zerstreuen und Ruhe finden im Gedanken an das Ewige, dass Gott in allem waltet.

1.3.2. Zwischen Erniedrigung und Erhöhung

Dass die Nachfolge Christi ein zentrales Thema der *Einübung im Christentum* ist, kommt schon in der Einladung zum Ausdruck, um die es in der ersten Abteilung geht: „Kommet her zu mir alle, die ihr mühselig und beladen seid, ich will euch Ruhe geben" (*SKS* 12, 21 / *EC,* 7; vgl. Mt 11,28). Das „kommet her" impliziert den Gedanken

---

[11] Wir haben schon wiederholt auf das Verhältnis von Leiden und Geduld hingewiesen, hier soll nur die Parallele in der Bildsprache notiert werden: „die Nebel zerstreuen" und das frühere Bild „und sieht den Himmel offen" (*SKS* 5, 214 / *2R44,* 129).

der Nachfolge Christi. Wir haben gesehen, wie Anti-Climacus Christus als Widerspruch herausarbeitet, als Zeichen des Ärgernisses und Gegenstand des Glaubens. Was aber bedeutet dies für die Nachfolge? Dieses Christusbild sagt etwas aus über die notwendig indirekte Form der Offenbarung, über das Leiden Christi und den paradoxen Charakter des Glaubens; es kann aber zur Erläuterung des Begriffs der Nachfolge nicht unmittelbar beitragen, weshalb das Bild des Einladenden zu ergänzen ist durch die Frage: „Wer ist der Einladende?" (*SKS* 12, 38 / *EC,* 21). Ist es der erniedrigte oder der erhöhte Christus? Von wo aus wird der Mensch zur Nachfolge eingeladen, aus der Höhe oder aus der Tiefe? Anti-Climcus betont durchgängig, dass der Einladende der erniedrigte Christus ist: „Von der Herrlichkeit her hat er nicht ein Wort gesprochen. Also ist es Jesus Christus in seiner Erniedrigung, unter den Umständen der Erniedrigung, der diese Worte gesprochen hat" (*SKS* 12, 38 / *EC,* 21). Doch der erniedrigte Christus als der Einladende muss im Zusammenhang dessen gesehen werden, dass er aus der „Hoheit" heraus spricht, wie der Titel der dritten Abteilung zeigt: „Von der Hoheit her will er sie alle zu sich ziehen" (*SKS* 12, 151 / *EC,* 141). Man könnte sagen, Christus lädt ein aus der Erniedrigung, aber er zieht den Menschen zu sich aus der Hoheit. Es ist nicht nur entscheidend, wer einlädt, sondern es geht im Hinblick auf die Nachfolge auch um die Stellung des Christen zwischen Christus in der Erniedrigung und Christus in der Hoheit. Diese Zwischenposition ist zu erläutern.

Zunächst im Hinblick auf Christus. Anti-Climacus betont ausdrücklich, dass die Erniedrigung im Verhältnis steht zur Erhöhung, weil Christus alle Menschen zu sich ziehen will. Bevor wir jedoch auf die Bedeutung dieser Feststellung für die Nachfolge eingehen, ist es wichtig festzuhalten, dass beide Aspekte zu Christus gehören: „Es gehört ebenso wesentlich zur ‚Wahrheit', in dieser Welt zu leiden, wie in einer anderen, der Welt der Wahrheit, zu siegen: und Jesus Christus ist derselbe in seiner Erniedrigung wie in seiner Erhöhung" (*SKS* 12, 158; vgl. *EC,* 146). Die Realität beider Aspekte wird also betont, die entscheidende Frage aber bleibt: Welcher Christus ist dem Menschen zugänglich? Weil Christus in dieser Welt erniedrigt und erst in der „anderen" Welt der Wahrheit erhöht wird, kennt der Mensch allein den erniedrigten Christus. Sowohl die Erniedrigung als auch die Erhöhung gehören zum christlichen Leben; doch so, dass Nachfolge Leiden bedeutet, wie Christus es vorgelebt hat, jedoch mit der Verheißung der Erhöhung und der Hoffnung, dass die Wahrheit in der anderen Welt gesiegt hat. Beides, nicht leiden und nicht an die Erhöhung glauben zu wollen, sind Folgen davon, Christus nicht richtig im Blick zu haben: „die Sicht eines solchen [Menschen] ist verwirrt, er kennt Christus nicht, liebt Ihn daher auch nicht" (*SKS* 12, 158; vgl. *EC,* 146).

Es geht also darum, Christus richtig zu sehen, Erniedrigung und Erhöhung gehören zu ihm und damit auch zum Christenleben. Will man diese Einheit nicht sehen, ist der Blick verwirrt, die Christusvorstellung ebenso wie das Selbstverständnis. Doch es geht auch darum, welchen Aspekt man zuerst sieht, und man könnte von einem Abstand zwischen Erniedrigung und Erhöhung sprechen. Der erniedrigte Christus lädt ein, und jedes Wort und alle Kenntnis von ihm kommt aus der Erniedrigung, selbst das, was wir von seiner Hoheit wissen, stammt vom Erniedrigten. So scheint es natürlich, ja fast unumgänglich, dass der Mensch zuerst mit dem erniedrigten Christus Bekanntschaft macht. Doch Anti-Climacus behauptet, dies sei nicht mehr der Fall: Es treffe zu für die (historischen) Zeitgenossen, denen Christus als (historische) Person in der Erniedrigung entgegentrat, nicht mehr aber in der Folge des Siegeszuges des Christentums in Europa und vielen Teilen der Welt. Dort hat sich das Bild gewendet, das Christentum hat gesiegt und die Erhöhung erscheint auf diesem Hintergrund näherliegend als die Erniedrigung: „Da gilt es vor allem darauf zu achten, dass sich dir nicht, wenn ich so sagen darf, durch eine Sinnestäuschung die Zeichnung von seinem, des Vorbildes Leben, verdreht" (*SKS* 12, 183 f.; vgl. *EC,* 175). Das Gefährliche ist dann gerade, mit der Erhöhung zu beginnen, statt mit der Erniedrigung. Die Frage ist, wie gesagt, was liegt dem Christusbild näher und was fern: „in dem einen Fall wird Geringheit und Erniedrigung das Bild, und weit weg, nur als Gegenstand des Glaubens angedeutet, ist die Hoheit; das andere Bild ist die Hoheit, und weit, weit dahinter, als fast vergessene Erinnerung, liegt die Geringheit und Erniedrigung" (*SKS* 12, 184; vgl. *EC,* 175). Welchen Christus der Mensch sieht, hängt entscheidend davon ab, wie er sein eigenes Leben und seine Aufgabe darin erlebt und versteht.

Am nächsten steht also die Erniedrigung, während die Erhöhung in der fernen Verheißung des Glaubens verschwimmt. Wir können erkennen, wie der Christ in der Nachfolge aus der Erniedrigung in die Erhöhung voran getrieben wird – von wo aus Christus den Christen zu sich zieht. Diese Sicht gewinnt genauere Konturen an einer anderen Stelle der *Einübung im Christentum,* zunächst in dem Gedanken über die Zeit der Kirche als einer Parenthese. Weil Christus wiederkommen wird, ändert sich aufgrund seiner Auferstehung der Charakter der Zeit und wird doppelt verankert: Nach rückwärts gerichtet auf das irdische Leben Christi und nach vorne auf seine Wiederkunft – d. h. das zeitliche Leben bekommt den Charakter von etwas Dazwischenliegendem.

Anti-Climacus benutzt dafür das Wort Parenthese: „mit Christi Auffahrt in die Hoheit fängt der Inhalt der Parenthese an und mit seiner Wiederkunft wird er geschlossen" (*SKS* 12, 199; vgl. *EC,* 192). Erinnern wir uns, dass Kierkegaard in den *Christlichen Reden* das Leiden, ja das ganze zeitliche Leben, einen „Übergang", einen „Durchgang" zum Ewigen genannt hat (*SKS* 10, 109 / *CR,* 102), so wird die Parallelität des Gedankens erkennbar. Das Zeitliche ändert seinen Charakter, wird etwas Zwischenzeitliches, etwas Augenblickliches, weil es von einem anderen – ewigen – Fixpunkt aus gemessen wird.

Noch deutlicher wird das Bild, wenn Anti-Climacus erklärt, wie Christus den Menschen umschließt: „und auf diese Weise ist das ‚Vorbild' in dem einen Sinn *hinten,* in Geringheit und Erniedrigung tiefer niedergedrückt als es je ein Mensch gewesen ist, und in dem anderen Sinn *vorne,* unendlich erhaben" (*SKS* 12, 232; vgl. *EC,* 230). Der Gedanke des richtigen Abstandes wird hier durch das Bild des Menschen zwischen Christi Erniedrigung und Erhöhung ergänzt: Der Mensch ist umschlossen, nach hinten und rundum von der Erniedrigung, nach vorne von der einladenden Erhöhung. Es ist also schon eine andere Welt, in die der Mensch geführt wird, eine Welt der Hoffnung, nicht nur der Leiden. Christus ist Anfang und Ende – in dem konkreten Sinn, dass er hinter dem Menschen, um ihn und vor ihm steht. Der Zusammenhang zwischen Erniedrigung und Erhöhung besagt, dass deren Verhältnis in der Sicht des Christen sich umkehrt, so dass die Erhöhung in der Welt (im zeitlichen Sinn) als Erniedrigung erscheint: „Die Erniedrigung des wahren Christen […] ist lediglich eine Spiegelung der Hoheit, aber eine Spiegelung in dieser Welt, in der die Hoheit sich umgekehrt als Geringheit und Erniedrigung zeigen muss" (*SKS* 12, 196; vgl. *EC,* 190). Dasselbe Bild macht auch deutlich, warum der Mensch den Umweg der Erniedrigung gehen muss und sich nicht von der Hoheit her Christus nähern kann: Er bliebe dadurch außerhalb von Christus, käme sozusagen nicht ins Bild hinein. Denn die Erhöhung gehört gerade nicht in die Zeit, sondern liegt voraus in der Verheißung. Ein Mensch, der mit der Erhöhung beginnen wollte, findet keinen Eingang in dieses Bild, bekommt keinen Zugang, weil er vergessen hat, dass er ein existierender Mensch in der Welt ist.

All dies findet sich schon in der Einladung zu Beginn der *Einübung im Christentum:* „Kommet her zu mir alle, die ihr mühselig und beladen seid, ich will euch Ruhe geben." Der Einladende ist der Erniedrigte, aber auch über die Eingeladenen wird hier entschieden. Es ergeht kein offenes „kommet her, alle Menschen ...", sondern diejenigen werden eingeladen, die mühselig und beladen sind. Im Blick auf Kierkegaards

Existenzauffassung impliziert dies eigentlich alle Menschen, weil die Existenz ganz prinzipiell schwierig und belastend ist. Doch während die Einladung potenziell für alle Menschen gilt, sind die Eingeladenen eben doch nur Bekümmerte und Leidende – d.h. die ihre Existenz in Innerlichkeit und im Ernst auf sich nehmen. Die Erniedrigung als Forderung der Nachfolge deutet sich an, aber auch das obige Bild ist zu erahnen: Wenn Christus in der Erniedrigung den Leidenden einlädt, zeigt das, wie er, wenn der Eingeladene kommt, hinter ihm steht in noch tieferer Erniedrigung und trotzdem zur künftigen Ruhe ruft.

1.4. Leiden und Nachfolge

Leiden und Nachfolge sind schon mehrfach charakterisiert worden, und was das Leiden betrifft, haben wir von allgemeinem und christlichem Leiden gesprochen. Die entscheidende Grenze zwischen beiden ergibt sich im Verhältnis zu Christus und durch die Forderung der Freiwilligkeit. Das allgemeine Leiden steht außerhalb der Macht des Menschen, entweder als Bedrängnis oder als Existenzaufgabe. Der Mensch kann auf das Leiden reagieren, aber er ist außerstande, es zu wählen und frei das Leiden zu übernehmen. Gerade das freie Wählen des Leidens ist ein besonderes christliches Merkmal und setzt das Vorbild Christi voraus. Die Freiwilligkeit macht sich geltend im Hinblick auf das Verhältnis des Christen zum allgemeinen Leiden, wenn der Christ in der Übernahme des Leidens sich dazu frei verhält, aber auch im Hinblick auf das Erleiden des Bösen um des Guten willen, d.h. das Leiden des Martyriums, das durch Abschwören vom christlichen Glauben umgangen werden kann.

Was die Nachfolge betrifft, so konnten wir feststellen, dass sie teils damit zu tun hat, Christus richtig zu sehen, teils mit dem Entschluss, ihm in das Leiden nachzufolgen. Dieser Aspekt liegt bereits in der „Freiwilligkeit" und der darin enthaltenen „Möglichkeit des Ärgernisses", wie Anti-Climacus sagt. Wir haben aber zugleich eine Bewegung oder Dynamik in der Nachfolge bemerkt. Zuerst in der Spannung zwischen Leiden und Ruhe, danach in der Position zwischen Erniedrigung und Erhöhung. Nachfolge bedeutet, Christus in das Leiden zu folgen, aber in einer weiteren Perspektive heißt das, ihm nachzufolgen in die Ewigkeit. Die Nachfolge enthält damit einen eschatologischen Gedanken, den wir bereits angedeutet haben und der in zweierlei Hinsicht entscheidend ist. Erstens im Verhältnis zu Christus, der eben nicht nur der Leidende ist, sondern auch der, der vorausgegangen ist;

zweitens im Verhältnis zum Nachfolgenden, der eben nicht nur Christus ins Leiden folgt, sondern in die Ewigkeit, dorthin, wo Christus über Sünde und Tod gesiegt hat. Die Betonung des Leidens und des Todes in der Nachfolge ist nur die eine Seite der Sache, die andere betont das Gegenteil, nämlich Leben und Erlösung.

Leiden und Nachfolge bleiben schwierige Größen, die zur Anfechtung führen und jedenfalls in ihrer Akzentuierung unnötig erscheinen können. Christus ist schließlich von den Toten auferstanden, weshalb also nicht die frohe Botschaft betonen, statt sich zum Schweren und Unbehaglichen zurück zu zwingen? Wir haben bereits die direkten und indirekten Gründe gesehen, die Kierkegaard dazu bewogen haben, auf Leiden und Nachfolge zu insistieren. Auf die zweite Frage, die wir an das Leiden gestellt hatten, haben wir aber eigentlich noch nicht geantwortet: Warum soll man leiden? Nun zeigt sich, dass der Zusammenhang zwischen Leiden und Nachfolge zu einer weiteren Frage berechtigt: Warum Christus nachfolgen – wenn dies doch Leiden bedeutet? Die Antwort wird sich aus der Spannung der Nachfolge zwischen Leiden und Ruhe, zwischen Erniedrigung und Erhöhung geben lassen, und sie lautet: ohne Leiden keine Erlösung. Nur indem der Mensch durch das Leiden geht, findet er Ruhe. Die Überlegung im „Evangelium der Leiden" war, dass der Mensch in seinem Leben nicht über und gegen den Willen Gottes verfügen kann, gleichzeitig aber erwartet und glaubt er, dass Gott zur Erlösung wirkt. Will der Mensch sich im Zeitlichen selbst um seine Angelegenheiten kümmern, dann darf er es auch im Ewigen, und bleibt ewig sich selbst überlassen. Bittet er aber Gott um Hilfe, so wirkt dieser immer und in allem.

Dem Menschen wird also Ruhe in Aussicht gestellt – und dies in ganz konkretem Sinn, so wie Anti-Climacus den Menschen platziert hat: Mit der Erniedrigung hinter sich und um sich wird ihm die Erhöhung vor Augen geführt. Im „Evangelium der Leiden" war die Ruhe der ewige Gedanke an Versöhnung, Genugtuung und Gnade, während wir im Blick auf die *Einübung im Christentum* noch nicht spezifiziert haben, was die Ruhe für den dazu eingeladenen Menschen bedeutet. In der „Einladung" heißt es dazu: „wenn Du zu ihm kommst, um Ruhe zu finden, indem Du die Last auf ihn [Christus] legst" (*SKS* 12, 33; vgl. *EC,* 18); und im Folgenden wird dieser Gedanke durch die Verknüpfung der Ruhe mit der Sündenvergebung vertieft: „die Meinung des Einladenden war eigentlich, dass die *Sünde des Menschen Verderben ist.* [...] der Einladende [sagt]: ich heile alle Krankheiten; [...] ich erkenne nämlich nur eine Krankheit an, die Sünde – für sie und von ihr heile ich alle ‚die mühselig und beladen sind', alle die arbeiten, um sich von der Macht der Sünde loszumachen, arbeiten, um dem Bösen zu widerstehen, um ihre Schwachheit zu besiegen, aber nichts weiter tun als beladen zu sein" (*SKS* 12, 73; vgl. *EC,* 60f.). Die Ruhe also ist Gottes gnädige Vergebung der Sünden. Christus ist nicht in die Welt gekommen, um den Menschen von seinem Leiden zu befreien, sondern um ihn von der Sünde zu erlösen, und aus diesem Grund ist klar, dass die Nachfolge die Erlösung vor Augen hat. Aber die Selbstverleugnung Christi, indem er das Leiden auf sich genommen hat, hat dem Menschen die einzige Art und Weise zur Überwindung der Sünde gezeigt: Sich gehorsam in Widerstand und Bedrängnis zu fügen, welcher Art diese auch sein mögen, allgemeines Leiden oder Christenverfolgung. Nur durch ein freies Tragen des Kreuzes, welche Form es auch annimmt, gehorsam und in Selbstverleugnung nähert sich der Mensch der Ruhe und ewigen Erlösung.

Besonders beim Begriff der Geduld sind wir auf die Schwierigkeit gestoßen, dass die Zeit einerseits zur Gegenwärtigkeit umgeformt erscheint, während sie andererseits ihrer Aufhebung gleicht. Diese Spannung bleibt in der Thematisierung des Leidens erhalten, denn das Leiden ist gerade das Gegenwärtige. Der Mensch ist in der Welt und keiner kann sie überspringen, um schon in diesem Leben in der Ewigkeit zu existieren; das lässt sich nicht machen, und das Leiden ist dafür ein Zeichen. Im Leiden aber wird der Mensch mehr und mehr nach seiner ewigen Bestimmung gebildet, die in diesen Reden ihre konkrete Form im Vorbild Christi gefunden hat, d.h. darin gebildet, Gehorsam im Leiden zu lernen, aber auch, dass die Hoheit den Menschen zu sich zieht. Das Vorbild Christi ist die Erniedrigung, und wenn der Mensch „tief genug austrinkt" (*SKS* 8, 317 / *ERG,* 228), versteht er allmählich, auf welchem Weg er sich befindet, und das ist der Weg der Nachfolge im Leiden – und weiter in die ewige Seligkeit. So klar Kierkegaard das Leiden betont und damit die Existenz des Menschen in der Welt, so klar ist auch, dass es diese eschatologische Identität ist, auf die der Mensch hin gebildet wird. Das Problem dabei ist nur, dass die Welt und die Existenz zunächst als Leiden bestimmt werden, und auf der anderen Seite bringt die eschatologische Identität die Welt bereits zum Verschwinden. Das Leiden wird zum Zeichen von etwas anderem, der Erlösung, und damit vergeht das Leiden als Leiden. Die Welt verschwindet, während der Mensch sich selbst immer mehr an einer anderen Stelle sieht: bei dem erhöhten Christus.

Kapitel 2

Christologie der Versöhnung

Gegenstand dieses Kapitels ist Kierkegaards Christologie der Versöhnung auf dem Hintergrund der Abendmahlsreden von 1848-1851. Es gibt drei Sammlungen dieser Reden: Die erste von 1848 in der vierten und letzten Abteilung der *Christlichen Reden,* die zweite bestehend aus den drei Reden „Der Hohepriester", „Der Zöllner" und „Die Sünderin" von 1849, und schließlich die dritte der „Zwei Reden beim Abendmahl am Freitag" von 1851. In der Darstellung der drei Gelegenheitsreden von 1845 wurde bereits darauf hingewiesen, dass es eine Verbindung zwischen Beichtrede und Abendmahlsrede gibt, weil die Traurede als Ersatz für eine Abendmahlsrede zu stehen kam, was Kierkegaard 1845 aber aus verschiedenen Gründen noch nicht deutlich machen konnte. Beginnen wir mit dieser Frage.

2.1. Von der Beichte zum Abendmahlstisch

Der Zusammenhang zwischen den Beichtreden und den Abendmahlsreden ist ebenso offensichtlich wie der zwischen den Anlässen von Beichte und Abendmahl.[1] Kierkegaard nimmt den Anlass einer Rede sehr ernst, nicht nur wenn er ihre Stimmung festlegt und z.B. dramatisch beschreibt, wie der Beichtwillige in die Kirche eintritt und in der Stille des Raumes sich vor Gott gestellt sieht; sondern auch in tieferem Sinn dadurch, dass der Anlass nicht allein das Thema vorschreibt, sondern auch den Rahmen der Rede absteckt. Der Anlass gibt die Bedingungen vor für das, was eine Rede erreichen kann und was sie voraussetzt. Die Beichtrede thematisiert die Sündhaftigkeit

---

[1] Auffallend ist, dass die Abendmahlsreden nicht Gelegenheitsreden genannt werden, obwohl sie an den Anlass des Abendmahls im Rahmen der kirchlichen Handlung gebunden sind. Dass sie nicht Gelegenheitsreden heißen, kann damit zusammenhängen, dass Kierkegaard eine fiktive Prägung dieser Reden vermeiden will.

des Menschen im Blick auf das Sündenbewusstsein, wobei der Rahmen so gesetzt wird, dass das Sündenbewusstsein die Grenze bildet: bis hierhin und nicht weiter. Die Rede schließt, bevor dem Beichtenden die Vergebung seiner Sünden zugesprochen wird.[2]

Dieser nächste Schritt, die Vergebung der Sünden, ist Thema der Abendmahlsreden im Blick auf die Mahlgemeinschaft mit Christus. Auf diese Weise beziehen sich alle Abendmahlsreden auf die Versöhnung und die Vergebung der Sünden. Der Rahmen ist hier so zu verstehen, dass die Reden die bereits erfolgte Beichte voraussetzen. Sie verstehen sich als Fortsetzung dessen, was mit der Beichte gut begonnen wurde. Der Mensch als Sünder wird in den Abendmahlsreden aufgrund der Beichte durch Christi stellvertretende Sühne als gerechtfertigt betrachtet. Obwohl eine Reihe von Jahren zwischen diesen beiden Redengruppen liegt (die zwei Beichtreden stammen von 1845 und 1847, die Abendmahlsreden von 1847 bis 1851), besteht hier ein enger thematischer Zusammenhang.

Über diesen Zusammenhang hinaus, in dem Beichte und Abendmahl schon durch ihren Anlass verbunden sind, können wir außerdem auf die geltende Kirchenpraxis zu Kierkegaards Zeiten hinweisen.[3] Das Abendmahl ist im heutigen Dänemark fester Bestandteil des Gottesdienstes, zu Kierkegaards Zeit aber war es davon losgelöst und gehörte zur Beichte. Wünschte man zum Abendmahl zu gehen, konnte man an einem besonderen Abendmahlsgottesdienst teilnehmen, z. B. Freitags, unter der Voraussetzung, dass man davor (am Tag davor oder am selben Tag) am Beichtgottesdienst teilgenommen hatte. An den Freitagen, an denen Kierkegaard zum Abendmahl ging, fand in der Regel der Beichtgottesdienst eine halbe Stunde vor Beginn des Abendmahlsgottesdienstes statt. Der Beichtgottesdienst bestand unter anderem aus einer Beichtrede, die der Beichtvater den Beichtwilligen hielt (im allgemeinen waren es mehrere zugleich), und abschließender Vergebung der Sünden; und der Abendmahlsgottesdienst verlief im Großen und Ganzen so, wie es auch heute im Ritual der Hochmesse üblich ist, d. h.

---

[2] Darin liegt faktisch eine Begrenzung im Vergleich zur Beichtpraxis in der Kirche, wie sie auch zu Kierkegaards Zeit üblich war, dass die Beichte mit der Absolution schließt. Zur Darstellung der Abendmahlspraxis im Kopenhagen Kierkegaards vgl. N. J. Cappelørn „Die ursprüngliche Unterbrechung. Søren Kierkegaard beim Abendmahl im Freitagsgottesdienst der Kopenhagener Frauenkirche". – Wie bereits in diesem Aufsatz wird auch im Folgenden dän. „Altergangen" der Situation und dem Sprachgebrauch entsprechend im Dt. mit „Abendmahl" übersetzt (anders als in *GW1*).

[3] Vgl. N. J. Cappelørn ibid.

mit Vaterunser, Einsetzungsworten und Schlusswort. Bemerkenswert ist, wie sehr Kierkegaard den Zusammenhang zwischen Beichte und Abendmahl, Sündenbewusstsein und Sündenbekenntnis sowie Versöhnung und Vergebung mit einbezieht, und das nicht nur als theologisches Lehrbuchwissen, über die entscheidende Verbindung zwischen der menschlichen Sünde und Gottes Gnade, sondern als kirchliches Ritual: Um zum Altartisch zu kommen, musste der Abendmahlsgast zuerst um den Beichtstuhl herum gehen.

Auf der Basis dieses offensichtlichen und konkreten Zusammenhangs zwischen Beichte und Abendmahl wollen wir uns den Abendmahlsreden zuwenden und in einem ersten Durchgang einen Eindruck gewinnen, wie die Voraussetzung der Beichte in ihnen zum Ausdruck kommt. Dazu kann auf die Motive zweier gleichzeitiger Abendmahlsreden zurückgegriffen werden, „Der Zöllner" und „Die Sünderin", beide von 1849. Der Zöllner, sagt Kierkegaard „ist durch alle Zeiten hindurch als Vorbild für einen aufrichtigen und gottesfürchtigen Kirchgänger dargestellt worden. Und doch scheint mir, dass er ein noch näheres Verhältnis zum Abendmahl hat, er, der gesagt hat ‚Gott sei mir Sünder gnädig' – ist es nicht, als ginge er gerade jetzt hinauf zum Altar!" (*SKS* 11, 264; vgl. *KT,* 148). Der Ausgangspunkt der Rede ist das Gleichnis vom Pharisäer und Zöllner (Lk 18, 9-14), worin Jesus den Tempelbesuch des Zöllners lobt als die richtige, demütige Art und Weise, sich Gott zu nähern, um mit gesenktem Blick zu sagen: „Gott sei mir Sünder gnädig". Wenn Kierkegaard dieses Motiv aber aufnimmt, wird eine genauere Bestimmung eingefügt, und der Zöllner wird zum Vorbild für den Gang zum Abendmahl. Nicht für den Tempelbesuch, d. h. den Kirchgang allgemein, sondern für den Gang hinauf zum Altar und vom Altar zurück: „er, von dem es heißt, ‚er ging gerechtfertigt hinab in sein Haus' – ist es nicht als komme er eben jetzt zurück vom Altar!" (*SKS* 11, 264; vgl. *KT,* 148). Das Motiv des Zöllners, der bedrückt im Tempel steht – aber weit abseits – und danach gerechtfertigt nach Hause geht, ist das Vorbild für den Gang zum Abendmahl, und das unterstreicht noch einmal den Zusammenhang zwischen Beichte und Abendmahl: Der Gang des Zöllners zum Altar ist ein Bußgang, auf dem er bedrückt von Sorge über die eigene Sünde alles in einem Aufschrei und Seufzer sammelt: „Gott sei mir Sünder gnädig". In diesem demütigen Gebet um Gnade wird dem Zöllner die Rechtfertigung geschenkt, und er kehrt als gerechtfertigter in sein Haus zurück.

Die zweite Rede, „Die Sünderin", beginnt mit dem Bericht über die Frau, die mit ihren Tränen Jesus die Füße wäscht, worauf er ihr die Sünden vergibt, „denn sie hat viel Liebe gezeigt" (Lk 7, 36-50).

Dazu sagt Kierkegaard: „diese Frau ist eine Sünderin gewesen – doch sie wurde und ist ein Vorbild; selig, wer ihr darin gleicht viel zu lieben!" (*SKS* 11, 279; vgl. *KT,* 161). Sie ist ein Vorbild, weil sie, wie der Zöllner, eine besondere Bewegung zum heiligen Ort hin und von ihm weg ausdrückt: „sich dem Heiligen zu nähern, direkt vor Ihm offenbar zu werden, das heißt, beleuchtet von der Heiligkeit" (*SKS* 11, 274; vgl. *KT,* 156). In dieser Annäherung wird ihre Sünde in das grellste Licht gerückt. Während der Weg des Zöllners einem Bußgang in Demut gleicht, sieht Kierkegaard in ihrem Bild einen „Gang in den Tod, [...] in die Vernichtung" (ibid.). Die Sünderin ist ein Vorbild, weil sie „machtvoll die Ohnmacht ausdrückt, dass sie buchstäblich gar nichts vermag: sie hat viel geliebt" (*SKS* 11, 276; vgl. *KT,* 158). Zum Abendmahl zu gehen bedeutet demnach, sich seiner Sünden vor Gott und Christus bewusst werden (der Zöllner war einig mit Gott, die Sünderin hat sich Christus genähert), und in dieser Gemeinschaft – die ja gerade die des Abendmahls ist – wird der Mensch vernichtet. Was die Sünderin betrifft, so wird nicht berichtet, ob sie gerechtfertigt nach Hause zurückkehrt; es wird nur gesagt, dass ihre Sünden vergeben wurden – und dann kann auch sie gerechtfertigt vom Abendmahl zurück nach Hause gehen.

Zöllner und Sünderin gelten also als Beispiel für den Weg zum und zurück vom Abendmahl, für den unendlich vernichtenden Druck der Sünde beim Weg zum Altar und für den erleichterten und befreiten Weg zurück. Das Bild der Sünderin verweist darüber hinaus auf zwei weitere Aspekte, einerseits auf den Wendepunkt beim Gang zum Abendmahl, oder richtiger: den Ruhepunkt,[4] der mit Abwesenheit und Anwesenheit zu tun hat, und andererseits darauf, dass das Abendmahl mit Liebe verbunden ist. Wenn wir hören, dass die Sünderin vernichtet wird, so geht es nicht um eine Vernichtung in unbestimmtem Sinn, sondern in der Gemeinschaft mit dem Heiligen. Die Sünderin wird nichts – und Christus wird alles: „obwohl sie zugegen ist, ist es beinahe als wäre sie eine Abwesende, es ist beinahe als ob Er sie in ein Bild verwandelte" (*SKS* 11, 277; vgl. *KT,* 160).[5] Dieser

---

[4] Im Vorwort zu den zwei letzten Abendmahlsreden von 1851 schreibt Kierkegaard: „Eine von Stufe zu Stufe fortschreitende schriftstellerische Wirksamkeit, die ihren Anfang mit ‚Entweder – Oder' genommen hat, sucht hier ihren entscheidenden Ruhepunkt, am Fuß des Altars" (*SV* 17, 27; vgl. *ZS,* 19). Demnach werden die Abendmahlsreden auch in einem tieferen Sinn als Ruhepunkt betrachtet: Nicht nur das Werk, sondern der Mensch findet am Altar in Christus seine Ruhe.

[5] Über Christi Verwandlung der Sünderin in ein Bild sei hier hingewiesen auf E. Rocca „Søren Kierkegaard and Silence", S. 80f., und G. Pattison *Kierkegaard: The*

2. Christologie der Versöhnung

Aspekt betont nicht so sehr den Weg zum und zurück vom Altar, sondern eher, was dort geschieht; und so sind Bedürfnis und Sehnsucht der Sünderin mitten im Schmerz der Sünde zu erkennen: Sie sehnt sich nach Vergessen, und dies ist ein weiterer Ausdruck für die Verwandlung, die beim Abendmahl geschieht: „O, seliges Weinen, o dass im Weinen auch dieser Segen liegt: Vergessen! [...] sie weint, und wie sie weint, vergisst sie ihrer selbst" (*SKS* 11, 276; vgl. *KT,* 159).

Der zweite Aspekt, der im Bild der Sünderin sichtbar wird, ist die Liebe. Ihre Sünden werden ihr vergeben, weil sie viel geliebt hat. Doch wie äußert sich diese Liebe? Kierkegaard sagt es mit aller Deutlichkeit: „welches ist der stärkste Ausdruck für viel lieben? es ist sich selber hassen" (*SKS* 11, 274 / *KT,* 156); und weiter heißt es, „sie vermag buchstäblich gar nichts", und „sie hat ihrer selbst ganz vergessen" (*SKS* 11, 276; vgl. *KT,* 158). Der Gang zum Abendmahl setzt also Liebe voraus, eine Liebe, die nicht freiwerden kann und die im Hass über sich selbst zum Ausdruck kommt. Erst durch den Segen der Sündenvergebung, wenn sie in der Christus-Gegenwart selbstvergessen ruhen kann, wird sie frei. Hier wird ein Geschehen am Altar vorausgesetzt, das sich erst mit der Sündenvergebung im Abendmahl erfüllt, nämlich die Liebe. Sie ist die Voraussetzung und die positive Möglichkeit, die erst durch die Versöhnung im Abendmahl zustande kommen kann. Erinnern wir uns an die allgemein-menschliche Voraussetzung, dass ein Mensch sich selbst achten, d.h. sich selbst lieben soll. Sie gilt auch für das Abendmahl und kommt im Selbsthass der Sünderin zum Ausdruck, in ihrem unendlich schmerzvollen Weg zu Christus. Schmerz und Selbsthass aber werden überwunden im Bedürfnis nach Vergessen und Ruhe. Das ist der Sünderin, die es in ihren Tränen ausdrückt, und dem Aufschrei des Zöllners gemeinsam.[6]

Die Abendmahlsrede ist demnach eine Rede, deren Platz zwischen Beichte und Abendmahlstisch ist, die als solche das Sündenbewusstsein der Beichte voraussetzt und Vergebung und Versöhnung, ihren

---

Aesthetic and the Religious, S. 167. Beide beschreiben diese Textstelle im Blick auf die Stille.

[6] Dass mitten im Selbsthass, diesem Missverhältnis der Liebe, dieses Bedürfnis auftritt, zeigt, dass der Mensch an noch etwas Anderem als sich selbst festhält. Deshalb geht es um Selbstvernichtung, aber noch einmal: nicht in der Absicht der Vernichtung, sondern im Gegenteil in der Perspektive der Erbauung. Weder der Zöllner noch die Sünderin sind in ihrem Leiden eingeschlossen, sondern sie bewahren in ihrer Sehnsucht nach Vergessen Gott gegenüber ein Außenverhältnis. Das Bedürfnis ist zugleich Ausdruck jener Zweideutigkeit, die auch inmitten der Eindeutigkeit der Sünde immer noch zugegen ist, wie es im I. Teil auf dem Hintergrund von *Der Begriff Angst* gezeigt wurde.

eigentlichen Ort, erwartet. Weiter beschreibt die Rede die Rückkehr vom Abendmahlstisch, d.h. das Leben nach der Sündenvergebung. Dazu gehört das tiefe Bedürfnis und die Sehnsucht der Beichtwilligen nach dem Versöhnungsmahl, nach der Nähe zu Christus – um in ihm sich selbst fernstehend doch zu einem Bild verwandelt zu werden, das nur in Christus Wirklichkeit ist.

2.2. Christologie. Christus als Seelsorger und Stellvertreter

Da der Ort der Reden das Abendmahl und ihr Hauptthema die Versöhnung ist, erscheint es nicht überraschend, dass Christus im Brennpunkt der Reden steht. Darin besteht auch die unmittelbare Gemeinsamkeit mit den anderen Reden, mit denen wir uns in den vorigen Kapiteln zum Thema des Leidens beschäftigt haben. Dass es aber um dasselbe Thema geht, bedeutet nicht notwendigerweise, dass die Akzentsetzung dieselbe wäre. In dieser Konzentration auf Christus sollen die Abendmahlsreden näher betrachtet werden, beginnend mit der Rede „Der Hohepriester" von 1849 und gefolgt von der zweiten der Abendmahlsreden von 1851.

2.2.1. Christus als Seelsorger

Die Rede „Der Hohepriester" bezieht sich auf den Hebräerbrief (Hebr 4,15): „Denn wir haben nicht einen Hohenpriester, der nicht könnte Mitleid haben mit unserer Schwachheit, sondern der versucht worden ist in allem wie wir, doch ohne Sünde" (*SKS* 11, 251; vgl. *KT,* 137). Aus diesem Vers, der sich als Richtschnur durch die Rede zieht, leitet Kierkegaard zwei Darstellungshinsichten ab: Christus, der sich in alle Schwächen der Menschen hineinversetzen kann, und Christus, der selbst ohne Sünde ist. Beides lässt sich mit der zweiten Abendmahlsrede der vierten Abteilung der *Christlichen Reden* noch genauer sagen: „Er [Christus] ist ja nicht bloß Dein Seelsorger, er ist ja auch Dein Heiland" (*SKS* 10, 283; vgl. *CR,* 287).

Christus als Seelsorger wird damit begründet, dass er „versucht worden ist in allem wie wir". „Dies nämlich ist die Bedingung dafür, dass man wahres Mitleid haben *kann*" (*SKS* 11, 252; vgl. *KT,* 138): dass Christus sich voll und ganz in das hineinversetzten kann, was einen schwachen Menschen ausmacht. Das kann er, weil er selbst in die Schwachheit gegangen ist, „er ist versucht worden in allem", oder in aller Grundsätzlichkeit gesagt: „Christus hat sich ganz an Deine Stelle gesetzt. Er war Gott und wurde Mensch – so setzte er sich an Deine Stelle" (*SKS* 11, 253; vgl. *KT,* 139). Dies gilt für jeden Aspekt im Leben des Menschen (die Sünde ausgenommen), und Kierkegaard zeigt dies in Leiden, Versuchung und Anfechtung, durch die auch Christus gegangen ist. Er kennt das Leiden, er kennt Entbehrungen, Versagen und Abtrünnigkeit, Bosheit und Verfolgung, und er kennt dies alles besser als jeder andere (*SKS* 11, 255; / *KT,* 141); und darüber hinaus auch jene Art von Versuchung und Anfechtung, die kein Mensch sonst kennt: „die Anfechtung, verlassen zu sein von Gott; er aber ist so versucht worden" (*SKS* 11, 257; vgl. *KT,* 143). Wenn es heißt, Christus „ist versucht worden in allem", bedeutet dies, er ist in die Schwachheit des menschlichen Lebens gegangen, aber ohne daran zugrunde zu gehen, „er war *der* Leidende" (*SKS* 11, 255; vgl. *KT,* 141), und „er allein hat jede Versuchung bestanden" (*SKS* 11, 258; vgl. *KT,* 145).

Dass Gott in Christus Mensch geworden ist mit allem, was dies an Leiden und Besorgnis enthält, bedeutet, dass jeder Mensch in Christus jemanden hat, der ihn versteht und bei dem er Mitleid findet. Woran auch immer ein Mensch leidet oder welcher Versuchung er auch ausgesetzt sein mag, da ist immer dieser andere Mensch, der ihn ganz und gar versteht und sich an die Stelle des Klagenden versetzen kann. Das ist nicht nur eine Frage der Sympathie oder des Mitleids, es geht vielmehr um das „wahre Mitleiden", wie man sagt, ein Mitleid, das imstande ist zu trösten. Das ist die alles entscheidende Frage im Blick auf das Mitleid Christi. Denn nur im Trost liegt seelsorgerliche Kraft: Der Leidende geht nicht verloren in seiner Verschlossenheit, sondern er kann Trost und Ruhe in Christus finden. Deshalb ist Christus der Tröster und Seelsorger, nicht einer unter vielen, sondern im Grunde genommen der einzige, der voll und ganz jeden Menschen, der es will, trösten kann – denn er hat sich bereits in die Qual dieses Menschen hineinversetzt. Wir können hinzufügen, dass Christus als Seelsorger das Vorbild Christi im Leiden begründet, worüber wir im vorigen Kapitel gesprochen haben.

Zwischen Mensch und Mensch gibt es eine Grenze, die wahres Mitleid unmöglich macht, denn kein Mensch kann sich voll und ganz in das Leiden eines anderen hineinversetzen. Diese Grenze aber überschreitet Christus: „Das ist es ja, was wahres Mitleid so gerne möchte, es möchte sich so gerne an die Stelle des Leidenden setzen, um richtig trösten zu können. Doch das ist es zugleich, was menschliches Mitleid nicht vermag; allein göttliches Mitleid vermag es – und Gott wurde Mensch" (*SKS* 11, 253; vgl. *KT,* 139). Hier liegt die Grenze zwischen den Menschen, „denn kein Mensch erlebt ganz und gar das Gleiche wie ein anderer Mensch, [...] auch beim besten Willen [kann er] nicht ganz so empfinden, fühlen, denken [...] wie ein anderer Mensch" (*SKS* 11, 251 f.; vgl. *KT,* 137 f.) – die Grenze, dass zuletzt kein Mensch dem anderen Trost bringen kann. Menschen haben nichts der Überzeugung entgegenzusetzen, dass einer ganz allein in der Welt steht, außerhalb von Menschlichkeit und Gemeinschaft – von keinem gekannt und verstanden; und genau darauf ist die Seelsorgerfunktion Christi gerichtet: auf die Verschlossenheit des Verzweifelten.[7] Die Verschlossenheit ist nicht länger erlaubt, denn Christus ist ein Mensch, der sie versteht und kennt – denn er ist selbst dort gewesen, er ist ganz und gar versucht worden auch im menschlichen Leiden: „Und darum, Du Leidender, wer Du auch bist, schließ Dich nicht verzweifelt mit Deinen Leiden ein, so als ob niemand, auch Er nicht, Dich verstehen könnte" (*SKS* 11, 254; vgl. *KT,* 141). Dass Gott Mensch wird und in das Leiden geht, hält auf diese Weise das Menschliche fest, selbst im unvorstellbar erniedrigenden und unmenschlichen Leid.

2.2.2. Christus als Heiland

In derselben Rede von 1849 findet sich, wie gesagt, auch der zweite Aspekt: Christus als Heiland. Kierkegaard leitet ihn von den abschließenden Worten der Stelle aus dem Hebräerbrief ab: „doch ohne Sünde" (*SKS* 11, 251 / *KT,* 137). Christus als Seelsorger wurde damit begründet, dass er versucht wurde in allem, d. h. in Gemeinschaft mit jedem Menschen aufgrund der Inkarnation; Christus als Heiland dagegen damit, dass er von allen Menschen verschieden ist. Im Fall der Sünde steht er nicht an der Stelle des Menschen, er ist ohne Sünde: „In dieser Hinsicht also hat Er sich nicht an Deine Stelle gesetzt, kann Er sich nicht ganz an deine Stelle setzen", sagt Kierkegaard und fügt kurz darauf hinzu: „O, und dennoch, auch in dieser Hinsicht, wenn auch auf eine andere Art, hat Er sich ganz an Deine Stelle gesetzt" (*SKS* 11, 258; vgl. *KT,* 145).

---

[7] Dass Christus der Leidende und der Einzige ist, der jede Versuchung bestanden hat, bedeutet – und das ist hier entscheidend –, dass der Mensch bei ihm immer Mitleid und Verständnis findet, dass bei ihm immer Trost ist. Es bedeutet auch, dass es für Christus selbst keinen Trost gibt: Er steht als der einzige Mensch allein in der Welt. Es gibt keinen, der seine Leiden, seine Versuchungen kennt, denn keiner ist so versucht worden. Hier, sagt Kierkegaard, ist „die Grenze der Leiden, wo alles sich wendet", denn er war „*der* Leidende, dessen einziger, schlechthin einziger Trost es war, andere zu trösten" (*SKS* 11, 255 / vgl. *KT,* 141). Der, der selbst keinen Trost findet, findet den Trost darin, andere zu trösten. Dies ist die Probe darauf, ob der Mensch wirklich allein ist mit seinem Leiden: Ob er Trost darin findet, andere zu trösten – oder ob er sich verzweifelt mit seinen Leiden einschließt. Tut er Letzteres, ist er nie ohne Trost – denn dann ist ja Christus als Möglichkeit des Trostes immer nahe.

2. Christologie der Versöhnung

Als Seelsorger ist Christus in jedes Leiden gegangen, in jede Versuchung und in jede Anfechtung, aber im Blick auf die Sünde tat er dies nicht, er kennt die Sünde nicht – aber er tritt an die Stelle des Sünders. Christus als Heiland ist Christus als Stellvertreter. So heißt es im Schlussteil der Rede: „solch einen Hohenpriester des Mitleids haben wir: wer immer Du bist, und wie immer Du zu leiden hast, Er kann sich ganz an Deine Stelle setzen; wer immer Du bist, und wie immer Du versucht wirst, Er kann sich ganz an Deine Stelle setzen; wer immer Du bist, o Sünder, die wir alle sind, Er setzt sich ganz an Deine Stelle!" (*SKS* 11, 259; vgl. *KT,* 146). Im Hinblick auf seine Seelsorgerfunktion kann er sich (eventualis) in die Situation des Menschen versetzen, was immer diese auch sein mag, er ist selbst der Leidende, der jede Versuchung bestanden hat. Als Heiland aber setzt er sich (realis) an die Stelle des Menschen, und kann dies tun – gerade weil er sozusagen nicht dorthin gehört, denn er ist ohne Sünde.

Christi Heilstat liegt also in der Stellvertretung; hier ist er der Versöhner, „der genugtuend sich ganz an Deine und an meine Stelle setzt! Wenn dann die strafende Gerechtigkeit auf Erden hier oder dort im Gericht die Stelle sucht, wo ich Sünder stehe, mit all meiner Schuld, mit meinen vielen Sünden – dann trifft sie nicht auf mich; ich stehe nicht mehr an dieser Stelle; ich habe sie verlassen; ein Anderer steht an meiner Stelle, ein Anderer, der sich ganz an meine Stelle setzt; ich stehe erlöst an der Seite dieses Anderen, an Seiner Seite, mein Versöhner, der sich ganz an meine Stelle setzt" (*SKS* 11, 258f.; vgl. *KT,* 146). Hervorzuheben ist erstens die Stellvertretung als grundlegend für den Versöhnungsgedanken, und zweitens, dass der Mensch sozusagen heimgesucht wird: Er steht unter Anklage, Gerechtigkeit und Gericht suchen den Sünder und fordern ihr Recht, dem der Sünder nicht nachkommen kann, und deshalb ist die Versöhnung durch Christi Stellvertretung erlösend.

Diese beiden Aspekte greift die zweite der „Zwei Reden beim Abendmahl am Freitag" von 1851 auf; die Rede, mit der Kierkegaard ursprünglich sein schriftstellerisches Werk meinte abschließen zu müssen und die wiederum die Bibelstelle aus dem 1. Petrusbrief (I Petr 4, 7) aufnimmt: „*Die Liebe wird decken der Sünden Mannigfaltigkeit*" (*SKS* 12, 295 / *ZS,* 31).[8] Ein bekanntes Thema also, worauf

---

[8] Außer dieser Rede gibt es weitere drei Reden zu I Petr 4, 7: Die erste und die zweite Rede in *Drei erbauliche Reden* von 1843, sowie die fünfte Rede der 2. Folge in *Die Taten der Liebe*. Kierkegaard nennt fälschlich I Petr 4, 7; es handelt sich aber um I Petr 4, 8: „die Liebe deckt auch der Sünden Menge" (rev. Lutherübers.). Die dän. Bibel von 1880 schreibt ebenfalls Mannigfaltigkeit, die neue Übersetzung der dän. Bibel von 1992 „mange Synder [viele Sünden]".

Kierkegaard selbst aufmerksam macht (ibid.). Doch während er früher, z. B. in *Die Taten der Liebe*, diese Bibelstelle in der Perspektive der menschlichen Liebe, der Menge der eigenen Sünden oder der des anderen Menschen ausgelegt hat, steht jetzt die Liebe Christi im Blick.[9]

Was dies bedeutet, zeigt schon das einleitende Gebet, in dem Christus als „der Zufluchtsort, der einzige, zu dem der Sünder hinfliehen konnte" (ibid.), beschrieben wird. Christus, der als Stellvertreter den Sünder erlöst, ist der Ort, an dem die Sünde nicht mehr gesehen wird, weil sie von der Liebe Christi bedeckt und verborgen ist. Das ist wortwörtlich zu verstehen: Die Sünde ist qua Christi Stellvertretung nicht länger sichtbar: „Er deckt sie ganz buchstäblich" (*SKS* 12, 299 / *ZS,* 36). Wie ein Mensch, der sich vor einen anderen hinstellt, so dass einer vom Leib des anderen verdeckt wird und deshalb nicht gesehen werden kann; oder wie eine Henne, die mit ihren Flügeln die Küken bedeckt (ibid.). In derselben Weise bedeckt Christus den Sünder, und dieser kann buchstäblich Zuflucht finden in Christus, denn Er „bedeckt [...] Deine Sünde mit seinem *heiligen Leib*" (ibid.).

Christus bedeckt in seiner Liebe die Mannigfaltigkeit der Sünden – er ist der Stellvertreter, bei dem der Mensch Trost findet. Doch wovor verbirgt er den Menschen? In „Der Hohepriester" ging es um die strafende „Gerechtigkeit auf Erden hier oder dort im Gericht" (*SKS* 11, 258f.; vgl. *KT,* 146), die den Sünder sucht; d. h. der Sünder wird von zwei Instanzen gesucht, einer diesseitigen und einer jenseitigen. Zur Vertiefung dieses Gedankens beruft sich Kierkegaard in der Rede von 1851 auf das Gewissen: Jeder Mensch hat ein Gewissen, das überall hin mitgeht, jede Schwäche und Anfälligkeit kennt, d. h. „vor sich selber kann ein Mensch seine Sünden nicht verbergen. Das ist unmöglich" (*SKS* 12, 296f.; vgl. *ZS,* 33). Ebenso wie der Mensch durch sein Gewissen seine Sünden immer kennt, so weiß auch Gott immer alles, was sich in einem Menschen regt. Genau aus diesem Grund kann Kierkegaard das Gewissen als einen „Mitwisser" bezeichnen, d. h. „sobald er von sich selber wissend ist, und in allem, darin er von sich selber wissend ist, zugleich wissend ist von Gott und Gott wissend von ihm" (ibid.). Die Stimme des Gewissens, sofern der Mensch sie hören will, mündet in das Gottesverhältnis der Schamhaftigkeit,

---

[9] Das kommt auch im Titel, der bestimmten Form der Liebe, zum Ausdruck: „Die Liebe wird decken der Sünden Mannigfaltigkeit". In den früheren Reden erscheint die unbestimmte Form: „Liebe wird decken der Sünden Mannigfaltigkeit" (*Drei erbauliche Reden* von 1843) oder „Liebe deckt der Sünden Mannigfaltigkeit" (*Die Taten der Liebe).*

wo Gott den Menschen überall sieht. Kraft des Gewissens und der Schamhaftigkeit ist die Sünde des Menschen offenbar vor ihm selbst und vor Gott. Das genau sind die beiden Instanzen: der Mensch selbst und Gott, der für die Sünden Genugtuung fordert. Kierkegaard macht das deutlich, wenn er sagt: „wenn für die Gerechtigkeit im Himmel über mir und über meinem Leben nur Zorn liegt, wenn es auf Erden nur einen einzigen Menschen gibt, den ich hasse und verabscheue, [...] nämlich mich selbst: dann [...] will ich sogleich hinfliehen zu Dir, und Du wirst mir diesen schützenden Ort nicht verweigern, den Du liebevoll Allen angeboten hast" (*SKS* 12, 301; vgl. *ZS*, 38). Den beiden Instanzen gegenüber ist Christus der einzig mögliche Ausweg, die einzig mögliche Linderung, denn er tritt dazwischen: „Du wirst mich dem Blick der Gerechtigkeit entziehen, mich von jenem Menschen retten und von der Erinnerung, mit der er mich peinigt, [...] vergessen von der Gerechtigkeit und von jenem Menschen, den ich verabscheue" (ibid.). Christus rettet den Menschen durch seine Stellvertretung vor dem Zorn Gottes und seiner Selbstverurteilung; dies tut er, indem er den Sünder „entzieht" und ihn „vergisst". Der Zorn Gottes und die Reue des Menschen können den Sünder nicht mehr sehen, er wird von Gott und dem Menschen vergessen, weil der Mensch sich selbst in der Gemeinschaft mit Christus vergisst.

Aber die Heilstat Christi besteht nicht nur darin, dass er im Gericht anstelle des Menschen vor Gott steht, sondern auch in seinem Tod. Wie die Henne ihre Küken in der Stunde der Gefahr verbirgt, so verbirgt Christus den Sünder: „Eher wird er [Christus] sein Leben lassen – doch nein, eben darum hat er sein Leben gelassen, um Dir eine sichere Zuflucht zu schaffen unter seiner Liebe [...]; denn Er deckt mit *seinem Tod*. O, ewig sicherer, o, selig gesicherter Zufluchtsort!" (*SKS* 12, 300; vgl. *ZS*, 36). Entscheidend ist, dass Christus die Sünden deckt und der Mensch Zuflucht findet, indem Christus an seine Stelle tritt. Doch der Tod Christi spielt für die Versöhnung keine unwesentliche Rolle, er ist sozusagen die Garantie für die Haltbarkeit der Versöhnung. Weil Christus sein Leben geopfert hat, gibt es eine ewige Erlösung für den Menschen. Kierkegaard gibt dafür eine Begründung, wenn er sagt, der Tod garantiere den Schutz Christi gegen die Forderungen von Gerechtigkeit und Reue, zum einen weil Christus als Stellvertreter nicht fortgehen kann: Er war tot und ist auferstanden, d. h. er hat den Tod besiegt und kann somit dem Menschen weiterhin Zuflucht bieten. Zum anderen – und das ist nicht weniger wichtig – erfüllt er restlos und letztgültig die Forderungen von Gerechtigkeit und Reue: „Wenn auch die Gerechtigkeit wütend würde, was will sie mehr als die Todesstrafe; aber die ist ja erlitten, [...] von seinem [Christi] Versöhnungstod, der die Mannigfaltigkeit der Sünden deckt" (*SKS* 12, 300; vgl. *ZS*, 37).

2.3. Die Versöhnungslehre

Kierkegaards Versöhnungslehre konzentriert sich in den Schlüsselbegriffen von Stellvertretung und Genugtuung, doch damit ist noch nicht alles gesagt. Einerseits impliziert der Versöhnungsgedanke eine bestimmte Relation zwischen Gott und Christus, dem Vater und dem Sohn – worüber bereits in Verbindung mit dem Leiden gesprochen wurde –, und das ist im Blick auf das Abendmahl noch näher zu untersuchen; und andererseits betrifft der Tod Christi als Genugtuung, d. h. sein Opfertod, noch weitere Aspekte, die eine genauere Behandlung verdienen.[10]

Beginnen wir mit dem Letztgenannten, dem Opfertod Christi. Wie gesagt, der Tod bedeutet erstens, dass Christus den Tod besiegt hat, als Garantie dafür, dass dem Menschen der Zufluchtsort durch den Tod nicht entrissen wird, denn Christus ist das ewige Leben; und zweitens, dass jede Forderung, die die Verfolger, d.h. das Gewissen und Gott,

---

[10] Die beiden Schlüsselbegriffe Stellvertretung und Genugtuung und ihre Verbindung mit der Relation von Gott und Christus könnten auf eine objektive Versöhnungslehre hindeuten, in der Christi Tod zu einer Notwendigkeit im Hinblick auf die Vergebung wird – in der Perspektive Gottes, d. h. dass der Tod von Gott aus gefordert wurde. Damit ist eine wichtige Frage zu Kierkegaards Versöhnungslehre gestellt. Auf den ersten Blick scheint eine objektive Versöhnungslehre an Kierkegaards stets gegenwärtiger Zentrierung auf die Subjektivität vorbei zu gehen und im Widerspruch zu Ausgangspunkt und Perspektive seines Denkens zu stehen. Der Kierkegaardinterpret, der immer wieder die essentielle und durchgängige Bedeutung der Subjektivität in Kierkegaards Denken unterstreicht, A. Grøn, formuliert deshalb den entgegengesetzten Zugang, wenn er (im Zusammenhang mit den Abendmahlsreden) sagt: „Es geht ihm [S. K.] auf seine Weise um eine radikale Reformulierung des Christentums, das von einem Problem bestimmt wird, das mit dem Zugang zum Christentum selbst zu tun hat: der Subjektivität [...]. Was bedeutet das? Dass wir nicht versuchen sollten, was Kierkegaard zum Abendmahl sagt, auf eine mehr oder weniger traditionelle Abendmahlslehre zurückzuführen. Der Ausgangspunkt muss eher lauten, dass Kierkegaard gerade eine solche nicht geschrieben hat" („Kærlighedens sakramente – Kierkegaard og nadveren [Das Sakrament der Liebe – Kierkegaard und das Abendmahl]", S. 67). Unsere Behandlung der Versöhnung in den Abendmahlsreden geht davon aus, dass Altar und Abendmahl in Kierkegaards Theologie einen besonderen Platz einnehmen und dass traditionelle abendmahlstheologische Begriffe wie Stellvertretung, Genugtuung, Realpräsens, Ubiquität u. a. eine entscheidende Rolle für seine Auffassung der Versöhnung spielen.

stellen könnten, bereits eingelöst und erfüllt sind durch die ultimative Forderung: den Tod. Ja, sie sind sogar mehr als erfüllt, denn das Opfer ist der Unschuldige und Reine; aber Kierkegaard sagt: „Dies wird am Altar verkündigt; [...] Er ist einmal gestorben für die Sünden der ganzen Welt und für unsere; sein Tod wiederholt sich nicht, aber *dies* wiederholt sich: Er ist auch für Dich gestorben, Du, der Du mit seinem Leib und Blut das Pfand empfängst dafür, dass er auch für Dich gestorben ist, am Altar, wo er *sich selbst* Dir zur Zuflucht gibt" (*SKS* 12, 300; vgl. ZS, 37). Hier legt Kierkegaard die Betonung gerade auf den Tod Christi, dass er für die Schuld des einzelnen Menschen gestorben ist, und der Gewinn seines Todes, die Versöhnung, wird am Altar eingelöst. Der Ort ist demnach der Altar – und das war faktisch schon die ganze Zeit so, nicht nur weil es um Abendmahlsreden geht –, d.h. Christi Tod steht im Zusammenhang mit dem Ort des Altars. Vom Tod zu sprechen hat seinen Ort am Altar.

Doch nicht nur das, der Altar ist auch der Ort, an dem Mensch und Gott sich begegnen. Dies ist traditionell so im Alten Testament,[11] doch der Gedanke wird auf eigene Weise im christlichen Abendmahl weitergeführt. Am Altar, wo das Abendmahl stattfindet, begegnet der Mensch Gott, doch wie schon im Alten Testament, findet auch hier keine unvermittelte Begegnung statt. Die Begegnung der Israeliten mit Gott wird durch eine Priesterschaft vermittelt, die den Opferungen vorsteht und damit das wiederhergestellte Gottesverhältnis aufrechterhält. Der Gedanke von Christus als Hoherpriester und Christi Tod als Opfertod sind zwei zentrale Elemente aus dem im Christentum weitergeführten alttestamentlichen Altarverständnis. Erstens nämlich, dass das Verhältnis zwischen Gott und Mensch eine Vermittlung erfordert, und zweitens, dass Gott Opfer verlangt – darunter Schuldopfer. Im israelitischen Gedankengang: Hat ein Mensch (oder ein Volk) sich mit dem Gesetz überworfen, kann das Verhältnis nur wiederhergestellt werden durch ein Reinigungsopfer, das bei der Priesterschaft, die das Opfer dann vollziehen wird, abzuliefern ist – um damit Gott und Mensch (oder das Volk) wieder zu versöhnen.[12] Dazu ist

---

[11] Gott ist selbst zugegen im Tabernakel der Wüstenwanderung (Ex 40,34), und dies war zu allen Zeiten das ideale Gottesverhältnis für eine priesterliche Theologie, eine der Hauptströmungen im Alten Testament: Gott, der inmitten der Stämme Israels lebt. Im Tempelkult wird dieser Gedanke weitergeführt; im Tempel und dem Allerheiligsten ist der Altar der Ort, an dem Gott selbst zugegen ist, dort, wo der Mensch durch den Hohenpriester (!) die Gemeinschaft mit Jahwe haben und erneuern kann. Vgl. H.J. Lundager Jensen *Gammeltestamentlig religion,* S. 140ff. u. 173ff.

[12] Vgl. H.J. Lundager Jensen aaO., S. 179ff.

parallel im christlichen Denken, sofern diese Tradition weiter in Geltung steht, der Altar der Begegnungsort zwischen Gott und Mensch, und die von menschlicher Seite dazu erforderliche Vermittlung durch einen Hohenpriester (Christus), der den sündigen Menschen durch das Schuldopfer eines fehlerfreien Erstgeborenen versöhnt.

Was bedeutet nun aber diese Verbindung für Kierkegaards Versöhnungsvorstellung? Es geht hier nicht darum, durch das Abendmahl das Christentum als eine Variante des Judentums zu entlarven, sondern eher darum zu zeigen, wie das Christentum in extremer Weise Christus als Zentrum der Versöhnungshandlung betrachtet hat. Auf der einen Seite ist der jüdische Gedanke eines vermittelten Gottesverhältnisses und dessen Aufrechterhaltung durch Opfer im Christentum aufgegeben, und bei Kierkegaard kommt dies teils in der durchweg starken Betonung zum Ausdruck, dass jeder Mensch einzeln vor Gott steht, teils im Hervorheben der Radikalität von Schuld und Sünde: Der Mensch selbst kann das nicht ausgleichen. Aber auf der anderen Seite erweisen sich zentrale Elemente des jüdischen Versöhnungsdenkens als wesentlich: Christus ist der Vermittler zwischen dem zornigen Gott und dem sündigen Menschen, und er ist dies, indem er selbst zum Opfer wird, dem fehlerfreien Erstgeborenen, das Gottes Gerechtigkeit zufrieden stellt, indem es Genüge tut für die Sünden aller Menschen.

Kierkegaard betont das allgegenwärtige Gottesverhältnis, das vom direkten, unvermittelten und bereits gegebenen Verhältnis jedes einzelnen Menschen zu Gott getragen wird, trotzdem aber ist der Altar der Ort, an dem der Mensch Gott begegnet. Selbst wenn der Mensch in jedem Augenblick mit seinem Gewissen und darin mit der Anklage der Gerechtigkeit und der Selbstanklage der Reue konfrontiert wird, bleibt der Altar ein besonderer heiliger Ort, weil er der Ort der Gemeinschaft ist. Im alttestamentlichen Denken ist es der Ort, an dem Gott selbst zugegen ist, er ist Gottes Wohnung. Auch dieser Aspekt ist im christlichen Denken vorhanden, wenn es um den Altar geht: Der allgegenwärtige Gott ist am Altar in besonderer Weise zugegen:[13] am Ort der Gemeinschaft mit Christus, begründet in seiner Einladung. Aber auch andere Akzentuierungen spielen eine Rolle: Der Altar als Begegnungsstätte zwischen Gott und Mensch, als Opferstätte, als heiliger Ort. Gerade aus diesen mehrfachen Bedeutungen wird deutlich, dass der Altar – für Kierkegaard primär der Ort der Einladung – auch der Ort ist, an dem

---

[13] Hier liegt eine Gemeinsamkeit im Gedanken der Ubiquität zwischen Kierkegaard und Luther: Gott ist allgegenwärtig, aber am Altar ist er in besonderer Weise zu finden – denn da, wie er gesagt hat, wird er selbst zugegen sein, oder wie es Kierkegaard formuliert: Christus hat den Menschen dazu eingeladen.

der Mensch mehr als andernorts das Bedürfnis hat, sich zu verstecken. Am Altar sucht der Mensch ganz einfach Zuflucht.

Das ist es, was mit Versöhnung und mit der engen Verbindung zwischen Versöhnung und Altar gemeint ist. Christus steht dabei im Mittelpunkt: als Heiland und Versöhner, der – wie der Hohepriester – das Verhältnis zwischen dem zornigen Gott und dem sündigen Menschen vermittelt. Im Zentrum des Altars, wo das Verhältnis ausgesöhnt wird, gibt es somit drei Akteure, nämlich Gott, Christus und den Menschen. Doch wie gesagt, Christus wird zum Mittelpunkt, er ist das Opfer und die Stiftung des Altars, d.h. die Heiligkeit und die Bedeutung des Altars sind in seiner Einladung begründet. Im wortwörtlichen Sinn wird Christus ebenfalls zum Mittelpunkt: Gott sieht den Menschen durch Christus, und der Mensch sieht Gott durch Christus, oder besser: Von der einen Seite her sieht Gott nur Christus, der mit seinem heiligen Leib den Menschen deckt, und von der anderen Seite her sieht der Mensch nur Christus, weil er in ihm Zuflucht findet und bei ihm Gottes Gerechtigkeit und den Schmerz der Reue vergisst. Von den drei Akteuren bleibt damit nur einer übrig, weil Gott und der Mensch mit Christus verschmelzen: Christus wird der wahre Mensch und der wahre Gott – aber gewissermaßen jeweils von einer Seite betrachtet und deshalb unvermischt. Oder in anderer Perspektive gesagt: Gerade im Sakrament des Abendmahls zeigt sich Christus in seiner doppelten Natur. In seinem heiligen Leib ist der wahre Gott und der wahre Mensch. Das ist keine theologische Spitzfindigkeit, sondern konkrete und buchstäbliche Versöhnung: Wenn Gott den Menschen sieht, sieht er Christus, der als wahrer Mensch vor Gott steht, und wenn der Mensch Gott sieht, sieht er Christus, der in seiner unveränderlichen Liebe als wahrer Gott vor dem Menschen steht.[14]

---

[14] Diese Auslegung macht die Schwierigkeiten sichtbar, die zu bewältigen sind, wenn Kierkegaards Versöhnungslehre als objektiv oder subjektiv kategorisiert werden soll. Der vorrangige subjektive Ausgangspunkt Kierkegaards bleibt gültig, denn es geht um die Versöhnung des Menschen: Deshalb der Weg zum Altar, wie ihn Kierkegaard skizziert, mitsamt der Reue, dem nicht auszuhaltenden Sündenbewusstsein und dem Bedürfnis zu vergessen – kurz: Der Mensch ist es, der die Versöhnung braucht. Umgekehrt gibt es aber auch einen objektiven Zug, z.B. dass Gott sich allein durch Christus mit dem Menschen versöhnt, d.h. Gott sieht nicht den sündigen Menschen, sondern den stellvertretenden Christus; oder auch der Gedanke, dass abgesehen vom Glauben des Menschen oder in Ermangelung desselben der Tod Christi Gott zufriedengestellt hat, d.h. Gott hat nichts mehr mit dem Menschen zu begleichen und der Mensch ist frei. Objektiv gesehen ist die Versöhnung vollzogen. Die Schwierigkeit für den einzelnen Menschen besteht darin, voll und ganz an die Wirklichkeit der Versöhnung zu glauben, denn, frei heraus gesagt, sie ist zu schön, um wahr zu sein; weshalb der Mensch geneigt ist, an seinen Sünden festzuhalten.

Aufgrund dieser Dreiteilung in Christus stellt sich die Frage nach dem Verhältnis zwischen Gott und Christus und zwischen Christus und dem Menschen. Bevor wir jedoch im nächsten Abschnitt über die Nachfolge und damit über das Verhältnis Christus und Mensch sprechen werden, hier zunächst eine Übersicht zum Verhältnis zwischen Gott und Christus: Gott ist die Gerechtigkeit, gegen die sich der Mensch vergangen hat, während Christus die Liebe ist. Gott ist der zu Recht Gekränkte, der eine Wiederherstellung fordert, während Christus der zu Unrecht Leidende ist, der sein Leben opfert, um die Wiederherstellung zu ermöglichen. Während wir im Blick auf das Leiden primär vom Verhältnis zwischen Vater und Sohn aus der Perspektive der Selbstverneinung gesprochen und die Inkarnation betont haben: dass Gott seinen Sohn gesandt hat, um jeden zu erlösen, der an ihn glaubt – wird in den Abendmahlsreden der unschuldige Tod hervorgehoben und damit auch, wenn auch am Rande, die Auferstehung.

Die Gemeinsamkeit besteht darin, dass sowohl die Inkarnation wie auch der Tod am Kreuz Ausdruck für den Willen des Vaters und den Gehorsam des Sohnes sind. Der Unterschied liegt in der deutlichen Trennung von Gerechtigkeit und Liebe in den Abendmahlsreden. In der Beschreibung der Inkarnation sieht Kierkegaard den Vater als den, der den Menschen erlösen will und deshalb seinen Sohn sendet. Christus ist sozusagen Gottes verlängerter Arm, der die Liebe des Vaters zum Ausdruck bringt. In den Abendmahlsreden tritt Gott als der gerechte, der zornige und eifernde Gott mit seiner Forderung nach Sühne auf, während Christus etwas ganz anderes vertritt. Er stellt sich zwischen Gott und den Menschen, um den Menschen vom Zorn Gottes zu erlösen. Er lädt den Menschen zur Ruhe ein, d.h. er hat es nicht in Zorn und Eifer auf den Menschen abgesehen, sondern in Besorgnis und Liebe. Er will trösten und steht als Versöhner auf der Seite des Menschen. Man kann sagen, Kierkegaard entwirft in Relation zum Altar zwei verschiedene Bilder von Gott: Gott als der Gerechte, der Sühne verlangt, und Christus als unveränderliche Liebe, der dem Menschen Gemeinschaft zur Erlösung und Ruhe anbietet. Entscheidend ist, darin nicht alternative Positionen zu sehen oder gar zwei verschiedene Religionen.

Subjektiv gesehen bedeutet die Versöhnung deshalb das Wachsen des Glaubens auf die Erlösung hin. Die Erlösung hat demnach am Altar im Menschen begonnen, und indem der Mensch sie ergreift, wächst er mehr und mehr in sie hinein. Diese Relation zwischen Objektivem und Subjektivem ist z.B. in der ersten der zwei Abendmahlsreden von 1851 zu finden, die im nächsten Abschnitt (über die Nachfolge) besprochen werden soll.

2. Christologie der Versöhnung

Eine einheitliche Deutung zeigt sich z. B. in der siebten und letzten Abendmahlsrede der vierten Abteilung der *Christlichen Reden*, wo Kierkegaard über den Segen spricht (ausgehend von Lk 24,51: „Und es geschah, als er sie segnete, schied er von ihnen" [*SKS* 10, 321; vgl. *CR*, 319]). Da es sich um eine Abendmahlsrede handelt, ist hier selbstverständlich Christus der Segnende, der sich selbst am Altar für den Menschen hingibt. Doch die Rede unterscheidet zwei Aspekte: Segen im Hinblick auf Gott und im Hinblick auf Christus. Zum Ersten: „Der Segen ist Gottes Zustimmung für das Verwirklichen eines Vorhabens, für das der Mensch von Gott den Segen erbittet" (*SKS* 10, 322; vgl. *CR*, 320). Potentiell könnte dies jedes Vorhaben an jedem Ort sein. Kierkegaard verbindet diesen Aspekt aber mit dem in den erbaulichen Schriften oft auftretenden Gedanken, dass der Mensch zu Gottes Mitarbeiter wird: „Alles, was Gott tut, ist der Segen; jener Teil des Werkes, bei dem Du Dich Gottes Mitarbeiter nennst, jener Teil, den Gott tut, ist der Segen" (*SKS* 10, 324; vgl. *CR*, 322). Beim zweiten Aspekt, dem Segen Christi, verhält es sich dagegen anders, denn „mit Ihm kannst du am Altar nicht als Mitarbeiter zusammenkommen, so wie Du wohl in deinem Tun als Mitarbeiter mit Gott zusammenkommen kannst. Christi Mitarbeiter im Bezug auf die Versöhnung kannst Du nicht sein, nicht im entferntesten" (ibid). So wird also zwischen den beiden Arten von Segen unterschieden, teils im Blick auf den Gottesnamen, Gott oder Christus, teils im Blick auf die Rolle des Menschen: Schon Gott gegenüber ist der Mensch (als Mitarbeiter) nichts und vermag nichts, doch Christus gegenüber ist er „weniger als nichts […]. Am Altar vermagst Du gar nichts. […] weniger als nichts" (*SKS* 10, 323; vgl. *CR*, 321 f.). Schließlich zeigt sich Gottes Segen auch im Umfeld des Menschen, in seinem täglichen Wirken. Man könnte von einer Berufung sprechen, dass der Mensch in allem, was er tut, Gottes Mitarbeiter ist, seine Arbeit im Bewusstsein dessen tut, dass im Grunde genommen die Ausführung seines Handelns im Entscheidenden nicht bei ihm selbst liegt, sondern im Gegenteil bei Gott, für den der Mensch nur ein Mitarbeiter ist. Der Segen Christi aber ist mit dem Altar verbunden, denn da ist Christus selbst zugegen und segnet den Menschen. Am Altar steht der Mensch, ohne etwas ergreifen oder tun zu können; hier kann er sich nichts vornehmen, es gibt keine Berufung und kein Handeln, da ist nur Christus allein – und sein Segen.

Am Altar also wird Segen vorausgesetzt und angeboten: Der vorausgesetzte ist Gottes Segen, der angebotene ist der Segen Christi, und als solche sind beide, Gott und Christus, am Altar zugegen. Die Darstellung des Segens als Voraussetzung meint auch den ganzen Weg hinauf zum Altar, auf dem Gott den Menschen begleitet – ihm hinauf hilft –, und so vertieft sich auch das Verhältnis zwischen Gott und Christus: Erstens ist Gott die Voraussetzung dafür, Christus zu finden, denn nur durch Gottes Segen ist der Mensch im Stande, den Weg zum Altar zu finden. Blicken wir zurück auf den Zusammenhang zwischen Beichte und Altar, so sehen wir auch hier das Anwachsen desselben Bedürfnisses nach Versöhnung. Der Segen, der Voraussetzung ist, wird eigentlich erst am Altar angeboten und erfüllt, und der Mensch findet erst hier Gott in Christus. So verstanden stehen der Gott der Schöpfung und der Erlösergott einander gegenüber. Der Mensch als Geschöpf ist auf Gott verwiesen, das Gottesverhältnis aber besteht in der Reue, die erst in der Versöhnung Christi geheilt wird. Der Segen, der am Altar vorausgesetzt wird, zeigt die Sehnsucht und das Bedürfnis, wie sie schon mit der Schöpfung des Menschen gegeben sind, aber erst mit Christi Segen am Altar Erlösung finden.

Offen gesagt ergeht sich die Rede darin auszumalen, wie der Mensch am Altar beinahe verschwindet. Er kann hier nichts tun, nicht selbst wiederherstellen, was er vor Gott verbrochen hat; und damit nicht genug, er kann, wie wir gehört haben, „weniger als nichts" (ibid.), nicht einmal selbst vor den Altar treten: „Willst Du am Altar selbst das Geringste erreichen, auch nur selbst vortreten, so zerstörst Du alles, verhinderst die Versöhnung, machst die Genugtuung unmöglich" (*SKS* 10, 324; vgl. *CR,* 322); nicht einmal sein eigenes Unvermögen kann er denken: „Ach, nein Du vermagst gar nichts, nicht einmal durch Dich selbst Deine Seele auf der Spitze des Bewusstseins zu halten, dass Du Gnade und Segen wirklich brauchst" (*SKS* 10, 324; vgl. *CR,* 323). Der Mensch kommt zum Verschwinden, er wird ganz und gar von Christus getragen und Christus wird alles; auch Gott verschwindet in Christus, oder richtiger: Der Mensch sieht Gott durch Christus, aber Christus wird alles, der einzige Gott, den der Mensch sieht.

Dies bestätigt, dass Kierkegaard am doppelten Charakter des Segens festhält: „ebenso musst Du am Altar vom Segen unterstützt werden, wenn Du den Segen empfangen sollst; er muss Dich in seiner Umschließung stützen, während er Dir mitgeteilt wird" (*SKS* 10, 324f.; vgl. *CR,* 323). Am Altar umschließt der Segen den Menschen und ist demnach auch hier Voraussetzung und Erfüllung – der doppelte Charakter ist aber nicht mehr auf zwei verschiedene Gottesbezeichnungen bezogen. Weiter im Zitat heißt es: „nur Er vermag das, der selbst persönlich zugegen ist, Er, der den Segen nicht bloß mitteilt, sondern der [selber] am Altar der Segen ist. Er ist selbst zugegen" (*SKS* 10, 325; vgl. *CR,* 323). Damit ist Christus nun Voraussetzung und Erfüllung zugleich, und das zeigt, in welcher Weise Christus Gott ist: Gott wird sozusagen in Christus aufgenommen, weil der Mensch Christus sieht, und in ihm Gott als unabänderliche Liebe.

Das Verhältnis zwischen Gott und Christus wird als Voraussetzung und Erfüllung auch in der Versöhnung festgehalten, aber die Voraussetzung wird am Altar in Christus erfüllt – jedenfalls für den Menschen der in Christus aufgenommen wird. Christus wird alles und damit auch die Voraussetzung. Aber in einer weiteren christologischen Perspektive, die nicht nur auf den Altar bezogen ist, ist das Verhältnis zwischen Vater und Sohn entscheidend. Der Vater als der, der den Sohn gesandt hat, und als der, zu dem der Sohn an Himmelfahrt zurückgekehrt ist. Entscheidend aber ist am Altar, dass nur durch Christi Einladung der Mensch den wahren dreieinigen Gott kennen kann.[15] Dass Christus der Zugang zur Erkenntnis des wahren Gottes ist, erklärt auch die extreme Fixierung auf Christus, die Kierkegaards Theologie vielfach prägt. Doch bleibt wesentlich, dass Kierkegaard, wenn er in den erbaulichen Schriften zu Christi Vorbild und weiter zum Abendmahl hinführt, einerseits etwas voraussetzt und andererseits hier nicht stehen bleibt. Mit dem Beispiel des Zöllners gesagt, er geht „gerechtfertigt in sein Haus". Der Gedanke der Nachfolge nimmt diese Bewegung auf.

2.4. Nachfolge

Christus als Zugang zum dreieinigen Gott und als Wendung zum täglichen Handeln zu sehen, führt zum Motiv der Nachfolge. Sie steht in den Abendmahlsreden nicht an zentraler Stelle, es wird aber mehrfach deutlich, dass der Mensch nicht nur zum Altar geht und dort

---

[15] Man könnte sagen, dass mit der Stellvertretung Christi Gott eine Art Deus absconditus werde. Doch steht dies nicht ganz in Übereinstimmung mit der Bedeutung des lutherischen Terminus, der sich auf Gottes dunkle und unvorhersehbare Allmacht bezieht, die z.B. ein Erdbeben bewirken kann und im Großen und Ganzen furchterregend ist. Auf Kierkegaards Theologie kann dieser Terminus angewandt werden, wenn Deus absconditus sich auf den zornigen Gott der Rechtfertigung bezieht. Er wird in der Stellvertretung ganz und gar von Christi Leib verdeckt, daher: Deus absconditus. Die Gemeinsamkeit zwischen Kierkegaard und Luther zeigt sich darin, wie Christus zum Gott des Menschen wird: Es gibt wohl einen verborgenen Gott hinter Christus, aber es liegt am Menschen, dass er den Blick auf Christus heftet und in ihm Gott sieht. Der Mensch soll mehr an die Liebe Gottes glauben, als seine dunkle Allmacht (Luther) und seine Gerechtigkeit zu fürchten.

bleibt, sondern dass er von dort weggeht und sich zurück und hinaus in die Welt bewegt.

Eine Rede der vierten Abteilung der *Christlichen Reden,* mit der wir uns noch nicht beschäftigt haben, nämlich die dritte der sieben Reden, gibt ein Bild des Zusammenhangs zwischen Altar und Nachfolge. Die Rede nimmt ihren Ausgang im Johannesevangelium, einem Vers (Joh 10,27) aus der Perikope über den guten Hirten und die Schafe: *„Meine Schafe hören meine Stimme und ich kenne sie und sie folgen mir"* (*SKS* 10, 288 / *CR,* 289). In der für Kierkegaard typischen Art wird der Vers Schritt für Schritt ausgelegt, am Schluss der Rede die letzten Worte: *„und sie folgen mir".* Dieser Abschnitt beginnt so: „Denn am Altar bleibst Du nicht und sollst Du nicht bleiben. Du kehrst wieder zurück, zu Deinem Tagewerk, zu Deiner Arbeit, zur Freude, die Dich vielleicht erwartet, ach, oder zur Sorge – all dies hast Du für heute beiseite gelegt: aber sofern Du *Sein* bist, so folgst Du Ihm" (*SKS* 10, 291; vgl. *CR,* 293). Der Mensch wendet sich vom Altar, kehrt in seine eigene Welt zurück und findet sie unverändert. Das Tagewerk, die Arbeit, die Freuden, die Sorgen – wie der Mensch seine Welt verlässt, um zum Abendmahl zu gehen, so wird sie ihn wieder empfangen. Eines ist aber verändert: „sofern Du Sein bist, so folgst Du Ihm." Er kehrt nicht nur zurück, sondern er folgt Christus.

Wie aber ist dies zu verstehen? Kierkegaard hat gezeigt, dass Christus am Altar selbst zugegen ist, hierhin hat er den Menschen eingeladen, hier gibt er sich selbst. Wie soll man dann in Christi Nachfolge den Altar verlassen? Kierkegaard verbindet diesen Gedanken mit dem Altar als Opferstätte, jetzt aber nicht so, dass Christi Opfer als Genugtuung zu verstehen ist, sondern so, dass der Mensch opfert: „Der Altar [...] [ist] *da,* wo das wohlgefälligste Opfer dargebracht wird" (*SKS* 10, 292 / *CR,* 294). Zuvor war klargestellt, dass das Opfer der Aussöhnung für Christus das wohlgefälligste ist (unter Hinweis auf Mt 5,23f.). Christus bleibt konstitutiv für die Bedeutung des Altars; jetzt aber wird hinzugefügt, dass auch das Opfer des Menschen dazu gehört: Dort, wo das Gott wohlgefällige Opfer ist, dort ist der Altar. Beide Perspektiven kommen nun zusammen, so dass dort, wo der Mensch sich mit seinem Feind aussöhnt, „also indem [er] Gott [seinen] Zorn opfert" (*SKS* 10, 292; vgl. *CR,* 294), Christus selbst zugegen ist; und weiter: „die Aufgabe ist, dass Du, indem Du vom Altar weggehst, doch beim Altar bleibst" (ibid.). Die Logik des Altars also bringt den Gedanken der Nachfolge zum Ausdruck. Vom Altar wegzugehen, schließt eine Aufgabe ein, nämlich die, „am Altar zu bleiben", d. h. die Aufgabe, die Welt zu opfern, um den Feind zu lieben, anstatt sich mit ihm zu vergleichen.[16] Die Nachfolge ist wesentlich Handlung, und insofern geht es hier um einen deutlich anderen Nachfolgegedanken als in der Christologie des Leidens. Es ist auffallend, dass der Aspekt des Leidens in dieser Auslegung der Nachfolge durch die Abendmahlsreden faktisch nicht vorkommt.

Kommen wir zurück zur Einleitung der Rede, in der Kierkegaard von dem Wort „heute noch" ausgehend über Veränderung und Unveränderlichkeit spricht und darin einerseits die Unveränderlichkeit Gottes ausgedrückt sieht, weil er „die Zeit der Gnade ‚heute noch' gibt", andererseits die Möglichkeit des Menschen sich zu verändern, weil er „die Zeit der Gnade ‚heute noch' ergreifen soll" (*SKS* 10, 287; vgl. *CR*, 288). Es ist wohl kaum zufällig, dass die Relation zwischen der Unveränderlichkeit Gottes und der Veränderlichkeit des Menschen – oder richtiger: seine Möglichkeit zur Veränderung – gerade im Zusammenhang mit dem Nachfolgegedanken steht, der als „die Aufgabe am Altar zu bleiben" die eigene Veränderung einschließt: Dass der Sünder, der hinauf zum Altar gegangen ist und dort die Gnade in der Versöhnung empfangen hat, auf dem Weg zurück durch den Gerechtfertigten ersetzt wird. Die Versöhnung bedeutet die Verwandlung des Sünders zum Gerechtfertigten, die Nachfolge das stetige Anwachsen der Liebe. Dies wird ausführlich dargestellt in der ersten der zwei Abendmahlsreden von 1851, die wir im Folgenden näher betrachten wollen.

Die Rede geht aus von einem Vers im Lukasevangelium (Lk 7,47): „Wem aber wenig vergeben wird, der liebt wenig" (*SKS* 12, 285; vgl. *ZS*, 21). Während die Einladung „kommet her" (Mt 11,28) zum Altar gehört, könnte jenes Wort über der Tür am Ausgang der Kirche angebracht werden, so dass es für die Abendmahlsgäste beim Verlassen des Altars sichtbar wäre: Als „die Rechtfertigung des Altars" (ibid.),

---

[16] Wenn K.E. Løgstrup Kierkegaards Liebesbegriff auf die Feindesliebe konzentriert, stellt sich die Frage, ob der Gedanke der Nachfolge in den Abendmahlsreden so ausgelegt werden kann. Zwar wird davon gesprochen, seinen Feind zu lieben; aber hier wird deutlich, dass Løgstrup die Dinge auf den Kopf gestellt hat: Kierkegaard spricht nicht von Widerstand und Leiden, stattdessen liegt die Betonung auf Liebe und Aussöhnung. Sie machen den Feind zum Nächsten und nicht umgekehrt. Das kommt noch klarer zum Ausdruck in *Die Taten der Liebe*, wo derselbe Gedanke formuliert wird als die Tat, der Liebe zu vergeben (vgl. bes. die fünfte Rede der 2. Folge „Die Liebe deckt der Sünden Mannigfaltigkeit"). Das Potenzial des Nachfolgegedankens in den Abendmahlsreden ist deshalb etwas ganz anderes als das, was Løgstrup von Kierkegaard behauptet: Es sei „ausgeschlossen, dass das Reich Gottes in das irdische Dasein in Werken, die dem irdischen Nächsten zugute kommen, einbricht" (K.E. Løgstrup, *Auseinandersetzung mit Kierkegaard*, S. 70). Wir werden noch zeigen, inwiefern Kierkegaards Nachfolgegedanke eher zur Schöpfungstheologie gehört, als dass er Vernichtung ausdrücken würde.

d. h. dass jede Sünde, die am Altar nicht vergeben wird, auf den Menschen selbst zurückweist. Fühlt der Betroffene immer noch die Last der Sünde, so wird damit die fehlende Liebe aufgedeckt – des Menschen, der „wenig liebt": *„ein Wort des Gerichts"*, aber auch *„ein Wort des Trostes"* (*SKS* 12, 287 / *ZS*, 23), ein zweifacher Sinn, der parallel steht zu dem Wort „heute noch", das wir in der zuvor besprochenen Rede interpretiert haben. Ein Wort des Gerichts, weil Christi Liebe die Liebe des Menschen bloßlegt, oder besser: seine mangelnde Liebe; und das unendlich viel strenger als irgendeine Gerechtigkeit zu richten im Stande ist.[17] Ein Wort des Trostes, denn es weist allein hin auf die – fehlende oder schwache – Liebe des Menschen, es sagt nichts über die Liebe Christi. Wo das Gericht bloßlegt, wie der Mensch an seiner Sünde festhält und damit eigentlich nicht im Stande ist, sich zu verändern, rüttelt dies nicht an der Liebe Christi. Trotz des Gerichts über den Menschen hat das Wort Bestand: „denn eben meine Verurteilung, das Todesurteil über mich und meine elende Liebe, es enthält zugleich etwas anderes: Gott ist unverändert Liebe" (*SKS* 12, 290 / *ZS*, 27). Es besteht darin, dass Christi unveränderliche Liebe die Möglichkeit der Veränderung andauernd offen hält: „Denn da steht nicht, wem wenig vergeben wird ‚*hat*' wenig ‚*geliebt*', nein, da steht: er *liebt* wenig" (*SKS* 12, 291; vgl. *ZS*, 28). Christus vertritt nicht die Gerechtigkeit, die im Gericht den Blick auf das Verbrechen richtet und feststellt: „er hat wenig geliebt"; nein, ganz im Gegenteil, er ist die Liebe, die sehr wohl das Urteil sieht, aber ihm zum Trotz die Aufmerksamkeit auf den nächsten Augenblick richtet: „Er liebt wenig, jetzt, in eben diesem Jetzt. Was aber ist das Jetzt, und was ist der Augenblick – schnell, schnell ist er vorbei; und jetzt im nächsten Augenblick, jetzt ist alles verändert, jetzt liebt er, wenn auch nicht viel, doch strebt er danach, viel zu lieben" (ibid.). Christus hält den nächsten Augenblick offen, wodurch die Liebe dem Menschen zugänglich bleibt – eine Liebe, in die der Mensch hineinwachsen kann.

---

[17] Th. Jørgensen begründet in seinem Artikel „Dom og forsoning i nutidigt perspektiv [Gericht und Versöhnung aus heutiger Perspektive]" die Notwendigkeit der Übernahme des Gerichtsaspekts in die Versöhnung, teils weil ein Fehlen das Risiko mit sich bringt, die Versöhnung zu „einem Vergleich streitender Partner, zur Schlichtung einer Uneinigkeit" (S. 140) zu machen, teils weil „das Unterlassen der Verkündigung von Gottes Gericht den Menschen im Stich lässt, der sich selbst verurteilt" (S. 143). Wir haben schon gezeigt, dass der Mensch an den Gott der Liebe und nicht den der Gerechtigkeit glauben soll – was den Gerichtsaspekt vermissen lassen könnte. Doch in Kierkegaards Auslegung der Liebe, in der Gericht und Trost enthalten sind, liegt derselbe notwendige Zusammenhang, den Jørgensen verteidigt.

Auf dem Hintergrund radikaler Versöhnung ist an der Doppelung von Trost und Gericht festzuhalten, darin besteht das Wort der Nachfolge. Das Abendmahl ist vorüber, soll aber in die kommenden Aufgaben mitgenommen werden. Das erste Wort, das am Ausgang erklingt – noch bevor die Kirche verlassen ist –, stellt kristallklar die andauernde Sünde des Menschen und seine fehlende Liebe heraus. Es zeigt, grob gesagt, dass die Stellvertretung Christi vergebens war, weil der Mensch nicht im Stande gewesen ist, die Gnade und den Segen, die ihm angeboten wurden, zu empfangen. Christus hat dem Menschen die Sünden vergeben – der Mensch aber hängt an seinen Sünden. Dennoch ist es ein Wort des Trostes, das Hoffnung gibt auf ein nicht vergebliches Abendmahl. Denn der Mensch hat Gott gesehen, sein Name ist Christus, und auf dem Weg zurück vom Altar weiß der Mensch etwas, was er auf dem Weg zum Altar nicht wusste: dass Gott unverändert Liebe ist. Und genau diese Unveränderlichkeit Gottes wirkt in entscheidender Weise im Menschen, auch wenn dieser an seinen Sünden hängt. Wenn Gott die unveränderliche Liebe ist, dann ist auch Raum vorhanden, in dem der Mensch sich verändern kann – nach und nach. Gottes Unveränderlichkeit ermöglicht ein Wachstum in der Veränderung des Menschen.

Nachfolge ist somit ein Wachsen in der Liebe, d.h. in der Gegenwart Christi; das ist der Weg zur Erlösung und zum ewigen Leben. Zwei Aspekte sind wesentlich: Einerseits das tägliche Handeln, dessen Bedeutung sich verändert dadurch, dass es in Christi Gegenwart geschieht. Der Mensch versteht sich selbst in Christus, und um in ihm zu bleiben, ist in allem der Zorn zugunsten der Liebe zu opfern, d.h. in der Liebe zu wachsen. Andererseits enthält der Gedanke, in Christus zu sein, einen eschatologischen Aspekt: Indem der Mensch in Christus ist und ihm nachfolgt, sieht er sich bereits an Christi Seite im Jenseits. Diese eschatologische Perspektive wird sichtbar im Schlussteil der dritten Abendmahlsrede der *Christlichen Reden* (die wir schon besprochen haben), wo Kierkegaard einen Liedvers von Thomas Kingo zitiert: „Zu Gottes sel'gem Reich ich fahr, / Beim Herrn zu bleiben immerdar" (*SKS* 10, 292 / *CR,* 295).

Wovon die Nachfolge handelt, zeigt sich am deutlichsten im abschließenden Wort der letzten Abendmahlsrede von 1851: „Deshalb heißt das Abendmahl eine Gemeinschaft mit ihm; es ist nicht bloß zu seinem Gedächtnis; nicht bloß zum Pfand dafür, dass Du Gemeinschaft mit ihm hast, sondern es ist die Gemeinschaft, diese Gemeinschaft, die Du zu bewahren anstreben sollst in Deinem täglichen Leben, indem Du Dich mehr und mehr aus Dir selbst herauslebst und Dich hineinlebst in ihn, in seine Liebe, die die Mannigfaltigkeit der Sünden deckt" (*SKS* 12, 302; vgl. *ZS*, 39). Der Altar ist nicht nur Zeichen für oder Versprechen von einer Gemeinschaft mit Christus – er ist im konkreten Sinn die Gemeinschaft mit ihm, die Aufgabe und das Streben danach, die Gemeinschaft im täglichen Leben zu bewahren. Wenn Kierkegaard die Aufgabe der Nachfolge in einer Bewegung ausdrückt, in der sich der Mensch nach und nach aus sich „herausleben" und in Christi Liebe „hineinleben" soll, greift er auf das Bild der Sünderin zurück. In einer frühen erbaulichen Rede aus *Drei erbauliche Reden 1843* „Die Liebe wird decken der Sünden Mannigfaltigkeit" (2. Rede) beschreibt Kierkegaard die Sünderin so: „Dieser Frau war die Gnade vergönnt, sich gleichsam aus sich selbst herauszuweinen und sich hineinzuweinen in den Frieden der Liebe" (*SKS* 5, 84; vgl. *3R43*, 123).

Wir haben bereits über die Sünderin in einer der Abendmahlsreden gesprochen und die Bewegung auf Christus hin verfolgen können, in der sie mehr und mehr zu nichts wird, er aber ihre Nichtigkeit festhält und sie zu einem Bild macht, d. h. er bildet aus der Nichtigkeit Abwesenheit. Sie weint sich aus sich „heraus" und in Christus „hinein" – in die heilige Gemeinschaft mit ihm. Vollkommen abwesend steht sie in seiner Anwesenheit, so dass sie zum Bild geworden ist. Dies erklärt nicht nur das Eingehen in Christus und seine Art stellvertretend die Sünden zu decken, sondern steht auch für die Nachfolge: mehr und mehr abwesend zu werden in der Gegenwart Christi. Aber während dies beim Abendmahl bedeutet, nichts zu tun – ja weniger als nichts –, verhält es sich im täglichen Leben anders. Hier wird die Gegenwart Christi gerade durch das Tun des Menschen bewahrt, d. h. durch die Taten der Liebe. Nur durch das Streben im täglichen Leben kommt die Liebe zum Ausdruck, bewahrt der Mensch die Gemeinschaft mit Christus und damit auch sich selbst auf dem rechten Weg. Die Sünderin, ja „sie ist auf diesem Weg ein Wegweiser, sie, die viel geliebt hat und der darum die vielen Sünden vergeben wurden" (*SKS* 11, 280; vgl. *KT*, 162).

Kapitel 3

Dritte Zusammenfassung

In den vorigen Kapiteln stand überwiegend Christus im Mittelpunkt der Betrachtung, zunächst als Vorbild, auf das der Mensch im Leiden schauen soll, danach als Zentrum des Altars. In einigen Feldern gab es Übereinstimmungen, aber auch wesentliche Unterschiede in der Art der Darstellung des Christusbildes. Nicht zuletzt im Gedanken der Nachfolge waren Differenzen festzustellen, die darauf hindeuten könnten, dass der Leidenschristologie und der Versöhnungschristologie zwei gänzlich verschiedene theologische Ansätze zugrunde liegen. In der Zusammenfassung des II. Teils haben wir von Kierkegaards deiktischer Theologie gesprochen, jetzt stellt sich die Frage, in welchem Verhältnis die Versöhnungslehre der Abendmahlsreden dazu steht. Denn statt den Menschen beim Weggang vom Altar auf seinen Nächsten zu verweisen, scheint Christus vielmehr derart im Mittelpunkt zu stehen, dass alles andere verschwindet. Die hier vertretene These lautet, dass die Christologie des Leidens (wie sie in der *Einübung im Christentum* zum Ausdruck kommt) jedenfalls nicht auf denselben Grundgedanken beruht wie die deiktische Theologie. Diese andere theologische Richtung soll traktische Theologie (des Hingezogenseins) genannt werden.

3.1. Traktische Theologie

Die Wurzeln der traktischen Theologie liegen weit zurück. Im Zusammenhang mit dem Begriff der Geduld haben wir darüber gesprochen, dass sie einerseits mit der Zeit arbeitet und den Menschen im Gegenwärtigen festhält, andererseits in der Erwartung bereits in der Zeit über die Zeit hinaus geht. Das Beispiel dafür war Anna, die im zeitlichen Sinn trauerte und nichts hatte, wofür sie leben wollte; doch sie lebt in der großen Erwartung auf die Ankunft des Messias, und in dieser geduldigen Erwartung „wich sie nicht vom Tempel" (*SKS* 5,

217; vgl. *2R44,* 132), d.h. sie blieb zugleich im Gegenwärtigen. Alles Gegenwärtige aber wird gerade von ihrer Geduld bestimmt: Physisch an den Tempel gebunden nutzte sie ihre Zeit zum Fasten und Beten, d.h. jede Handlung war eine der Erwartung des Messias. War die Zeit nun bestimmt als Gegenwärtigkeit oder Abwesenheit? Lebt Anna im Gegenwärtigen? Ja, sofern sie täglich im Tempel fastet und betet; aber sofern ihr Sinn ganz und gar nicht bei all dem ist, was um den Tempel herum geschieht, könnte man behaupten, sie sei abwesend. In dieser Weise ist Anna das Bild der Erwartung, ein Bild mit allen Schwierigkeiten, die der Begriff Geduld in sich birgt.

Im Kapitel über die Christologie des Leidens zeigte sich die Parallele zu Anna in der Gerichtetheit der Erwartung auf das Vorbild Christi, während der Mensch selbst im Gegenwärtigen, d.h. im Leiden steht. So wie Anna, von außen betrachtet, sich in einer unerwünschten und wenig attraktiven Position befand, gilt dies auch für den Leidenden, und so wie Anna offenbar lebensfern weiterlebte, in ihrer neuen und reinen Erwartung, lebt auch der Mensch im lebensfeindlichen Leiden, weil er seinen Blick fest auf das Vorbild Christi gerichtet hat. Die Geduld ist damit in beiden Darstellungen virulent, denn sowohl Anna wie auch der Leidende werden im Gegenwärtigen festgehalten. Konkret gesagt darf Anna nicht damit beginnen, rund um den Tempel und draußen im Land den Messias zu suchen, ebenso wie der Leidende frei in das Leiden gehen soll und nicht nach einem Sinn oder nach Trost an anderen Stellen als im Vorbild Christi suchen darf. Die Schwierigkeit von Gegenwärtigkeit und Abwesenheit gilt deshalb auch für den Leidenden, weil das Freudige im Leiden der Ausdruck dafür ist, dass der Mensch schon im Bewusstsein und im Selbstverständnis über das Leiden hinausgekommen ist – im Bund mit der Verheißung der Seligkeit.

Im Hinblick auf die Zeit lässt sich weiter fragen: Gibt es für den, der mit dem Vorbild Christi Leiden auf sich nimmt, eine Zeit vor und nach Christus? Wir hatten festgestellt, dass sich eine Steigerung erkennen lässt beginnend mit „jenem Einzelnen" über den Besorgten bis zum Leidenden. So gesehen liegt diese gesamte Entwicklung vom Beginn der erbaulichen Schriften an *vor* Christus: Sich überhaupt dessen bewusst zu werden, ein Selbst zu sein, und verwiesen zu sein auf das Gottesverhältnis. In der *Einübung im Christentum* aber haben wir den Zustand des Leidenden so beschrieben, dass er von Christus überall umfangen ist. Christus ist hinter dem Menschen, neben ihm und vor ihm. Hinter ihm in seiner noch tieferen Erniedrigung, neben ihm als der Leidende und vor ihm als der Erhöhte, der von dort her den Leidenden zu sich zieht. In dieser Perspektive gibt es deshalb nichts, was vor Christus wäre. Erstens, weil das Vorbild Christi eine Zeitenwende bedeutet, in dem Sinn, dass von nun an die Zeit durch ihn bestimmt wird: Die Zeit zwischen Christi Leben und seiner Wiederkunft ist eine Zeit der „Parenthese" (*SKS* 12, 199; vgl. *EC*, 192), in der auch die Zeit des Leidenden einen Umbruch erfährt, weil er sich in die Zeit der Parenthese einschreibt, die ganz und gar von Christus bestimmt ist. Vor Christus ist, zweitens, auch deshalb keine Zeit, weil der Leidende auf das Vorbild Christi sieht, d. h. der Blick ist immer nach vorne gerichtet, so dass der Mensch, der ins Leiden geht, sich zugleich auch auf dem Weg aus dem Leiden heraus befindet, auf dem Weg in die Seligkeit. Es gibt nichts vor Christus, denn er ist überall: Er ist hinter dem Menschen, neben ihm und er ist voraus in der Verheißung, indem er den Menschen zu sich zieht.

Die Beispiele Annas und des Christus, der den Leidenden umfängt, scheinen nur schlecht zueinander zu passen, denn der Messias wird von Anna ja erwartet, kann sie also nicht jetzt schon überall umfangen. Doch wie groß ist der Unterschied wirklich? Annas und des Leidenden Verhältnis zur Welt scheinen überein zu stimmen, sofern beide bereits über die Welt hinaus sind und ihr gegenüber immun. Mit dem Gedanken, dass der Leidende mehr und mehr das Freudige im Leiden sieht – das ja in der Verheißung, d. h. eschatologisch, begründet ist – rückt Christus immer mehr in ein auf die Zukunft gerichtetes Blickfeld. Der Leidende übernimmt das Leiden nur frei, wenn er das Vorbild, den erniedrigten Christus, vor Augen hat, der sich gehorsam dem Leiden beugt; aber auf seinem Leidensweg wird der Leidende von der Hoheit angezogen, d. h. dadurch dass er Christus in der Hoheit sieht. Wie Anna beim Tempel geblieben ist, so bleibt der Leidende im Leiden, aber er sieht das Freudige darin, dass er auf dem Weg zur Erlösung ist, auf dem Weg des Heils.

Die Überschrift „Geduld in Erwartung" könnte als solche auch für den Leidenden gelten, denn seine Erwartung ist nach vorne auf die volle Gegenwart Christi gerichtet. Der Gedanke von Christi Himmelfahrt und der Allgegenwart Gottes, die für die deiktische Theologie zentral waren, spielen demnach in der traktischen Theologie keine Rolle.[1] Sie ist streng christologisch, aber auch eschatologisch begrün-

---

[1] Hier wird Bezug genommen auf die besondere Rolle der Himmelfahrt für die deiktische Theologie: Christi Weggang bindet einerseits die Allgegenwart Gottes an die Liebe und nicht an die Person Christi, andererseits wird dem Menschen Raum gegeben, seinen Blick auf den Nächsten zu richten. In der traktischen Theologie wird die Himmelfahrt auf andere Weise vorausgesetzt, sofern es der erhöhte, d. h. der

det: Alles ist auf Christus ausgerichtet, das Vorbild Christi dominiert alles; aber es ist das Bild einer Gegenwärtigkeit, das einerseits in der Nachfolge immer mehr an Fülle gewinnt, andererseits aber auch ein eiferndes Vorbild. Während die deiktische Theologie das Doppelgebot der Liebe als das entscheidende Spannungsfeld vor Augen hat, scheint das Vorbild Christi das Gewicht auf das erste der beiden Gebote zu legen: „Du sollst keine anderen Götter haben neben mir" (Ex 20,3). Darin liegt ein wichtiger seelsorgerlicher Zug, weil der Mensch im Leiden davon befreit wird, nach einem Sinn zu suchen, d. h. er ist gerade davon befreit, andere Götter finden zu müssen. Christus ist das Vorbild, an das der Mensch sich im Gehorsam halten soll, während doch die Gewissheit besteht, dass Gott in allem waltet. Darin klingt auch mit, dass der Mensch seine ganze Aufmerksamkeit auf Christus richten soll und nicht anderswohin, wohlgemerkt auf den Christus, der der Leidende ist, und der, obwohl aufgefahren in den Himmel, sich damit nicht entzogen hat. Im Gegenteil, er ist der Einladende, der den Menschen immer stärker zu sich zieht. Während wir vorher gesehen haben, dass Gott von sich wegweist, so weist Christus in der Einladung nur auf sich selbst: „kommt zu mir". Der Mensch wird deshalb nicht zurück in die Welt gewiesen, sondern ihr durch die Einladung entzogen. Christus verweist auf sich selbst, indem er als der leidende Christus in der Erniedrigung spricht, aber auf den Christus in der Hoheit verweist. Der Leidende soll in der Welt bleiben und Leiden auf sich nehmen, denn nur so, durch die Erniedrigung, kann er in Christus hineinfinden. Wenn er aber ins Leiden geht und Christus nachfolgt, wird er aus der Welt in die Ruhe Christi verwiesen, in der ihm eine tiefe und wahre Gemeinschaft mit dem erhöhten Christus verheißen wird.

Die traktische Theologie ist christozentrisch, weil das Vorbild Christi alles in Anspruch nimmt. Christus ist „der Weg, die Wahrheit und das Leben", wie es im Johannesevangelium heißt (Joh 14,6): der Weg aus der Welt heraus in das ewige Leben. Das ist eigentlich keine Wahrheit, die die Welt umformt, oder besser, sie tut dies in besonderer Weise: Erstens wird endgültig klar, dass die Welt der Ort des Leidens ist, mehr noch, sie ist der Ort des Bösen, weil sie das Gute mit Bösem verfolgt. Das ist mit dem Vorbild Christi nachgewiesen, denn seine Kreuzigung und sein Tod sind nicht zufällig geschehen. Zweitens kommt die Welt zum Verschwinden in dem alles dominierenden

---

zum Himmel aufgefahrene Christus ist, der aus der Hoheit zu sich zieht. Es liegt also nicht dasselbe Verständnis von Himmelfahrt vor, weil die Allgegenwart und Unsichtbarkeit Gottes, die für die deiktische Theologie entscheidend sind, in der traktischen Theologie nicht zum Ausdruck kommen.

Bild, auf das der Mensch sich unbedingt konzentrieren soll: Die Welt wird nicht nur relativiert, sondern sie wird zu nichts. Das Leiden verschwindet und wird zur Freude, d.h. die Welt verschwindet und der Mensch sieht sich bereits mit Christus in ewiger Gemeinschaft. Dieser christozentrische Zug der traktischen Theologie schließt eine Schöpfungstheologie aus. Die Welt ist bestenfalls eine verschwindende, und sofern sie besteht, ist sie das Böse, das das Gute verfolgt. Die Welt ist der Ort des Leidens, denn „man leidet nur einmal", weil man immer und unaufhörlich leidet (*SKS* 10, 109 / *CR,* 101 f.). Die Welt ist vorläufig, ein Übergang, der nur überstanden und durchlebt werden muss – oder besser: durchlitten –, damit der Mensch nach Hause zurückkehren kann; schon jetzt weiß er, dass er rechtmäßig zur ewigen, seligen Gemeinschaft mit Christus gehört. Anders gesagt, es geht hier um die pietistische Vorstellung der Pilgerschaft: Der Mensch ist ein Gast auf Erden, seine Heimat ist an einem anderen Ort.[2]

Wie für die Schöpfungstheologie kein Raum bleibt, so auch schwerlich für das Ethische, d.h. für das Verhältnis zwischen dem Einzelnen und dem Anderen. Wiederum verschwindet der Andere in der Dominanz Christi. Im Zentrum steht das erste Gebot: „Du sollst keine anderen Götter haben", und in dieser Sicht eines eifersüchtigen Christus ist kein Platz für den Nächsten, denn der Gehorsam ist voll und ganz auf das Leiden des Menschen und seine Unterwerfung gerichtet: Gott waltet in allem. Das Handeln des Menschen nach außen ist demnach nicht im Blick, auch nicht die Nächstenliebe. Man könnte allerdings eine Ethik der Nächstenliebe aus dem Leidensgedanken und dem Gedanken über die Welt als Widerstand abzuleiten versuchen, weil In-das-Leiden-gehen auch Den-Nächsten-lieben bedeuten kann. Nach dieser Logik würde der Nächste das Gute aber mit Bösem beantworten, und der selbstlos Handelnde käme nur tiefer ins Leiden. Beispielhaft dafür ist das Vorbild Christi: Indem er die Menschen liebte, liebte er die, die ihn getötet haben. Dem Christen aber eine fast göttliche Präszienz zu verleihen, aufgrund derer er den Nächsten bereits durchschaut hat, erscheint zum einen als merkwürdiger Zugang zur Nächstenliebe, und zum anderen steht dies in direktem Gegensatz zu Kierkegaards Menschenbild, in dem die fundamentale Verborgen-

---

[2] Mit V. Mortensen formuliert: „Kierkegaards Nachfolgetheologie wird vom Gedanken der Pilgerschaft dominiert [...]. Das Leben hier auf Erden ist dem Menschen eigentlich fremd" (*Lidelsens problem,* S. 32f.). – Während die traktische Theologie wesentlich auf ihre Entwicklung in der *Einübung im Christentum* bezogen und beschränkt wird, versteht Mortensen die *Einübung* zugleich rückwirkend so, dass Kierkegaards Leidensbegriff im Ganzen von hier aus interpretiert werden muss.

heit des Anderen und seine Undurchschaubarkeit alles entscheidend sind.[3]

Eine in dieser Weise abgeleitete Nächstenliebe zeigt ihren verfehlten Charakter auch an anderer Stelle. In der deiktischen Theologie war das Allgemein-Menschliche wesentlich, der Grundgedanke, dass der Mensch in eine große Gemeinschaft eingeschrieben ist, ganz einfach deshalb, weil er Mensch ist. Gemeint ist hier nicht nur die Gemeinschaft des Einzelnen mit Gott, sondern ihre weitere Perspektive, in der der Einzelne das Menschliche mit allen anderen gemeinsam hat. Der christliche Mensch versteht sich als Mensch vor Gott, dadurch auch als Mensch in fundamentaler und tiefer Gemeinschaft mit dem Anderen (s. II.2 zum Begriff der Einmütigkeit). In der traktischen Theologie ist dieser Gedanke nirgendwo beheimatet. Die Welt ist, vorbehaltlos gesagt, böse, und der andere Mensch – es sei denn er ist Christ – ist der, der das Gute mit Verfolgung und Widerstand beantwortet. Die Gemeinschaft mit dem Allgemein-Menschlichen ist infolgedessen zerbrochen.[4] Zwischen dem Nicht-Christen und dem Christen besteht ein fundamentaler Unterschied, nämlich böse oder gut zu sein, sich auf dem Weg der Sünde oder dem Pfad der Gerechtigkeit zu befinden. Sofern man davon sprechen kann, sich mit Christus in eine menschliche Gemeinschaft einzuschreiben, ist dies nur eine Gemeinschaft mit den übrigen Christen. Aber selbst dies ist zweifelhaft, weil alles ausschließlich auf Christus konzentriert wird. Die Gemeinschaft

---

[3] Für jede Ethik, wie es Kierkegaard in *Die Taten der Liebe* entwickelt hat, ist der Begriff der Möglichkeit grundlegend: Dass der andere Mensch mehr sein könnte, als das, wonach er aussieht, und dass das, was unmittelbar als Feindschaft und Widerstand erscheint, die Liebe nur verdeckt. Gerade weil der eine Mensch den anderen nicht durchschauen kann, ist die Möglichkeit der Liebe immer zugegen. Auch in der Bedeutung Christi als Seelsorger war die Undurchschaubarkeit entscheidend. Der Gedanke, dass keiner den anderen durchschauen kann, zeigt auch, dass keiner sich in das Leiden eines anderen Menschen hinein zu versetzen in der Lage ist. Es gibt Leiden, in denen der eine dem anderen keinen Trost spenden kann – weil ihm das Innerste des anderen Menschen immer entzogen bleibt. Christus hingegen kennt das Innerste eines Menschen, und deshalb ist er der Seelsorger und genau genommen der einzige.

[4] K.E. Løgstrup interpretiert Kierkegaards Begriff der Nächstenliebe im Kontext des Leidens, z.B. in *Opgør med Kierkegaard* (S. 54) heißt es: „Die Liebe lebt aus dem Unverstand des anderen, der sie als Hass auffasst und sie in Leiden verwandelt. Nur der Märtyrer ist Christ, und dies löst die christliche Liebe vom gegebenen Leben ab." Nicht zuletzt im Zusammenhang mit der Interpretation der *Taten der Liebe* habe ich auf die Berührungspunkte zwischen der Liebe und dem Allgemein-Menschlichen hingewiesen und ebenso, in theologischen Begriffen gesagt, auf das Verhältnis von Offenbarung und Schöpfungstheologie.

ist also eine Gemeinschaft zwischen dem Einzelnen und Christus, und es sieht nicht danach aus, als sollte sie sich weiter ausbreiten. Im Gegenteil, sie hat mystische Züge in dem Wunsch, eins zu werden mit Christus, selbst zu verschwinden, so dass Christus alles wird.

Wir wollen damit die traktische Theologie verlassen und stattdessen prüfen, wie die Christologie der Versöhnung den anderen Grundgedanken aus Kierkegaards erbaulichem Werk, die deiktische Theologie entfaltet.

3.2. Deiktische Theologie

Wir kehren damit wieder zur deiktischen Theologie zurück und betrachten sie jetzt auf dem Hintergrund des Kapitels über Versöhnung. Obwohl alle jene Reden, auf deren Basis die Versöhnung entwickelt wurde, später liegen als die *Erbaulichen Reden in verschiedenem Geist* und *Die Taten der Liebe,* lautet hier die These, dass die Abendmahlsreden eine Art ‚missing link' zwischen Reue und Liebe darstellen. Am Altar wird das Gottesverhältnis des Verwiesenseins freigesetzt, und vom Altar aus wird der Mensch zurück in die Welt gewiesen. Chronologisch sind die Abendmahlsreden später entstanden als *Die Taten der Liebe,* aber mit ihrem Grundgedanken, auf dem die deiktische Theologie aufgebaut ist, liegen sie faktisch davor.

Die fehlende Verbindung ist Christus, der selbst am Altar zugegen ist, d. h. der Christus der Versöhnung. Erinnern wir uns, dass der Mensch, der zum Abendmahl geht, der Sünder ist; sein Gang ist getragen von der tiefen Sehnsucht nach Vergessen. Der Mensch, der hinauf geht zum Altar, ist das auf Gott verwiesene Geschöpf, dessen Gottesverhältnis ein Missverhältnis geworden ist. Die Sünderin, die viel geliebt hat, deren Liebe aber ihren Ausdruck nur im Selbsthass finden konnte, ist hier das passende Bild. Ihr einziger Wunsch besteht darin, sich selbst zu vergessen, sich von sich selbst zu befreien, und die Einladung Christi ruft in ihr genau diese Sehnsucht wach: „Kommet her zu mir alle, […] ich will euch Ruhe geben". Auch hier ist Christus der Einladende, aber nicht wie in der traktischen Theologie, indem er den Leidenden zur ewigen Seeligkeit einlädt, sondern in einem konkreteren Sinn steht er hier selbst mit ausgebreiteten Armen am Altar und empfängt die Sünder. Das ist der wesentliche Unterschied.[5]

---

[5] Ein wichtiges Thema im Zusammenhang des Leidens war das Allgemein-Menschliche, in den Reden, die vor der *Einübung im Christentum* entstanden sind, und ihre

Am Altar versöhnen sich Mensch und Gott, weil Christus dazwischen tritt. Er ist der Stellvertreter, der sich an die Stelle des Menschen setzt und für die Schuld des Menschen Genüge tut. Gott sieht nur Christus, der an die Stelle des Menschen getreten ist. Am Altar erfüllt sich dieser Wunsch, dort findet der Mensch Vergessen und Ruhe, er kann sich verbergen in Christi heiligem Leib, ist vergessen für Gerechtigkeit und Gewissen, d. h. für Gott und für den Menschen.[6] Von Christus eingeladen und jetzt im heiligen Leib Christi geborgen, sieht der Mensch auch nicht Gott, sondern nur Christus. Das ist die konkrete Bedeutung dessen, dass Christus am Altar alles wird: Gott und Mensch verschwinden, denn Gott sieht nur den Menschen in Christus und der Mensch sieht nur Gott in Christus – der wahre Gott und der wahre Mensch steht allein am Altar. Aber wer verschwindet und wer wird vergessen? Das sind der Mensch als Sünder und der gerechte Gott; sie verschwinden, weil Christi heiliger Leib dazwischen getreten

---

(alles entscheidende) Darstellung dessen, wie allgemeines Leiden zu tragen sei. Die traktische Theologie operiert im Wesentlichen mit dem speziell christlichen Leiden, wie es in der *Einübung* zum Ausdruck kommt. Die Frage ist nun, welcher Ort dem allgemeinen Leiden zukommt, denn es gehört eigentlich nicht in die traktische Theologie. Zu prüfen wäre, ob es in die deiktische Theologie passt, weil mit der Betonung des schmerzvollen Gangs zum Altar an einer relevanten Stelle über das Leiden gesprochen werden kann: Erstens, weil am Beispiel des Zöllners und der Sünderin ihr Leidensweg deutlich wird, ein Leiden, wie der Schmerz der Reue, der sich nicht selbst befreien kann; was ganz allgemein gilt, sofern es zum Selbstwerden und zum Gottesverhältnis gehört, d. h. in das Gottesverhältnis des Verwiesenseins. Zweitens, weil Christus einlädt. Es geht somit nicht nur um Leiden, sondern auch um das Vorbild Christi und die Verheißung, schon auf dem Weg hinauf zum Altar. In die Spannweite der deiktischen Theologie, zwischen Beichte – Abendmahl – Taten der Liebe, lässt sich das Leiden zwischen Beichte und Abendmahl einordnen; vielleicht eher noch als eine Vertiefung im Verständnis der Beichte (deren Themen Schuld und Reue dem Gang des Zöllners und der Sünderin zum Altar gleichen). Schließlich kommt als weitere Perspektive hinzu die Bewegung: Heiliger Geist – Christus – Gott – Christus – Heiliger Geist, wie früher schon gezeigt. In dieser Perspektive ließe sich vom Leiden und vom Vorbild Christi sprechen – auch vor dem Abendmahl.

[6] Wir hatten schon gesehen, dass das Leiden durch den Ausdruck „ganz allein gehen" bestimmt wurde, und das Handeln Christi als Seelsorger bestand darin, dass selbst der Mensch, der von der ganzen Menschheit verlassen und ausgestoßen ist, in Christus immer einen Mitmenschen findet, wodurch die Menschlichkeit im Leiden bewahrt wird. Wenn Erlösung jetzt bedeutet, sich selbst zu vergessen, so ist dies Ausdruck eines anderen Aspekts im „ganz allein gehen", nämlich für das Leiden der Sünde. Es ist nicht nur ein Ausdruck für Einsamkeit oder Ausgestoßensein, sondern auch dafür, nicht von sich selbst loszukommen, d. h. für das Leiden in der Reue. Damit verstärkt sich die Bedeutung der Seelsorge Christi: Seelsorgerlich Handeln heißt zuletzt Handeln zur Erlösung, in der der Mensch Ruhe in Christus findet und sich selbst vergisst.

ist und den Blick auf Gott und den Menschen verdeckt. In diesem Sinn kann vom Deus absconditus und vom Homo absconditus gesprochen werden, Gott und Mensch sind verborgen. Beide sind auch zugegen, aber der Mensch soll sich zu Christus halten und an ihm festhalten – damit Gott und Mensch vergessen gehen.

Das könnte dahingehend verstanden werden, dass Christus wiederum zum alles verschlingenden Mittelpunkt wird. Dagegen ist schwer etwas einzuwenden, sofern beide, Gott und Mensch, in Christus aufgenommen sind. Entscheidend aber ist, dass der Altar nicht als Endpunkt, sondern als Übergang zu einem neuen Leben, einem neuen Gottesverhältnis aufgefasst wird; der Übergang, in dem das Gottesverhältnis des Verwiesenseins zugunsten des Hinweises auf den Nächsten unterbrochen wird. Zur Christozentrik käme es nur dann, wenn sich Christus nicht selbst im Hinweisen auf die Welt zurückgezogen hätte. So aber weist Christus den Menschen weg vom Altar zurück auf seinen Nächsten, in dieselbe Welt, aus der er gekommen ist. Diese bleibt unverändert, trotzdem aber wird alles neu sein: Weil das Gebot neu ist, der Mensch versöhnt und damit frei, dem neuen Gebot Folge zu leisten, nicht mehr nur Gott zu lieben, sondern auch seinen Nächsten. Die Abendmahlsreden formulieren es so: „wenn du vom Altar fortgehst", sollst du Gott „deinen Zorn opfern" (*SKS* 10, 292 / *CR*, 294). Die Welt ist unverändert und doch ist alles anders, denn sie ist der Ort, auf den der Mensch verwiesen ist, der Ort, an dem die neue Gemeinschaft der Liebe sich entfalten und leben soll. So wie Christus sich zurückgezogen hat, so hat er auch versprochen, selbst in der Liebe zugegen zu sein, d. h. im Opfern des Zorns. Die Aufgabe lautet also, an Christus festzuhalten und nicht auf den gerechten Gott zu schauen, der hinter Christus verborgen ist; auch der Sünder soll nicht sichtbar werden, der doch immer im Menschen lebendig bleibt. Stattdessen geht es darum, nach vorne auf das gegenwärtige Handeln zu achten, worin der Zorn geopfert und die Liebe gefördert werden. Darin liegt die neue Gemeinschaft und die neue Gegenwart Gottes.

Deshalb gilt es an Christus festzuhalten, an den Deus revelatus zu glauben und diesen dem Deus absconditus vorzuziehen; an den Homo revelatus zu glauben – dem Homo absconditus zum Trotz. Die Sünde stirbt, indem sie übersehen wird, ihre Macht wird zu Tode ignoriert, und das ist nur möglich, weil der Mensch teils durch Christi Stellvertretung versöhnt, teils auf die künftige Liebe verwiesen ist. Formuliert im Sinne unseres Kapitels über die Zeit (s. I.1) bedeutet das: Durch die Versöhnung hat der Mensch die Vergangenheit endlich zurückgelassen und im Hingewiesensein liegt das Zukünftige offen in einem völlig neuen Licht. Diese Welt und der konkrete andere Mensch sind der Ort für die Gemeinschaft der Liebe, getragen von Gottes Geist, der abermals eine Grenze zwischen Dunkel und Licht gesetzt hat, zwischen Tag und Nacht. Mit dem Opfer Christi ist die Dunkelheit vorüber und der Tag gekommen, an dem es wieder möglich ist, Gottes Mitarbeiter zu sein. Kraft der absoluten, für die Versöhnung charakteristischen Passivität des Menschen (des Menschen, der weniger war als nichts), ist er wieder im Stande, in der Gegenwart des Geistes zu arbeiten. Ja, er ist nicht nur im Stande, er ist auch darauf hingewiesen zu arbeiten, denn nur in den Taten der Liebe kann er sich in der Gemeinschaft der Liebe, in der Gott voll und ganz zugegen ist, bewahren.

Das Leben im Hingewiesensein ist nicht eschatologisch gebunden, wie wir es in der traktischen Theologie gesehen haben, sondern bezogen auf die Aufgabe im Hier und Jetzt. Der Grund dafür ist die alles entscheidende Realpräsens Christi am Altar. Christus ist selbst zugegen und nur deshalb kann sich der Mensch in ihm verbergen und nach draußen in die Welt verwiesen werden, während Christus sich von der Welt zurückziehen kann. Weil er selbst in Brot und Wein mit seinem heiligen Leib und Blut zugegen ist, ist er an erster Stelle Versöhner. Das ist die Voraussetzung für das Gottesverhältnis des Hingewiesenseins, der deiktischen Theologie. Ohne Versöhnung bleibt der Mensch in der Sünde gebunden und das Gottesverhältnis gefangen in der Sackgasse des Missverhältnisses. Nur weil Christus selbst zugegen ist, kann er den Menschen auf die Welt zurück verweisen.

Zum Weg zurück vom Altar gehören daher drei Elemente: Erstens, Christus versöhnt den Menschen; zweitens, er verweist ihn auf seinen Nächsten; und drittens, Christus zieht sich zurück. Wir haben gesehen, dass der Gedanke der Realpräsens für alle drei Elemente entscheidend ist, aber jedes Element ist durch den Übergang zum und vom Altar geprägt. Mit der Versöhnung ist die Auseinandersetzung mit dem alten Menschen verknüpft. Die Macht der Sünde ist gebrochen, und trotz seines weiterbestehenden Daseins als Homo absconditus ist der Mensch durch Christi Genugtuung losgekauft. Zum Hingewiesensein gehört auch das neue Gebot, „den Zorn zu opfern"; oder mit den *Taten der Liebe* gesagt: „du sollst deinen Nächsten lieben wie dich selbst"; oder mit den Worten des Johannesevangeliums: „Ein neues Gebot gebe ich euch, dass ihr euch untereinander liebt, wie ich euch geliebt habe, damit auch ihr einander lieb habt" (Joh 13,34). Schließlich gehört zum Zurückziehen Christi der Gedanke der Allgegenwart. Mit der Realpräsens Christi am Altar ist die Gegenwart Gottes an den Altar gebunden: „kommt zu mir" heißt es vom Altar aus, denn hier ist Christus zu finden. Das impliziert den Gedanken der Ubiquität. Gott ist allgegenwärtig, aber er ist nicht zu finden abgesehen vom Altar; dort, wie er selbst gesagt hat, wird er sein. Wenn Christus sich deshalb zurückzieht, wird die Gottesgegenwart vom Altar gelöst und Christus gibt das Versprechen zu einer neuen Gegenwart, die nicht mehr an den Altar gebunden ist, sondern an die Liebe. Wo der Mensch seinen Zorn opfert, ist Christus selbst zugegen. In der Zusammenfassung des II. Teils haben wir die deiktische Theologie teilweise auf dem Hintergrund der Himmelfahrtstheologie des Johannesevangeliums ausgelegt: Christus muss weggehen, damit der Fürsprecher (der Heilige Geist) an seine Stelle treten kann. Das Zurückziehen Christi hat seinen Grund gerade im Kommen des Heiligen Geistes. Die Realpräsens Christi am Altar wird deshalb bei seinem Weggang in dem Versprechen einer neuen Gegenwart der Liebe aufgehoben.

Das also ist das neue Leben in Christus, das durch seinen Tod, seine Auferstehung und seine Himmelfahrt möglich wurde. Es ist in drei Stufen begründet: in Versöhnung, Hinweisen und Weggang. Denn mit diesen dreien ist das Alte abgegolten, der Mensch ist auf die Welt verwiesen und schließlich ist Gott, der allgegenwärtige, überall in der Welt zugegen, im Nahen und im Fernen: Ein neuer Mensch, ein neues Gottesverhältnis und eine neue Welt – alles ist neu. Neu, weil die Sünde durch die Versöhnung vernichtet ist und der Mensch damit freigesetzt, seine Liebe dort zu entfalten, worauf Gott ihn verwiesen hat; neu aber auch, weil das Alte damit abgegolten ist. Der Mensch war in der Welt und auf Gott verwiesen; jetzt ist er in Gott und wird aufs Neue auf die Welt hingewiesen. Der Mensch ist mit der allgemein- menschlichen Voraussetzung geschaffen, sich selbst zu achten und zu lieben, d. h. er ist geschaffen in Liebe und zur Liebe; und nun ist sein Leben eine Gemeinschaft der Liebe geworden – mit der Aufgabe zu lieben. Dies ist dem Menschen eigentlich nicht fremd, sondern im Gegenteil das, wozu er geschaffen ist. Aber jetzt erst, mit Christi Versöhnung, Hinweisen und Weggang wird all das vollendet, was dem Menschen im Grunde bereits gegeben war. Somit ist es keine Neuschöpfung im traditionell lutherisch-orthodoxen Verständnis (als eine andere *creatio ex nihilo*), sondern es ist das Alte, das neu geworden ist. Es ist der Mensch, der in Sünde gefallen war, der jetzt erst eigentlich Mensch wird; d. h. es geht um Neuschöpfung in der Perspektive der Erhaltung als fortwährende Durchführung der *creatio ex nihilo*, ein dynamisches *ex nihilo*.

Um noch einmal den Unterschied zwischen der traktischen und der deiktischen Theologie zu markieren, können wir das neue Leben aus der Perspektive der Geduld betrachten. In der deiktischen Theologie ist der Mensch in anderem Maße an das Gegenwärtige gebunden, weil die Erwartung eingelöst ist. Christus war selbst zugegen, der Mensch ist versöhnt und verwiesen auf die Taten der Liebe in der Welt. Die Erwartung ist eingelöst, aber damit ist nicht gesagt, dass die Zeit zu Ende und das Zukünftige verschlossen wären; im Gegenteil, sie sind immerwährend offen, weil das Verwiesensein auf seinen Nächsten und die Welt zu immer neuen Aufgaben rufen. Hier hat der Mensch Christus nicht vor sich, sondern den auferstandenen Christus im Rücken, und damit das Mandat – und die Pflicht –, seinen Nächsten zu lieben. Das Zukünftige ist deshalb die Zeit der Liebe und nur insofern die Zeit der Erwartung. Es ist sogar eher eine Zeit der Hoffnung als der Erwartung, einer Hoffnung, die ebenfalls nach vorne gerichtet ist, aber immer in Relation zur Liebe bleibt, die Hoffnung, dass die Liebe alles überwindet. Die Geduld, die in der Hoffnung begründet ist, dass die Liebe alles überwindet, bleibt in der Liebe und damit auch im Gegenwärtigen. Nicht in einer Relativierung der Welt oder im Warten auf das, was noch kommen wird, sondern als ein Beschäftigtsein und als ein Engagement im Gegenwärtigen, weil dies schon die Zeit der Liebe und der Gemeinschaft ist. Nicht im Sinn eines „wenn der Herr kommt ...", sondern im Hier und Jetzt, das in der Realpräsens Christi am Altar und in der neuen Gegenwart Gottes in der Liebe begründet ist. Der Unterschied kann so gefasst werden: Während wir Anna sehen als diese „ehrwürdige Frau, deren Sinn zwischen den Gräbern weilt" (*SKS* 5, 212 / *2R44,* 126), baut die deiktische Theologie auf die Auferstehung Christi. Der Tote ist auferstanden, und deshalb ist der Lebenssinn nicht mehr an den Gräbern, sondern zurück im Leben. Der Glaube daran, dass die Liebe alles überwindet, ist im Grunde genommen der Glaube an die Auferstehung, daran, dass die Liebe den Tod besiegt hat und deshalb ewig besteht. Das Hier und Jetzt ist in der Realpräsens Christi und der Gegenwart Gottes in der Liebe begründet, dazwischen aber liegt der Weggang Christi: Auferstehung und Himmelfahrt zwischen Tod und Leben.

Schluss

Die Religiosität des Erbaulichen

In der Einleitung haben wir die erbaulichen Reden mit den Worten von K. Olesen Larsen als „eine Bewegung auf der Stelle" beschrieben.[1] Nun, da wir am Ziel sind, wollen wir auf den Anfang zurückkommen und überlegen, was bisher geschehen und was erreicht ist. Wir haben mit der „Existenz in der Welt" begonnen (I. Teil) und geendet bei „Gott in der Welt" (II. Teil) – und dazwischen lag „Die Welt des Kreuzes" (III. Teil). Anders gesagt, wir haben mit dem Verwiesensein des Menschen auf Gott begonnen und geendet mit Gottes Hinweisen auf den anderen Menschen – und dazwischen lag die Versöhnung. Kierkegaard selbst hat nicht mit einem ersten Anfang oder an einer besonderen Stelle eingesetzt, sondern mit der Existenz in der Welt, d.h. mit dem Menschen, der bereits in der Welt unterwegs ist. Nicht der Ort ist entscheidend, sondern die Bewegung, denn in ihr, in dem was der Mensch unterwegs tut, geschieht das Entscheidende. Dieser indirekte Zugang zum Gottesverhältnis ist ein durchgehender Zug der erbaulichen Reden. Worin aber besteht die Bewegung, die für den Menschen auf seinem Weg charakteristisch ist? Es geht um zwei Parallelbewegungen in entgegengesetzter Richtung: Der Mensch, der sich unterwegs dessen bewusst wird, bereits auf Gott verwiesen zu sein, versucht daraufhin, in diesem Verhältnis wieder zu sich selbst (zurück-)zufinden; während Gott dem Menschen entgegentritt, das Verhältnis nicht nur wiederherstellt und damit den Menschen erlöst, sondern es erneuert, indem er den Menschen auf seinen Nächsten hinweist. Diese beiden Bewegungen ließen sich im Gottesverhältnis der Reue und im Gottesverhältnis der Selbstverleugnung beobachten. Die Reue wird notwendig, weil ‚etwas dazwischen gekommen ist'; und die Reue ist durchgreifend und allumfassend, weil der Mensch im Gewissen und in der Schamhaftigkeit sich vor Gott gestellt und erkannt weiß. Die Reue, das ist der Kampf des Menschen mit sich selbst Gott gegenüber, ein Kampf, den

---
[1] K. Olesen Larsen *Søren Kierkegaard. Ausgewählte Aufsätze*, S. 107.

der Mensch nicht gewinnen und dem er sich nicht entziehen kann. Er kann ihn nicht gewinnen, weil er mit sich selbst kämpft, kann sich ihm aber auch nicht entziehen, weil er sich damit dem Gottesverhältnis entzöge. Ein unmöglicher Kampf, dessen andere Möglichkeit sich allein der Kraft Gottes verdankt: in der freimütigen Reue, die ihren Segen in der Strafe findet, und im Gottesverhältnis der Selbstverleugnung. In beidem liegt die Klarheit der Offenbarung: Seinen Nächsten zu lieben und ein Bewusstsein von sich selbst zu haben – als Sünder, der in und zur Liebe bestimmt ist. Die Selbstverleugnung besteht somit darin, den Sünder in fortwährendem Streben in Liebe zu verleugnen. Gott ist Mensch geworden und hat eine Differenz gesetzt zwischen dem, was der Mensch geworden ist (Sünder), und dem, wozu er bestimmt ist (Liebe). Mit Gott als Zwischenbestimmung gewinnt der Mensch eine neue Möglichkeit, nämlich zu bleiben, was er ist: Liebe.

Die deiktische Theologie setzt das Gottesverhältnis des Verwiesenseins voraus, aber mit Gottes Hinweisen auf den anderen Menschen erneuert sich das Gottesverhältnis an einem anderen Ort. Der Mensch kann wieder freimütig vor Gott stehen, aber Gott weist ihn von sich weg auf seinen Nächsten, und der Ort des Gottesverhältnisses ist die Welt. Gott ist nicht länger der, dem der Mensch gegenübersteht, stattdessen stellt Gott ihn dem anderen Menschen gegenüber und zieht sich selbst als Zwischenbestimmung zurück. Gerade so wird Gott im zwischenmenschlichen Verhältnis gegenwärtig, jedes Verhältnis wird zum Gottesverhältnis. Im Gottesverhältnis der Reue und der Selbstverleugnung ist diese Spannung zu erkennen, wie sie auch im Doppelgebot der Liebe zum Ausdruck kommt (Mk 12,28-34): „du sollst den Herrn, deinen Gott, lieben von ganzem Herzen" (Reue), und „du sollst deinen Nächsten lieben wie dich selbst" (Selbstverleugnung). Doch erst im III. Teil „Die Welt des Kreuzes" wird die Voraussetzung dieser Zwischenbestimmung entwickelt: Dass Gott zur Versöhnung Mensch geworden ist und Christus am Altar an die Stelle des Menschen tritt, beides sind bereits Voraussetzungen für den Freimut der Reue; und dass Christus den Menschen weiter auf den Anderen verweist und selbst weggeht, das sind Voraussetzungen für die Entfaltung der Nächstenliebe. Denn nur dadurch wird Gott als Bestimmung (des Verwiesenseins) zum Gott als Zwischenbestimmung (des Hinweisens). So wie für Anna der Tod ihres Mannes die Verunendlichung der Liebe bedeutet, in einer Allgegenwart, die den zeitlichen Gegenstand transzendiert, so bedeutet Christi Weggehen Gottes Allgegenwart in der Liebe unter den Menschen. Aber auch ein anderer Aspekt ist analog, nämlich die Voraussetzung für die Allgegenwart: Ebenso wie Anna ihren Mann geliebt hat und damit die Liebe schon kannte, liebt auch der Mensch Gott schon, indem er sich an ihn verwiesen weiß.

Im III. Teil kommt dagegen auch eine ganz andere Religiosität zur Geltung, die wir als traktische Theologie bezeichnet haben. Während die deiktische Theologie als Entfaltung des Doppelgebots der Liebe betrachtet werden kann, ist die traktische Theologie im Sinn des ersten Gebots zu verstehen: „Du sollst keine anderen Götter haben neben mir" (Ex 20,3). Alles wird konzentriert auf Christus, und der seelsorgerliche Aspekt des Gebots (dass der Mensch allein bei Gott Trost und Hilfe aus dem Leiden findet) gerät aus dem Blick. Stattdessen wird die Exklusivität betont, die Welt und der Nächste stehen in einem prinzipiellen Gegensatz zum Menschen in der Nachfolge Christi, und es bleibt kein Raum, die Aufmerksamkeit anderswohin zu richten.

Erbauliche Religiosität im Gegenüber zu Climacus' Religionstheorie

Die in der Einleitung vorgetragenen Thesen bedeuten auch, dass das erbauliche Werk im Verhältnis zum Grundgedanken der deiktischen Theologie zeitverschoben auftritt: *Die Taten der Liebe* setzten die Versöhnung voraus, wie sie erst in den späteren Abendmahlsreden zum Thema wird. Die dritte der genannten Thesen aber kommt erst jetzt zum Tragen – im Vergleich mit der Religionstheorie des Climacus.[2] Die These lautete, dass die deiktische Theologie sich nicht in den Rahmen der von Climacus aufgestellten Kategorien (der Religiosität A und B) einfügen lässt, während die traktische Theologie Ähnlichkeiten mit der Religiosität B aufweist. Die kritischen Punkte lassen sich unter drei Aspekten betrachten: dem Gottesbegriff, dem Gottesverhältnis und dem Ethischen (dem Verhältnis zum anderen Menschen).

Im erbaulichen Werk (im Sinne der deiktischen Theologie) sind wir Gott als dem lebendigen Gott begegnet. Gott ist der Schöpfer, insofern Grund des Menschen, aber er ist ebenso der Erlöser, der als eine

---
[2] Anzumerken ist, dass die Religionstheorie des Climacus, wie sie hier dargestellt wird, nicht als Ausdruck der Religiosität des gesamten pseudonymen Werks gilt. Zudem muss gesagt werden, dass die folgende Darstellung die Probleme der Religionstheorie des Climacus polemisch akzentuiert, die in einer breiter angelegten Interpretation durchaus anders gefasst werden könnten. Wenn wir uns im Folgenden allein auf Climacus beziehen, so liegt dies an der hier gebotenen Beschränkung. Es gibt aber auch besondere Gründe, gerade Climacus hervorzuheben. Er präsentiert nicht nur eine fertige Theorie, sondern er spielt auch eine entscheidende Rolle für die Rezeption der erbaulichen Reden. Deshalb muss auf die Unstimmigkeiten zwischen seiner Theorie und der erbaulichen Religiosität hingewiesen werden.

neue Möglichkeit mitten in die Nichtigkeit des Todes einbricht. Und er ist der, der selbst weggeht, um dadurch der Grund für jedes Verhältnis zwischen den Menschen zu werden. Der Gottesbegriff ist dynamisch und damit trinitarisch in seiner Struktur: Gott als Schöpfer, Erlöser und bleibende Gegenwart in Liebe. Ein solcher Gottesbegriff findet sich bei Climacus nicht. Seine Religionstheorie kennt die zwei Kategorien, Religiosität A und B: A vertritt die allgemeine Religiosität, B die christliche.[3] Der Grundbegriff der Religiosität A liegt im Gedanken der ewigen Seligkeit, dem Maßstab, nach dem der Mensch sich selbst beurteilt. Insofern ist die Religiosität A allgemein und immanent, d.h. der Mensch findet aus sich selbst heraus zum Gottesgedanken.[4] Gott ist somit nicht der lebendige dreieinige Gott, sondern eher das höchste Prinzip, das eine ethische Idealität begründet: Dass sich der Mensch in jedem Augenblick relativ zum Relativen und absolut zum Absoluten verhalten soll (*SKS* 7, 370 / *AUN* II, 113). Anders in der Religiosität B. Sie ist transzendent begründet, das bedeutet, dass Gott außerhalb des Menschen ist und vor allem etwas, worauf der Mensch nicht selbst kommen kann. Der Gottesbegriff ist die „Bestimmung von Gott in der Zeit als einzelnem Menschen" (*SKS* 7, 510 / *AUN* II, 272). Aber trotz dieses explizit christlichen Gottesbegriffs fehlt hier der Gedanke des lebendigen dreieinigen Gottes. Es bleibt bei einem minimalistischen Gottesbegriff: Christus ist der Gott in der Zeit, ein Paradox, das sich nicht denken lässt.

Der Charakter des Gottesbegriffs ist natürlich von Bedeutung für das Gottesverhältnis. Ein Grundgedanke in Kierkegaards erbaulichem Werk, nicht zuletzt in den frühen Reden, lag darin, dass das Gottesverhältnis in jedem menschlichen Verhältnis impliziert ist. Der Mensch existiert in der Welt, ist aber schon auf Gott verwiesen. Der Charakter des Verhältnisses zeigt sich darin, dass der Mensch „Got-

---

[3] Zu einer detaillierteren Begründung dieser Kritik siehe meinen [Michael Olesen, jetzt: Bjergsø] Artikel „The Climacean Alphabet. Reflections on Religiousness A and B from the Perspective of the Edifying"; vgl. auch T.C. Anderson, der in „Is the Religion of Eighteen Upbuilding Discourses Religiousness A?" (S. 73f.) nach dem Verhältnis der in *Erbauliche Reden 1843-44* dargestellten Religiosität und der Religiosität A fragt. Er kommt zu dem Schluss, dass die Reden nicht einfach so zu kategorisieren sind, wie Climacus es tut. Es gibt Elemente in den Reden, die in die Religiosität A gehören, aber zugleich auch Aspekte, die außerhalb stehen, u.a. weil sie speziell christliche Überzeugungen zum Ausdruck bringen.

[4] Vgl. *SKS* 7, 505 / *AUN* II, 267: „Die Religiosität A ist die Dialektik der Verinnerlichung; sie ist das Verhältnis zu einer ewigen Seligkeit, nicht bedingt durch ein Etwas, sondern ist die dialektische Verinnerlichung des Verhältnisses, also nur bedingt durch die Verinnerlichung, die dialektisch ist."

tes Mitarbeiter" ist, wie Kierkegaard dies wiederholt ausdrückt. Das macht die Lebendigkeit des Verhältnisses: Der Mensch hat Pflichten und Aufgaben, denen er nachkommen muss, und Gott ist dabei weder fern noch irrelevant. Das Verhältnis zwischen Schöpfung und Offenbarung ist entscheidend, und Gott selbst manifestiert sich in diesem Verhältnis. Der Mensch als Gottes Mitarbeiter zeigt nicht nur ein richtiges Selbstverständnis, sondern auch, dass er in diesem Verhältnis nicht allein ist, weil Gott der lebendige Gott ist. Climacus diskutiert die Religiosität A unter den Schlüsselbegriffen: Resignation, Leiden und Schuld (*SKS* 7, 352-504 / *AUN* II, 92-266). Indem der Mensch sich in seiner ewigen Bestimmung zu sich selbst verhält, stellt er sich die Aufgabe, sich relativ zum Relativen und absolut zum Absoluten zu verhalten. Darin liegt zunächst Resignation (weil das absolute Verhältnis im Relativen gebrochen werden muss), dann Leiden (weil es einen Ausschluss aus dem vertrauten und geborgenen Zusammenhang bedeutet), und es endet in der Schuld (weil der Beginn verkehrt war – nämlich ein absolutes Verhältnis zum Relativen; denn unter dem Maßstab der Ewigkeit kann der Mensch von keinem Augenblick absehen, Schuld wird deshalb das unumgängliche Resultat). Das Gottesverhältnis in der Religiosität A wird deshalb ein Verhältnis der Selbstvernichtung; also ein Verhältnis der Reue, aber nicht der dynamischen Reue wie im Erbaulichen, die mit der Zeit Freimut gewinnt, sondern einer Reue, die nicht voran kommt. Es gibt keine Hilfe, der Mensch ist nicht Gottes Mitarbeiter, und er kann es auch nicht sein, denn Gott ist nicht der lebendige Gott, sondern eher ein Prinzip. Sofern Glaube auch Glaube an Erlösung ist, gibt es in der Religiosität A keinen Glauben. Sie ist ganz einfach eine hoffnungslose Religiosität, weil der Mensch in der Totalität der Sünde gefangen bleibt, aus der er nicht ausbrechen und in die keiner einbrechen kann. Erst der Gott in der Zeit stellt das Verhältnis natürlich in ein anderes Licht. Die Religiosität B ist nicht hoffnungslos, man könnte eher sagen, sie ist eine Religiosität der Hoffnung. Christus offenbart Sünde und Vergebung und macht den Menschen in Christus zugleich zum absoluten Sünder und zum absolut Gerechtfertigten; nicht durch wachsende Selbstverleugnung oder Absterben des Sünders, sondern absolut gleichzeitig mit Christus. Das Gottesverhältnis ist deshalb auf Christus unendlich konzentriert, denn nur hier gibt es Rechfertigung und Menschlichkeit.

Schließlich das Ethische: In der Religiosität des Erbaulichen liegt von Anfang an ein ethischer Aspekt, sofern das Gottesverhältnis mit dem Begriff des Allgemein-Menschlichen verbunden ist. Schon durch sein Menschsein entdeckt der Mensch Gott, aber nur durch Gott lernt der Mensch, was Menschsein bedeutet. Das Allgemein-Menschliche ist somit Voraussetzung für das Gottesverhältnis, aber erst mit dem Gottesverhältnis erfüllt sich eigentlich das Allgemein-Menschliche und erweist sich als unlöslich verbunden mit dem Verhältnis zum anderen Menschen. Das Ethische ist entscheidend für die deiktische Theologie: Das Allgemein-Menschliche erfüllt sich im Hinweisen auf den Anderen. Erst so können die Menschen frei voreinander stehen und das Verhältnis von Machtspielen u. ä. lösen. Als immanente und damit allgemein-menschliche hat die Religiosität A deshalb gewisse Gemeinsamkeiten mit der deiktischen Theologie. Die Sympathie mit jedem Menschen ist gemeinsam, aber mehr auch nicht. Denn durch die Resignation und die sich daraus entwickelnde negative Bildungsgeschichte hin zur Totalität der Schuld sondert sich der Mensch von jedem Verhältnis ab und ist nicht mehr in der Lage, zurück zu finden. Er kennt zwar die Verpflichtung im Allgemein-Menschlichen, kann aber einfach nicht zu einer ethischen Ausführung finden, weil er unendlich in Anspruch genommen ist in der innerlichen Beschäftigung der Reue mit der Schuld der Vergangenheit. Mit der Religiosität B verhält es sich etwas anders. Climacus spricht hier vom „*Schmerz der Sympathie*" (*SKS* 7, 532 / *AUN* II, 299), und dieser beinhaltet u. a. die ewige Grenzziehung zwischen Christen und Nicht-Christen: „*Der Schmerz der Sympathie*", aus dem Grunde, weil der Glaubende nicht wie der Religiöse A latent mit jedem Menschen als (qua) Menschen sympathisiert und sympathisieren kann, sondern wesentlich nur mit Christen" (ibid.). Christ zu werden bedeutet einen radikalen Bruch, nicht nur im Hinblick auf den Menschen selbst, sondern für alle Zusammenhänge, die der Mensch eingeht. Der Christ ist nicht mehr Mensch im allgemeinen Sinn, sondern er ist ein neuer Mensch geworden, in einem neuen Zusammenhang und auf einer neuen Grundlage. Deshalb liegt die Grenze der Gemeinschaft dort, wo auch die Grenze des Christentums ist: im Paradox und im Gott in der Zeit. Die einzige Gemeinschaft ist die in Christus. „Für den Glaubenden gilt, dass es außerhalb dieser Bedingung die Seligkeit nicht gibt, und für ihn gilt, oder es kann für ihn dahin kommen, zu gelten, dass er Vater und Mutter hassen muss" (ibid.). Wenn dem so ist, kann man im Übrigen in Frage stellen, ob denn innerhalb dieser Gemeinschaft von einer Ethik überhaupt die Rede sein kann. Ganz einfach deshalb, weil alles auf Christus konzentriert ist und jede Aufmerksamkeit in andere Richtungen bedeutet, Christus verloren zu gehen: der Bedingung der Seligkeit und damit dem Leben.

Die traktische Theologie gleicht in vielfältiger Weise der Religiosität B. Am deutlichsten zeigt sich die Ähnlichkeit wohl in ihrer doppelten christozentrischen Perspektive: Der Gottesbegriff der traktischen Theologie ist Christus, und das in derselben Weise wie in der Religiosität B; ein transzendenter Gottesbegriff, die paradoxe Auslegung von Gott als Mensch in der Zeit. In der traktischen Theologie wird das Paradoxe nicht zuletzt durch das Leiden herausgehoben, das Bleiben im Leiden und die Erniedrigung; und das verlangt auch das Festhalten an der Möglichkeit des Ärgernisses, durch das der Mensch hindurch muss, um in das Paradox des Glaubens zu gelangen.

Das Gottesverhältnis ist aber nicht dasselbe. Die traktische Theologie ist eine Theologie der Nachfolge, und darin liegt ihre Bewegung. Der Mensch soll – wie Christus es getan hat – durch Leiden und Erniedrigung gehen, um immer stärker zur Hoheit gezogen zu werden. Dies kann als ein Verhältnis des Schon-jetzt und Noch-nicht beschrieben werden, weil die Gemeinschaft zwar schon besteht, wenn auch im Irdischen nur als Gemeinschaft im Leiden, die wahre Gemeinschaft mit Christus im Himmelreich aber noch nicht. Das Gottesverhältnis der Religiosität B dagegen ist ohne Bewegung, der Mensch zugleich absoluter Sünder und absolut gerecht, und deshalb ist kein Wachsen möglich. In Christus ist dies vollbracht, weil der Mensch aber ein Sünder ist, muss er in Christus bleiben, um die Rechfertigung zu bewahren. Christus weist den Menschen nicht auf den anderen und zieht sich auch nicht zurück. In Christus bleiben bedeutet die Verheißung seiner vollen Gegenwart, in der der Sünder tot und weggenommen ist; aber im Leben wird es sozusagen nicht besser, in der Religiosität B bleibt alles wie es vom ersten Augenblick an war – denn es gibt nur den Augenblick, den Augenblick der Gleichzeitigkeit, der besteht.

Schließlich gibt es Gemeinsamkeiten im Blick auf das Ethische, vor allem kraft der christozentrischen Perspektive. In der traktischen Theologie wie auch in der Religiosität B verhindert die unbedingte Konzentration auf Christus den Blick in andere Richtungen. Christus ist das unbedingte Zentrum, keine Zwischenbestimmung, sondern die exklusive Bestimmung, hinter der alles andere verschwindet: Die Welt und der Nächste werden vernichtet – so wie der Mensch (der Sünder); und damit wird Christus alles. In dem Maß, in dem die Welt und der Nächste zugegen sind, leisten sie Widerstand, d.h. sie bringen den Christen noch mehr in Bedrängnis und Leid. Anti-Climacus spricht über die ewige Trennung zwischen dem Christen und dem Nicht-Christen nicht in derselben Weise wie Climacus, aber sein Gedanke scheint doch derselbe zu sein. Die intime Verbindung zwischen dem Leidenden und dem Christen verhindert ein wirkliches Verhältnis zum anderen Menschen; und das Leiden Christi und sein Tod werden zum sicheren Ausdruck dafür, dass der Christ als Nachfolger Christi auf Widerstand stoßen wird.

Das ABC oder A – Ω der Religiosität

Wenn wir über Kierkegaard, Climacus und Anti-Climacus sprechen, muss zunächst daran erinnert werden, dass diese nicht notwendigerweise identisch sind. Kierkegaard hat die Pseudonymität in allem Ernst so verstanden, dass ein Pseudonym frei ist, sich in einer Weise auszudrücken, wie er es selbst im eigenen Namen nicht tun wollte oder konnte. Umgekehrt aber sind sowohl Climacus wie Anti-Climacus Kierkegaards Erfindungen, und die *Abschließende unwissenschaftliche Nachschrift* hat mit Recht einen prominenten Platz in seinem Gesamtwerk, ebenso wie die *Einübung im Christentum*. Was sollen wir glauben, wenn wir vor einen so gravierenden Unterschied in Kierkegaards Darstellung der Religiosität gestellt werden? Geht es darum, eine Seite wählen zu müssen, oder um Nuancierungen und Kompromisse?

Es geht in erster Linie darum, sich selbst Ziel und Perspektive deutlich zu machen. Wir haben in der Einleitung die Beschäftigung mit den erbaulichen Reden (im Abschnitt zu den „Quellen") damit begründet, dass diese eine Sonderstellung im Gesamtwerk Kierkegaards einnehmen, indem sie die Religiosität aus der Innenperspektive heraus entfalten, aus dem Gottesverhältnis. Im Unterschied dazu ist Climacus' Zugang theoretisch, d. h. er dient der Entwicklung einer Religionstheorie; und er ist experimentierend dadurch, dass Climacus selbst außerhalb des Christentums stehend untersucht, wie er ein Christ werden könne. Hinzu kommt, dass das Erbauliche ein vorrangiges seelsorgerliches Ziel verfolgt. Climacus' dagegen will etwas ganz anderes, er schreibt polemisch, und das erklärt seine minimalistische Auslegung des Christentums. Seine Aufgabe besteht darin, wie er selbst sagt, den Weg zu skizzieren, wie man zum Christen wird; mehr noch zu bestimmen, was Christentum ist, oder eher noch, was es nicht ist. Aufgrund dieses polemischen Zugs – der sich gegen die Auffassung richtet, dass wir alle Christen seien oder dass das Christentum, in dem wir leben, eine weltgeschichtliche Klimax sei – wird seine Auslegung des Christentums zur Minimalbestimmung, und die Grenze zwischen dem Allgemeinen und dem Christlichen wird dementsprechend strikt gezogen. Ein positives Verhältnis zwischen dem Humanen und dem Christlichen zu propagieren würde aus Climacus' polemischer Sicht bedeuten, sich selbst ein Bein zu stellen. Climacus' Religiosität A und B sind ein Beitrag zur Polemik, die zwischen Christentum und Nicht-Christentum streng unterscheiden will.

Die erbaulichen Reden und die Schriften des Climacus haben demnach von Beginn an ganz verschiedene Voraussetzungen: Praxis und Theorie, Seelsorge und Polemik stehen sich gegenüber, und Anti-Climacus nimmt hier eine Art Zwischenposition ein. Wir haben ihn zunächst in das Erbauliche mit einbezogen, aber die Religiosität, die er entwickelt, steht doch der Religionstheorie des Climacus sehr viel näher. Das lässt sich auch nach Ziel und Perspektive begründen: Die *Einübung im Christentum* ist auch unter einem Pseudonym geschrieben, und dieses Pseudonym heißt Anti-Climacus, womit sowohl Gegensatz wie auch Zugehörigkeit zu Climacus signalisiert werden. Das ‚Anti-' im Pseudonym (d.h. der Gegensatz zu Climacus) betont gerade, dass Anti-Climacus nicht Theoretiker, sondern Praktiker ist. Er ist selbst Christ und seine Perspektive ist wie in den erbaulichen Reden die innere. Seine Zugehörigkeit zu Climacus aber macht das Polemische aus: Climacus und Anti-Climacus sprechen beide gegen eine Domestizierung des Christentums und verfolgen diese Spur bis in den Begriff der Religiosität. Der Unterschied zwischen der praktischen und der theoretischen Perspektive wiederum zeigt die Diskrepanz zwischen der traktischen Theologie und der Religiosität B, gerade im Blick auf das Gottesverhältnis. Die Religiosität B lässt sich in ihrer statischen Form nicht praktizieren und wird daher in der traktischen Theologie umgeformt. Die Ähnlichkeit im Polemischen aber zeigt sich als gemeinsamer Zug von traktischer Theologie und Religiosität B. Beide wollen eine Zuspitzung des Gottesbegriffs in christozentrischer Perspektive, die Paradox und Ärgernis sowie den Gegensatz zwischen Christen und Welt hervorhebt. Die traktische Theologie zeigt somit die Prägung des Anti-Climacus als Praktiker und Polemiker, und darin liegen sowohl der Unterschied wie auch die Gemeinsamkeit mit Climacus.

Ziehen wir alle diese Dinge in Betracht, so kommen wir dem Verhältnis zwischen der Religiosität des Erbaulichen und der Religionstheorie des Climacus ein Stück näher, und der vielleicht entscheidende Unterschied wird markiert. Werden die unterschiedlichen Kontexte und Voraussetzungen mit einkalkuliert, erscheinen Religiosität A und B in gewissem Grad parallel zur Entwicklung in den erbaulichen Reden. Die Voraussetzung des Erbaulichen in Praxis und Seelsorge führt vor allem zu einem produktiven Verhältnis von Schöpfung und Offenbarung (im Gegensatz zu Climacus' scharfer Trennung). In diesem Sinn kann die Religiosität A als parallel zur „Existenz in der Welt" gesehen werden, während die Religiosität B parallel zur „Welt des Kreuzes" steht. Damit wird der entscheidende Unterschied aufgedeckt, dass in der Religionstheorie des Climacus „Gott in der Welt" nicht vorkommt. Es fehlt ganz einfach eine Religiosität C. Es gibt nichts nach dem Kreuz, nichts nach Christus, denn in der Paradoxalität Christi kommt alles zum Stehen, und der Mensch ist mit einem Mal absolut Sünder und absolut gerecht. Climacus gelangt nicht zu Auferstehung und Himmelfahrt, hier aber liegen gerade die Motive, die die Religiosität C braucht, wenn das Modell des Climacus dieselbe Spannweite abdecken soll wie die Religiosität des Erbaulichen. Auferstehung und Himmelfahrt – dass Christus weggeht, um Platz zu machen für den unsichtbaren, allgegenwärtigen Gott, gehört wesentlich zur Religiosität des Erbaulichen, ist Voraussetzung der Nächstenliebe und damit für ein christliches Leben. Mehr als an jeder anderen Stelle in Kierkegaards Werk beziehen sich die erbaulichen Reden auf das christliche Leben, ihr Interesse liegt nicht in der Grenzziehung zwischen Christentum und Nicht-Christentum, sondern im Gottesverhältnis. Dann kann über Christus hinausgewiesen werden auf eine neue Lebensmöglichkeit in Gemeinschaft mit dem anderen Menschen, auf das Wachsen in Gemeinschaft und Liebe. Diese Möglichkeit gründet in der Realpräsenz Christi, denn ohne sie gibt es keine Versöhnung und keine Erlösung; sie gründet aber auch im Weggang Christi, der eine andere Präsenz ermöglicht, die des Allgegenwärtigen. Erst dann wird jedes Verhältnis zum Gottesverhältnis. Nicht in dem Sinn, dass der andere Mensch herabgesetzt oder ein Mittel zum Zweck wird, der in Gott liegt, sondern so, dass aus dem Gottesverhältnis der Mensch hingewiesen wird auf Gottes Liebe, die sich im anderen Menschen manifestiert.

Während die Religionstheorie des Climacus mit nur zwei Kategorien A und B arbeitet, ihr also eine dritte Kategorie C fehlt, zeigt die Religiosität des Erbaulichen eine andere Dynamik. Diese Entwicklung lässt sich zwar in parallelen Strukturen nachzeichnen, aber nur mit einer Reihe von Vorbehalten: Die Religion des Erbaulichen ist kein stufenweiser Aufbau von A nach B (und C), sondern, wie gesagt, eine Bewegung auf der Stelle, die sich eher mit Anfang und Ende, in den Kategorien A und Ω beschreiben lässt. Den Anfang nimmt sie im Schöpfungstheologischen, denn das Gottesverhältnis liegt schon in allen Beziehungen als der unsichtbare Grund des Menschen, so wie er in der Welt existiert. Daraus folgen Verpflichtung und unendliche

Verantwortung. Gott war bereits allgegenwärtig, und so tritt er dem Menschen gegenüber – in einem unerlösten Verhältnis. Wir haben die Schwierigkeiten dieses Verhältnisses in seiner Bewegung zur Eindeutigkeit und Gewissheit verfolgt und eine Art Notwehr festgestellt, weil der Mensch den allgegenwärtigen Gott nicht finden konnte. Aber am Ende ist wieder jedes Verhältnis ein Gottesverhältnis, und die Gegenwart des unsichtbaren Gottes ist die Liebe. Das Allgegenwärtige ist dann nicht mehr das Problematische, in dem der Mensch keinen Anhaltspunkt finden kann, denn mit dem Dazwischentreten Christi, mit seiner Realpräsenz ist der Zugang zum dreieinigen Gott eröffnet und der Mensch sozusagen mit einem Mandat in der Welt, das die volle Gegenwart in Liebe zum Nächsten zulässt und einfordert. Wir haben dies aus der Perspektive des Allgemein-Menschlichen entwickelt, aus der schöpfungstheologischen Voraussetzung, aber auch in seiner Erfüllung: wieder ein Mensch zu werden. Dazu aber gehört auch das unlösbare Verhältnis zwischen dem Menschen und seinem Nächsten. Für die „Existenz in der Welt" lag darin das Problematische, weil der andere Mensch in das Selbstverhältnis eintrat – was die verwickelte Bindung zwischen dem Menschen und dem Anderen nur noch verstärkt. Aber durch „Gott in der Welt" entfaltet sich das Allgemein-Menschliche und gibt dem Verhältnis zwischen dem Menschen und seinem Nächsten absolute Bedeutung.

Marias Begegnung mit dem auferstandenen Christus war unser Bild für die Religiosität des Erbaulichen. Er hat Maria wieder in die Welt gesandt – in dieselbe Welt, die durch die Auferstehung eine andere geworden war. Marias Geschichte aber beginnt weit davor. Wir sind ihr schon auf ihrem Weg zu Christus begegnet, dem schmerzvollen Weg, auf dem ihre Liebe keinen anderen Ausdruck finden konnte als Selbsthass. Nur die Sehnsucht hat sie angetrieben, sich selbst in Christus zu vergessen, um Ruhe zu finden. Sie hat das Leben geliebt und sich selbst gehasst, weil sie es entstellt hatte. Sie hatte das Gottesverhältnis verdreht, auf das sie verwiesen war – sie war die Sünderin. Christus aber lädt sie in seiner grenzenlosen Liebe ein: komm zu mir! Und Maria kommt und findet Ruhe. Die Liebe wird erlöst, sie weint sich aus sich heraus und in die Ruhe hinein, in das Vergessen, wo das Gewissen sie nicht mehr findet und die Gerechtigkeit Gottes sie nicht mehr sieht, weil Christus sie mit seinem heiligen Leib deckt. Das spätere Motiv, ihre Begegnung mit dem auferstandenen Christus, zeigt eine andere Maria, verwirrt und ängstlich. Christus ist tot und sie ist damit aus ihrem Versteck gerissen worden, und wieder spricht Christus zu ihr: „Maria", sagt der auferstandene Christus und sie erkennt ihn sofort, aber als sie ihn berühren will, darf sie es nicht. Bildlich gesprochen sucht sie ihr Versteck, sie will wieder Ruhe finden in Christus, aber er weist sie ab, denn die Gemeinschaft, zu der er einlädt, ist nicht mehr dieselbe. Es ist nicht die Gemeinschaft der direkten Gegenwart Christi, sondern durch die Auferstehung und die bevorstehende Himmelfahrt ist der Gegenwart des Geistes im Gebot der Liebe nachzukommen, in der Gemeinschaft der Liebe. Die Auferstehung bedeutet die Verunendlichung der leiblichen Gegenwart Christi zur Allgegenwärtigkeit, überall da, wo die Liebe ist. Deshalb weist er sie ab und weist sie stattdessen hin auf die Welt. Aber es ist eine andere Welt als die, aus der Maria gekommen war, nicht mehr die Welt des Verwiesenseins auf Gott, sondern die Welt, auf die Gott hinweist. Der Unterschied liegt auch darin, woher sie jeweils kommt: Damals, als sie sich langsam und schmerzvoll Christus genähert und in seinem heiligen Leib Ruhe gefunden hat, hatte sie Sünde und Reue als treibende Kraft hinter sich – mehr noch: Sünde und Reue türmten sich vor ihr auf, so dass sie nichts anderes sehen konnte. Nur ihre starke Liebe aufgrund des Vorbildes Christi half ihr, sich daran vorbei zu drängen. Jetzt aber, nachdem Christus selbst sie in die Welt und auf den Nächsten hingewiesen hat, hat sie die Auferstehung und Himmelfahrt im Rücken – und damit den Rücken frei. Vor ihr liegt Arbeit, die nach ihr ruft. Aber auch hier hat sie den Rücken frei, wenn sie versteht, ihn frei zu halten: Wenn sie in ihrem Handeln am Glauben festhält, dass Christus der Herr ist, der sie aus der Sünde erlöst, der den Tod überwunden hat und aufgefahren ist in den Himmel. Von diesem Glauben muss ihr ganzes Leben getragen sein. Es ist der Glaube daran, dass sie selbst nichts ist, Gott aber ist alles – das Grundverhältnis zwischen Mensch und Gott, das erst durch das Dazwischentreten von Offenbarung, Auferstehung und Himmelfahrt wieder möglich wird: dass die Schöpfung vor ihrem Schöpfer steht. Der Mensch begnügt sich damit, Mensch zu sein. Auf dieser Basis kann er frei in die Welt gehen, auf die Gott selbst ihn hingewiesen hat.

Literaturverzeichnis

Werkausgaben Kierkegaards

Søren Kierkegaards Skrifter (SKS), hrsg. v. N. J. Cappelørn / J. Garff / A. M. Hansen / J. Kondrup, Kopenhagen 1997 ff.

Søren Kierkegaard: Samlede værker (SV), hrsg. v. P. P. Rohde, Kopenhagen ³1962-64.

Die dt. Übersetzungen werden belegt nach der Ausgabe der *Gesammelten Werke (GW1)*, hrsg. v. E. Hirsch / H. Gerdes / H. M. Junghans, wie sie in den *Kierkegaard Studies: Yearbook*, Berlin / New York 1996 ff., seit 1997 aufgeführt sind („German Abbreviations"). Dieser Übersetzung gegenüber veränderte oder korrigierte dt. Zitate werden durch „vgl." beim Nachweis des entsprechenden Bandes der Ausgabe von *GW1* kenntlich gemacht.

Andere Quellen

ATHANASIUS: „Über die Menschwerdung des Logos" in: *Bibliothek der Kirchenväter* (Des Heiligen Athanasius ausgewählte Schriften, II. Bd.), Bd. 31, Kempten / München 1917.

AUGUSTINUS: *Confessiones / Bekenntnisse,* lat. u. dt., hrsg. v. J. Bernhart, München 1955.

DOSTOJEWSKIJ, FJODOR M.: *Die Brüder Karamasow.* Roman, übers. v. H. Ruoff / R. Hoffmann, München ²¹2006.

LUTHER, MARTIN: „Vom Abendmahl Christi, Bekenntnis" (1528) in *Studienausgabe,* Bd. 4, hrsg. v. H.-U. Delius, Berlin 1986.

— „Der Große Katechismus" (1529) in *Schriften zur Neuordnung der Gemeinde,* Ausgew. Werke Bd. 3, hrsg. v. H. H. Borchert / G. Merz, München ³1962.

Sekundärliteratur

ANDERSEN, JØRN: *Begrebet inderlighed i Kierkegaards forfatterskab,* Kopenhagen 2004.

ANDERSON, THOMAS C.: „Is the Religion of *Eighteen Upbuilding Discourses* Religiousness A?" in *International Kierkegaard Commentary 5,* Macon 2003, 51-75.

ANZ, WILHELM: „Philosophie und Glaube bei S. Kierkegaard. Über die Bedeutung der Existenzdialektik für die Theologie" in *Søren Kierkegaard*, Darmstadt 1971, 173-239.
BOHLIN, TORSTEN: *Kierkegaards dogmatiska åskådning i dess historiska sammanhang*, Uppsala 1925.
BOJESEN, LARS BO / LINDHARDT, JAN: *Samvittigheden*, Kopenhagen 1979.
BRUUN, SØREN: *Det opbyggelige i Søren Kierkegaards forfatterskab*, Preisaufgabe im Fach Systematische Theologie der Universität Kopenhagen 1995.
– „The Concept of ‚The Edifying' in Søren Kierkegaard's Authorship" in *Kierkegaard Studies: Yearbook 1997*, Berlin / New York 1997, 228-252.
– „Mennesket mellem oprindelighed og bestemmelse" in *Studier i Stadier*, Kopenhagen 1998, 153-164.
– *Viljens dialektik – En studie i forholdet mellem vilje og synd hos Søren Kierkegaard med inddragelse af K. E. Løgstrup og Martin Luther*, Phd-Abhandlung, Theologische Fakultät der Universität Kopenhagen 2003.
BURGESS, ANDREW: „Between Reflection and the Upbuilding: A Pattern in Kierkegaard's Discourses" in *Immediacy and Reflection in Kierkegaard's Thought*, Leuven 2003.
CAPPELØRN, NIELS JØRGEN: „The Retrospective Understanding of Kierkegaard's Total Production" in *Kierkegaard. Resources and Results*, Montreal 1982, 18-38.
– „Die ursprüngliche Unterbrechung. Søren Kierkegaard beim Abendmahl im Freitagsgottesdienst der Kopenhagener Frauenkirche" in *Kierkegaard Studies: Yearbook 1996*, Berlin / New York 1996, 315-388.
– „Gennem fortvivlelse og forargelse til troen" in *Studier i Stadier*, Kopenhagen 1998, 136-152.
– „Gottebenbildlichkeit und Sündenfall. Aspekte der Anthropologie Grundtvigs und Kierkegaards vor dem Hintergrund des Irenäus" in *Theologie zwischen Pragmatismus und Existenzdenken. FS für Hermann Deuser*, hrsg. v. G. Linde u. a., Marburg 2006, 429-467.
CHRISTENSEN, ARILD: „Romantismens og Søren Kierkegaards Opfattelse af Lidelse" in *Kierkegaardiana I*, 16-41.
CONNELL, GEORGE: *To Be One Thing. Personal Unity in Kierkegaard's Thought*, Macon 1985.
DALFERTH, INGOLF (Hrsg.): *Ethik der Liebe: Studien zu Kierkegaards „Taten der Liebe"*, Tübingen 2002.
DEUSER, HERMANN: *Kierkegaard. Philosophie des religiösen Schriftstellers*, Darmstadt 1985.
– „Religious Dialectics and Christology" in *The Cambridge Companion to Kierkegaard*, Cambridge 1998, 376-396.
– „Kierkegaards Verteidigung der Kontingenz" in *Kierkegaardiana 15*, Kopenhagen 1991, 94-116.
– „Die Inkommensurabilität des Kontingenten. Zwei Reden Kierkegaards: Über Besorgnis und Ewigkeit" in *Kierkegaard Studies: Yearbook 2000*, Berlin / New York 2000, 163-190.
– „Evolutionäre Metaphysik als Theorie des menschlichen Selbst. Beiträge zum Begriff religiöser Erfahrung" in *Marburger Jahrbuch Theologie 2004*, Marburg 2004, 45-78.
DUPRÉ, LOUIS: *Kierkegaard as Theologian*, London and New York 1963.

EBELING, GERHARD: *Luther. Einführung in sein Denken,* Tübingen 1981 (1964).
ERIKSEN, NIELS NYMANN: *Kierkegaard's Category of Repetition,* Berlin / New York 2000.
EVANS, C. STEPHEN: „Authority and Transcendence in *Works of Love*" in *Kierkegaard Studies: Yearbook 1998,* Berlin / New York 1998, 23-40.
FERGUSON, HARVIE: „Patience: The Critique of Pure Naïvité", in *International Kierkegaard Commentary 5,* Macon 2003, 265-287.
FERREIRA, M. JAMIE: *Love's Grateful Striving. A Commentary on Kierkegaard's Works of Love,* Oxford / New York 2001.
– „Immediacy and Reflection in *Works of Love*" in *Immediacy and Reflection in Kierkegaard's Thought,* Leuven 2003.
GARFF, JOAKIM: *Kierkegaard,* übers. v. H. Zeichner / H. Schmid, München 2000.
GEISMAR, EDUARD: *Sören Kierkegaard,* Gütersloh 1925.
– *Sören Kierkegaard. Seine Lebensentwicklung und seine Wirksamkeit als Schriftsteller,* Göttingen 1929.
GOUWENS, DAVID: *Kierkegaard as Religious Thinker,* Cambridge 1996.
GRØN, ARNE: „Kærlighedens gerninger og anderkendelsens dialektik" in *Dansk Teologisk Tidsskrift 4/91,* Frederiksberg 1991, 261-270.
– „Frihed og valg – valgfrihed?" in *Kierkegaard 1993 – digtning, filosofi og teologi,* Odense 1993, 87-101.
– „Suverænitet og negativitet. Løgstrups opgør med Kierkegaard" in *Kredsen 2/94,* Århus 1994, 32-51.
– „Subjektivitet og livsytring" in *Fønix 4/94,* Kopenhagen 1994, 194-212.
– „Synligt og usynligt" in *Vinduer til Guds Rige,* Frederiksberg 1995, 135-154.
– „Kierkegaards forudsætning" in *Dansk Teologisk Tidsskrift 4/95,* Frederiksberg 1995, 267-290.
– *Subjektivitet og negativitet: Kierkegaard,* Kopenhagen 1997.
– „Menneskesynet i det opbyggelige" in *Teologien i samfundet,* Frederiksberg 1998, 71-86.
– „'Anden' etik" in *Studier i Stadier,* Kopenhagen 1998, 75-87.
– *Angst bei Søren Kierkegaard. Eine Einführung in sein Denken,* übers. v. U. Lincoln, Stuttgart 1999.
– „Temporality in Kierkegaard's Edifying Discourses" in *Kierkegaard Studies: Yearbook 2000,* Berlin / New York 2000, 191-204.
– „Kærlighedens sakramente – Kierkegaard og nadveren" in *Nadver og folkekirke,* Kopenhagen 2002, 67-78.
– „Zeit und Transzendenz" in *Der Sinn der Zeit,* Weilerswist 2002, 40-52.
GRØNKJÆR, NIELS: „The Absolute Paradox and Revelation. Reflections on *Philosophical Fragments*" in *Kierkegaard Studies: Yearbook 2004,* Berlin / New York 2004, 263-274.
HINKSON, CRAIG: „Luther and Kierkegaard: Theologians of the Cross" in *International Journal of Systematic Theology,* Bd. 3, Oxford 2001, 27-45.
JENSEN, H.J. LUNDAGER: *Gammeltestamentelig religion. En indføring,* Frederiksberg 1998.
JØRGENSEN, THEODOR: „Dom og forsoning i nutidigt perspektiv" in *Ratio et Fides. Studia in honorem Hans-Olof Kvist,* Åbo 2001, 139-150.

- „Nadver og sonoffer" in *Nadver og folkekirke*, Kopenhagen 2002, 121-132.
KANGAS, DAVID: „The Logic of Gift in Kierkegaard's *Four Upbuilding Discourses* (1843)" in *Kierkegaard Studies: Yearbook 2000*, Berlin / New York 2000, 100-120.
KINGO, ANDERS: *Analogiens teologi*, Kopenhagen 1995.
- „Kierkegaard og det opbyggelige" in *Kierkegaard og – hovedtemaer i forfatterskabet*, Århus, 2001, 131-153.
KIRMMSE, BRUCE: *Kierkegaard in Golden Age Denmark*, Bloomington 1990.
LARSEN, K. OLESEN: *Søren Kierkegaard læst af K. Olesen Larsen I-II*, Kopenhagen 1966.
- *Søren Kierkegaard. Ausgewählte Aufsätze*, Gütersloh 1973.
LINDHARDT, MOGENS: *Ikonen med det evige liv*, Frederiksberg 1991.
LINDSTRÖM, VALTER: *Stadiernas Teologi. En Kierkegaard-studie*, Lund 1943.
- *Efterföljelsens teologi hos Sören Kierkegaard*, Helsingfors 1956.
LOTTI, MICHAEL: „An Education in Possibility" in *International Kierkegaard Commentary 5*, Macon 2003, 131-156.
LØGSTRUP, KNUD E.: *Den etiske fordring*, Kopenhagen 1991 (1956).
- *Die ehtische Forderung*, übers. v. R. Løgstrup, Tübingen ³1989.
- *Opgør med Kierkegaard*, Kopenhagen 1994 (1968).
- *Auseinandersetzung mit Kierkegaard*, in *Kontroverse um Kierkegaard und Grundtvig*, Bd. II, hrsg. v. K. E. Lögstrup / G. Harbsmeier, München 1968.
- *Schöpfung und Vernichtung. Religionsphilosophische Betrachtungen. Metaphysik IV*, übers. v. R. Løgstrup, Tübingen 1990.
LØNNING, PER: *Samtidighedens situation. En studie i Søren Kiekregaards kristendomsforståelse*, Oslo 1954.
MALANTSCHUK, GREGOR: *Dialektik og Eksistens hos Søren Kierkegaard*, Kopenhagen 1968.
- *Fra Individ til den Enkelte*, Kopenhagen 1978.
- „Begreberne Immanens og Transcendens hos Søren Kierkegaard" in *Frihed og Eksistens – studier i Søren Kierkegaards tænkning*, Kopenhagen 1980, 196-224.
- „Die Begriffe Immanenz und Transzendenz bei Sören Kierkegaard" in *Neue Zeitschrift für systematische Theologie und Religionsphilosophie* 19 (1977), 225-246.
MATTHIASEN, SVEND E. (Hrsg.): *Teologiske tekster. Udvalg af klassiske dogmatiske tekster*, Århus 1994.
MJAALAND, MARIUS G.: „Death and Aporia. Some Reflections on the Problem of Thinking Death in At a Graveside (1845)" in *Kierkegaard Studies: Yearbook 2003*, Berlin / New York 2003, 395-418.
MORTENSEN, VIGGO: *Lidelsens problem*, Kopenhagen 1976.
MÜLLER, PAUL: „Søren Kierkegaards forståelse af teodicéproblemet belyst ud fra hans skildring af Job-skikkelsen" in *Dansk Teologisk Tidsskrift* 33/69, Frederiksberg 1969, 199-217.
- „Begrebet ,det Opbyggelige' hos Søren Kierkegaard" in *Fønix* 1/83, Kopenhagen 1983, 1-16.
- *Kristendom, etik og maieutik i Søren Kierkegaards Kjerlighedens Gjerninger*, Kopenhagen 1983.

MØLLEHAVE, JOHANNES: *Til Trøst*, Kopenhagen 1983.
- *Kærlighed og dæmoni. Hvorfor fejludvikler kærligheden sig?*, Kopenhagen 1992.
NORDENTOFT, KRESTEN: *Kierkegaards psykologi*, Kopenhagen 1995 (1972).
OLESEN [BJERGSØ], MICHAEL H.: *Mennesket mellem gammelt og nyt. Tidslighed og opbyggelighed i Søren Kierkegaards opbyggelige forfatterskab*, Examensarbeit an der Theologischen Fakultät der Universität Kopenhagen 2001.
- „Troens tilblivelse. Forholdet mellem tro og forstand belyst gennem to figurer fra Søren Kierkegaards *Opbyggelige Taler 1843-44*", in *Tilblivelsens tid*, Kopenhagen 2002, 9-40.
- „The Climacean Alphabet. Reflections on Religiousness A und B from the Perspektive of the Edifying" in *Kierkegaard Studies: Yearbook 2005*, Berlin / New York 2005, 282-293.
- „Christelige Taler – læst af Michael Olesen" in *Den udødelige. Kierkegaard læst værk for værk*, hrsg. v. T. Aagaard Olesen / P. Søltoft, Kopenhagen 2005, 269-285.
PATTISON, GEORGE: *Kierkegaard: The Aesthetic and the Religious. From the Magic Theatre to the Crucifixion of the Image*, London 1992.
- „,Who' is the Discourse? A Study in Kierkegaard's Religious Literature" in *Kierkegaardiana 16*, Kopenhagen 1993, 28-45.
- „,Before God' as a Regulative Concept" in *Kierkegaard Studies: Yearbook 1997*, Berlin / New York 1997, 70-84.
- „New Year's Day: A Comparative Study of the First of the Eighteen Upbuilding Discourses" in *Kierkegaard Studies: Yearbook 2000*, Berlin / New York 2000, 74-99.
- *Kierkegaard's Upbuilding Discourses: Philosophy, Literature and Theology*, Oxford 2002.
- „The Art of Upbuilding" in *International Kierkegaard Commentary 5*, Macon 2003, 77-89.
PAULSEN, ANNA: „Das Verhältnis des Erbaulichen zum Christlichen" in *Kierkegaardiana VI*, Kopenhagen 1966.
PEDERSEN, JØRGEN: „Bekræftelsen i det indvortes menneske" in *Fønix* 4/83, Kopenhagen 1983, 225-251.
POSSEN, DAVID D.: „Can Patience be Taught?" in *International Kierkegaard Commentary 5*, Macon 2003, 239-263.
PRENTER, REGIN: *Skabelse og genløsning*, Frederiksberg 1998 (1955).
QUIST, WENCHE MARIT: *Tidslighed og eksistens hos Kierkegaard og den tidlige Heidegger*, Phd-Abhandlung an der Theologischen Fakultät der Universität Kopenhagen 2004.
RASMUSSEN, ANDERS MOE: „Kierkegaard's Notion of Negativity as an Epistemological and an Anthropological Problem" in *Kierkegaard Studies. Yearbook 2004*, Berlin / New York 2004, 250-262.
ROCCA, ETTORE: „Kierkegaard's Second Aesthetics" in *Kierkegaard Studies: Yearbook 1998*, Berlin / New York 1998, 278-292.
- „Søren Kierkegaard and Silence" in *Anthropology and Authority*, Amsterdam & Atlanta 2000, 77-83.
- „The Threefold Revelation of Sin" in *Kierkegaard Studies: Yearbook 2003*, Berlin / New York 2003, 384-394.

SCHULZ, HEIKO: *Eschatologische Identität*, Berlin & New York 1994.
- „Second Immediacy. A Kierkegaardian Account of Faith" in *Immediacy and Reflection in Kierkegaard's Thought*, Leuven 2003.
SLØK, JOHANNES: *Kierkegaards univers. En guide til geniet*, Viborg 1983.
SØLTOFT, PIA: „To let Oneself be Upbuilt" in *Kierkegaard Studies: Yearbook 2000*, Berlin / New York 2000, 19-39.
- *Svimmelhedens Etik – om forholdet mellem den enkelte og den anden hos Buber, Levinas og især Kierkegaard*, Kopenhagen 2000.
- „Kierkegaard og det religiøses etik. En læsning af *Kjerlighedens Gjerninger*" in *Kierkegaard og – hovedtemaer i forfatterskabet*, Århus 2001, 109-130.
TAYLOR, MARK LLOYD: „Practice in Authority: The Apostolic Women of Søren Kierkegaard's Writings" in *Anthropology and Authority*, Amsterdam & Atlanta 2000, 85-98.
THEUNISSEN, MICHAEL: *Der Begriff Ernst bei Søren Kierkegaard*, Freiburg / München 1958.
- „'Ο αἰτῶν λαμβάνει". Der Gebetsglaube Jesu und die Zeitlichkeit des Christseins" in *Negative Theologie der Zeit*, Frankfurt am Main 1992, 321-377.
- „Das Erbauliche im Gedanken an den Tod. Traditionale Elemente, innovative Ideen und unausgeschöpfte Potentiale in Kierkegaards Rede *An einem Grabe*" in *Kierkegaard Studies: Yearbook 2000*, Berlin / New York 2000, 40-73.
TORNØE, CASPAR WENZEL: „Kampen om den vandsky slægt. Om Gud og menneske hos Feuerbach og Kierkegaard" in *Dansk Teologisk Tidsskrift* 4/04, Frederiksberg 2004, 259-281.
WALKER, JEREMY D. B.: *Reflections on Kierkegaard's Purity of Heart*, Montreal / London 1972.
WESTPHAL, MEROLD: *God, Guilt and Death*, Bloomington 1984.
WOLF, JAKOB: „Naturlig gudserkendelse – Lutherske spørgsmål til Johannes Climacus og åbenbaringsteologien" in *Dansk Teologisk Tidsskrift* 3/99, Frederiksberg 1999, 182-202.
- *Den skjulte Gud. Om naturlig teologi*, Kopenhagen 2001.

Personenregister

Anderson, Thomas C.   266
Anz, Wilhelm   23
Augustin, Aurelius   28, 32

Bruun, Søren   17, 18, 62, 74, 95

Cappelørn, Niels Jørgen   3, 5, 45, 126, 228

Deuser, Hermann   3, 76

Eriksen, Niels Nymann   39, 40

Ferguson, Harvie   47, 52, 82
Ferreira, M. Jamie   173, 176

Garff, Joakim   7, 17
Geismar, Eduard   133, 182
Grøn, Arne   12, 17, 18, 28, 32, 38, 43, 72, 73, 106, 111-113, 145, 161, 238

Jensen, Hans J. Lundager   239
Jørgensen, Theodor   248

Kingo, Anders   5, 6, 9, 11, 15, 16, 18, 23-25, 55, 56, 67, 69, 70, 127, 128
Kirmmse, Bruce   8

Larsen, K. Olesen   11, 263

Luther, Martin   34, 35, 79, 145, 193, 240, 245
Løgstrup, K. E.   17, 18, 44, 161, 172, 197, 205, 217, 247, 256

Malantschuk, Gregor   9, 15
Mjaaland, Marius G.   64
Mortensen, Viggo   205, 255
Müller, Paul   15-17, 217
Møllehave, Johannes   5, 11

Nordentoft, Kresten   11, 25, 27, 109, 112, 115

Olesen, Michael   32, 73, 187, 266

Pattison, George   6, 230
Paulsen, Anna   9
Possen, David D.   39, 40
Purkharthofer, Richard   206

Quist, Wenche Marit   32, 67, 70

Schulz, Heiko   126, 177
Søltoft, Pia   42, 172, 173

Theunissen, Michael   48, 55, 56, 67, 69, 70, 217
Tornøe, Caspar Wenzel   71, 189